纪念著名土地经济学家刘书楷教授诞辰一百周年

刘书楷 文集

刘书楷 著

江苏人民出版社

图书在版编目(CIP)数据

刘书楷文集 / 刘书楷著. -- 南京：江苏人民出版社，2021.10

ISBN 978-7-214-26476-3

Ⅰ. ①刘… Ⅱ. ①刘… Ⅲ. ①农业经济－文集 Ⅳ. ①F3－53

中国版本图书馆 CIP 数据核字(2021)第 159517 号

书　　　名	刘书楷文集
著　　　者	刘书楷
责任编辑	鲁从阳
责任校对	王翔宇
责任监制	陈晓明
装帧设计	许文菲
出版发行	江苏人民出版社
地　　　址	南京市湖南路 1 号 A 楼　邮编:210009
网　　　址	http://www.jspph.com
照　　　排	南京新洲印刷有限公司
印　　　刷	南京新洲印刷有限公司
开　　　本	787 毫米×960 毫米　1/16
印　　　张	20　　插页　4
字　　　数	400 千字
版　　　次	2021 年 10 月第 1 版
印　　　次	2021 年 10 月第 1 次印刷
标准书号	ISBN 978-7-214-26476-3
定　　　价	88.00 元

(江苏人民出版社图书凡印装错误可向印刷厂调换)

刘书楷教授和他的同事们

南农大九二届农业经济管理专业硕士论文答辩会

刘书楷教授和他的学生们

南京农业大学 九八届博士学位论文答辩
土地管理学院

南农大经贸学院92届研究生毕业留念92.7

刘书楷教授：诲人不倦，桃李满园

序

刘书楷先生(1921—2015)是著名的经济学家,我国现代土地经济学和农业资源经济学的创始人之一,为我国农业经济管理和土地资源管理的学科发展和人才培养做出了重大贡献。在纪念刘书楷先生诞辰一百周年之际,整理出版刘书楷先生的重要文献著作,弘扬刘书楷先生的学术思想,不但可以站在先驱者的肩膀上回顾我国土地经济学和资源经济学的发展历程,传承老一辈经济学家可贵的学术传统,而且还能更好地开启新时代中国特色土地经济学与资源经济学学科探索的新征程。

刘书楷先生生于 1921 年 8 月,河南偃师人。中国共产党党员、九三学社社员。1940~1943 年在前国立西北农业专科学校农业经济系学习,毕业后,1944~1949 年转入中央大学农业经济系与研究部进修,1960~1962 年在中国人民大学世界经济进修研究班学习。他长期在南京农业大学从事教学科研工作,曾任南京农业大学农业经济学系讲师、副教授、教授、博士生导师,土地管理学院(后为公共管理学院)教授、博士生导师,资源与环境经济研究所名誉所长,中国农业资源与区划学会常务理事、中国生态经济学会常务理事、《生态经济》杂志顾问。在国内最先招收并培养农业资源经济与农业区划领域方向的硕士和博士研究生,曾主编《农业区划学》《农业资源经济学》《土地经济学》等全国统编教材,出版专著 7 部,发表论文 150 余篇,其中多项成果获奖。1985 年、1993 年先后获国家农业部、国家土地管理局高校优秀教师称号,1991 年享受国务院政府特殊津贴。

刘书楷先生毕生爱国爱教、追求真理、辛勤耕耘、开拓创新,致力于学术研究、学科建设和人才培养,付出了艰辛努力,取得了丰硕成果,做出了重大贡献。

刘先生始终面向学科建设的重大需求,构建和创新了多个领域的学科体系。他所构建的农业区划学、农业资源经济学和土地经济学理论体系对中国特色农业经济管理和土地资源管理学科专业的创立和发展奠定了基础。他是最早参与江苏和全国农业资源调查和农业区划工作的著名专家之一,不仅系统提出了我国农业区划的理论和方法体系,也通过系统运用这些理论和方法为江苏省和全国的农业区划工作做出了重要贡献。在此基础上,他主编出版了我国第一本《农业区划学》全国高校统编教材,为构建创立我国的农业区划学提供了基础。之后,刘先生致力于中国重大农业资源经济问题探索和西方资源经济学比较研究,于 1987 年出版了我国第一部《农业资源经济学》,并成为全国高校相关专业教学的重要教材。农业区划学和农业资源经济学的创立和发展,不仅为南京农业大学农业经济管理学科的恢复和发展产生了深远影响,也为我国农业经济管理学科建设和人才培养注入了新的内涵。随着我国土地制度改革的开启和国家土地管理体制的转变,刘书楷先生是国内最早探索土地经济问题并做出开创性贡献的专家之一,他与中国人民大学的周诚教授被学术界称为土地经济学界的"南刘北周"。1987年,他在《经济研究》发表的《试论土地经济学研究》一文堪称是我国土地经济学领域的奠基性论著之一,为创立具有中国特色的马克思主义土地经济学奠定了坚实的理论基础。1993年由他主编的全国高校统编教材《土地经济学》正式出版,为我国土地资源管理学科专业的建立和发展奠定了学科理论基础。正是基于资源经济、土地经济、土地利用规划、土地法等学科在全国的影响和优势,南京农业大学成立了全国第一所土地管理学院,获批设立了全国第一个农业资源经济和土地利用管理(后改为土地资源管理)学科博士点,获批设立了全国第一批公共管理学科博士后流动站。

刘先生始终站在学术发展的前沿,开拓、创新了土地经济和资源经济研究的理论和观点。刘先生较早系统提出了土地制度的理论体系和我国土地制度改革的基本思路,他认为土地制度既包括狭义上的地权制度(或地权关系),也涵盖了广义层面的土地制度(包括地权制度以及相关的土地利用与管理制度或政策等),土地制度改革的总体结构和目标不仅是改革土地占有制,还包括对土地分配与利用制度、经营规模与经营方式的改革以及对土地利用技术与方法上的改进,终极目标是要保证对土地的合理分配及有效利用,不断提高土地的利用效率和生产率。从我国改革开放以来土地制度改革实践和演进规律来看,刘先生高瞻远瞩的学术思想和系统严谨的理论观点是颇为深刻、透彻和科学的。在生态经济领域,刘先生创造性地运用生态经济学基本原理,综合运用生态经济学和系统工程的理论和方法,探讨生态农业开发和建设的模式和目标,提出了通过生态循环和经济循环"耦合协调和良性高效"运行,实现生态效益、经济效益和社会效益相结合的"三个效益目标",为我国早期生态农业发展的起步、实践和区域农业经济的可持续发展提供了科学决策的理论依据。对于农村发展,刘先生在国内较早提出了深化农村集体产权制度改革和创新的理论和路径,倡导国家加强对农村要素市场体系的培育和建设,充分发挥市场配置资源的作用,推进农业规模化经营和产业化发展,促进农业现代化和农村的可持续发展。他的一系列见解与观点不仅实现了理论创新和体系构建,也对国家和地方相关战略与政策决策产生了直接影响,不仅具有鲜明的时代特征,对当前相关领域的改革发展也具有重要的理论价值和实践指导意义。

刘先生始终豁达高尚、治学严谨、爱生如命,为师者楷模。他不仅培养了一批优秀的学生,也为后生留下了十分珍贵且值得发扬光大的师范之精神。在教学研究、政府管理、实业经济等领域,都有刘先生学生的身影,并发挥着骨干作用。在他的学生看来,刘先生不仅是学术上的权威,更是人格上的榜样。通过刘先生的言传身教,无论是其见解深刻的学术思想观点,爱国敬业、豁达坦荡的品德修养,孜孜不倦、一丝不苟的治学精神,还是与人为善、宽容明朗的处世风格,对一代又一代学子产生了深远的影响,引导我们走向知识、走向社会、走向生活。刘先生常常讲述抗日战争时期中央大学在重庆沙坪坝的艰苦办学经历,常常强调要把知识学习、学术研究和国家发展、民族命运紧密联系起来,关心关注学生的政治追求和人生目标。刘先生豁达坦荡,光明磊落,专注学科和团队的发展,从不为自己争取些什么。相反,他往往把教学安排和学术合作中的一些难题留给自己。在刘先生的团队中,团结、谦让、和谐成为一种风气,与他合作过的同行对他都很敬佩、尊重。刘先生的治学态度非常严谨,孜孜不倦,一丝不苟。常常听师母讲,他在书房一坐就是一天,半夜才能休息,有时催他吃饭数次而不成,还常常挨他批评,说影响了他的思考和写作。我们陪同他出差,车厢里、飞机上都是他阅读、批改的好地方。即便是年过八十高龄,去美国探亲,他还访问了数所大学,收集了数箱子的资料寄回学校,继续他的研究。他经常给学生强调小本本、烂笔头的好处和作用,告诫学生学习没有捷径,需日积月累、厚积薄发。在学术道路上,他给学生常讲根深才能叶茂的道理,鼓励学生持之以恒,以实为本,下决心把学术的根扎得更深、更实,以吸收到更多、更好的知识营养。在他看来,搞学问的人,一旦飘起来,很难再习惯于坐冷板凳,也不会出大的成果。刘先生十分注重学术创新,要求学生不畏他的观点,要善于超过他,常讲青出于蓝而胜于蓝,他就是我们学术道路上的一颗石子。他爱生如命,学术上引路、提携,工作上关心、支持,生活上问寒、问暖。他的几个子女都曾跟我们说起,在他们看来,父亲似乎更关心他的学生。这就是刘先生留给我们的印象和记忆,也是一笔价值不菲的精神财富,一直会激励着我们、我们的学生、我们学生的学生……

作为我国农业经济管理学科的先驱者和土地资源管理学科的开拓者,刘书楷先生不畏艰难苦楚,不论风雨沧桑,为了教育事业和学术研究呕心沥血,培养了一批优秀的科学研究和实践工作者,也撰写了一系列经典作品。他明德修身、以身作则,造就了"传道"、"授业"、"解惑"的师者典范,成为后辈敬仰的楷模。此文集中所辑录的成果都是从刘书楷先生已发表的文章或著作中精选而来的,凝聚了刘先生毕生的心血,很多观点和见解在当今经济社会发展中仍具有重要的理论价值和实践意义。从中,我们可以切实感受到刘先生在科学研究中坚定执着的探索精神、科学缜密的运思轨迹、关切时代的学者风范。以此文集纪念和缅怀刘书楷先生,既是对他毕生研究工作的整理、归纳与总结,也是知识、文化与精神的传承和延续,更是以此激励后学不断钻研、探索与创新!

学生　王荣 2021 年 8 月于广州

曲福田 2021 年 8 月于南京

目　　录

第一篇　土地经济研究

第二篇　农业资源经济研究

第一篇
土地经济研究

论发展中的土地经济学及其学科建设

刘书楷　曲福田

（南京农业大学土地管理学院）

摘要：本文旨在综述和探讨土地经济学的学科性质与定义，阐明土地经济学的发展历史与进展。研究方法：文献研究法、系统分析法。研究结果：从学科的基本任务、研究领域与内容，及研究方法等方面构建了现代土地经济学的框架。研究结论：土地经济学的学科性质是社会科学，又与资源科学和土地科学学科体系有着广泛的交叉；土地经济学的根本任务主要是研究和阐明人类社会各发展阶段和特定阶段的不同地域空间土地的综合特性功能的经济意义，以人地关系为核心的土地经济问题的本质联系及其发展规律；在土地经济学学科建设中应注意采用一些科学且行之有效的研究方法。

关键词：土地经济学；学科建设；发展中的土地经济学；现代土地经济学的学科体系

On the Developing Land Economics and its Discipline Construction

LIU Shu-kai, QU Fu-tian

(College of Land Management, Nanjing Agricultural University, Nanjing 210095, China)

Abstract：This paper aimed at the discipline construction of developing land economics, to inquire into the academic nature of modern land economics, expound its development history and progress. Methods of documentation and system analysis were employed. The results was that we tried to build a modern land economics framework on the basis of discipline fundamental tasks, research contents, and methodologies. The conclusion was that land economics is a multi-discipline crossed social science, and the scientific and effective study methods should be adopted in the subject construction of land economics.

Key words：land economics; subject construction; developing land economics; modern land economics

一、土地经济学的学科性质与定义

（一）土地经济学的学科性质和定义

1. 土地经济学学科来源于经济学

土地经济学学科的产生和形成需要具备两个基本的前提条件：首先是人类社会实践中存在土地经济问题，要求人们去研究解决；其次，是有了经济学，人们具有了应用经济学的知识能力去研究这些问题，并取得了建立一门独立学科的成果。土地经济学在研究初期先是从属于经济学科,然后才从经济学脱颖而出成为土地经济学,即经济学的一个分支学科。

2. 土地经济学的学科性质是社会科学;又因其研究对象与资源科学和土地科学学科体系有着广泛的交叉,所以具有多因素的综合性和边缘性

土地经济学既是由经济学派生的一个分支学科,就应运用经济学的原理和方法去研究土地、人地关系和土地问题的经济方面。然而,由于土地、人地关系和土地问题又是诸多土地科学分支学科共有的研究对象,因此必然要求土地经济学与其他土地科学的分支学科,从各自学科的角度相互交叉配合,进行协同研究。这正是土地经济学不同于一般经济学和其他部门经济学之处。再者,由于土地经济学的研究对象是土地、人地关系和土地问题,而人与土地均系最基本的生产要素,所以确切地说,土地经济学又是一门生产要素经济学。这表明,土地经济学不仅是经济学的一个分支学科,而且又是与资源经济学和土地科学多种分支学科交叉的边缘学科。

3. 土地经济学的研究对象

据已有研究,土地经济学的研究对象应是"土地、人地关系、土地问题"的系列基础概念与内涵及其经济方面,并以人地关系为核心。这可谓是从理性研究角度,对本学科孕育发展整个过程中研究对象实体的概括。但是具体而言,各个历史时期的学者对其土地经济学研究对象的表述则是多种多样的,而且是从局部、专项到多元综合的不断演进。

例如,早在土地经济研究尚处于其母学科经济学孕育的时期,马克思在 1867 年《资本论》第一卷中就指出:"经济学上所说的土地是指未及人的协助而自然存在的一切劳动对象。"著名经济学家马歇尔的(A.Marshall)《经济学原理》(1907)把土地定义为"土地就是自然资源综合体"。而后,西方土地经济学创始人伊利与莫尔豪斯的《土地经济原理》(1924)则把土地作为"商品""经济要素",从自然经济、社会和法律等方面论述土地的综合特性和经济意义,并主要从土地利用与土地政策等方面论述土地经济问题,从而为土地经济学成为一门具有独立的研究对象和学科体系提供了基础。1940年伊利与魏尔万《土地经济学》一书进一步强调指出"土地经济学的起点和终点全是人"。其后,雷利·巴洛维在 1986 年《土地资源经济学——不动产经济学》一书中则进一步把"土地经济学"定义为"人地关系研究"。

应该指出,以上列举的土地经济学的研究对象毕竟只是有代表性的名家之言,对土地经济学的形成和发展提供和积累了科学依据和基础,但也难免有其一定的局限性。从当今的时代要求而言,最需要的完整的土地经济学的研究对象,则是上述的"土地、人地关系、土地问题"的系列概念和内涵的经济研究,可以认为它对于推进现代土地经济学的任务和研究目标及其学科发展最具时代意义。

4. 土地经济学的学科定义

基于我国土地经济学兴起较迟和发育不够成熟的原因,这里首先还是选介世界公认的最具代表性的名著对本学科的定义,然后依时序选介我国的学科定义。

一是土地经济学创始人伊利与他的学生和同事的定义。先是在《土地经济学原理》(1924)一书中曾指出：“土地经济学是研究因利用土地而发生的人们之间各种关系的一种社会科学”(Land economics is a social science dealing with human ships arising out of land utilization)；继而在《土地经济学》(1940)一书中强调指出：“我们的科学的起点与终点全是人”，“土地经济学的起点即人口与土地的关系。土地经济学是研究人在利用土地，特别是人在对自然资源的关系里所发生的人与人的关系(The stating point of land economics is the relation of population to land, but more specially with the relation of man to man arising out of the relations of man to natural resources)。”

二是伊利与韦克合著的《经济学基本原理》(1927)的定义：“土地经济学是经济学的一个分支，在理论与实用上研究人类因利用土地作为财产和收益来源和自然对人类服务而发生的人与人之间的各种关系(Land economics may be defined as that branch of economics, theoretical and applied, which is concerned with the services of nature in production and with the human relationship which arise out of the use of land as property and as a science of income)。”

三是罗·瑞纳《土地经济学》(1958)的定义：“土地经济学是研究人们应如何利用土地以生产经济财货与劳务的各种经济问题的科学(Land economics concerns itself with economic problems associated with man's use of land to produce economic goods and services)。”

四是雷利·巴洛维《土地经济学——不动产经济学》(1986)的定义：“土地经济学是研究人与人之间关于土地的科学(Land economics deals with the economic relationship people have with others relationship respecting land)。”

以上定义都是具有代表性的，特别是伊利等的两本专著最具权威，而雷利·巴洛维出版的专著，把土地分为资源和资产两重内涵则是划时代的学术创新。

与上述定义有联系并有创新的是我国20世纪40年代以来具有代表性的土地经济学专著所提出的定义：

张丕介《土地经济学导论》(1944)，认为“土地经济学研究的对象，概括言之，为人与地的关系；具体言之，则为因人类经济行为而造成的人与地、人与人、地与地的关系”。

张德粹《土地经济学》(1981)，则认为“土地经济学是研究人们利用土地时所应遵循的经济原理，亦研究利用土地而发生的人与人之间的经济关系，并探求改善这些关系的原则和方法，它是理论兼实用的科学”。这是集大成的表述。

再就是20世纪80年代以来，我国恢复中断土地经济学研究后出版的有关论著对土地经济学定义的表述(以年代为序)主要如下：

刘书楷《试论土地经济学研究》(1987)，认为“土地经济学是在理论和实践上研究如何分配和利用土地为人类生产、生活服务，研究人地关系及因利用土地作为财产和收入来源时发生的人与人的关系”。1993年刘书楷主编的《土地经济学》全国统编教材又提出"土地是基本资源和不动产",并依据这一概念及其内涵认为"土地经济学是把土地视为一个自然经济要素研究其综合利用与分配及其法则的综合性经济学科"。1996 年以来他又在论述土地经济学学科建设问题时,进一步提出以"土地—人地关系—土地问题"系列基础概念与内涵作为土地经济研究对象的构想。

周诚主编的《土地经济学》(1989),认为"土地经济学作为一门经济科学,以研究、阐述有关土地问题的经济规律作为自己的核心,研究有关规律的生产和发挥作用的条件,发生作用的具体形式及其方针、政策、措施的关系等"。周诚《我国土地经济学的学科建设》(1992)一文,进一步指出土地经济学"是一门应用经济学","既研究土地利用中的生产力组织问题,又研究人们围绕着土地利用而产生的生产关系及其调节问题"。

曹振良主编的《土地经济学概念》(1989),认为"土地经济学是研究土地利用这一特定领域内特有的经济关系,简单地说就是研究土地利用过程中的经济关系"。

毕宝德主编的《土地经济学》(1991)的定义是,"土地经济学,简言之是一门研究人与土地及土地利用中人与人的关系的科学,是经济科学的一个独立分支"。毕宝德《关于土地经济科学学科建设的几点思考》(1997)一文又提出"土地经济学是一门社会科学","是一门生产要素经济学","从社会科学的角度把土地作为一项社会生产要素研究人类在利用土地中所发生的人与土地关系及人与人的经济关系。"

以上著作对土地经济学的学科性质、研究对象以及学科定义的表述既不尽相同,又都基本上明确了"土地经济学是一门研究生产要素经济的应用经济学,主要是运用经济学原理研究人地关系中与土地利用直接相关的生产力组织问题与土地分配相关的生产关系调节问题"。这可以认为是我们的基本结论,但仍有待进一步通过实践加以不断完善。

二、土地经济学的历史与进展

从土地经济学的产生和发展过程来看,一般可依据社会生产方式和生产力发展水平,划分为三个阶段:

第一阶段,前资本主义社会,即古代社会。由于尚未进入文明社会,还没有建立系统的经济学,更没有土地科学。先是地广人稀无所谓土地问题,继之随着人口大量增加,人地矛盾突现,渐次出现了地权关系、土地利用和土地分配问题,遂引起土地问题的研究。据史料载,我国早在商、周封建体制建立后,曾出现对田制改革和田制政策的研究。《尚书·禹贡篇》曾把全国农地划分为三等九级,其后历代都有各自的土地分类方法和农地区划研究,并流传"天人合一"人地关系之说,对农地利用也提出了"因时,因地制宜""顺天时、量地利"的用地原则等。这可谓朴素的土地经济研究。

第二阶段,进入资本主义社会经济学产生以后的时期。古典经济学家对土地经济问题开始了系统的深入研究。主要有 17 世纪英国重商主义学派先驱威廉·配第提出了"劳动是财富之父,土地是财富之母"的著名论断;亚当·斯密、戴维特·李嘉图等对地租理论进行了系统研究。19 世纪中叶,马克思在此基础上建立了科学的地租原理,为马克思主义土地和土地经济问题的研究奠定了理论基础。以后直至 20 世纪 20 年代，土地经济学开始从经济学孕育而生。

第三阶段，20 世纪 20 年代前后，美国伊利等首先提出，"土地经济学"一词，相继发表了《土地经济学大纲》(1922)、《土地经济学原理》(1924)、《土地经济学》(1940)等名著。1945 年曾经师从伊利的雷·拉特克利夫(R.U.Ratcuff)出版了《城市土地经济学》。因此，世人公认伊利为土地经济学的开山鼻祖。迨后，不仅在美国，而且德国、日本等都相继建立了土地经济学这门学科，出版了大量著作。就美国而言，随着现代市场经济和土地商品化、产业化的发展，这门学科已经明显地趋向两极发展：一是"土地经济学通论"的综合性在增强，出现了雷利·巴洛维的《土地资源经济学—不动产经济学》；同时又向部门专业化发展。现在有些大学院校除开设"土地经济学通论"外，还分别有城市土地经济学、农村土地经济学等专著；二是在经济管理、公共管理专业等商业院校，已涌现出一系列土地、不动产经济学的分支学科，主要有《不动产原理》(Real Estate Principles)、《不动产实务》(Real Estate Practices)、《不动产经济与制度》(Real Estate Economic sand Institutions)、《不动产估价》(Real Estate Appraisal)、《不动产金融》(Real Estate Finance)、《不动产管理》(Real Estate Management)和《不动产法》(Real Estate Law)等，除后者外，都是从属于土地、不动产经济学的亚级分支学科。此外，还有从生态经济学、生产力经济学、市场经济学等角度研究的多门类分支学科，也在孕育形成之中。而且，许多大学还建立了不动产经济管理、城市土地与区域规划和资源与环境经济等专业。值得提及的是，早在伊利等筹建土地经济学科的同时，于 1925 年还创办了《土地经济学杂志》(Journal of Land Economics)，持续发行至今。该刊涵盖了土地、自然资源、环境经济等多种研究成果，已成为遍及世界许多国家的综合性学术刊物，从而，带动了 20 世纪 30 年代《资源经济学》和六七十年代以后《生态经济学》《环境经济学》的建立。而与此同时，世界上不少国家的土地经济学、资源与环境经济学也相继有了发展。

在此有必要着重提到我国土地经济学的建立和发展过程。中国最早问世的土地经济学专著是章植的《土地经济学》(1930)；最早由大学出版的专著，是原金陵大学农经系美籍教授系主任卜凯(J.L.Buck)主编、全系师生通过集体调查研究而编写出版的《中国土地利用》(中英文本)。全书共分三册，一论文集，二地图集，三统计资料。调查研究历时 9 载，1937 年先在美国出版英文本(Land Utilization in China)。此专著，堪称世界第一部理论与实证研究相结合的重要专业文献，至今仍为美国许多大学所珍藏。再就是 20 世纪 30～40 年代由"中国农村经济研究会"陈翰笙、钱俊瑞、薛暮桥、孙冶方为代表的马克思主义经济学家对中国土地问题的深入研究，主要代表作有《现今中国的土地问题》(1933)、《中国南方土地问题》(1936)等。其后，又有朱剑农《土地经济学原理》(1946)，吴文晖《中国土地问题与对策》(1944)，张丕介《土地经济学导论》(1944)，刘潇然《土地经济学》上、下册(1945)等相继问世。而在 1949 年以前的 40 年代，中国有许多著名高等院校的经济系、农经系都开设有《土地经济学》，视为高级课程,配备了较强师资力量。自 20 世纪 30～40 年代,先后有肖铮、刘潇然、张丕介游学德国,随当时土地改革先驱达马熙克(Adolf Damaschke)及农业经济学家艾瑞葆(F. Aereboe)、布林克曼(Theodor Brinkmann,1877)学习土地改革、土地政策和农业经济理论,20 世纪三十四年代后,回国在各大学任教和从事研究。1932—1949 年肖铮在原中央政治学校(后改为"政治大学")设立"地政学院"和"研究所""地政系"主持业务,培养了一批专业人才。但 1949 年以后至 20 世纪 70 年代,由于新中国进入了全国性的土地制度改革和城乡社会主义改造时期,已有的土地经济学教学研究工作基本上中断了。

而同期,在中国台湾地区出版的土地经济学专著(据手头有限资料),则有肖铮《平均地权本义》(1966)、《平均地权之理论体系》(1986),张德粹《土地经济学》(1963),林英彦《土地经济学通论》(1971)、《不动产估价》(1974),苏志超《不动产估价概论》(1993)、《地权、地税与土地政策》(1994),唐家柯《不动产通论》(1993),许文昌《土地经济学新论》(1994)等。20 世纪 50 年代以来,台湾政治大学、逢甲大学及中兴大学设有地政系或地政研究所,台湾大学等也设有土地经济专业或课程,培养了很多专业人才。

而中国大陆的土地经济学,也在经过改革开放 20 年以后,由过去一度中断研究,开始进入了恢复和发展的全新时期。

1980 年 11 月"中国土地学会"在北京成立,并于 1983 年提出编写《中国土地经济学》专著等;1981 年在著名经济学家于光远倡导下,成立了"中国国土经济研究会",相继出版了《国土经济研究》(1982)和《国土经济学》(1986)。1986 年国家土地管理局正式成立,对土地制度进行改革,实行土地有偿使用和集中统一管理,又相继在"中国土地学会"筹建了"土地经济研究会"后改名为土地经济分会,并在不少院校设置了土地管理学院(系)及研究所、研究中心等,有力地推动了土地经济学研究和学科建设。在短短 20 年内,我国土地经济学研究和学科建设开始进入了全面繁荣阶段,先后出版的研究成果和专著犹如雨后春笋,不胜其数。

按中国土地经济学的发展现状,可以认为已初步建立了如下的学科体系:(1) 土地经济学通论(含通论、概论、原理等);(2) 部门土地经济学(含农村土地经济、城市土地经济及土地资产经济等);(3) 不动产——房地产经济学(含房地产经济理论、房地产市场、价格、投资、金融及经营管理等);(4) 土地生态经济学及土地可持续利用管理经济学等。

三、现代土地经济学的基本任务、研究领域与研究方法

(一)现代土地经济学的基本任务和研究目标

从土地经济学的性质、对象、定义和土地经济学的历史与进程而论,可以认为,土地经济学的根本任务,主要是研究和阐明人类社会各发展阶段和特定阶段的不同地域空间土地的综合特性功能的经济意义,以人地关系为核心的土地经济问题的本质联系及其发展规律的。这就使土地经济学既有带共性的基本任务,又因不同国情具有一定

个性的研究任务,二者应结合为一体,但又不是永恒不变的。

这里特别强调指出的是现代土地经济学的基本任务,必须随着当今经济社会发展的宏观形势而有所发展和创新。如所知,目前土地经济学的研究和学科建设,正处在经济全球化和实施全球性经济社会可持续发展战略目标的历史时期。可持续发展理论的提出,始于1972年联合国世界环境大会,1980年联合国《世界自然资源保护》大纲提出要把自然资源保护与经济发展结合起来,1992年巴西里约热内卢联合国环发"国家首脑大会"上通过了全球性可持续发展战略,中国也作了承诺。近年,我国相继制定了中国土地可持续利用与管理战略与治本之策。这就明确提出了现代中国土地经济学的基本任务,必须根据新时期经济全球化与全球性可持续发展战略和我国土地可持续利用与管理战略的要求,面向更加复杂而艰巨的任务,为我国经济社会的可持续发展发挥更积极的作用。

(二)土地经济学的研究领域和学科体系

土地经济学的研究领域可因研究的任务和目标而不同,但从"现代土地经济学通论"的要求而言,则必须适应时代的要求和现代土地经济学的基本任务,依据并围绕上述研究任务,构建本学科的研究内容和学科体系。其框架和主要内容如下:

1. 研究领域与内容

(1)基础概念与原理部分:"土地、人地关系、土地问题"系列基础概念及本学科的绪论;人地关系、人口理论及土地的供给与需求;土地报酬规律与土地集约经营和规模经营原理;地租理论与中国社会主义地租;地价理论与中国社会主义地价。

(2)土地资源配置与土地利用部分:土地资源配置理论与中国城乡土地资源优化配置;土地利用的分类、地域分工、区域规划和区位选择;土地持续利用概论;各类土地的持续利用与管理。

(3)土地制度部分:土地制度概论;土地产权制度;土地使用制度;土地用途分区管制制度;土地市场;土地金融及土地税。

2. 土地经济学的研究方法

从方法学(Methodology)而言,土地经济学研究主要是运用经济学的理论方法,但也有本学科专用的方法。现代时期主要常用的研究方法有以下几种:

(1)系统分析法(Systems Approach)即综合与分析相结合法。系统分析法,是对系统整体进行综合分析的方法。它立足于整体,着眼于综合,在综合基础上进行具体分析。土地经济学和土地经济问题研究的土地整体,是自然、经济、人文、社会综合体;研究的人地关系,是人地系统,包括土地利用和土地制度两个子系统,都必须借助于系统分析方法。

(2)定性分析与定量分析相结合法(Qualitative-quantitative Analysis Approach)。土地经济学是一门应用经济学,研究的是土地、人地关系及土地的持续利用与管理问题,主要为土地可持续利用与管理的分析与决策,谋求质和量的规定性,但又不能停留在抽象的理论原则上,而是通过定性分析揭示其发展规律,进而通过一般计量分析法、生产函数法、回归分析法、边际分析法、线性规划法等定量分析,确定其量的范畴,使质的把握具体精确,以揭示由质到量的演变及其发展趋向。

(3)研究土地经济问题时,常借助于历史和现实统计资料,对特定时期和地区的人地关系及土地可持续利用和管理状况进行静态分析和动态预测,以反映其发展过程的用地结构、土地利用率、地租、地价及其在土地市场经济体制下的增长变化和发展趋势。

(4)宏观分析与微观分析相结合法(Macro-micro Analysis Approach)。对土地经济问题研究而言,采用宏观分析是指研究的出发点与领域的宏观整体性,从整体社会经济和社会主义市场经济体制的角度研究土地、人地关系和土地问题,并研究有关自然、经济、技术、人文、社会诸因素对人地关系和土地可持续利用与管理问题的影响;微观分析研究的出发点和领域,则是以组成国土总体的局部小范围地区或个别农户、农场为对象,研究人地关系和土地问题。只有把二者结合起来,既从全局又从局部考察,才能全面把握人地关系和土地问题发展变化的规律性。

(5)规范研究与实证研究相结合法(Nomative-positive Approach)。亦即强调研究土地经济问题,应以马克思主义唯物辩证的基本观点为指导,运用理论联系实际的方法研究问题,以推进土地经济学的研究和学科建设与发展。而任何片面强调理论或实证一方,忽视二者相结合的研究方法,都是不全面和不可取的。

(6)比较研究与选优、优化相结合法(Comparative-optimization Approach)。现代土地经济学的研究方法还应适应当今时代的要求,采用比较研究与选优、优化相结合的方法,注意总结和引进国内外先进理论和经验,以加快学科的改革、创新和建设,推进本学科的发展。

这里所以强调和提出以上6个方面"相结合"的综合研究方法,一则是由于本学科的特点要求的;更重要的则是为了适应本学科发展的时代要求,推进实施土地可持续利用与管理和经济社会可持续发展,以利于实现人地关系、人与自然关系的协调和可持续发展。

此外,还应注意采用其他一些科学行之有效的研究方法。

原文刊发于《中国土地科学》2003年第4期

中国人地关系国情与土地可持续利用

刘书楷

（南京农业大学土地管理学院）

我国人口众多，土地资源特别是耕地资源严重短缺，加之经济技术不够发达，土地利用不够合理，从而成为制约经济社会可持续发展的基本因素。这就要对人地关系国情、土地资源的潜力和承载力、土地利用现状与问题进行深入研究，从利用和管理上采取综合对策，使我国的有限土地资源逐步实现可持续利用，以促进经济社会的可持续发展。

一、中国土地少人口多对土地资源利用的压力

一国人地关系的矛盾一般并不取决于土地的总量，而是相联系到人口数量。从土地资源总量而言，我国陆地面积约 960 万 km^2（约 144 亿亩），与世界大国比较仅次于俄罗斯和加拿大，居世界第三位；我国的耕地、林地、草地和淡水面积拥有量在结构上虽不合理，而各自的总量也分别位居世界的第四、第六、第三和第四位。由此表明，中国不失为名副其实的资源大国。但是，只看土地资源总量一项，其意义并不十分重要，而应从人地关系作出全面评价，正是在人均占有量上我国却处于劣势而居世界许多国家之后。例如，人均耕地占世界第 125 位，林地占第 102 位，草地占第 70 位，淡水水面占第 55 位等。尤其我国人口总量大，又是农业人口大国，耕地总量和人均耕地相对很小，因而成为粮食安全的一大长期制约因素。

在全球 144 个国家中的 7 个主要资源大国中，我国陆地面积约为印度的 3.1 倍，耕地却比印度少近 40%。美国陆地面积与我国相近，而耕地面积约为我国的 1.88 倍。我国的林地也很少，低于多数国家。草原面积虽较大，但多为不毛荒漠，产草量、载畜量很低。可见，中国人地关系矛盾的主要因素是人口多对土地的需求增多所引起的。人口增长、人地比率下降、人口密度加大，必然造成人口对土地资源的压力，加剧人地关系矛盾。所以，我国人口数量增长是人地关系矛盾的主要方面和根源。据有关资料，建国以来，中国曾出现过三次人口生育高峰：1949—1957 年，平均每年净增 1 311 万人；1962—1973 年，平均每年净增 2 000 万人；1986—1990 年，每年净增 1 500 万～1 600 万人。至 1990 年，全国统计人口达 11.43 亿人；到 2000 年可能突破 13 亿人；2030 年将达到 16.3 亿～17 亿人，成为我国计划生育最大人口规模控制的极限，如再有增长，则将逾越我国土地人口承载量的界限。

与人口增长呈逆向发展，我国各类农业用地，特别是耕地的总量和人均量却呈下降趋势。据不完全统计，全国耕地 1957—1986 年净减少 2.34 亿亩，平均每年净减少

800万亩以上,而同期人均耕地由6.7亩降至1.5亩;1986—1995年全国耕地又净减少2 899万亩,年均净减少耕地290万亩。目前按耕地实有20亿亩计,现有人均耕地也只有1.63亩,不到当今世界人均耕地3.8亩的一半。又据调查,耕地减少的损失不仅限于数量,而且引起了耕地质量的下降,主要是水田占用多,开发补充少;特别是南方耕地净减少,城镇建设占用良田多,而复垦荒地质量低。耕地的大量减少,以致全国人均耕地少于1亩的有3个直辖市、4个省;低于联合国粮农组织(FAO)确定的人均耕地0.8亩为临界值的县(区)达666个(其中低于0.5亩的达463个),占全国县(区)总数的23.7%。我国目前人均耕地迫近临界值的极限,就预示着粮食安全问题已经出现。

人口增多,不仅直接带来了人均占有土地、耕地、林地、草地、城镇建设用地的相应趋减,而且会带来经济社会的发展,各种产业,特别是非农产业和城镇的发展,必然带来人民生活水平的提高,促使土地需求的增长,造成各种产业的竞相用地,从而益发加剧人地关系和土地供求关系矛盾的尖锐化。从供求关系的角度看,土地是基本资源,资源需求是一种"引致需求"(间接需求),即人之所以需要土地资源,是为了取得土地产品或土地对人的服务,归根到底是为了人类的生存、生活和生产需要,所以人地矛盾和土地的供需矛盾最终就表现为"吃饭与建设"用地的矛盾。这种矛盾如果并不突出并得到及时处理,则可使各业用地及各项产业与事业都得以协调发展;但由于我国人地矛盾十分紧张,加上各业竞相用地,以致人均耕地递降,迫近耕地警戒极限,并危及粮食安全,这不仅迫使各项非农建设用地必须服从耕地的第一需要,甚至又会迫使农民不得不过度开发利用耕地,加大利用耕地强度,扩大垦殖,从而出现对林地、水面、绿地等非耕地的压力,以致大量非耕地转为耕地,使林地、草地、水面数量急剧减少,林、草产品数量日益下降。这样必然会严重破坏生态平衡,造成土地退化、水土流失、环境恶化。而我国这方面出现的情况,不能不引起人们的担忧。

据不完全统计,由于人口增加造成对土地资源的压力所出现的生态环境问题是十分严重的,主要表现在以下几方面:(1) 目前我国森林覆盖率仅为13.47%,而世界各国平均为25%;我国人均森林面积,只相当于世界平均水平的1/6,而全球森林面积也正在以每年1 780万 hm^2 的速度消失。(2) 我国草地面积和产草量也在日益下降,近30年草地累计退化面积达10亿亩左右,且每年正以2 000万亩的退化速度向"枯竭"边缘迈进;全国平均产草量以80年代中期与50年代末期相比普遍下降了30%~50%。(3) 由于林、草地资源日趋稀少,我国已是世界上严重沙漠化的国家之一,全国沙漠化面积已达160.7万 km^2(折合24.11亿亩),已超过全国耕地面积的总和,并每年以2 460 km^2 的速度在扩大。(4) 由于林、草植被的破坏,目前我国水土流失面积达179万 km^2 已远远超过建国初期的116万 hm^2(折合17.4亿亩),占国土面积18.6%。(5) 淡水水面和水量急剧减少。例如,洞庭湖面积已由建国初期的4 300 km^2 减少到2 600 km^2;鄱阳湖由建国初期的5 100 km^2,减少为2 900 km^2。此外,全国有许多中、小水库已经干涸而消失。以上种种，必然造成土地资源的生态环境失调，导致洪涝旱灾加剧，进一步影响土地的可持续利用和土地生产力的提高。这都是由于人口增长过快对土地资源造成的严重后果。

二、中国土地的利用类型与构成的分析

（一）中国土地资源利用类型与构成的基本制约因素

由于自然地理条件和土地自然供给总量固定不变的制约，中国土地资源的基本特点是：土地资源总量面积大，而质量不高，可利用面积不大。从大气候带和大地貌条件看，在全国960万km²陆地总面积中，湿润、半湿润区和干旱、半干旱地区各占50%，前者有利于农作物生长；后者只能用于放牧地或无法利用或难以利用，特别是山区占33%，高原占26%，沙漠、石质地占20%，目前还利用率不高，或难以利用。因而形成全国土地资源和利用类型与构成的如下格局，即：我国已利用土地约为101.1亿亩，占全部土地（陆地）总面积（960万km²，约合144亿亩）的70.9%；难以利用土地32亿亩，占全部土地的22.3%；尚未利用的土地9.8亿亩，占全部土地的6.8%。预计到2000年时，各种用地会增达105.3亿亩，占全部土地的73.1%，保留尚未利用的土地6.6亿亩，约占全部土地的4.6%。[①] 由此可见，我国土地资源数量，特别是后备农用土地资源、耕地资源的稀缺有限性将制约我国农业和整个国民经济与社会的发展，各类用地都必须力求实行由粗放型经营向集约型经营增产方式的根本转变，以提高土地生产率和利用率为主要方向。

我国土地资源利用类型与构成的限制因子不仅有难以根本改变的自然地理条件和土地自然供给总量的刚性制约因素，而且面临着严峻的人口压力。尽管我们实行着严格的计划人口政策，但全国人口规模在近30年内仍将持续地增加，这将使人均土地资源占有量继续下降，必然加强对土地特别是耕地的利用强度，大力提高其集约度，促使单位面积产量的提高，但又会面临土地报酬递减的危险，因而要求农业集约经营必须限制在不破坏生态环境的限度，以保证土地资源的可持续利用。这就为协调人地关系合理利用有限土地资源增加了难度，但同时又为土地资源的可持续利用指明了方向。

（二）中国土地资源利用类型与构成的现状与发展趋势

根据中国科学院国情分析研究，我国土地资源利用类型与构成现状与发展变化，可见表1。

根据1985年与2000年对比分析，可见我国各种用地类型与构成的期内变化预测，只有耕地和未利用地的比重下降：城市、居民、工交用地和林地有所上升。从人地关系看，用地结构的变化是随人口增多和经济社会发展而变化的，但由于各类土地总量的刚性限制，加之农用地后备资源不多，所以耕地总利用量被迫下降，未利用土地虽

---

① 此处采用有关数见中国科学院国情分析研究小组：《生存与发展》，科学出版社1989年版，附件二。

有所开发利用,但开发潜力不大,故只有林地和城市、居民和交通用地在增加,而其增加的来源虽与未利用土地的开发有关,但仍须从已有耕地中加以补充,其结果还是预计耕地总量仍要下降。这就从一般理性认识上表明今后保证现有耕地总量只增不减是不无困难的。

依据表1、表2对三个年期主要用地人均面积变动趋势分析与预测,认为人口总量在此期内仍在增加,故人均耕地、牧地均呈下降趋势,人均林地面积上升又趋降。这种人均用地资源数量下降的趋势,要求必须在相对有限的面积上增加投入,实行集约经营,以提高产量,并扩大开垦以弥补耕地占用和人均土地面积下降。这就迫使对耕地的更大压力,使土地资源生产潜力加快接近其承载力的边缘。因而就不能不进一步考虑各类用地特别是耕地的潜力问题。

表1　中国土地资源利用类型与构成及其变化(1985 年与 2000 年比较)

土地资源类型	1985 年(现状)		2000 年(预测)	
	面积(亿亩)	占全国总面积(%)	面积(亿亩)	占全国总面积(%)
1.耕地	约20	14.2	18	12.5(下降)
2.林地(含疏林地)	23.33	16.2	27.94	19.4(上升)
3.草地	42.91	29.8	42.81	29.8(平)
4.草山、草坡	6.77	4.7	6.77	4.7(平)
5.内陆水域	5.04	3.5	5.04	3.5(平)
6.城市、居民、工交用地	3.60	2.5	4.60	3.2(上升)
7.沙漠戈壁	22.32	15.5	22.32	15.5(平)
8.永久积雪和冰川	0.86	0.6	0.86	0.6(平)
9.石质裸露山地	6.91	4.8	6.91	4.8(平)
10.沼泽	1.72	1.2	1.72	1.2(平)
11.沿海滩涂	0.29	0.2	0.29	0.2(平)
12.尚未利用土地	9.79	6.8	6.62	4.6(下降)

资料来源:中国科学院国情分析研究小组:《生存与发展》,科学出版社 1989 年版,第 122～123 页(经过计算整理)。

表2　中国人均耕地、林地、牧地下降趋势预测

	1985 年(现状)	2000 年(预测)	2025 年(预测)	趋势
耕地(亩/人)	1.9	1.4	1.2	下降
林地(亩/人)	1.6	1.8	1.5	波动
牧地(亩/人)	4.1	3.4	3.0	下降

资料来源:同表1,第 124 页。

三、中国生产潜力与土地人口承载力的分析

（一）土地资源潜力与土地资源承载力的概念与分析方法

土地资源生产潜力与土地资源人口承载力是两个相互联系的概念，前者是后者的基础。

1. 土地生产潜力，或称土地资源生产潜力（potential productivity carrying capacity of land），是指一定区域（或一国）范围内的土地所能提供的农、林、牧、渔各类产品的最大生产能力，以决定该国、该地区可能供养人口的多少。它是研究土地人口承载力的基础与前提和核心内容。

土地生产潜力的测算，主要包括单位面积产量的估算和各类生产用地面积计算两个方面。计算地区单产的方法可以有多种，目前一般采用的是联合国粮农组织推荐的"农业生态区域法"（agro-ecological zone，AEZ）和趋势预测法相结合的方法。"AEZ法"是根据光、温、水、土壤等条件，作物本身的光合机制及形成产量的各限制因素测算出各区域每种农作物的光热产量——气候产量——土壤产量（理论产量）；趋势预测法是根据历年单产的变化趋势资料通过灰色系统预测等方法，对各种作物的单位面积产量和生产用地面积进行计算，即可按下列方程计算出某一年期区域内的土地生产潜力。其计算式可表示为：

$$Y = Y_1 + Y_2 + \cdots + Y_i \tag{1}$$

式中：Y 为土地生产潜力；Y_i 为单种作物生产潜力。

土地资源生产潜力测算出来以后，就为土地人口承载力提供了前提和基础，也是其计算的核心内容之一。

2. 土地人口承载能力，或土地资源人口承载力（population supporting capacity of land），是指"一国或一地区的土地资源在可预见的时期内所能持续稳定供养的人口数量"。其制约因素分别为：（1）农业自然资源条件，以 $R(t)$ 表示；（2）农业生产技术与管理水平，以 $P(t)$ 表示；（3）人口消费水平，以 $C(t)$ 表示；（4）时间，以 t 表示。故其分析、计算数学函数式为：

$$LPC = f[R(t) \cdot P(t) \cdot C(t)] \tag{2}$$

式中：LPC 为土地资源人口承载力；f 为函数；$R(t)$ 为自然资源条件；$P(t)$ 为技术、管理水平；$C(t)$ 为人口消费水平（生活水平）。

广义的土地人口承载力包括耕地和非耕地农用地，涉及因素很多可归纳为：（1）土地生产潜力（如上述）；（2）人口需求（人均生活水平）。则一国、一地区的土地人口承载量的测算，在其土地生产潜力测算出来以后，即可依据当时当地人民生活水平（一般可以小康水平为准）估算出其全国、各地区的土地人口承载量。其计算式可简示为：

$$P = Y/L \tag{3}$$

式中:P 为一国、一地区土地人口承载量;Y 为土地生产潜力;L 为人均生活水平。

(二)中国土地资源潜力和人口承载力的测算与分析

依据中国科学院自然资源综合考察委员会《中国土地资源生产能力及人口承载量研究》表明:从我国实际出发,在人均占有 500 kg 粮食消费水平下,我国土地人口承载量的最大限度为 16.6 亿人,认为这是我国人口承载量的极限值。至于按粮食支持的适度人口而言,到 2000 年,我国粮食生产总量则只可供养 11.6 亿人口消费。[①]

通过以上测算,对一个大国而言,为了进一步分析一国、一地区内人口承载能力的地区差异,即区域人口承载比。其计算式可表示为:

$$SR = P'/P \tag{4}$$

式中:SR 为区域土地人口承载比;P' 为预测人口;P 为现实土地承载力。

若 $SR < 1$,表示该地区人口承载量合理;$SR = 1$,表示土地满载;现 $SR > 1$,表示土地超载。

根据此式对全国各省(区)、市计算的结果,从现状、近期、中期人口与当地生产粮食的能力,中国科学院研究组将全国大致分为以下三类地区:

一是富余地区。其标准模型是:SR(地区差)< 1。即按 $SR =$ 预测人口承载量/现实土地承载力,公式计算结果是粮食自给有余。也就是该地区土地资源承载力 > 人口总需求,这是合理的理想地区。据测算结果全国得出的富余地区现有 9 个省、区,主要是:湖南、湖北、山东、江西、安徽、江苏、浙江、黑龙江和吉林省。其总耕地面积占全国 40.5%,人口占全国的 41%,人均粮食高于 400 kg。

二是临界地区。即 $SR = 1$,亦即资源承载力接近人口总需求人均口粮不富裕。包括:河北、河南、山西、内蒙、四川、陕西、宁夏、新疆 8 个省、区。总耕地面积占全国 34%,人口占全国 31%,人均粮食 300~400 kg。

三是超载地区。即 $SR > 1$,亦即资源承载力 < 人口总需求,粮食不能自给。共有 12 个省(区)市,包括京、津、沪三市,辽宁、福建、广东、广西、贵州、云南、西藏、甘肃、青海。总耕地占全国总耕地面积 22%,人口占全国 27%,人均粮食长期不足 300 kg 或难以达到 400 kg。

综观以上分析计算,对于全国推行耕地总量动态平衡而言,由于各地自然、人文条件存在很大差异,就不能用统一的模式要求各省、市、区必须保证其耕地只增不减,而必须因地制宜对耕地保护提出不同的要求。例如,应允许沿海经济发达地区、城市群集的省、市地区的建设用地比例适当大于中西部地区;而中西部以农业为主的地区、省、市在需要与可能条件下要拥有较高比例的耕地,以保证农业的发展。为此,就要对各地的土地利用总体规划的有关数据指标做出因地制宜的合理修订,以保证落实全国

---

① 详见《中国土地资源生产能力及人口承载研究》,中国人民大学出版社 1991 年版。

土地用途管制和耕地总量的规划指标,有利于推进国家经济社会的可持续发展。

四、中国土地利用的主要问题与可持续利用对策

(一)我国土地资源利用面临的主要问题

针对以上论述和分析,可见我国人地关系国情是十分严峻的。人地矛盾日趋激化,导致了土地利用面临种种问题,主要表现在以下几方面:

1. 由于人口多、增长快,多种土地资源的人均量均处于世界最低水平,而且随着人口的不断增长,人均量仍在日趋减少,加上我国可供利用的后备土地资源有限,必将进一步加强对有限土地资源利用的巨大压力。

2. 由于我国将长期处于不发达阶段,生产力水平和经济技术发展程度低,对土地利用的投入和改造能力有限,特别是在农业用地上一时难以根本改变粗放型利用方式,因此对土地资源的利用不当问题也将长期存在。例如,对耕地只用不养、重用轻养;林业经营效益不高,草原超载过牧,渔业酷渔滥捕等;再加上已利用土地,尤其是可利用耕地面积有限,农产品的有效供应主要通过在十分有限的土地面积上提高单产来实现,就必然加剧土地资源利用的压力,抑制土地利用率和生产率的提高,进而导致人地关系失调,造成水土流失、土地退化和生态环境恶化,最终制约土地生产力水平和产量的提高。

这主要集中在耕地的利用上,我国耕地总量不过 20 亿亩,人均耕地仅 1.63~1.66 亩,不及世界人均面积 3.75 亩的 44%。且耕地质量低,耕地总量中有 66% 分布在山区、丘陵、高原,而平原、盆地等地区的耕地仅占 34%;淮河以北雨量较少的地区耕地占全国 62%,而雨水较充沛的长江流域及以南地区的耕地仅占 33%,加上有水源保证和灌溉设施的耕地只占耕地总量的 39%,而中低产田占 61%。这表明我国的耕地不仅数量少,而且质量差,因而耕地的单产水平较低,粮食总产量将长期不能满足人民日益增长的需要。据统计数字,1995 年全国粮食亩产仅 283 kg(按详查实为 198 kg),与世界发达国家或农业发达国家相比,粮食单产(按亩均产水平)相差 150~200 kg,仅及其一半左右。1995 年我国人口已增至 12.1 亿,粮食年需要量为 5 200 亿 kg,而近年来粮食总产量一直徘徊在 4 500 亿 kg 左右,与实际需要量相差 700 亿 kg。人增粮不增,导致粮食日益供不应求,我国人均粮食自 1991 年至 1994 年始终未突破 400 kg,与国际上公认的粮食过关标准人均 500 kg,还相差 100 kg。

3. 由于经济社会和城市化的发展,各业竞相用地,特别是城市、工矿、交通、能源等建设用地和居民点用地的不断扩大,加上不按规划管理违法占用耕地,多占耕地,闲置和浪费用地,从而导致耕地总量的下降和人均耕地短缺,激化了"建设用地与吃饭用地"的矛盾。

(二)缓解我国土地利用问题的主要对策途径

土地为农业之本,农业又是经济社会发展的基础,而粮食是人类生存和经济社会发展的根本和第一需要。所以,人地关系矛盾的焦点最终集中在"人口—粮食—耕地"

及"耕地—建设用地"这两个突出问题上。因而可以认为,谋求中国土地资源可持续利用的途径与对策其核心应集中在保护耕地上,一切所应采取的对策和措施,都应以保护耕地为首要前提,以土地增产方式为中心。下面针对我国土地利用上的主要存在问题,分别提出五项基本对策途径:

1. 首先是保护耕地,严格控制非农业用地占用耕地,要在稳定现有耕地总量和人均耕地不下降的基础上,制定全国各省区的土地利用总体规划,强化国家对各类用地结构与土地供求量的协调平衡。

耕地是人类食衣之源,是发展种植业、林牧渔各业以及整个国民经济的基础,具有远较其他产业用地为大的生产力,是不可替代的。由于人多地少,人地矛盾和人粮矛盾将长期存在,国家历来十分重视粮食生产和耕地保护。江泽民主席近期曾再次强调指出:"中国粮食不仅现在而且将来也要立足自给。搞好粮食生产有其特殊的重要性,既要靠科学技术推广良种和先进的适用技术等;同时还要坚决制止耕地不合理占用,只有依法保护好耕地,才能稳定和发展粮食生产。保护耕地就是保护我们的生命线,保护耕地是全国发展的第一位问题,永远不能放松。"[1]因而,在配置土地资源和调整用地结构与布局时,对各业用地的总体规划均应坚持耕地优先保证的原则,力求不占或少占耕地;凡必须占用,则应通过开发后备耕地和复垦"废地"加以弥补。为此,应制定和完善一系列相应的政策及保证措施,以力争做到"人增耕地不减"。这就要依法严格控制"农转非"用地,严格规定城乡非农用地标准,加强国家土地管理,防止非法占用土地,以实现耕地总量的动态平衡。

所谓"耕地总量动态平衡",是近年来我国针对人均耕地少、人粮不足的人地矛盾提出的土地管理工作的奋斗目标,即在保证现有耕地总量不再减少或只增不减的前提下,实现"中国土地养中国人"的目标。这不仅是实现中国土地可持续利用管理的主要目标,也是实现中国经济社会可持续发展的基础和保证。土地不仅是农业的基础,也是经济社会发展和各种产业与各项事业发展的立足之地。"一要吃饭,二要建设"是协调我国人地关系的根本原则,是对立统一、不可分割的,应相互依存,相互促进。但吃饭问题毕竟是第一位的,首先保证粮食安全则是建设和发展的前提;针对我国人地关系国情,我们的经济建设和发展也决不能以大量牺牲耕地为代价。

按照耕地总量动态平衡的目标管理和利用土地资源,就要运用动态平衡理论对土地的供给与需求进行宏观管理和调控。动态平衡理论是系统动力学和生态平衡原理的组成部分,对优化系统结构和功能有重要指导意义。所谓动态平衡理论(theory of dynamic equilibrium),一般是指当事物变化的正向进行速度,等于逆向进行速度时其所处的状态。这种动态平衡的变化具有相向的可逆性,即整体系统中的两个子系统的对立双方各自的正向进行,正好成为对等的逆向发展而且相互成比例。按此原理,我国有些学者(吴克宁等)针对耕地总量动态平衡设计了如下的模式,是可取的。即:

---

① 转见邹玉川:《靠中国的地养中国人》,《人民日报》,1996 年 6 月 24 日。

$$L_C \xrightleftharpoons{(n \cdot e \cdot i)} L_P$$

式中：L_C 代表建设用地；L_P 代表耕地；n 代表自然资源、环境要素；e 代表经济、技术因素；i 代表制度因素。L_C、L_P 两个子系统各自的变化在 n、e、i 诸因素的综合作用下呈逆向进行。

上式与雷利・巴洛维（R.Barlowe）教授设计的"土地利用的三维结构"模式和理论是一致的。

下面分别对耕地与建设用地的逆向变化及其主要内涵略加补充说明：

（1）设耕地的增加与正向变化，则

$$L_P = f(D \cdot R \cdot M \cdot I \cdot T \cdots)$$

式中：D 代表土地开发（Development）；R 代表土地复垦（Reclamation）；M 代表多熟种植（Multiple Cultivation）；I 代表城乡各业用地的集约利用（Intensive use）；T 代表特定的时间（Time）。所列因素应根据当时具体情况而定，不能一概而论、一个模式。

（2）设建设用地的增加为负向变化，则

$$L_P = (W \cdot E \cdot C \cdot B \cdot T \cdots\cdots)$$

式中：W 代表水利建设（Waterconstruction）；E 代表能源开发用地（energyresources）；C 代表交通用地（Communication）；B 代表建筑设施用地（Building）；T 代表特定时间（Time）。所依据的因素亦应因地而宜。

对上述耕地建设用地的动态变化进行调控分析，一般应综合考虑影响土地利用的以下三重因素的可能性、可行性和综合效益：一是自然生物与环境因素的可能性和保证程度，以保持良好的生态环境和最佳生态环境效益；二是处理好投入产出关系的产销分配关系。力求增加投入中的科技含量及其经济、技术上的合理性和可行性，实现技术经济效益最佳化；三是制定土地利用方案与对策，要符合国家法制，在行政上切实可行。

应予指出，运用动态平衡程式分析影响耕地总量动态的内涵和外在因素不能理解为是一成不变的，而应因时因地制宜，注意其不同的内涵和具体影响因素；也不能认为这些内涵和外在影响因素是孤立的，而应视之为一个相互制约、相互联系的整体系统；其中何者是主要、主导因素，何者是次要、辅助因素，亦应依据具体的时空条件加以权重和分析计算。

2. 对现有的已利用土地，要采取配套综合措施，实行土地增产方式由粗放型经营向集约型经营转变，调整土地利用结构与布局，以提高土地的综合生产力和综合效益。

如上所述，中国人多地少，国史悠久，可利用土地资源大都已开发利用，要发挥土地资源的功能，靠大量开发新土地的投入是不现实的，主要是挖掘已利用土地的增产潜力。这是人地关系的国情所决定的，其主要途径和措施是：

采用土地增产集约化经营方式,合理、充分、有效地利用已利用土地,提高土地利用率和土地综合生产力。

中国既是土地资源严格约束的国家,就要珍惜合理利用每一寸土地,实行集约利用土地,这不仅限于农业用地,城镇非农用地也不例外。正如江泽民主席指出的"不仅农业用地,办工厂,盖房子都要注意节约用地,要为子孙着想,珍惜每一寸土地,存得方寸地,留与子孙耕。乡镇企业再发达也要把耕地保住,把地种好"①。这就是中国的人地关系战略。亦即中国的土地可持续利用战略。分别而言:

(1)对农业用地,主要是治水、改土、防止水土流失、沙漠化,开展和加强土地整理,切实改善农业生产条件。据有关部门测算,全国粮食总产量的 3/4 是由水利设施的灌区提供的,近几年粮食产量出现徘徊,农田水利设施不足,抗灾能力下降是重要因素。为此亟应加强对江、河、湖、海的治理。

农田水利基本建设要坚持大、中、小并举,发展节水灌溉,积极配合农业综合开发,配套水利设施。在此基础上改革农作制度,广泛应用先进的生物技术、机械技术和施肥技术,提高农作物复种指数,发展高产、优质、高效、低耗农业,以提高耕地单位面积产量和效益。全国耕地中,中低产田占 2/3 以上,应重点改造中低产田,挖掘其增产潜力,农作物复种指数如能从现在的 153%,到 2000 年提高到 160%,粮食主产区可增产 30% 左右,中低产田增产还要更多一些。

由于我国现有耕地单产水平低,而耕地的后备资源紧缺,耕地增产的潜力主要依靠集约利用现有耕地,这是保障我国粮食有效供应和粮食安全的主要途径。根据上述分析,只要把我国现有粮食单产提高到接近发达国家的粮食单产水平(人均 500 kg 左右),并基本控制住人口,我国耕地的集约利用水平就有了很大的提高,并足以保障粮食的安全;又据江苏苏州市的调查,如果对现有土地加以整理、整治还可增加 4%~8% 的耕地面积,按此推算全国如实行此项措施所增加的耕地即可达 2 亿亩,比全国后备耕地 1.2 亿亩还多,而且耕地的质量和增产潜力更大得多,并能节省巨额的耕地开发改造成本。由此可见集约和节约用地的重大意义。

(2)对城镇建设用地及工矿、交通、能源等非农业用地,则应制定政策引导采用高度集约化用地方式,鼓励发展高层建筑,立体利用土地空间,最大限度地节约用地,少占用耕地。

近 10 年来,由于改革开放和城市化的迅速发展,因非农建设占用的耕地约 7 500 万亩,据测算资料 1986—1996 年全国 31 个特大城市主城区用地规模平均增长 50.2%,城市用地规模增长弹性系数(即城市人均用地增长率:城市用地增长率与人口增长率之比)已达 2.29,超出合理限度 1.12 的一倍以上。农村宅基地也普遍超标,乡镇企业盲目圈地。而在城市和农村建设用地迅猛发展的同时,大部分城市的旧城改造

---

① 江泽民:《加强农业基础深化农村改革推进农村经济和社会全面发展》,载《人民日报》1996 年 7 月 5 日。

却举步维艰,旧城区普遍存在建筑陈旧、设施落后,产出率低,土地长期处于低效利用状态,土地闲置多、浪费大。据测算,全国现有城市(不含独立工矿区)土地闲置率达20%～30%,闲置土地达500万亩;全国各农村居民点内空闲的土地也很多;建设用地利用水平低,工业、交通用地指标大大高于发达国家,目前发达国家城市用地中工业用地一般不超过15%,而我国则为26%～28%,如果达到发达国家工业用地的水平,就可至少抽出10%以上用于发展第三产业;我国城市建筑容积率过低,据测算,1990年全国455个城市的平均总容积率仅为0.31,还大有提高的余地等,如果引导采用高度集约用地,发展高层建筑,立体利用土地空间,提高土地利用率和产出率就可最大限度地节约用地,不占和少占耕地。

根据国际发达国家的经验,协调城市建设用地与农用地、耕地的矛盾,其依据的基本条件和途径,是按照城市化、非农化的发展规律去管好土地非农化,促进经济非农化。所谓"土地非农化",是指的各类非农用地的增加,即用地的非农化;所谓"经济非农化",则是指的非农产业,即二、三产业等的发展。此项经验证明,由于政府对土地非农化的管理,可使土地非农化的速度大大低于经济非农化的速度,从而使城乡用地矛盾得到协调和缓解。例如,日本因地少人多很重视对土地非农化的管理,其土地的非农化速度和规模大大低于其经济非农化的速度和规模。日本从1965—1985年20年中,城市人口的比例从68.1%提高到76.5%;非农业产值增加8.36倍,农业增加值占国内生产总值的比重从9%下降到3%;非农业劳动增加49.8%,农业劳动力占总劳动力的比例从25.2%下降到8.8%。但同期,城镇用地面积仅增74.1%;城镇用地占其国土总面积的比例从2.2%增加到3.9%。

其他国家虽不及日本对土地非农化的管理有效,但都表明土地非农化的速度和规模是可以通过国家的管理大大低于其经济非农化的。这可以说是一国一地区土地非农化过程的一条值得重视的规律。

当然,经济非农化要以一定的土地条件为基础,不增加非农业用地也不可能促使非农化经济的大规模迅速发展,但应该说这不是绝对的。因为土地非农化并不等于农地或耕地非农化,非农用地当然也可用于非农经济的发展。

(3)调整土地利用结构与布局,从因地适用发挥优势上,提高有限土地的利用效能。

因土地资源紧缺,各产业竞相用地,应依据土地利用的生态经济适应性使之用得其所,发挥最大综合效益。在社会主义市场经济体制下,土地资源的利用结构与布局,应以市场需求和社会需求结合土地资源的适应性,进行优化配置与选择。对各业用地来说:

一是农业用地的结构与布局,要贯彻"决不放松粮食生产、积极发展多种经营"的方针,把粮食、棉花等种植优先配置在耕地集中而水、热、土壤条件较好的平原、缓坡地区,重点搞好农田保护区建设,按照食用粮、饲料粮和经济作物三重生产结构,及地域分工和专业化发展趋势,建立国家各级商品粮、棉、油、特种作物等各种生产基地。

　　二是林业用地,应以利用约占全国 69％国土面积的山区为主,实行林、果结合,发展木本粮油,搞好山区土地的综合开发利用,实行农、林、牧结合,城镇、工矿、交通等非农业用地园林化,提高综合效益。

　　三是牧业用地,则应利用干旱、半干旱地区和山区占国土面积近 30％草地为主,实行发展草业与农、林、牧、城镇郊区用地结合,综合利用和发展。

　　四是渔业用地,应以利用约占国土面积 3％的淡水水域,沿海滩涂和广阔海域为主。其用地开发利用潜力十分巨大,又可缓解人地矛盾带来的压力。

　　五是城市建设用地、工交、居民点用地,以利用约占国土总面积 7％以上的建设用地为主,主要是利用土地的空间和承载功能,考虑发挥区位优势,力求不占或少占耕地。

　　总之,从全国国土利用结构与布局而论,应是一个多层次的生态经济系统,构建和优化这一系统应建立在相应的土地利用总体规划的基础上,以免偏颇而顾此失彼。

　　3. 立足内涵挖潜,节约用地,并开发新资源,扩大土地利用的范围和规模。

　　在内涵挖潜节约用地上,据国家土地管理局估算,全国城镇用地,通过大量旧房、平房改造,提高容积率和大量工厂、仓库优化利用等,至少还有 40％潜力,如果集约利用,可节约每年占用耕地的 60％;全国村镇居民点 2.4 亿亩,按规划要求的控制指标,可节约用地 0.2 亿亩;通过可开发后备荒地资源。可新增土地 10.32 亿亩,其中宜耕地近 2.04 亿亩,按 60％的垦殖率计算能开垦耕地 1.22 亿亩;可复垦废弃地 2 亿多亩,其中约有 1 亿亩可复垦为耕地;还有大量国家建设用地,通过挖潜,也可节约许多土地。总上粗略估算,今后 10 年至 15 年通过内涵挖潜集约用地,全国可增加耕地三亿亩左右。[①] 由此可见,全国已利用和可利用地的生产潜力还是很大的;但也应看到,由于人口压力日增,人地矛盾已趋激化,目前耕地人口承载已接近极限,人均耕地,人均粮食不足的状况将是长期的。因此,除保护好耕地数量外,应加强对用地的生态环境保护和治理,保护和提高耕地和一切用地的质量,以缓解耕地和已利用土地的超负荷压力,因而不能忽视对新资源的开发和利用。虽然全国可开发利用的后备资源并不多,但随着经济技术的发展,像改造山地、草原、水域(含 5 亿亩内陆水域和 300 多万 km^2 领海)及沙漠扩展利用空间的潜力是不容忽视的。

　　4. 深化土地制度改革,完善土地市场体系,加强国家对土地资源资产的管理,提高土地不动产的资产功能。

　　根据国内外经验,一国一地区的人地关系愈是紧张,愈应重视和强化国家对土地制度的改革,加强土地市场体系建设与管理,发挥市场在配置土地资源资产上的基础作用,以协调和缓解人地关系与人地矛盾。

　　中国土地利用不合理和效益不高的原因,除直接由于人口压力和土地利用问题外,还有更深层的制度制约因素。这主要是土地所有权与土地使用经营权分离后,土

---

① 转见邹玉川:《靠中国的地养中国人》,《人民日报》,1996 年 6 月 24 日。

地产权权能关系和各产权之间的权、责、利还不够明确,土地有偿使用制度还很不完善,国有土地和集体土地使用权的无偿划拨与无偿承包还没有根本改变,加上土地市场发育程度低及市场机制功能没有充分发挥,土地资源和不动产资产管理的不统一和滞后,土地使用权的出让和转让及土地供求运行不畅,土地不动产交易尚未真正依据市场供求规律和价值规律及地租、地价原理进行定价和管理,没有完全按照土地不动产资产和土地商品化机制实行企业化经营,致使国家和集体应有的土地收益大量流失。土地不动产具有蓄积和增殖资财的功能,如城乡土地不动产实行有偿使用,将是财政收入的巨大来源;国家如用这笔巨额收益改善土地利用,必将大大提高土地的利用效益。这表明土地使用制度和土地资源资产管理制度深层改革的必要性和重大意义。

5. 严格控制人口。中国人地关系的严峻现实,归根于人口多、人口增长量大。人口压力导致了人地关系的尖锐矛盾,也是造成国土资源利用不合理的根本原因之一。由于人是人地关系矛盾的主导因素和主要方面,在人地关系中,人口总量是可变量,人们利用土地的技能也是可变因素,而土地总量是不变因素,因此必须严格控制人口增长,减少人口总量,提高人口质量。这应是谋求缓解人地关系和人粮矛盾紧张的一个最关键的根本措施。

参考文献

[1] 中国科学院国情分析研究小组:《生存与发展》,科学出版社 1989 年版。
[2] 中国科学院自然资源综合考察委员会:《中国土地资源生产能力及人口承载量研究》,中国人民大学出版社 1991 年版。
[3] 邹玉川:《靠中国的土地养中国人》,《人民日报》,1996 年 6 月 24 日。
[4] 刘书楷主编:《土地经济学》,中国农业出版社 1996 年版。

原文刊发于《中国生态经济学会四届二次会议暨全国可持续发展研讨会论文集》,1998 年 12 月,南京

国外与我国台湾地区土地使用管制和农地保护的经验

刘书楷

（南京农业大学土地管理学院）

摘要：首先概括介绍了以美国、西欧等国家为代表的发达国家，长期以来积累的土地使用管制权力体系与机制，及用以指导土地利用的一整套宏观性公共措施、政策和经验；其次着重和重点评介了日本与我国台湾地区在农地使用管制和农地保护方面的做法。

关键词：土地使用管制；农地使用管制；农地保护

由于土地是万物的基础、一切生产和一切存在的源泉，土地自然供给的有限性和土地经济供给的稀缺性、土地的不动性及其质量的差异性、用途的多样性以及土地使用的占有性与社会性，致使土地在利用中必然产生土地价值和经济利益的差别，这就需要通过法制、政策对土地使用和用途变更使用进行必要的管制，借以均衡土地使用者的差别利益，并保证农业与其他产业的稳定、持续、协调发展。是以近现代以来，世界各国不论社会制度和经济发达程度有何不同，无不公认土地使用管制的必要，但由于国情特别是人地关系的差异，由此而产生的土地使用问题与相应对策也不尽相同。

一、各国对土地使用管制的实质内涵并无根本分异，但侧重点和政策措施有所不同

土地使用管制的实质是国家作为土地所有权的最高和最终权力者，对土地占用、使用权及使用行为施行的强制性计划管理。从而，多数土地管理专家和经济学家认为，土地使用管制可定义为国家通过制定土地利用计划、土地区划、土地规划、土地重划与整理、制订法制政策等公共措施，对土地资源利用的组织和管理，引导、限制和控制。而通过土地使用管制的配套公共措施，形成为各级政府对土地所拥有的正式权力，就是土地使用管制的内涵。按照美国土地经济学家雷·巴洛维（R.Barlowe）概括归纳各国对土地使用管制所采取的、指导土地利用的公共措施与权力，其内涵主要有：治安权（即警察权 police power）；征用权（eminent domain power）；公共土地开发投资权（即开发权 spending power）；独占权（proprietary power）；征税权（taxation power）等。[①]

治安权是土地使用管制、土地用途管制诸种公共权力的最重要的权利措施。治安权源于警察权一词，首次于 1827 年为美国最高法院所采用，1847 年后被用为法律名

[①] R. Barlowe, Land Recource Economies-The Economics of Real Estate, 1986, pp 509～551.

词,定义为"每个主权国家所固有的政府权力……用以管理辖区内的人和物"。迨后,使用范围逐渐扩展到包括公共福利和社会利益的保障方面,及美国联邦政府管理领土方面。在美国,治安权在指导土地资源利用上的应用,主要包括 3 方面:区划条例的运用;土地重划法规的运用;租金控制。

由于各国社会制度和地权制度的不同,所采取的公共政策措施是不尽相同的,但总的原则要有利于土地和相关自然资源(如空气、水质等)的合理有效利用。

征用权是政府在指导土地资源利用中最具有强制性使用的重要权力,也称为"最高权力或统治权",是指"最高统治者国家在没有土地所有者同意的情况下,将其土地财产征用于公共需要的目的"。"征用权"最先由荷兰哲学家雨果·格罗特斯(Hugo Grotius)于 1625 年提出,1831 年见诸于美国法律作为对私有财产的社会控制。征用权可单独实施,也可与治安权等其他权结合使用,以便于获得公路、街道等公共设施和环境保护等所需要的土地。美国法律规定土地征用权的使用,一是必须限于"公共用途","适量征用";二是必须对所征用的财产给予"公正补偿",即以"合理的市场价值"或"买者乐意支付、卖者乐意接受的价格"予以补偿。

公共土地开发利用投资权和独占权这两项权力的特点,是为此而设立公共基金不是直接控制财产,是为了公共福利而有效地用于影响和引导土地利用。开发利用公共土地的投资权的使用与征用权结合起来,可用于征购各种公共目的所需土地的开支及其建筑工程的资助,例如用于投资开发土地建设水利工程、公共建筑物、公路,开控河道、运河,改造港湾和环境设施等。

美国的公共土地所有权面积占美国土地总面积的大约 39%,其中有 33% 由联邦所有,55% 由州所有,1% 由县、市等基层政府单位所有。美国控制这么多的公共土地独占权的特定目的,据雷·巴洛维《土地资源经济学——不动产经济学》一书所述,是强调土地使用的公共目标,为土地资源开发利用提供范例和使用方向。这代表了私有制资本主义发达国家对土地使用管制的一种特有政策观点,即对土地私人利用的公共限制。

许多西方发达国家都很重视税收,以土地所有者纳税作为其继续拥有土地所有权的条件,并重视征税权对土地资源利用的影响。例如众所周知,采用地价税和土地增值税,可以消除不劳而获,抑制土地投机;空地税、荒地税可以促使城市用地和农地的充分利用;开征农地变更使用税,有利于农地用途管制和保护耕地;把纳税负担适度地设定在一般土地使用水平的提高上,则可以引导土地更集约的利用和改进土地管理等。

二、日本及我国台湾地区的土地使用管制和农地保护①

日本及我国台湾地区均有人多地少、人地矛盾较大的人地关系特点,随着经济社会的发展,土地使用管制和农地保护问题日益突出,尤其有必要对其土地用途管制和

---

① 参见林英彦:《土地经济学通论》,台湾文笙书局 1991 年版,第 463～634 页。

农地保护的做法和经验予以重视。

（一）日本的土地用途管制和农地保护

日本土地使用管制的内涵与其他国家大体相同，但依据国情实行了较为集中统一的土地管理体制和比较严格的土地使用管理。日本曾先后制定了《农用土地法》《农地调整法》《国土利用规划法》和《城市规划法》等法律，以规范土地使用与管理。日本农地法明确规定农地转为非农地要取得各级政府主管领导的许可，否则视为违法，处以罚款等。1969年修订的《城市土地规划法》将城市区域划分为促进城市化发展的"市街化区域"和抑制城市化发展的"市街化调整区域"两种情况，来处理农地的是否许可转变问题。其移转是否许可的规定界限是：

第一，在市街化调整区域以外，将农耕地区分为第一种农地，即农业生产力最高的农地；第二种农地，即建设用地投资对象的农地；第三种农地，其区域总面积中的40%已成为建设用地的农地。依据上列三种情况，原则上不许可第一种农地转用，许可第三种农地转用；至于第二种农地的是否转用，要在第三种农地中立足有困难或不适当时才准许转用。

第二，在市街化调整区域内，农地转用的标准要把区内的农地分为甲种农地和乙种农地，然后视情况分别决定。所谓甲种农地，是指集团性（连片）优良农地、土地改良事业用地、实施农地重划的农地或综合性集中农业用地及蔬菜产地、特种作物产地等；至于乙种农地，是指不属于甲种农地之农地，亦比照市街化调整区以外农地转用标准，区分为第一、第二、第三种农地加以评判。由此确定甲种农地原则上不许转用（只是有个别情况例外），而乙种农地则比照一般许可标准处理。

可见，日本对农地用途管制的特点是，认为在二、三产业和城市化发展中，开放部分农地供非农产业使用是势所难免；但又要尽量降低对农业生产的影响，保护优良农地不被占用，而问题是对优良农地如何界定。以上对优良农地的等级划分的第一优先条件，是农地所处的宏观环境因素（城市化中农业生产环境条件）；其次，才是农地的质量等级，因而必须建立在区域规划和土地重划和调整的基础上。这是值得借鉴的。同时，日本农地变更使用方案的执行还采取了严格的"农地转用许可流程和审议流程"，规定申请人提出申请转用面积2公顷以下，须经都道府县知事许可；2公顷以上，则需由知事转部局大臣许可。

（二）台湾地区的农地使用管制和农地保护

1. 台湾地区的农地使用管制

台湾地区农地使用管制面临的形势，使其对策较日本严格。但台湾也曾公开提出过放宽农地买卖及使用限制问题的讨论，而多数学者和有识之士皆认为农地变更使用不可轻言开放，主要理由是农地一旦开放自由买卖，必然引起土地投机盛行，地价上涨，且农地用途改变将不可恢复，致使粮食严重不足。为了发展农业生产的要求，就需要依靠土地使用管制予以支持。

台湾地区依据"耕者有其田"农地政策，需依法规定以扶植农民"自有自耕""自有自用"为原则,目的是让实际需地耕作使用的农民,有权取得农地的所有权或长期稳定使用权;而对非农民或无自耕能力者,则禁止其取得耕地所有权或使用权。并规定承受农地的面积,不得超过其能力有效耕作的最高限。实行农地管制,就是限制农地自由变更使用和保护耕地。

在台湾地区,农地使用管制是指限制农地移转及农地变更使用,也是对农地的直接保护。其主旨是要避免农地落入非农民手中,并防止农地成为土地投机的对象。限制农地移转的主要法规,在《土地法》及《有关农地承受人自耕能力的认定标准及自耕能力证明书核发程序》中,均有明确规定;限制农地变更使用以控制良田变更使用的主要法规,有《限制建地扩展执行办法》及《非都市土地使用管制规则》。

限制建地扩展执行办法,涉及两个方面:一是依土地使用管制方式限建;二是农用良田(高等则田)的限建。依土地使用管制方式限建的主要内容包括:① 都市计划范围外农业用地,移转时对承购人资格及自耕能力严格审查,以确系从事耕作者为限;其经核准之建地后又编入都市计划内农业区而受建者,地方政府应委托农民耕种;② 都市计划范围内农业区,除农舍外,依法禁建。其经核建的工业用地等,因延期使用,未经开发建设前,仍留为农田;都市山坡地的开发建设,应以水土保持为条件。农用良田(高等则田)的限建内容,主要有:① 1~8 等则优良农田,除土地所有人自建农舍报请县市政府核准外,一律不准用作建地或非耕地使用;9~12 中等则田如转用建地应依法报批核准;② 已实施农地重划的农田,除经编写为非农业用地外,不得变更为建地;③ 已编写为工业区用地,但占用良田过多而尚未开发者,应经政府审定予以回复为农地。

《非都市土地使用管制规则》的主要内容:该规则第三条规定:非都市土地使用区的用地编定为甲、乙、丙、丁 4 种建地,农牧、林业、养殖、盐业、矿业、窑业、交通、水利、游憩、古迹保存、生态保护、国土保安、坟墓特定目的等事业用地。第五条规定"非都市土地使用编定后,由直辖市或县市政府管制使用,其有违反编写使用者,应即报请直辖市县(市)政府处理"。

纵观以上法规的内容,可见台湾地区政府用于农地变更使用的手段,不外以下几个方面:一是以自耕能力证明书限制农地移转;二是实施使用分区管制;三是依等则高低,作为核准变更使用的依据。

根据台湾土地经济学家林英彦教授的研究,认为台湾现行的农地使用管制做法是可行的,并强调指出借鉴日本对农地种类划分的经验,既要按照土地等则高低分类,更应优先考虑对土地进行分区以生产环境为依据来划分。他认为,影响农业生产环境的最大因素就是附近有建筑物,尤其是工厂。因此,应以地区建蔽率来衡量是否准许农地的变更使用。基于这一看法他比照日本 1959 年颁布的农地转用许可基准结合台湾的情况,拟定了台湾农地转用许可基准如下:第一,凡地区建蔽率(指地区内的建筑用地占地区总面积的比率)超过 40%者,区内农地准予变更使用,但地区建蔽率之衡量,应以 6 公尺以上道路、铁路、河川或 1 公尺以上的水路所包围之范围为计算单位。第二,地区建蔽率在 30％以上未满 40％者,其农地变更使用需经县市长之许可,但面积超过 2 公顷时,应经上级主管机关许可。第三,地区建蔽率在 30％以下者,除公用事业及政府开发工业区外,一律禁止变更使用。第四,都市计划区域内之农业用地,其转用由当地都市计划委员会审核。①

2. 我国台湾地区的农地保护

农地保护除有赖于直接限制农地变更使用与限制农地移转外,主要是实行农业计划与规划,划定农业区按区域规划实施农地重划,对土地使用分区管制的方式加以规范,以提高农地的质量和价值,缩小农地与变更农地之间的收益差距,减少农地变更使用的压力。台湾地区自 1958 年开展农地重划工作以来至 1996 年已完成 200 余处,37.8 万公顷的农地重划,对耕地丘形零乱不适于农作或不利于灌溉排水的农地进行了整治、整合重划工作,提高了耕地的质量和生产力。但此项工作难度大,今后在提高耕地质量和维护耕地数量不致下降上仍然存在很多问题,故需继续开展农村与市地重划,并有建立核心农业区,发展精致农村,促进土地开发、开垦和合理集约利用等措施的相继提出。

参考文献

[1] R. Earlowe, Land Resource Economics-The Economics of Real Estate, 1986.

[2] 林英彦:《土地经济学导论》,台湾文笙书局 1991 年版。

原文刊发于:《中国土地科学》1998 年第 6 期

---

① 参见林英彦教授同上书,第 520 页。

论土地使用管制

——土地用途管制和耕地保护与中国社会经济可持续发展

刘书楷

（南京农业大学　210095）

摘要：土地使用管制、土地用途管制和耕地保护与社会经济可持续发展问题，已成为当前我国土地管理工作实践和土地问题理论研究广泛涉及的最基本问题。本文首先对其有关基本概念和实质含义，提出了可供参考的简释；并围绕中共中央、国务院《关于进一步加强土地管理切实保护耕地的通知》精神及有关文件，分析和探讨了我国土地管理面临的主要问题及宜施严格土地用途管制和耕地保护的对策措施。

关键词：土地使用管制；土地用途管制；耕地保护

一、土地使用管制、土地用途管制和耕地保护的概念及其实质含义

土地使用管制、土地用途管制和耕地保护是土地管理实践和土地科学、土地经济学中通用的专业用语，虽早有提出，但并无严格的公认的统一定义，而是一组相关的在某种角度上可以相互替代的用词。笔者认为，有必要对其定义、实质和主要含义加以界定，以免混淆，造成误解。

西方土地经济学常称土地管制为依法对土地的使用管制（land use regulation），但有时则通称为土地管理（land management, or land handle），只有严格程度上的不同。但从学术用词而言，应该侧重于严格的实质含义，而不泛指通用的土地管理概念。所谓土地使用管制，应是一国政府依法对土地占有、使用的管制，主要是对土地占有、使用者使用土地的权利和义务及使用条件的管制，即包括占有、使用期间，缴付使用土地的租金、税赋、劳务等以及对土地使用的类别（如耕地或建设用地）的用途和使用方式与方法的限制。所以，土地使用管制是建立在一定的地权观念和地权制度上对土地使用权的管理和限制。

制约土地使用管制的根本因素，是一定社会发展阶段的人地关系、国家政权和地权观念与地权制度。在原始社会人口十分稀少、土地广阔无垠而不虞匮乏、人地关系十分宽松的条件下，土地可自由使用，则人们既无地权观念，又无地权制度，甚至没有国家、部族的约束，就不存在土地使用管理和管制。及至人类社会发展到农业社会，人类定居，从事农耕，遂有农地地权制度的产生。从而出现了国家政府对农地的使用管制和地权制度。及至近现代，人口陡增，经济发达，由于人口和产业之间争用土地，土地利用的用途日广，遂产生土地经济供给的稀缺性，和土地利用个体性与社会性的矛盾并日益激化，农地因日渐被非农利用占有，而更加稀缺，导致农业产业和收益下降，

进而影响到社会公益,就首先产生了对农地占有、使用的限制和管制,致使土地使用管制长期以来主要是针对土地用途和耕地保护这一目标的,于是土地用途管制和耕地保护就成为近现代各国土地使用管制的主要目标和重要内容。

随着历代各国人地关系和土地用途的复杂化和多元化,土地使用管制的重要性和内涵广泛性则更加突出,亦更为人们所瞩目。从地权观点而言,土地使用管制的实质意义就是对土地占有、使用权利范围大小的界定,及对土地使用类别的限制;土地用途管制和耕地保护,则是指土地产权移转管制及农地使用管制。可见,时代的发展使土地用途管制和耕地保护日益成为土地使用管制的重要内容。所以,从土地使用管制与土地用途管制、耕地保护三者的从属关系说,土地使用管制含义最广,包含着农地使用管制和非农地使用管制两部分;而土地用途管制只是其中的类别管制,但因涉及各类用地的类别,如果分门别类综合起来,涵义也较广泛;至于耕地保护,则是从属于农地使用管制范畴,实质上是对耕地的使用管制,包括对耕地数量和质量的保护两个方面。

应予指出的是,不论对土地使用管制,抑或对土地用途管制及耕地保护,都是指的政府行为,是政府代表国家依法或按照计划对土地使用施行的强制性管理。它体现着一国政府的"最高权或统治权"及"最终所有权和处分权",体现着政权与地权的统一。这种由政府代表国家最终裁决统治的土地使用管制权,是历代各国地权制度一向公认和接受的,也为一般人民所接受,因而具有权威性。然而,这种强制性管制的严厉程度及其采取的地权体制、管理机制、土地法制和土地政策与措施,则因社会制度和国情的不同而互有差异和多样性。

值得注意的是,不论各国社会制度和国情有多大差异,其政府对国土使用管制大都是侧重于对农地使用管制和保护,而甚少例外。这主要由于土地对农业发展的特殊重要性,而农业又是社会经济可持续发展的基础所决定的。由于在农业社会和以农业为主要产业的国家,其国民经济的主体是农业,因而在初期社会阶段的土地使用管制,不论对农地或非农地都沿用相同的准则,并多侧重于地权的规范。但随着人口增多和第二、第三产业的发展,农地与非农地的使用特性及管制条件发生了很大差别,才重视对土地利用条件的管制,产生了区分农区和市区土地使用的分别管制,并因农地使用中经济收益和土地价格日益低于非农地使用的变化,从经济和技术上对严格农地用途管制,保护耕地,更加重视。

二、中国土地使用管制、土地用途管制和耕地保护面临的问题与对策

(一)中国面临的土地问题和土地使用管理问题

1. 耕地资源日益短缺和利用不够合理

中国国土面积约 960 万平方公里,约 144 亿亩,现有耕地约 20 亿亩,而人口已超过 12 亿,预计到 21 世纪 20～30 年代人口总数将达 15 亿以上高峰,现在人均土地面积约 12 亩,人均耕地只有 1.66 亩。中国人地关系的突出矛盾是,人均耕地严重短缺,不及世界人均耕地 3.75 亩的 44%。而且在预期人口高峰到来的期间,人均耕地仍难以保持稳

定不变。据统计 1986—1995 年全国耕地净减少 2 899 万亩,年均净减少耕地 290 万亩,耕地减少的损失,不仅限于数量,而且引起了耕地质的下降,主要是水田占用多,开发补充少;特别是南方耕地减少多,城镇建设占用良田多,而复垦荒地质量低。以致全国人均耕地少于 1 亩的有 3 个直辖市、4 个省;低于联合国粮农组织确定的 0.8 亩为临界值的县(区)达 666 个(其中低于 0.5 亩的达 463 个),占全国县(区)总数的 23.7%。

由于我国土地垦殖指数低,耕地资源原本不足,优质耕地少,中低产田占全国耕地总面积的 61% 等制约因素。加上土地利用仍然粗放及管理上的问题等原因,致使我国 1995 年的耕地粮食亩产水平按详查面积仅为 198 公斤(按统计数字为 283 公斤),与世界发达国家相比粮食单产相差达 150~200 公斤。我国 1991—1995 年对粮食年需求量为 5 200 亿公斤,而近年粮食总产量仅 4 500 亿公斤左右,与需求相差 700 亿公斤,如按现在全国粮食亩产 198 公斤计算,全国缺粮田就达 3540 万亩。再就人均粮食产量来看,我国近年粮食产量虽有增产,但全国人均粮食仍然徘徊在仅略高于 400 公斤的水平,距国际公认的人均 500 公斤的粮食过关标准差距 100 公斤左右。

"土为农之本,民以食为天",这是土地使用管理的必要和宗旨所在,也是中国奉行最严格土地使用管制的根本原因所在。

2. 土地使用中大量占用耕地的主要原因

第一,城乡经济发展的诱因。

我国土地使用中耕地的大量减少,主要是由于近十多年来改革开放时期,城乡经济的快速发展引起的。一是城市用地规模过大,建设用地外延扩展占用大量耕地。1986—1996 年,全国特大城市主城区用地规模平均增长 50.2%,城市用地规模增长弹性系数(城市用地增长率与人口增长率之比)已达 2.29,超出合理限度 1.12 的一倍以上,致周边大片粮田、菜田被占用。二是由于一度盲目兴办开发区占用大量耕地,被占耕地大量闲置。三是基础设施和基础工业重复建设,拓宽道路、广场、机场,扩大工矿用地。四是农村居民点建设布局分散,用地超标,人均用地达 192 平方米,远超过国家标准规定 150 平方米人均用地上限。五是农业结构调整过多挤占耕地,统计仅此一项就占耕地减少面积的 60%。

第二,土地使用管制不力、不善。

首先,土地管理机制不健全、不合理。一是现行土地收益分配不合理,形成了多占耕地的机制。主要有以下几点:① 土地收益全部留给地方,主要是留给市、县和乡镇。致使市、县政府利用农地转非农地的审批权,采取"低价征用,高价出让"的做法获取巨额收益。据不完全统计,1987—1994 年,全国共收取土地出让金 2 418.5 亿元,几乎全部由地方政府占用。② 国家征用土地对农民补偿费的分配不合理,大部被乡镇政府、农民集体所截留,致使一些乡镇政府经常代替农民大量出卖耕地,以卖地款补充乡镇财政,从中获利;有些农民和农民集体也不惜牺牲耕地从农地转非农地中去获取比种植业更大的经济利益。③ 一些需地的建设单位因为城区和开发区土地利用成本过高,为了降低建设成本,也宁可通过当地政府向城乡接合部和城市周围征用耕地,而使城建区存量土地空置。由此可见,这种土地管理机制不仅不去保护耕地和限制耕地的移转,而且只能为地方政府和农民获取耕地移转收益而加速耕地的流失。

其次,土地管理体制的现行用地"分级限额审批"制度不利于国家集中统一控制土地供应。我国土地管理体制虽已实行了集中统一管理的改革,但现行的体制仍然存在着以下的问题:① 建设用地的审批权主要集中在市、县政府或乡镇政府,架空了国家和省的权力。这在当前"以地生财"换取资金不足的诱引下,必然导致地方政府利用其有限的审批权,甚至非法批地,无限制地大量征地和出让土地,不惜牺牲耕地去追求经济的暂时发展。② 一些县市对土地的变更使用不按土地利用规划行事,对非农业建设用地规模和布局未以形成有效管制,以致城镇和村庄建设任意扩张,耕地保有总量严重失控。③ 不少地方在规划基本农田中,多把城镇近郊和交通沿线两侧的优质高产粮田留作建设后备用地而不划入基本农田,甚至对基本农田保护区存在着"划远不划近、划劣不划优"的错误做法。④ 在土地出让金的收益分配上,中央财政曾先后作出过与地方政府实行四六分成、三七分成的规定,最后规定中央只收 5%,但地方政府仍截流不报,将土地收益留地方。以致中央政府应取得的土地收益无法实现,国家对保护耕地的宏观经济利益的调控无法形成。可见,上述土地管理上存在的问题,实际上削弱了国家对土地的集中统一管理。

最后,土地管理法制不够健全,地方土地管理部门隶属同级政府,难以依法行政;对地方政府的土地违法行为也难以查处。土地使用管制、土地用途管制和耕地保护关系到我国经济社会发展的大事,却至今没有土地的专业法《土地法》,也没有专门的《耕地保护法》等,致使土地使用管制和耕地保护处于失控状态。加之土地管理机制、体制上的问题,地方土地管理部门设置于同级政府并受其控制,不仅难以依法行政,而且难以按计划和规划管理土地,甚至扭曲城市规划理应服从和受制于土地利用总体规划的关系;而当地方政府一旦有违法行为或出现非法用地时,更无明确严厉的法制条文足以规范惩治。

由于至今尚未形成适应土地使用管制要求的土地管理机制、体系和法制,因此,还没有形成为一整套完备有效的用以管制并指导土地利用的宏观管理措施和持续土地利用管理措施。

综上所述,我国虽然早在改革开放初期就已实行了以集中统一管理的改革,以强化土地管理和土地使用管制,但近期和今后要做的事的确很多,可谓任重道远。

(二)进一步加强土地使用管制和可持续土地利用与管理的对策措施

依据中国的国情,特别是人地关系的突出矛盾,以及十多年来土地管理的实践经验,我国政府已对土地管理工作做出了许多新的改革和实验,经过缜密的调查研究,于1997 年 5 月 19 日由中共中央、国务院发出了《关于进一步加强土地管理切实保护耕地的通知》明确了土地管理的主要根本目标是土地用途管制和保护耕地,提出了一系列的进一步加强土地管理切实保护耕地的治本之策。这是我国近期和今后长期坚持的土地使用管制的纲领性文件和指导方针,对土地使用管制既突出了重点和管制的严格性、周密性,又兼顾了宏观综合管理的全面、协调配合,为今后的严格管制提供了系列配套对策和措施。

治本之策的关键,是进一步改革土地管理体制、机制和法制。为了保证上述加强土地宏观、严格土地用途管制和保护耕地治本之策的实现,最具决定性的因素在于土地管理制度上的发展和创新。如果没有与严格土地使用管制相适应的合理健全的管理体制、机制和法制的配套措施,一切治本之策都将难以保证实现。

针对现行土地管理制度上的主要存在问题,应采取的治本之策是:第一,首先要建立一个与严格的土地使用管制相适应的高度集权的集中统一的土地管理体制,集大权于中央政府,集中统一管理全国城乡用地。《通知》提出对农地和非农地要实行严格的用途管制,主要通过发挥土地利用规划的总体控制作用,以土地供应制约和引导需求,以土地用途管制制度代替现行的用地"分级限额审批制度",以形成保护耕地的体制和机制。因此,亟应改变现行的"块块为主"的土地管理体制,强化土地管理的集中统一领导;改变地方各级土地管理部门由本级政府领导,只对本级政府负责的领导体制,实行双重领导和垂直领导相结合的土地管理领导体制。第二,要随着土地管理集权体制的建立,改变现行土地管理维护块块利益为主的机制。针对主要存在问题,加强中央、省级用地的管理职权功能,把建设用地的审批权主要集中在中央、省级;并调整土地收益分配办法,按照《通知》规定的"今后原有建设用地的收益全部留给地方,专款用于城市基础设施建设和土地开发、中低产田改造;农地转为非农建设用地土地收益,全部上缴中央,原则用于耕地开发,具体办法国务院另行规定"。第三,要相应修改和制定有关法律,加强法制管理。建议中央修改《土地管理法》和《城市房地产管理法》,尽快制定《耕地管制法》,加快制定《土地法》等。以严格土地管理法制,加强土地管理的执法监督检查。

最后,为保证实施中央《关于进一步加强土地管理切实保护耕地的通知》,最终还有赖于领导者、专业工作者和全体用地者思想观念的根本转变。要真正切实认识到实行严格土地用途管制和耕地保护的急迫性和必要性,及其对我国经济社会可持续发展的战略意义,把土地使用管制与国家政权和地权统一起来,进一步把实行严格的土地管制与每个公民和全民族的根本利益联系起来,才能确保这一既关系到每一个人又关系到全社会的伟大事业的实现。

参考文献

[1] 邹玉川:《靠中国的地养中国人——关于耕地总量动态平衡的新思考》,《人民日报》,1996年 6 月 24 日。
[2] 保护耕地问题专题调研组:《我国耕地保护面临的严峻形势和政策性建议》,《中国土地科学》,1997 年第 1 期。

原文刊发于《中国土地科学》1997 年第 6 期

论重构土地科学学科体系的几个基本问题

刘书楷

（南京农业大学　210095）

摘要：从新形势下构建土地科学学科体系的必要性和要求出发，提出组建土地科学学科体系的新思路在于重新认识和分析"土地—人地关系—土地问题"的系列研究客体，并在此基础上对土地科学学科体系作了全面论述。

关键词：土地；人地关系；土地问题；土地科学学科体系

一、新形势下重构土地科学学科体系的必要性和目标

土地科学是指一系列土地学科的集合体，并非专指一门学科。任何从中分立的土地学科都不能称之为土地科学，也不能取代土地科学。土地科学应定义为一种科学分类。它是以研究土地这一客体对象为中心的系列相邻学科组成的学科群体。但是我国过去主要是在一些高等院校从国外引进了"土地经济学"和"土地规划学"等极少数门类。当时就无所谓土地科学，也谈不上什么学科体系。只是到了国家土地管理局成立 10 年来，由于国家对土地实行统一管理的改革，组建了土地管理科研单位，并在一些院校设置相关专业，推动了土地科学的发展。从此才初步形成了涵盖十多门类的土地科学学科体系，为今后土地科学与土地管理事业进一步发展提供了基础。但是，在新的形势下，随着我国经济体制和经济增长方式的根本转变。土地产权主体进入市场，土地利用功能和价值的日益扩张，进一步要求强化土地的集中统一管理，致使原本基础薄弱滞后于实践发展的土地科学，相形之下益发不能适应土地管理长足发展和经济社会发展的要求而亟待加强。

新形势下加强土地科学学科建设的目标，应适应经济的两个转变，面向土地管理实践的主战场，谋求构建一个科学有效的学科体系，以服务于管好用好土地，实现土地总体上的最佳整体功能和最大综合效益。但实现这一基础目标，就不能不组建一系列相应的、能从土地总体的各个方面较为完整地进行研究的土地科学学科体系。构建土地科学学科体系之所以必要，是由于土地科学的任一分支学科都只是从各自专业的角度和领域研究土地的局部，而不是整体，它只能说明和解决局部问题。只有组建一个配套的学科体系，才能取得管好用好土地的最大整体功能和综合效益。

二、重新认识土地科学的研究对象，是组建土地科学学科体系的基础

土地科学的研究对象与领域是随着时代需要不断拓宽的，我认为不能把视角只是

定在"土地整体"上,而应扩展到以"土地—人地关系—土地问题"系列为对象,对其实质内涵加以系统分析,从而选取拟建的学科体系。

(一)土地的实质内涵

土地是人类主体赖以生存的基本客体。自古以来,有识之士就对土地作过深入研究。我国早在周代,管仲就指出:"地者,万物之本源,诸生之根苑也。"[①]17世纪西方资产阶级古典经济学家配第(W. Petty)说:"劳动是财富之父;土地是财富之母。"[②]其后,李嘉图(D. Ricardo)也说:"人非土地,不能生存。"[③]马克思进一步指出:"土地是一切生产和一切存在的源泉","土地和劳动力"是"一切财富的源泉",并指出自然状态的土地是"土地物质"或"劳动对象",已利用土地由于附加了人类的劳动成为"土地资本"。[④]"土地物质"与"土地资本"的融合也就形成了土地既是自然资源又是不动产资产的二元构成。美国土地经济学创始人伊利(R. Ely)等把土地视为"自然、空间、生产要素、消费财货、位置、资产和资本"多种含义,认为"土地是万物的基础"。[⑤] 总之,原始土地作为自然资源和自然生态环境要素,随着与人类劳动的结合越来越密切,已日渐成为一立体空间的自然要素与社会经济要素所形成的综合体。而且土地作为国土又和人民、主权构成国家立国的三大要素,包括一国的领土(陆)、领海和领空,从而又具有了政治的含义。

所以我们既要看到作为自然状态的土地是最基本的生态环境要素和自然资源的综合体;又要把与人类结合的已利用土地或待利用土地视为与人类劳动结合的自然经济综合体。这应是对整体土地的认识。

(二)人地关系的实质内涵

人地关系一词最早见于17世纪西方人文地理学家对土地利用问题的研究,是论述人与土地的关系的,但在我国周、秦时期即已流传着论述人地关系的"天地合一"之说,认为"天地(自然)生万物,也生人",人依赖自然界的哺育和庇护而生存繁衍。人地关系提出后,一直成为传统经济学、地学和土地经济学的研究主题。人地关系的实质,照马克思所说就是人与自然的关系。认为人与地、人与自然的关系,是人类通过自身的劳动与自然界进行物质变换的关系。他指出:"劳动首先是人和自然之间的过程,是人以自身的活动来引起、调整和控制人和自然之间的物质变换的过程。"[⑥]又说:"土地是人类世世代代永不能缺的生存条件和再生产条件。"[⑦]"对工厂来说,土地是作为地

---

① 转见刘书楷:《土地经济学》,中国农业出版1996年版,第1～3页。
② 转见刘书楷:《土地经济学》,中国农业出版1996年版,第1～3页。
③ 转见刘书楷:《土地经济学》,中国农业出版1996年版,第1～3页。
④ 转见刘书楷:《土地经济学》,中国农业出版1996年版,第1～3页。
⑤ 转见刘书楷:《土地经济学》,中国农业出版1996年版,第1～3页。
⑥ 马克思:《资本论》第一卷,人民出版社1976年版,第201～202、916、879～880页。
⑦ 马克思:《资本论》第一卷,人民出版社1976年版,第201～202、916、879～880页。

基、作为场地、作为操作的基地发生作用;对农业来说,土地作为生产工具来起作用。"①

土地诚然是一切生命之源和人类生存与生产的条件,但如果不经人类的利用,则实无重大意义。而人通过劳动利用土地,则可以改变和支配自然界为自己服务,取得收获,正如恩格斯所说,"人可以通过劳动作出的改变使自然界为自己的目的服务,来支配自然界。"②这表明,在人地关系上人起着主导的决定性作用,由此人类社会得以生存和发展。这正是人地关系的实质所在,它是人类社会得以持续发展的基础。

依据人地关系的实质含义,人们对土地的利用与管理以及土地科学的研究,都不应只是就土地而论土地,而必须从人地关系中去研究和管理土地,特别对土地经济、社会、法制问题的研究更是如此。所以人地关系是土地科学研究的永恒主题,尤为著名土地经济学家伊利和魏尔万指出的"我们的科学的起点与终点都是人"③。正是由于人类的劳动与作为劳动对象或劳动资料的结合,自然界提供的有限土地得到有效的利用,并不断发挥着土地承载和养育人类的巨大功能。

(三)土地问题的实质内涵

土地管理和土地科学研究中所谓的土地问题,主要是指人与土地结合以后发生的人地关系所引起的土地问题。因为土地原本是自然界提供的,据有关研究,地球诞生距今已约 46 亿年,而在地球的土地上养育出的人类出世不过几百万年(有估计约 100 万年,也有估计约 300 万年)。在人类出现以前和出现以后的漫长历史时期土地处在自然存在演变的状态,自然土地只是按照自然规律演化而与人类无关,也不会出现什么土地问题,及至人口日渐增多,有限的自然土地的产品不足养活增多的人口,人类开始利用土地谋生时才会出现土地问题。但首先出现的土地问题应该是人与地的直接关系,即土地利用问题,或利用土地的生产问题;继之,人口增多出现争用土地时,则会发生因利用土地派生的人与人的关系,即间接的人地关系引起的土地分配问题。前者可称为人地关系的主体关系引起的土地问题;后者则称为人地关系的从属关系引起的土地问题。直接的人地关系所引起的土地利用或土地生产问题通常是经常大量发生的;而间接的人地关系中人与人关系所引起的土地分配问题,一般并不经常发生,但一旦出现往往表现为产权制度和产权利益分配问题,而成为土地问题的焦点,甚至引起社会问题。

土地问题的成因,常因一国的人地关系和社会制度等因素而不同,但从其形成的基本因素而言,主要有以下几方面:一是由人口问题而引起。土地和人口都是社会生产力和财富的源泉,但在人地关系中,土地作为自然产品、"非再生资源",其总量不能增加,位置不可移动,是一个常数;而人则是依附于土地而生存和发展的社会资源,是

---

① 马克思:《资本论》第一卷,人民出版社 1976 年版,第 201~202、916、879~880 页。
② 恩格斯:《自然辩证法》,《马克思恩格斯选集》第 3 卷,第 517 页。
③ Ely and Wenhrwein, Land Economics, Preface, 1940, P.V.

一个变数,人是生产者又是消费者,人口的适度增长可使土地得以持续利用与管理,如果人口得不到控制而无限增长,就会超过有限土地的承载能力,破坏土地资源和生态环境。二是因土地利用不当而引起。土地利用不当,主要表现为土地的粗放利用,掠夺式利用,只利用、不保护、不管理,无计划、无规划利用等,以致造成土地资源浪费破坏,土地利用效率低下。这是对土地特性功能和对人地关系国情缺乏认识的结果。三是由于土地制度和土地产权制度不合理。土地制度和土地产权制度是规范人地关系的,一切土地利用问题和土地分配问题的产生,大都是由于土地制度和土地产权制度与当时社会的适合性有关。而且,不同的土地制度和土地产权制度将形成不同的土地问题,主要是地权关系及权益分配问题。

基于以上对土地、人地关系和土地问题三者实质内涵的分析,可见它们之间是紧密有序地联系在一起的,并构成了"土地—人地关系—土地问题"这一土地科学学科群体共有的系列研究对象。可以认为,土地科学这一门科学,就是研究"整体土地"和"人地关系",及解决"土地问题"的科学。

三、关于土地科学学科体系建设的构想

以上确认了土地科学的系列研究对象和研究目标,并分析了其实质内涵的高度综合性。这表明对土地科学以及对土地利用与管理的研究,必要涉及自然、生态、经济、技术、制度与管理等多种因素和多种学科,可以认为土地科学是跨自然技术科学和社会科学的综合性很强的交叉科学,它应该由特定的研究"土地—人地关系—土地问题"系列对象的多门自然、技术和社会、管理学科组成一个学科体系,凡是研究土地科学系列对象的学科,都应列属于土地科学学科体系。但实际上也不能求全设置,而应该围绕土地利用与管理的实际需要及其重点加以分类筛选,以期达到既保持整体性,又切实可行,并考虑到有关学科发展的成熟程度,以作出适当安排。依据这一观点,可以认为应设置的土地科学学科体系的构成如下:

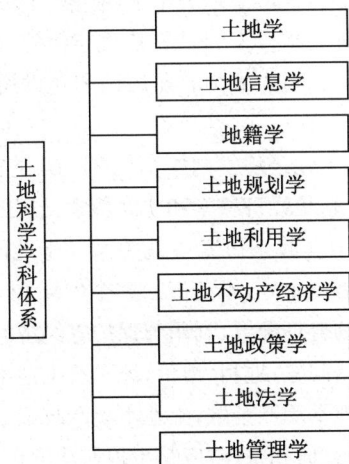

上列各学科,是从自然(含技术)科学的社会(含经济)科学的不同角度和领域,研究土地科学的系列客体对象的,是各自相对独立又相互联系的。其中:

土地学应是土地科学的一门主要的基础学科,以研究作为自然经济综合体的整体土地,论述其自身的实质内涵、自然人文特性与功能和演变规律等为主要内容;为其他分支学科和管好用好土地,提供一个完整的基础理论概念与指向。目前国内一些院校开设的土地资源专业和土地资源学,已为这一学科奠定了重要基础。

土地信息学亦应成为土地科学的一门重要基础学科。应综合使用一系列有关高新技术,如遥感、测绘和电算等土地信息技术手段,筹建土地信息学科,为土地管理工作的现代化服务。

地籍学其性质属信息管理范畴,原为反映土地的位置、数量、权属、用途等状况的,其形成甚早,现已广泛用于土地管理工作领域。研究内容应包括:地籍(土地权属为主)调查与测量;土地登记;土地统计。

土地规划学应是土地科学学科体系中的一门土地利用配置规划学,以组织各产业、各地区土地的计划利用和人地关系中地与地的组合与布局,为国家集中统一管理和合理用地服务。研究内容主要应是,在国家土地基本国策指引下和保护耕地的前提下,协调好各类用地的配置,编制以各级区域土地利用总体规划为主导的、与城乡各用地规划相配套的科学的土地规划体系。土地规划学最早建立于1940年前后的苏联,在我国也一向十分重视,已形成为土地科学的一门"龙头"学科。

土地利用学。是本文拟论增设的一门新学科。土地利用是人地关系的直接关系和主体关系,人们研究土地、人地关系和土地问题的基本目标是要管好用好土地,管好又是为了用好。所以必须研究土地利用问题,使土地利用学成为土地科学学科体系的主体和核心。但由于土地利用涉及人类的一切生产和生活活动,城乡各业无不利用土地,而且利用的方式、技术不尽相同,涉及的因素、范围和学科门类极为广泛,这门学科不可能也不应包罗万象,而必须从管好土地的角度,围绕土地管理的中心,来设计它的性质、目标和具体研究内容。拟议的土地利用学,应是一门综合性的土地利用学,从合理利用土地的综合概念,研究土地开发、利用、整治与保护,以提高土地整体功能和综合生产力。研究的领域和内容,可大致为农业用地和建设用地两大类,兼顾整体与重点,研究其规律性和运作机理。

土地—不动产经济学。土地经济学创始于1924年,是土地科学群体学科中建立较早的一门基础理论学科。它是经济科学和土地科学交叉的学科,从经济学的角度把自然、技术和社会经济因素结合起来研究人地关系和土地问题的。在市场经济条件下,其研究目标与范围已扩展到土地、不动产的整个领域和土地利用与分配问题的各个方面。包括:土地不动产的合理配置、利用与保护等经济问题;土地不动产使用经营体制、产权制度的改革与创新问题;地租、地价、地税及土地不动产估价计价问题;土地不动产市场体制的构建;土地不动产金融;土地不动产政策、法规与管理问题等。由于本学科涉及土地科学的各个方面和整体,应是土地科学的主干学科之一。

　　土地政策学。土地具有极大的社会性，又是构成国家三要素之一。我国社会主义公有制土地的最终所有权属于国家，政府更应通过制定和运用土地政策行施地政，以强化土地管理。故设置土地政策学作为土地科学的一个分支学科是十分必要的。由于土地政策是国家指导和规范土地管理的依据和重要手段，具有调节人地关系，优化配置与分配土地资源及合理利用土地的功能。根据目前我国土地管理实践的需要，土地政策学的研究内容应包括土地政策一般（含基本概念、理论等）和土地政策各论两部分，各论主要有：土地产权政策，土地使用、征用政策，耕地占用、保护政策，土地开发、复垦政策，国土整治、水土保持政策，土地市场政策，土地价格政策，土地税收政策，土地金融政策等。

　　土地法学。土地法学是运用法学原理协调人地关系，为管好用好土地提供法律规范和依据的，它与土地科学的诸多学科密切相关、相辅相成，应成为构建土地科学学科体系的必要组成部分。其研究内容应包括调整人地关系中人与人的土地权益等关系，及人与自然的关系，即土地开发、利用、保护、整治与管理等方面的土地关系。依法管好用好土地，是土地管理工作规范化、科学化，实现土地可持续利用的需要。目前我国土地法制体系尚未健全，故加强土地法学建设已刻不容缓。

　　土地管理学（或土地行政学、地政学）。土地的重要性、广域性和社会性，要求国家和全社会对国土施行科学有效的管理。建立土地管理学是有关土地科学建设和管好用好土地的全局问题。土地管理学是从上层建筑领域综合运用政治、行政学及现代管理科学原理，并综合应用土地科学各学科体系有关研究成果，对土地和人地关系实行人为、政府行为干预、调控和管理，以揭示其运行规律的学科。研究内容应包括：土地信息管理、地籍管理、农用地管理、非农建设用地管理、土地资产管理、土地法制管理等。因其研究范围涉及土地科学的各个分支学科和整个土地管理实践活动，土地管理学是可以与土地科学并列的一门综合性很强的主体学科。

　　纵观上列9门学科，只是现阶段所须构建的学科体系的主要门类，随着土地管理事业和土地科学的发展，应视需要与可能再做调整。为了保证做好土地科学学科体系构建工作，首要的是要及时筹建一所全国性的"中国土地科学院"，并进一步加强有关院校土地管理学院、专业教育以强化人才建设和人才培养。

原文刊发于《中国土地科学》1997年第3期

马克思劳动价值观与西方非劳动价值观土地价值与价格理论

刘书楷

（南京农业大学土地管理学院）

摘要：系统分析和概括了马克思劳动价值观与西方非劳动价值观土地价值与价格理论，阐明二者的对立与分异及其兼容性和互补性。

关键词：土地物质；土地资本；土地价值；土地价格

一、马克思劳动价值观土地价值与价格理论的基本点

（一）马克思劳动价值观重视劳动，更重视劳动与土地的协力

劳动价值论是资本主义时代的产物，其实质是反映劳动与资本的关系。它原由资产阶级古典经济学家所提出，后经马克思、恩格斯加以改造和完善，成为科学的劳动价值学说，并应用于人与自然关系和土地（自然资源）价值与价格的分析研究。马克思在写作《资本论》的 19 世纪，面对着资本主义上升时期及资本对劳动的无情剥削，特别强调劳动的重要性是有其时代意义的，也符合科学的价值观。他在论述劳动过程（即生产过程）和资本主义剩余价值的产生与价值增殖过程问题时，接引了早期古典经济学家威廉·配第的名言："劳动是财富之父，土地是财富之母"。而配第在称"劳动是财富之父"时，还在此句后附有"能（活）动的要素"一词，原文是："Labor is the father and active principle of wealth"，[①]就是"劳动是财富之父和能动要素"，充分表明了劳动在创造财富中起主导的决定性作用。这一点具有历史意义。

但马克思在强调活劳动和物化劳动在创造价值方面的重要作用时，却从不把劳动视为创造财富的唯一因素，他明确指出："劳动不是一切财富的源泉，自然界和劳动一样也是使用价值（而物质财富本来就是由使用价值构成的）的源泉，劳动本身不过是一种自然力的表现，即人的劳动力的表现。"[②]并认为人在生产中只能改变物质的形态。不仅如此，他在这种改变形态的劳动中还要经常依靠自然力的帮助。"[③]人与自然、人与土地的关系也正如恩格斯在论述劳动在从猿到人转变过程中的作用时所指出的："自然界为劳动提供材料，劳动把材料变为财富。"[④]

---

① W. Petty：A Treatise of Taxes and Contributions，London，1667，p47.

② 《马克思恩格斯选集》第 3 卷，第 5 页。

③ 《资本论》第 1 卷，第 56～57 页。

④ 《马克思恩格斯选集》第 3 卷，第 508 页。

（二）马克思对"经济学上"土地范畴的界定和对土地一分为二的分析是其土地价值与价格理论的基础和核心

马克思在《资本论》第一卷"剩余价值转化为资本"一章论及资本与劳动和土地的关系时,曾提出"经济学上所说的土地是指未经人的协助而自然存在的一切劳动对象"①。其实,这是传统经济学一贯信守的命题。所谓"经济学上的土地",是指经济意义和经济学上所讲的土地自然物质,即非劳动产品,它是一切劳动对象的总称。经济学是讲生产关系和经济关系的,经济学所讲的土地,不是指土地物质本身形成演变的自然规律,而是指生产(劳动)过程中劳动与土地(劳动对象)的关系,其实质是人与土地的关系。

马克思依据劳动与土地自然物、人与土地相结合才能形成生产、产品和价值的劳动价值原理,在分析土地价值时,把土地区分为"土地物质"和"土地资本"两个既有性质分异又相互联系的两个范畴,明确指出作为未经人的协助而自然存在的未利用土地是"土地物质",而经过劳动成为生产资料的已利用土地是"土地资本"。

土地物质与土地资本的区别在于:

一是内涵的实质不同。土地物质是自然界赋予的自然物和自然力,其实体固定在地球表层,面积总量和位置及其自然特性功能具有经久的不变性和不可代替性。土地资本则是人类利用土地凝结在土地物质中的劳动和资本,照马克思所说"其中有的是比较短期,如化学性质的改良、施肥等等;有的是比较长期的,如修排水渠、建设灌溉工程、平整土地、建造经营建筑物等等"②。马克思把土地资本定义为"对已经变成生产资料的土地进行的投资","它属于固定资本的范畴",从而把土地物质和土地资本区别开了。

二是性质和作用的不同。土地物质是原始自然资源,没有物化劳动,也没有价值;但它是"万物的基础"(伊利),也是人类赖以生存和发展的基础,又是有限的稀缺的宝贵资源,具有重要使用价值,也具有价格。土地物质的价格是对土地所有者的所有权的无代价报酬,它代表的是土地所有者的利益,在私有制条件下对土地利用和生产发展中是一种不合理的障碍因素。而土地资本是劳动的产品,既有使用价值也有价值,而且能创造价值。土地资本来自土地经营使用者,是为了改良土地提高土地的使用价值和土地产品价值而投入的,它代表的是土地经营使用者的利益,追求的是资本的利息和利润,而不是不劳而获的地租。土地资本对土地利用和生产发展是一种合理的积极因素。马克思在论及对农业用地的投资时指出:这种投资只要合理地进行就"会改良土地,增加土地产量,并使土地由单纯的物质变为土地资本。一块已耕土地和一块具有同样自然性质的未耕土地相比,有较大的价值"③。

① 《资本论》第 1 卷,第 668 页。
② 《马克思恩格斯全集》第 25 卷,第 698 页。
③ 《马克思恩格斯全集》第 25 卷。

上述是土地物质与土地资本在内涵和性质上的区别。但不容忽视，马克思又说土地资本与土地物质"有不可分离的偶性"。这主要表现在以下两点：首先，土地资本是附属于土地物质实体上的，不是独立存在的，二者的结合使自然土地变为已利用土地，由自然状态的土地物质变为生产资料、由自然物变为资本物，由只有使用价值变为兼有使用价值和价值，而具有自然生态和社会经济的双重属性的统一体。其次，土地资本与土地物质的结合，使自然土地（未利用土地）变为已利用土地，土地资本带来的土地使用价值与价值的增值也耦合起来；即使是土地资本带来的利息和利润的收益和价值增值部分，由于土地所有权的垄断，在签订新的土地租约或土地出售时，也往往与地租、地价合一为土地所有者占有。

通过以上分析，从劳动价值观看，土地物质——土地自然资源显然是没有价值而只有使用价值的，而已利用土地因附加了土地资本，则显然是既有价值，又有使用价值。但是否就此可以认为土地是有价值的呢？对这一点，马克思并未做出明确解释。因此引起人们的多种不同看法，其中有依据马克思对经济学上土地是劳动对象，联系土地物质，认为土地没有价值；也有联系当今土地大都不是原始的自然物质或劳动对象而是已利用土地的现实，认为土地有价值。

笔者认为，马克思所说的"经济学上"的土地是一种劳动对象，是指的人与土地的关系，即在人的劳动过程中土地（自然资源）是创造财富的劳动对象和不可或缺的物质条件。当然这种自然存在的劳动对象，作为不包含任何劳动的土地物质，确实是没有价值，却不能由此引出土地没有价值的结论。因为判定土地有没有价值的关键，照马克思所说在于土地这一劳动对象是否与劳动相结合，如果没有结合就不会有价值，如果结合起来了使土地得以利用，那么人对土地进行了投资给土地附加了"土地资本"，土地就有了价值。按此原理，以农业土地为例，当今全球适于农业生产的占地球表面面积27％的土地已经得到了充分的利用，应该说全球可利用的土地已不再是自然存在的土地物质而具有了价值，而且随着人类社会的发展和科学技术进步，将会有越来越多的土地具有不断增多的价值。但需指出，即使未来全球土地都得到了充分利用，土地作为劳动对象的自然特性则不会根本改变。

（三）关于土地利用不合理，劳动无效不能形成价值的观点

马克思在十分重视劳动和强调对土地投资使土地不断增值的同时，并没有忽视劳动无效不能创造价值的问题。他明确指出："没有一个物可以是价值而不是使用物品。如果物没有用，那么其中包含的劳动也就没有用，不能算作劳动，因此不能形成价值。"[1]从土地利用来说，如果利用不当，耕作制度不合理，其中包含的劳动就不会创造价值，甚至会带来负价值。这说明生态价值与经济价值是必然统一的。

1. 关于土地利用级差超额利润是"虚假的社会价值"的理论

马克思在分析地租时总认为土地产品的个别生产价格低于社会生产价格，但又按

---

① 《马克思恩格斯全集》第23卷，第54页。

照社会生产价格出卖,因此取得了超额利润而转化为级差地租,它不是实际的真正价值,而是通过土地产品价格转移其他生产部门(如加工业)的社会价值,是"社会对土地产品支付过多的东西",故马克思为区别它不同于真正的劳动价值,而称之为"虚假的社会价值",①并认为它是合理的,是可以长期存在的。这主要因为土地有限,优良土地更有限,随着社会发展,土地产品将必然供不应求,因此土地产品(特别是农产品、矿产品)的社会生产价格必须由劣等土地的产品的个别生产价格来调节,因而使较优等土地获取了大于劣等土地产品的个别生产价格的超额利润。这一理论表明,土地(自然资源)的生产价格应该高于一般商品价格。

2. 马克思关于土地价格的理论

马克思对土地价格的考察是以他的劳动价值观和土地价值理论为基础的。按其逻辑推理,没有价值的东西是没有价格的,作为土地物质的未利用土地既无价值,自然也就没有价格可言;但是马克思又指出:"因为土地是有限的,而有水力资源的土地更是有限的。……这种自然力的占有,在它的占有者手中形成一种垄断",②而"土地是生产者的主要工具,因此生产者不管什么价格都必须购买它"③。这是说,作为稀缺自然资源具有极大的使用价值,在它被占有,并转让其产权时就有了价格。马克思称这种没有价值的土地价格是"虚幻价格",并称之为"资本化的地租"。④

根据马克思所说,未利用土地是自然物,土地物质没有价值只有使用价值,其价格是非价值价格,即"虚幻价格"。已利用土地是土地资本和土地物质的统一体,其价格实际上包含了两重因素:一是土地物质价格,即"虚幻价格"或"资本化的地租";二是土地资本价格,即价值价格或真实价格,这两种价格因素又"耦合"为一体,构成了已利用土地价格的完整涵义,其计量公式是:

$$土地价格＝地租(总量)/利息率$$

上式表明"土地价格无非是出租土地的资本化的收入"⑤,此计量方法称为"地租资本化法"。

二、西方非劳动价值观土地价值与价格理论的基本点

自 18 世纪末以来,西方相继出现了"三要素价值论"、"边际效用论"(主观价值论)、"以稀缺为基础的资源价值论"和"均衡价值论"等价值理论。它们的共同点是反对劳动价值论,主张价值多元化,把价值与使用价值、价值与效用、价值与价格混为一谈,混淆概念,反对劳动是创造价值的唯一源泉,提出土地、资本和劳动一样创造价值,

---

① 《马克思恩格斯全集》第 25 卷,第 745 页。
② 《马克思恩格斯全集》第 25 卷,第 727 页。
③ 《马克思恩格斯全集》第 25 卷,第 815 页。
④ 《马克思恩格斯全集》第 25 卷,第 729～730 页。
⑤ 《马克思恩格斯全集》第 25 卷,第 705 页。

物的边际效用、人的偏好也能创造价值,这就抹煞了劳动在创造财富中能动的主导的决定作用。然而这些所谓"价值",都是集中在使用价值和价格上的,从而构成了较为完整的价格理论体系。

在资本主义市场经济机制中,土地被视为商品,因此西方土地价格理论是以市场价格为基础的。其中有代表性的主要如下:

（一）土地收益理论

据其创始人伊利所说,土地是经久的和潜在的取之不尽的收益来源,土地收益减去生产成本和税收等于土地纯收益,这就是"经济地租"。土地收益是确定土地价值（土地价格——笔者）的基础。他称预期的土地收益的资本化也就是土地的售价。①

（二）土地供求均衡价格理论

"均衡价格"理论是当代西方市场经济机制下最有代表性的价格理论。它把影响价格的一切经济因素和非经济因素归于以市场为中心的供求关系,认为市场上供给与需求的均衡点形成为均衡价格,土地是商品,其价格的形成也不例外。土地价格的形成也取决于供求关系和供求规律,但土地的自然供给无弹性,土地作为自然物没有生产成本,土地的供给不以生产成本为基础,土地价格中不含生产成本,土地的自然供给量不受地价变动的影响,也不会对地价构成影响。而土地的经济供给是因对土地需求的用途和其数量而变的,但受土地自然供给量不变的限制。故在供给量不变或基本不变的情况下,土地价格通常是由需求一方决定的。但对一定的时期或地区来说,其土地价格则是在许多影响土地供求因素经常变动的作用下形成的。

三、马克思土地价值与价格理论与西方土地价位与价格理论的分异和兼容性

通过以上对马克思劳动价值观和西方非劳动价值观在土地价值与价格理论上的较为系统的比较分析,可知马克思十分重视劳动在创造土地价值中的主导作用,是土地价值的唯一源泉,也相应指出了土地资本投入对改良土地,增加产量和价值增值的积极意义。同时也强调土地作为劳动对象和劳动创造价值的必要的永恒的物质条件的极端重要性。马克思在坚持劳动价值的同时,还指出使用价值是一切物（含土地）和土地价值的基础,如果劳动不创造价值就不是真正的劳动,从而肯定了使用价值和生态价值的意义和必要性。马克思在坚持劳动价值时,还肯定了使用价值的价格,有区别地称之为"虚幻价格""资本化地租",而且提出了计算土地价格的"地租资本化法",等等,足以表明马克思主义土地价值与价格理论体系的完整性、严密性和科学性。

西方土地价值理论基于其非劳动价值观的基础,提出的多种价值理论,背离了科学价值和真实价值的范畴,从而对土地价值的论述和分析实际上是指的土地使用价值与价格,因而不能认为是科学的。由此可见其价值观和土地价值理论与马克思主义劳

① ［美］伊利等:《土地经济学原理》,商务中译本,第 223、225 页。

动价值观和土地价值理论之间存在着对应的根本分异。但是西方多元非劳动价值论所谓的"价值",实际上是稀缺资源的多种使用价值的价格,而且并未排除"生产费用"的范畴,视之为价格因素(即价值价格),则构成了完整的价格内涵。加之西方价格理论依托现代市场,对影响土地价格的多种经济因素和非经济因素的分析甚详,所用评估土地价格的方法,较为科学可行等。则可认为西方土地价格理论和价格计量方法与马克思土地价格理论与价格计量方法有相通之处,并具有兼容性和互补性。这主要由于二者的基础毕竟都是市场经济机制下的土地价格。

参考文献

[1]《马克思恩格斯全集》第 23 卷,人民出版社 1972 年版,第 47～166 页。

[2]《马克思恩格斯全集》,第 25 卷,人民出版社 1974 年版,第 693～917 页。

[3] 刘书楷:《土地经济学》,中国矿业大学出版社 1993 年版,第 4、第 5 章。

[4] 费仕良、刘书楷、夏万年:《对近现代土地价值与价格理论的比较研究》,《不动产纵横》1994 年第 1 期。

原文刊发于《中国土地科学》1995 年第 6 期

农村土地流转市场与集中机制

刘书楷　曲福田　费仕良

（南京农业大学土地管理学院）

一

当前，我国农村土地使用分散，经营规模小，土地利用超小型稳态结构，制约着土地配置效率的提高，对农业发展产生极为不利的影响，一是阻碍农业技术改造的进程；二是会延续我国半自给性农业向现代商品化农业转变的过程。这主要表现为半自给性小规模土地经营基础之上的农户兼业化。随着农村非农产业的发展，非农就业机会增多，由于比较利益的差别，越来越多的农民会进行兼业，即劳动力在转入非农业部门后，大多数仍然不放弃土地，土地成为"生活保险"一种手段，土地经营的目标函数不是货币收入的最大化，而是获得稳定的口粮保证。从而土地配置失去效益原则，对农业的发展十分有害。

因此土地制度的改革，当前的主要目标应是按照规模经济原则，逐步改变现有分散的、狭小的、低效率的土地使用格局，形成土地集中机制，实现与我国国情相适应的农地适度规模经营，这有赖于土地流转制度的创立。

1988 年之前，我国农村土地（连同城市国有土地）在法律上是不准流动和转让的。产权经济学告诉我们，产权不能转让，产权效益实现的交易成本是很高的。土地不能流转，不仅使大量的土地闲置、浪费，也不能使土地向高效益的经营者和用途转移或集中，使非常稀缺资源长期处于低效率配置。近年来，由于农村商品经济的发展，尤其是非农产业的发展和农业劳动力的转移，农村土地流转逐渐产生和发展。然而，由于土地产权未明确，加上外部条件不稳，当前的土地流转缺乏规范，仍然主要按福利原则采取组织措施加以调整。人口、劳力的不断变化，每个农户人地比例关系会产生不平衡现象，由于土地不能按市场准则正常流转，又要体现我们一贯奉行的"公平""福利"原则，而实行所谓的"大稳小动"政策，采取组织措施，由集体（实质上是村委会）出面收回产权，进行土地的再调整，以适应变化了的人口、劳力等情况。这种"大稳小动"政策好像是既保证了政策的稳定性不失信于民，又解决了土地必要的流转。实际上，结果正好相反。一是由于土地调整的主要是人口、劳力变化所引起的人地比例关系矛盾，所以就必然产生人多地少与人少地多农户之间的土地产权占有和经济利益上的对立和矛盾。况且，人口、劳力等情况是年年都会有变化的，势必造成年年调整。二是这种以协调每户之间人地关系为主的组织流转形式，不仅不能体现经济效率原则，而是强化

"人口福利"政策,每一口人都要来分割一份土地,不仅促使土地碎化,而且是在鼓励多生人口。"大稳小动"的政策所造成的后果是对农村土地产权的侵犯及连锁反应。在贵州省湄潭县土地制度改革试验区向世界银行"中国农村部门调整贷款评估团"的汇报指出,湄潭县1980年实行土地家庭承包时,按人口平均分配土地,贯彻了"公平"原则。到了1984年,由于人口增减变化,对承包地作了一次"小调整"。调整中,有90%农户调出土地,补给新增人口,或由90%农户提供平价粮食,供应新增人口,即"大稳小调整"或"调粮不动地,供粮不包田"。其实,这次小调整,几乎牵动所有农户,至今还没有清理,群众意见很大。有的农民尖锐地指出,这实际上是大集体粮食分配的翻板,是"大锅饭"复活。

土地承包期15年不变,尽管满足了农民当时对土地承包及其稳定性的需要,但不能回避人口、劳力以及其他可变因素对土地经营的影响,所以不变是不可能的,也是不现实的,就连农民自己都认为"土地非调不可,只是时间迟早而已"。而为了维护政府15年甚至50年不变的政策,又要按照"公平""福利"准则解决土地占有不均问题而采用组织调节流动的"小动"方式,只能增加农民的不稳定感,不可能解决中国农村土地的流转问题。

一切稀缺资源优化配置的必要途径是流动或转让。为了对农民允诺,片面追求政策的稳定性,硬性规定政策的期限,往往造成政策不再适应变化了的情况,实质是一种短期行为,为将来的改革设置了障碍。我们土地制度建设任务之一,应该是遵循土地配置是不断的调整过程这一事实,建立土地流转制度。政府对农民政策的稳定性,主要是使农民对土地经营形成一个较长的经济预期,稳定和鼓励其对土地进行投入,避免短期行为。而在承认了土地流转这一客观事实的前提下,这种稳定感主要由土地流转的准则、方式的稳定性和规范性来体现,农民会依据土地经营和土地使用权有偿转让所能获得收益来确定或者增加土地经营规模或减少经营规模,通过土地的转入和转出来获得自己不同阶段对收益的满足,农民转出土地后,并不意味着永远失去土地,他可以通过稳定的、规范的流转规则再重新获得土地;农民土地经营规模过大,不愿耕种的时候,也不会成为一种负担,他可以按照通用的流转准则转出土地,土地的产权及土地的投资都会得到补偿,不会有什么损失。这样,农民始终根据自身经济能力和判断,自由自在地、灵活地经营转让土地,由于土地流转规则是规范的、稳定的,农民的思想及行为就会形成一种长远的预期,解决农业长期的机制问题。

近年来,学术界和农村实际工作中提出了许多可供选择的流转方案,如土地转包,土地合作经营以及入股、代营等,其中较为有影响的是"两田制"。

"两田制"是把耕地分为"口粮田"和"责任田","口粮田"体现社会福利与公平原则,按人口均分,确定的标准是依据人均年口粮和土地的生产率两个方面。"责任田"是除"口粮田"以外的耕地,其利用体现效益原则,实行招标承包或租赁,以此在保证每户农民口粮供应的前提下促进土地向种田能手集中,实现规模经营。应该承认,"两田制"在已有的推广地区对于促进土地流转与集中确实收到了较好的效果。原国务院农村发展研究中心在山东省平度市农村改革试验区 1988 年全面实行"两田制"后,相对集中了 11.2% 的耕地,47% 的农户扩大了经营规模,每个农户耕地的块数由 7～8 块降到了 2～3 块,收到了明显的效益。从而,全国许多地区,包括不同经济发展水平的地区,都推行了"两田制",被誉为目前最为合适的流转机制。但从土地制度建设的目标来分析,"两田制"并非促进我国土地稳定、有效流转并且长期起作用的最优机制。

(1)"两田制"的实行会受到人均土地面积大小的制约。我国人均耕地只有 1.5 亩多,而相当部分地区尤其是经济发达地区还不足 1 亩。目前"两田制"大都在人少地多的地区推广开来,而在人多地少的地区由于口粮田的比重太大,以至于责任田规模过小,从而失去了招标承包的规模基础,大大缩小了土地流转的余地。不仅如此,在目前越来越多的农民种田主要是为"生活保险"和"就业保险"情况下,再通过平分"口粮田"的方式来强化农民的这种行为,不仅不能为农民完全脱离土地创造条件,反而重复了农村第一步改革的"均田"格局。农民与土地若即若离的关系又被沉淀下来。

(2)"两田制"实行的前提是地区合作经济组织具有健全的组织和较高的功能,在全国许多地区是很不具备这些条件的,实施与监督缺乏组织保障。即使是具备较强的地区性组织,由于地区性区域范围的限制,缩小了土地流转空间半径。

(3)责任田承包、租赁的期限约束不利于农民的稳定预期,无助于农民的长期化行为。另外,无论责任田采取何种方式处置,都不可能培育出真正有利于土地流转的土地市场。因而,从长远改革的观点来看,"两田制"不能作为长期发挥作用的普遍的土地流转制度模式,只能作为在土地改革总体方案尚未出台之前的过渡流转方式。

二

一般认为,农村土地市场的主要任务是扩大农户土地规模,实现适度规模经营,提高资源的配置效率。然而,从中国农村的现实出发,土地市场的任务有两个方面的命题:一是将分割零碎的土地利用一定的流转机制集中起来,我们称之为"土地归并"。二是扩大每个农户经营土地的面积,我们称之为规模经营。

当前,农村土地分割零碎是影响资源配置,限制农业发展的重要障碍。严格地讲,解决土地零碎问题并不在规模经营的涵义之中,而是实行规模经营的前提,农户耕地分割零碎是农村第一步改革中本来可以避免而没有避免的消极后果之一,而实行规模经营,首先一步是要减少农户耕地的块数。1984 年每户耕地 8.7 块,1987 年减少到 8.3块,相应地每块耕地的面积由 0.88 亩增加到 1.11 亩,尽管如此,但也不能想象以 1 亩多点的平均规模进行流转,来扩大土地经营规模。因此,今后土地流转的首要任务就是解决土地分割零碎的问题,为推行规模经营打好基础。

土地流转所承担的第二个任务就是在农业劳动力分期分批离开土地的条件下,利用一定的机制,将土地集中起来,扩大农户的耕地规模,实现真正意义上的规模经营。由此可见,我国农村土地流转不仅包括农户经营规模的扩大,而且还包括把分割零碎的耕地重新组合起来。前一种流转,对农业的发育和发展具有真正的意义,而后一种流转则带有矫正和打基础的意味,然而又是十分迫切和重要的。当然,这两种流转往往会交融在一起,共同为土地集中起着重要作用。

土地流转和集中是土地制度的主要任务之一,也是提高土地资源配置效率的必要条件,然而,我们应当对目前的土地流转和集中所面临的条件约束进行分析,对土地流转与集中有多大的回旋余地(即土地流转与集中中的作用)作出正确的判断,以确定土地流转制度建设的战略思想。

如上所述,土地流转与集中有两方面的含义,一是每个农户地块的集中,二是土地在农户之间的流转与集中。后一种集中与流转,即所谓的规模经营主要受农村非农产业发展的制约。非农产业的就业容量决定着劳动力转移的进度,影响着耕地集中与流转的程度和速度。当前,我国大部分地区非农产业不太发达,加上日趋增长的农村剩余劳动力,决定了我国土地经营规模的扩大在未来二三十年间将是十分有限的和缓慢的。中国社会科学院农村发展研究所提供的研究报告指出:到本世纪末,我国农村只有30%左右的耕地可以考虑集中方式、程度和效率的问题,而70%左右的耕地仍仅限于满足农民自给性生产的需要。后一二十年间,土地规模经营的问题不可能解决得十分理想。尽管这一结论的推理和数据支持有待于进一步讨论,但也说明了土地经营规模的扩大并非"一个早晨"的事情,而是一个长期的过程,要随着非农产业的发展和整个国民经济的发展而逐步发展。

正因为如此,土地流转当前的首要问题是如何避免土地的进一步碎化和在此基础上解决耕地分割零碎的问题,为将来在劳动力大量转移的条件下实行规模经营打下基础。目前,土地分割零碎现象仍十分严重,每户耕地块数为8.3块,每块面积仅为1.11亩。如果在明确产权的基础上,通过确定流转机制,使农民耕地块数降为2~3块,则农户实际耕作单元规模相应扩大3~4倍,如果农户耕地数量不变,每块耕地将大约增加到了3~4亩,从而在每个农户家庭经营内部便会产生规模效益。因此,通过流转解决土地零碎问题的潜力是很大的。

重视农户内部土地归并问题的同时,并不意味着忽视土地在农户之间的流转与集中问题。从长远看,通过农户之间的土地的流转形成集中机制,是实现农业现代化的根本出路,因而从现在起,土地流转制度也应重视农户经营规模的合理扩大的问题。况且,土地规模经营在当前和未来不远的时期内也存在着许多有利的条件和基础。首先,随着土地产权制度的建设,农户对土地产权,尤其是一般转让权的日益明确,为土地流转提供了稳定的制度基础。其次,尽管农村非农产业发展水平还不高,但非农产业及其就业机会在地区间表现为明显的不平衡性。东部地区比西部地区,沿海地区和大、中城市郊区比其他地区具有较高的非农产业发展水平和较多的就业机会,许多农民已经转移到非农产业,土地仅仅作为口粮保证的手段。不失时机地把这部分土地适当集中起来,对于提高土地配置效率,发展现代化农业具有重要意义。第三,农民商品意识增强,以及新型农民的崛起,将在土地流转与集中过程中形成新的农民思想体系。

由于受非农产业和整个地区社会经济发展的影响和制约,土地流转的任务和方式以及土地集中的程度表现为明显的区域差异性,从而土地流转就从客观上存在着地区策略。在大部分地区非农产业不发达的情况下,土地流转的主要任务是在于农户内土地的归并与集中,土地的绝对集中和大规模流转条件尚未成熟。而在那些或者非农产业比较发达,或者其有较大面积的耕地后备资源、劳动力转移和后备资源开发潜力很大的地区,则比较容易产生土地流转的冲动。因而,必须从实现规模经营长远之计出发,重视当前条件已经成熟地区的土地流转制度的建设。这些地区包括:

(1) 沿海经济发达地区,即广东、福建、浙江、上海、江苏、山东,以及渤海湾沿海地区。

(2) 京、津等大城市郊区农村区域。这两类地区的非农产业发展迅速、水平较高,劳动力转移规模较大,为土地流转与集中提供了较好的外部条件。同时由于经济比较发达,农业机械化水平较高,服务体系较为完善,扩大土地规模成为可能。目前,属于这些地区的耕地为 2 亿亩左右,占全国耕地面积的 10%～18%。

(3) 后备土地资源丰富地区。这类地区后备耕地丰富,其开发利用在规划时就应注意规模经营,实行土地集中使用。同时,由于新资源的开发,吸收了原有土地的劳动力,为原有土地的集中和流转提供了可能,这比发展非农产业更易做到。就全国来讲,属于这类地区有东北三江平原、南方红黄壤区、沿海滩涂等地区。我国有宜农荒地 5 亿亩,随着开发性农业的发展,土地流转与集中的条件会不断成熟起来。因此,应从现在开始,在条件成熟的地区采取扶持、引导等政策,通过建立流转机制,逐步解决土地分散使用的格局,切莫等到全国各地流转条件都成熟后再来讨论和建立土地流转机制,从而失去土地集中的大好时机。

三

按资源配置的一般原则,从我国土地的现实出发,土地流转机制应具有以下特征:

(1) 流转机制的市场性。即土地流转机制应主要建立在土地价值属性基础上,土地市场交易的有偿使用制,从而流转的目标是追求土地配置的经济效益。

(2) 流转方式的多样性。即土地按市场机制进行流转的途径和具体方式不是单一的,应适应不同地区,同一地区不同类型农户对土地流转方式的不同选择,设计或安排多种流转形式,如土地租赁、抵押、买卖等,从而形成适应广、有选择余地的流转制度体系。

(3) 流转范围的开放性。首先,市场机制的作用将突破土地按血缘关系远近流转的格局,在更广泛的农户范围中按价格信号流转;其次,由于土地流转的产权基础是国家与农民的双重产权主体,而不再是集体社区组织的土地产权主体,土地流转则可以超越原社区范围,流转的半径更大,范围更广。

(4) 流转形式的规范性。即按既定原则建立起来的土地流转机制,应给予法律化、制度化,从而成为规范性制度形式,发挥长期而稳定的作用。

(5) 流转的稳定性。土地流转是依靠在宏观组织调节下的市场机制,减少了行政干预大起落而引起的不稳定性,同时,宏观组织调节又能弥补市场调节机制的不足,从而保证了土地流转的稳定性。

市场机制作为包括多种因素在内的综合体,对于土地流转的作用是以地价和地租为核心。地价与地租机制有效配置土地的作用主要表现为:

(1) 能使土地资源按照人们需求的重要性顺序来流转,把资源首先配置到最需要满足的需求方面。当某一种农产品供不应求,价格上涨时,土地资源就会被吸引到这一产品的生产行业或生产单位(农户),使农产品的供给按消费者的愿望得到满足。

(2) 可以把土地流转到效益最高的农户或其他经营单位,使土地能发挥最佳效益。商品经济条件下,土地流转的市场机制原则是谁出高价就把土地配置给谁,愿出高价的一般是土地经营效益较高的农户,通过价格机制把土地从别的经营效益差的农户中流转过置来,完全符合土地流转的目标——土地配效率的提高。

(3) 市场机制能使农户尽可能地采用先进的生产技术和管理方法,在适度的规模经营条件下,最充分地利用土地资源。农户为获得土地利用的高效益,必须降低单位农产品生产成本,这就要求农民一方面采用先进的生产技术和管理技术,提高经营能力,另一方面使农民扩大土地规模,以从中取得农产品生产的规模经济,这是土地制度建设的重要目标。

原文刊发于《中国土地科学》1993 年第 6 期

实行土地有偿使用论析

——兼论社会主义条件下的地租问题

安晓宁　刘书楷

改革开放以来,我国进行了土地使用制度改革,改革的目标是全面推行土地有偿使用,培育和完善土地市场,建立和发展地产业,为加速市场经济的发展服务。土地有偿使用是土地使用制度改革的核心,实行土地有偿使用制是建立有中国特色的社会主义土地使用制度最重要的着力点。实行土地有偿使用的目的在于为经济发展创造一个良好的土地利用机制,以促进社会主义市场经济的发展。

一

土地有偿使用是指土地使用者向土地所有者支付经济补偿(即土地有偿使用费)以取得土地使用权,所支付的经济补偿以地租为基础,并受市场因素的影响,实质上,实行土地有偿使用就是要在土地所有权与土地使用权相分离的条件下,在土地资源配置和土地资产流动过程中引入与价格、供求和竞争相联系的市场机制,以期改变土地资源低效配置和土地资产效益低下的局面。我国实行土地有偿使用的主要理论依据是马克思主义地租理论(地租的本质涵义、性质形式及产生和存在的条件等)和社会主义市场经济理论(产权理论、效用理论、价格理论及等价交换理论等)。

土地的有限性和稀缺性是其基本特性,这就为土地占有或经营的垄断提供了前提,使土地的差异性发挥了作用,从而使得土地经营取得的超额利润的分配或归属与土地所有权形成不可分割的联系,地租则是实现这种联系的桥梁或手段。马克思认为地租是以土地所有权的存在为前提的,一切形态的地租都是土地所有权在经济上的实现,一切地租都是土地所有者出租土地所获得的超额收入,即剩余劳动的产物或剩余价值。亦即,土地使用者"要在一定期限内(例如每年),按契约规定支付给土地所有者一个货币额。这个货币额,不管是为耕地、建筑地段、矿山、渔场、森林等等支付统称为地租。地租是土地所有权在经济上借以实现即增殖价值的形式"。[1]地租作为一个经济范畴,体现着构成一定社会生产方式的生产关系和土地关系。土地所有权的存在及其与土地经营权的分离,并且使土地真正投入使用,是地租产生和存在的基本条件。绝对地租就是由土地所有权的垄断所产生;级差地租则是在存在土地经营垄断的前提下,由于土地质量(有用性或使用价值的大小)的不同以及在土地上连续追加投资引起的劳动生产率的差别所产生的超额利润;此外,还存在一种由垄断超额利润所构成的地租,即垄断地租。总之,在一定社会生产方式下,土地所有权必然要通过地租来实现,即土地的使用必须是有偿的。土地有偿使用是商品经济条件下土地所有权和土地使用权相分离的产物,体现了土地所有者与使用者之间的经济关系。

地租和地价,在社会主义制度下也是重要的社会经济现象和经济范畴。马克思和恩格斯在《共产党宣言》中早就提出无产阶级夺取政权后,变革全部生产方式的手段之一,是"剥夺地产,把地租用于国家支出";恩格斯在《论住宅问题》中更为明确地指出:"消灭土地私有制并不要求消灭地租,而是要求把地租——虽然是改变过的形式——转交给社会。所以由劳动人民实际占有一切劳动工具,无论如何都不排除承租和出租的保存。"在我国社会主义公有制条件下,虽然已废除了土地私有制,但我国尚属于社会主义初级阶段,存在有全民所有制和集体所有制两种公有制形式,我国的土地公有化程度与马克思在《资本论》中所指的土地归整个社会全民所有的高级公有制形式相差还很远。况且,我国在社会主义公有制条件下实行土地所有权和土地使用权的分离,土地的使用、出让和转让都和土地经营取得的超额利润的归属问题相联系。可见,我国现阶段仍然存在着土地所有权的垄断,存在着土地所有权与土地使用权的分离,这是一种新型的社会主义性质的土地经营垄断,是我国社会主义仍然存在产生地租的社会经济条件的根本原因。目前,我国尚处于社会主义市场经济的发展初期,土地虽属公有,但各经济单位都是相对独立的经济实体,土地使用者是独立的商品生产者。在这种情况下,如果代表全民利益的国家或代表集体利益的经济组织不征收地租,实质上是对土地所有权的放弃;而土地使用者不缴纳地租,则是从经济上、法律上对土地公有制的否定。总之,由我国社会主义初级阶段的土地经济关系所决定,必然要引致相应的土地租赁和地租关系,必然要求实行土地的有偿使用。

在市场经济条件下,地租是建立经济补偿机制的必然需要,土地市场中的有偿法则是"土地所有权借以实现的经济形式"要求所然。土地有偿使用机制是一种发挥经济杠杆作用的市场机制,其目标是为土地资源配置和土地资产流动创建一个公平竞争的经济环境即平等的竞争机制和公平合理的分配机制。为此,国家和集体作为土地所有者,依据使用土地产生效用并因而存在土地收益的经济原因向土地使用者收取地租,这样从经济上来说才是平等的交换,土地所有权才能在经济上得到体现,根据市场学原理,只有土地生产资料的价值在使用过程中得到体现或补偿,土地作为一种生产要素才能正常流转,并通过价值规律的调节作用,用经济手段促进土地资源的节约、合理和有效利用;只有实行土地有偿使用,才能在公平竞争的市场环境中形成合理的地租、地价,强化人们的土地价值观念,最大限度地防止土地资产收益的流失。总之,土地使用中价格机制的引入,有利于解决微观层次上的土地供求矛盾,并日趋形成合理的土地配置模式利益结构;而且为宏观决策者合理配置土地资源,寻求土地资产最佳经济效益和社会效益的发挥提供了内在动力。在我国社会主义公有制条件下,国家通过地租这一经济杠杆的应用,实行土地资源、资产计价和有偿、有限期使用,在经济上实现国家和集体的土地所有权,而且能促进土地资源的合理配置和土地资产效益的充分发挥,从而推动社会主义市场经济的发展。

二

依据上述分析可知,在社会主义土地公有制条件下实行土地有偿使用,明确承租人要向土地所有者交纳地租的土地经济关系,不仅符合马克思主义地租原理,符合建立社会主义市场经济体制的目标要求,也完全符合发展社会生产力的需要。据此,改革开放以来我国土地使用制度改革的重点就是将土地所有权与土地使用权相分离,实行土地有偿使用。通过土地使用权有偿出让,使土地使用权作为特殊商品进入市场,初步建立了社会主义的土地市场,从而使土地资产效益得到一定的发挥,土地自然资源得到合理的保护。有偿使用制度是土地市场得以发育和成长的基础,进入 90 年代以来,我国土地交易活动日趋活跃,土地市场的发育成长十分迅速,市场机制开始全面介入土地资源配置和土地资产流动过程;土地有偿使用机制的正常运行又依赖于统一的土地市场的建立与完善,随着社会主义市场经济的发展,土地资源配置的市场化程度和经济效益会迅速提高,城镇土地使用权转让和农村土地的承包经营中价值规律的作用将日益明显。

实际上,在我国城市和农村既存在有各种地租产生的客观条件,也就存在有多种地租形式(据估测,[2] 如果不收取地租我国每年起码损失 2000 亿元公有收入)。鉴于我国原来的法律规定土地不得出租(为了回避出租和地租,往往采取各种"名目"收取地租),为适应改革开放的需要,《宪法》和《土地管理法》在 1988 年的修改中已将土地不得出租的规定删除。目前,我国土地有偿使用的实现形式是多种多样的,叫法上也各不相同。例如,农民有偿使用土地要交付集体提留、承包费、租金、土地使用费、宅基地使用费等等;城镇国有土地的有偿使用则要交付土地出让金、土地使用费、地租、土地使用税、环境差率等等。[3],究其实质,仍然是马克思所说的"土地所有者垄断土地——不管这土地是用于农业、用于建筑、用于铁路还是其他某种生产目的——就有可能以地租名义取得剩余价值中的一部分"[4]。这就是说,土地有偿使用费用的实质是地租,其真正来源是土地使用者所创造的剩余价值的一部分。地租问题是土地经济问题的核心,马克思从其生产价格理论、平均利润理论和价值与剩余价值理论出发,说明了地租的实体是剩余价值中的超额利润。即地租是 $W=C+V+M$ 中剩余价值的一部分,可表示为剩余价值 $M=M_1$(国家税金)$+M_2$(企业利润)$+M_3$(银行贷款利息)$+M_4$(地租)$+\cdots\cdots$土地有偿使用费即出自 M_4,亦即土地经营取得的超额利润的一部分。

三

地租既然是土地所有权的体现,理应归土地所有者,但在实际上如何正确确定地租,把土地所有者和土地使用者各自应得的土地资产收益区分开来,并非一件易事,而是由发展生产的目的和特定的土地经济关系所决定,我国社会主义地租在社会性质和表现形式上有其特殊性,在地租量的规定性上也有所不同。一般来讲,绝对地租应归于掌握土地所有权的国家或集体所有,主要用于整个社会需要和发展社会主义经济。级差地租的分配则要看其形成因素和来源而定:级差地租Ⅰ属于非劳动的收益,应归国家或集体所有,或在国家、集体、经营者之间进行合理分配;级差地租Ⅱ是土地经营者在土地利用过程中投入劳动资本所形成的,应留归土地经营者所得,用于继续提高集约经营和扩大再生产。对于垄断地租,其主要部分应归于国家和集体所有,另一部分归劳动经营者。此外,随着人口的增长和社会经济的发展又会促进地价的上涨和地租的升高,土地的这个增值部分应列入国家资产的范畴(即孙中山先生早就提倡的"平均地权,涨价归公"的主张)。可见,我国社会主义地租在社会性质上表现为国家、集体、个人之间超额收入再分配,在很大程度上具有社会公益的性质,即在社会主义条件下"剩余劳动的一部分将会列入必要劳动,即形成社会准备基金和社会积累基金"[5]。总之,社会主义地租反映着国家、集体、个人在利益根本一致条件下的剩余产品分配关系,它成为国家调节土地有效利用,促进土地经营集约化和社会经济发展的重要杠杆。在社会主义土地公有制条件下,我国实行土地有偿使用的主要经济内涵就是要将理应归土地所有者的那部分地租统一收归国家(含绝对地租、级差地租Ⅰ和部分垄断地租)或集体(含级差地租Ⅰ和部分垄断地租)所有。

在社会主义市场经济条件下,实行土地有偿使用首先要明确有关土地产权的法律关系,即理顺土地产权关系是土地使用度改革的首要关键问题。市场经济运行客观上要求运用法律机制来界定、维护和协调各经济当事人之间的产权关系。要实现社会主义公有制与市场经济的有机结合,必须合理建造和协调土地产权结构和土地产权关系。只有建立起有效的土地产权,制度,作为公有制在经济运行中的具体化形式,才能保证国家和集体的土地所有权得到经济实现;土地使用者才会有土地经营自主权,真正构成市场经济的微观基础,从而有可能使土地资源配置合理化和土地资产效益最优化得以实现。土地产权就是有关土地这种财产的一切权利的总和,或曰以土地为客体的各种行为性权利的总和。建立与社会主义市场经济相适应的土地产权制度,就是要在土地公有制框架内,客观地将土地利用中可能发生和存在的各种财产权利要素分解,按照一定的目标和原则将这些要素在土地所有者(国家或集体)和各种土地使用者之间进行适当的分配。亦即,我国土地产权制度的构造就是在国家、集体和土地使用者之间进行土地产权要素分配的过程。

土地产权的明晰和完善是解决土地有效利用和收益合理分配的基础,实行土地有偿使用制度,势必将使土地资产收益中国家或集体所应占的分配落到实处,而土地使用者要使自身所能得到的土地资产收益分成不致减少或逐步增加,就只有增加土地使用者所创造的剩余价值或纯利润总量。由此看来,通过提高土地使用者的经营效益,发展社会生产力是土地有偿使用费用的最终出路,也符合实现土地有偿使用的根本目的。

参考文献

［1］马克思：《资本论》，引自《资本论要略》，人民出版社 1985 年版，第 307 页。

［2］马炳全、张小华等：《社会主义地租与地价》，中国农业出版社 1991 年版，第 142 页。

［3］土地有偿使用费用是土地使用者为取得土地使用权而向土地所有者支付的经济补偿，其实质是土地经营所取得的超额利润（地租）的一部分，严格讲来，与地税及土地管理费的内涵不同。

［4］引自《马克思恩格斯全集》第 2 卷，第 186 页。

［5］引自《马克思恩格斯全集》第 23 卷，第 578 页。

原文刊发于《南京社会科学》1993 年第 5 期

纵论近现代世界各国土地制度改革理论研究的趋向

刘书楷

（南京农业大学,210014）

近年来,我国土地制度改革研究在指向和思路上正在日趋规范和深入,但是我们需要建设一个什么样的合理化的土地制度呢？人们并没有明确的共识。笔者认为,我们要构建的合理的土地制度,必须以巩固和完善土地公有制及适应社会主义商品经济发展为目标,兼顾公平与效率的统一。这一基本看法,主要是在对近现代各主要国家土地制度改革实践及理论研究的历史考察和横向比较的基础上形成的。

一、关于对土地制度改革的涵义和目标

纵观各国土地改革论者,无不认为：土地制度是一定的国家制度的关于人地关系及其人与人关系的法制规范,它具有强制的约束性。而土地制度的改革,是在一定的社会生产方式下人地关系及人与人关系出现矛盾的条件下产生和发展的。历史地考察,土地制度改革和发展的规律和机理大凡表现为,当一定的社会和国家在土地无法满足人们自由而无限地占有和使用土地时,人地关系及人与人的矛盾就突出,国家就必须加强对土地的管理,并制定一定的地权制度对土地所有权和使用权等加以必要的规范,以防止因土地占有和使用的无限扩张而引起对社会公益及人们生存权的妨害。而且大凡当社会生产方式及人地关系发生急剧变动时,必将导致土地关系和土地制度随着社会根本制度的变革而相应变革。因此,一切人类社会发展的不同历史阶段,一般都各有与之相适应的各其特征的土地制度,如奴隶主土地制度、封建土地制度、资本主义土地制度及社会主义土地制度,这些不同的土地制度都因与其社会根本制度相适应而互有本质区别。不论任何社会当其根本社会制度建立后,随着其社会生产力的发展和人地关系及其矛盾的变化,其土地制度都必然要有一个不断改革,使之与其根本社会制度互相适应的过程。因而,具体到各个不同的历史时期和国家,土地制度的类型及其演变和发展,则具有多样性的特征,从而出现在不同历史阶段和不同国家的土地制度改革的理论和实践,也各有其特点。

因此,土地制度改革的理论与实践不是抽象的,它是从属于特定的社会生产方式和一国的人地关系的。所谓土地制度改革,其实质涵义,是指由国家政权对其社会根本制度内部土地制度的改革,是针对其不适应的存在问题,为谋求改进而实行的改革,因而实际上是一国原有土地制度的自我发展和完善,而决不是对其根本制度的否定和向背。所以,狭义土地制度的改革即地权制度的改革,是指对不良地权制度成分所引起的不良土地占有与利用关系的改革,是对已有机制的改建和重构。它以地权制度改革为主,也应包括对土地经营方式和利用技术上的改进。而广义的土地制度改革,在许多国家除

地权制改革以外，还致力于对土地金融制度、土地税制及其相关政策的改革。

纵观当代各国土地制度改革的理论研究，在追求改革的基本目标上的理论表述似无显著区别，概括起来不外是指一国所应追求保障每一个生存在土地上的人们享有公平利用土地的机会和权利，并求土地资源不致浪费，使土地利用率和生产率不断提高，社会全体福利得以增进，抽象来看这似乎对不同的国度均可适用，但具体到特定的国家社会，由于在观念标准、人地关系以及国情的不同和实际要求的互不一致，因而也只能是相对的。但是不能忽视这一基本目标的共识，已日益成为各国土地制度改革实践及其理论研究的趋向。究其原因决非社会生产方式和社会性质对土地制度改革的制约作用弱化了，而是由于当今世界土地资源日趋稀缺及人地关系矛盾加剧因素的制约作用增强了，而后者几乎对当代任何一个国家都在起约束作用。也因此，近现代世界各国土地制度改革的理论研究虽存在不少流派和不同的理论观点，但也互有共同关注的问题和相通的见地。

二、近现代土地制度改革理论的基本观点及趋向分析

近现代世界各国关于土地制度改革的理论学说，主要集中在地权制度这一根本问题上，并相应涉及土地规模经营和土地管理制度等方面。其中具有代表性的主要流派的基本理论观点可概括为如下几种：

（一）土地私有限制论

这一理论多出自资产阶级民主改良派的主张，首先是确认土地私有制，但又对私人占有土地的数量及其利益进行限制。一是主张"耕者有其田"，反对大土地占有制。二是主张发展和改进租佃制度，实行企业化经营。前者针对资本主义发展中出现土地分配不公的弊端，曾提出重征土地税与累进土地增值税，以迫使地主放弃或出售其土地，此称"税去地主法"；并主张由政府制定法律，一方面限制大地主占有土地的数量，另一方面协助农民收购土地，以推行耕者有其田政策。此说称"买去地主法"。这一理论对人多地少的国家影响很大，例如法、德等国及日本大都据此推行了发展中、小型家庭农场的政策。此类主张的理论意义，是认为农民自有土地、自己经营是一种理想的商品经济形式，只有土地所有权由实际利用土地者占有，实行土地所有权与土地经营使用权的统一，才能把土地经营的责、权、利紧密结合为一体，建立起一种具有自我调节功能的稳固的土地经营使用机制，有利于适应市场经济的发展。此说与其变种"小农经济稳固论"是相通的，但它终究抗拒不了资本主义商品经济发展必然导致生产集中与分化的趋势。

而另一种主张，则认为实行租佃企业化经营是土地制度发展的一种趋势，因而提出改进和发展租佃制的观点。持此观点者认为，租佃制度在任何社会，当土地经营使用权转移时是必然产生的，因此不应认为租佃制本身应否兴废，而应是此制度的利弊优劣。他们认为决定租佃制度是否优劣的最重要条件是地租率和租佃期限，指出这是改善租佃制度的关键。从而，提出改善农业租佃制不外两大措施：一是降低地租率；二是延长租佃期限。二者应同时并进。改进租佃制，实行企业化经营，当以英国最为重

视,当代英国的农业地租一般只占土地主产品总值的 20％,仅相当于付给地主土地投资的利息。地租率的高低还限决于土地的供求关系和人地比例,这在各国、各地区不是同一的,但从理论上说则应抑制其上涨。至于租佃期,一般可分为永佃、定期佃及不定期佃三种,改革租佃期限,主要是通过法律或契约限制不定期租佃和短期租佃,以稳定租佃者的经济行为,保护土地生产力和农民利益。因租佃期的长短不仅影响农民经济行为及其自身利益,而且关系着农业的兴衰,英国早期著名农业经济学家阿瑟·扬(A. Young)曾有一段名言:"给某人以安全保障的占有一块岩石地,他将使该地变成花园;如给他以短期租借的花园,他将使之变为沙漠",形象地道出了延长租佃期限对改革租佃土地制度的重要意义。

一些资产阶级土地改革论者不仅主张限制农业用地的私人占有和限制私人占有农地的利益,而且有人极力主张限制私人占有城市土地及其利益。认为,随着城市的发展和扩大,地价飞涨,地主坐享暴利,因而市地增值应予归公,国家应对市地征收土地增值税。由于一些资本主义国家程度不同地采取了对土地私人占有及其利益的限制政策,当今许多土地经济学家认为土地改革的重点已不是土地所有权,而且认为当代世界土地所有权实是各种财物所有权中最微弱的权利。这表明,限制土地私有权的改革理论已为不少国家所接受而显示了作用。

(二)土地公有论(含土地国有化理论)

此论认为,在人类社会发展的原始社会最早出现了土地公有制;进入奴隶制、封建制和资本主义私有制以后,也还存在着一定比重的不同形式的公有制土地;到了社会主义社会又开始以土地公有制取代土地私有制。这应是土地所有制变革的规律。

由于土地是关系到国计民生的特殊生产资料和资产要素,即使在私有制社会土地利用也既有私有性,又具有社会性;特别是随着经济社会的发展,土地私有和私人利用已不再是绝对的私人行为。所以,"土地公有论"的较为系统的理论,正是出自 18 世纪中叶资本主义崛起最早的英国,当时先是出现了主张废除土地私有制的三个代表人物:司勃斯(T. Spence,1750—1814)、阿纪维(W. Ogilvice,1736—1813)和彭里(T. Paine,1737—1809)。他们主要依据自然规律提出了土地公有的改革理论,认为地球上一切自然物是社会公有的财产,任何人出生后即有享受这些公有财富的平等权利,因而对当时社会法制准予私人占有土地一事认为是违背了自然规律,故要求由国家取消土地私有制,将地主的土地没收改为各地区公有,然后租给当地人民利用,而收取合理地租以供政府公用。

此后,在司勃斯土地公有论基础上,英国华伦斯(A. R. Wallace,1823—1913)和司勃塞(H. Spencer,1820—1903)等进而提出了"土地国有论"的主张。

华伦斯认为,土地的价值可分为两部分:一是本来价值,由土地的自然条件和社会力量所造成;二是改良价值,即由人们在土地上投入劳力与资本所增加的价值。前者是土地的基本价值,非人力所创造,应属国家而不应私人占有,由国家占有后分给土地实际利用者,向国家交付地租。后一部分价值,是人为所造成,应归实际利用土地者所有,称为佃户权。而不事耕作的地主,则无权享有这两部分土地价值。因此,应由国家收回一切土地的本来价值,成为土地上的最高主人,并强制地主出售其佃户权给实际土地利用者。司勃塞则更强调私人占有土地的非法性。认为即使自己开垦的土地亦不能据为私有,而且将全国土地平分给私人占有亦不合法。他认为只有土地国有才是符合人类高度文化的制度。

(三)土地公有、私有并行论

近代西方经济学家或土地经济学家中有人还认为,土地所有权的应否公有或私有,不能一概而论。而应依据土地的各种用途及其利用效应分别判定,以使土地的所有权、占用权与土地利用的适宜性相一致。即凡有利于私人经营的,应归私人所有;凡有利于公营或国营的,则应归公有或国有。这里姑名之为"土地公有、私有并行论"或"混合论"。例如,他们认为,农业土地的利用分布广阔而分散,生产经营业务纷纭复杂,不便于政府或社会统一管理,却最适于家庭或企业单位经营,因而应归农民私有,以发展家庭农场,使农民能安心生产,增加对土地的投入,精心耕作和管理,剩余收入归农民享用。而森林、采矿、交通、城市公用事业用地及江河、湖海水面等,其利用和发展,则宜由国家大规模统一规划和经营管理,以符合共享资源和社会公益原则,这类土地理应归公有公用。

持此种观点的美国土地经济学家伊利等,曾提出:"把所有权由私有变为公有,或由公有变为私有,并不是调节土地利用的唯一方法。"①并主张,"在保留公共所有权的同时,在适当的限制上,也可以把土地出租给私人经营;对于私有土地的使用,政府机关也可以加以调节,面对其所有权则不作任何改变。"②伊利等把由政府制定法规对土地私有权与私用权的约束,称之为"私有财产的社会控制"③。因而认为,"土地所有权并不是像明显地划分为公私所表现的那样简单。"④并认为,"像制定一套支配着土地的公有制或私有制的一成不变的规则这件事,即使是适宜的,也是很困难的。"⑤基于上述看法,他们提出了"土地所有权形式的多样性"和土地公有、公用和私有、私用多种结合的理论观点⑥。对于当代资本主义最发达的典型土地私有制国家来说,除英国实行全部土地属英王所有,实际上全英 90％ 土地为私人所有;美国全部土地的 58％ 属私人所有,另 42％ 为国有或公有;日本全部土地中 71.7％ 属私人所有,另 28.3％ 则为国有或公有。这表明,即使在当代典型的土地私有制国家的土地所有权也存在着私有与公有、私用与公用之间多种结合的形式。

这种理论的另一主要依据,还在于认为当今人口激增和经济社会发展中,无限的土地私有权已不复存在,而随着社会愈益进步,那种置公众利益于不顾的为所欲为地使用土地的现象,势必受到更严格的限制。因此,所谓土地私有和公有的区别只是相

---

① [美]伊利等:《土地经济学原理》,腾维藻译中文本,商务印书馆 1982 年版,第 162 页。
② [美]伊利等:《土地经济学原理》,腾维藻译中文本,商务印书馆 1982 年版,第 162 页。
③ [美]伊利等:《土地经济学原理》,腾维藻译中文本,商务印书馆 1982 年版,第 162 页。
④ [美]伊利等:《土地经济学原理》,腾维藻译中文本,商务印书馆 1982 年版,第 162 页。
⑤ [美]伊利等:《土地经济学原理》,腾维藻译中文本,商务印书馆 1982 年版,第 192 页。
⑥ [美]伊利等:《土地经济学原理》,腾维藻译中文本,商务印书馆 1982 年版,第 161～163 页。

对的,仅表现为利用权利上所受限制程度的差异而已。例如,城市用地不论是公有或私有土地,其利用方式及所占土地面积等都同样受到法制和规划的约束。即使农业用地,在现代条件下其所有权和利用权的运用,如土地用途、农场规模、耕作方式、农田水利和水土保持等,均须服从法制和规划。

总之,认为土地所有权的归属问题,已为提高土地利用效能和增进土地利用社会公共福利的追求所淡化。

(四)土地租佃(赁)论

西方土地经济学家中大都认为,自人类社会建立财产权以来,物主将其财产的利用权转让以换取收益是普遍现象,对于土地来说尤其不可避免。土地之所以有产权发生,实因土地有稀缺性,而又为人类赖以生存的要素,其功能不可代替,随着人口增长和经济社会发展,土地的用途日益广泛,于是人类争相利用土地,使人地关系趋于紧张,但土地供给有限,不能满足人们的需要,特别是当今有限的可利用土地已为人们所占有,占有土地者有自己利用的,也有自己不利用而转让给别人经营使用的。这样,就产生了土地所有者用土地租佃(赁)方式转让土地经营使用权的问题。如所知,土地经营使用权的转让,不仅是由土地私有制而来的,在土地公有制的国家内,土地由国家、集体所有,并分配给单位、个人使用经营,也称之为土地租赁。因此,土地租佃(赁)制是土地制度演变的一大趋势,具有一定的普遍意义。在公有制社会土地租赁制是土地合理分配与利用的一种重要形式,它可以避免土地利用上土地所有权与经营使用权结合的僵化模式,从而对不同土地类型特点和要求有广泛适应性,使土地利用和土地分配宜于趋向合理。这种理论,同认为农地在自有自用制度下才能获得最有效的利用的观点是不同的,孰优孰劣不能一概而论。纵观现代西方经济发达国家中佃耕农地的比重,英国占 70%以上,美、法,西德及加拿大均占 30%左右。可见,农地的租佃制在理想的土地制度中也占有它的地位。因此,一般认为农地租佃制既无害于农民,亦无碍于农业的进步和发展。

综上所述,自 18 世纪中叶以来,近现代各国的土地制度改革在目标和理论观点上虽历史阶段和各国国情的不同而多有其说,但由于近现代各国在人地关系和在发展商品经济的客观需要的大趋势上具有共性,因而上列各种改革学说体现了土地制度变革的一般趋势和规律性。结合我国国情和中国特色的社会主义土地制度改革的实践要求,从中可以吸取一些有益的可资借鉴的东西,当前我国在坚持土地公有制前提下,要进一步实现公平与效率的统一,为此,必须增强土地使用权流动商品化功能,科学地运用地租、地价范畴,进行土地分类、分级估价。完善土地有偿使用与转让。在农村也要逐步完善土地有偿承包、转让、计值、优化土地使用权流动机制。在城市,对国有土地要根本改变过去无限期无偿或微偿使用为有限期有偿合理计价分配和使用,并对外商、外资等做好土地批租,强化各项用地管理。应该说,这些都是由当今土地制度变革的一般规律所决定的。

原文刊发于《中国农村经济》1992 年第 2 期

构建我国农村土地制度的基本思路

刘书楷

（南京农业大学）

一、土地制度的涵义、构建结构和目标

土地制度按其基本涵义，在概念上可以有广义和狭义两种理解：广义的土地制度，是指一国人地关系中人与人关系的法定结合形式，通常包括地权制度与土地产权关系及政策、土地金融制度与土地金融政策、土地税制度与地税政策等主要内容；狭义的土地制度，则专指因利用土地而发生的土地产权关系，即地权关系，在我国一般称之为土地所有制或土地所有关系的总和，其内容包括土地所有权制度、土地利用（使用经营）权制度、土地租佃（赁）制度、土地抵押制度、土地管理权制度。总之，地权制度涉及的内容应是土地制度构建的核心。显然，明晰土地制度的涵义，对确立土地制度的构建结构和目标是必要的。

土地制度是一个动态概念，随着社会经济的发展，土地由生产要素变成为特殊的商品要素，城市出现后土地制度又分为农村土地制度和城市土地制度，及至农村工业化和城乡一体化的逐步实现，土地制度的构建又将使城乡融为一体。可以认为，当今土地制度的构建正在向综合性广义的结构和目标发展。根据当代国际经验和我国现行的试点经验，土地制度改革和建设的总体结构和目标不仅是改革土地占有制，而且包括对土地分配与利用制度、经营规模与经营方式的改革，以及对土地利用技术与管理方法上的改进。土地制度构建的终极和中心目标，是要保证对土地的合理分配及有效利用，不断提高土地的利用率和生产率。

综上所述，土地制度的构建不论在结构或目标上都应是多元的，其核心和主体是构建一个完善有效的地权机制及相应配套的总体结构，通过协调人地关系中人与人的关系，最终实现土地的合理有效利用。因此应该把土地制度的构建视为一项复杂的系统工程，而农村土地制度作为农村经济社会系统的基础层次，则应依据现阶段农村经济社会发展趋势和要求，因地制宜进行系统的总体与分项设计。

二、我国现行农村土地制度的利弊分析

建国以来，我国农村土地制度的演变大体经历了四个发展过程：实行土地改革，把封建土地制度改变为"耕者有其田"的农民所有私营制；在土地改革基础上实行以土地、牲畜、农具等生产资料入股分红的互助合作形式的农民私有合营；经过高级农业合

作社和农村人民公社化实现了集体公有公营；1979年后废除"政社合一"的农村人民公社制度，实行了集体所有家庭承包经营。

现行的以农户家庭承包经营为基础的土地集体所有制产生了巨大的积极作用，但目前也面临着一些新的问题。从实践标准和生产力标准来看我国现行的以土地集体所有为基础的家庭承包经营制是在生产力低水平和解决人民温饱问题条件下所取得的成就。随着近年来社会主义商品经济和现代化的发展及社会经济条件的相应变化，家庭承包经营制已经逐渐显露出它不利于进一步发展生产力的一面。从长远看，家庭承包经营的规模偏小，地块过于零散、不适应新技术和现代化管理的要求，不利于商品经济发展和农村工业化、城市化进程。笔者认为亟待研究解决的主要问题是家庭承包经营制的构建还不完善，尚有待发展和健全。这方面的主要问题是：

1. 在家庭承包经营制推行中，集体所有制的经济成分与管理职能被过多弱化了。现行的农村土地制度名为集体所有家庭承包经营或"统、分"双层经营，但是实际上在推行"双包"到户的初期，集体所有的固定资产和过去的集体积累却大都随着土地的承包转移给农户，甚至一些属于集体所有的产业也分掉了；承包制规定的统一机耕、统一灌排、统一防治病虫害等，实际上很少做到，为农户服务的社会化事业也无力推行。由于农户土地的基本无偿承包，土地的集体所有权没有得到经济实现，使集体所有制观念淡漠化，以致现行土地制度在经营上同传统的个体经营模式甚少差别。

2. 地权关系和土地产权不清，没有明确的规范化制度。这不仅表现在土地所有权上，也表现在土地使用经营权、处分权和收益权上。如我国宪法规定："农村和城郊区的土地除由法律规定属于国家所有的以外，属于集体所有。"但是对所有权的主体和内容均未明确，也不完备。而且至今有土地所有权的集体却不能行使其应有的土地处分权；承包土地的农户只有使用土地的种植权，而无明确的占有权与处分权。同时，土地的集体所有权和农户对土地的使用权均缺乏明确的法律保护和规范，从而导致了集体所有权在经济和管理上的弱化以及农民经营土地的短期行为。

3. 土地所有权与土地使用权分离后，缺乏土地合理流转的机制和规范。在现行土地制度下，集体所有制土地除国家征用外其所有权不能流动，土地使用权形态的流动要通过农户转包和集体调整进行。这同发展商品经济进而要求生产要素商品化和合理流动，以促使土地与其他生产要素优化组合，提高土地规模效益是不相适宜的。

此外，在土地管理制度上国家宏观管理与集体微观管理相结合的机制尚未形成，与现行地权制度相配套的土地金融制度和土地税制度也未建立等，均系土地制度不完善的表现。

三、我国农村土地制度的深层改革和建设

（一）改建的依据原则和中心目标

根据国内外历史经验，土地制度的产生和演变主要受制于两个基本因素：一是社会生产方式；二是一定的社会生产方式下人地关系的矛盾。土地制度必然随着社会生

产方式和人地关系的变化而演变和发展,这是一条不依人们意志为转移的客观规律,也是构建土地制度所必须遵循的基本原则。迄今人类社会出现过五个基本形态的土地制度,这些土地制度的出现和变革与当时的社会形态的生产方式都是相适应的;除剧烈的社会变革外,一国土地制度的改革基本局限在不触动其既定的社会生产方式,并保持与其社会生产方式和基本生产资料所有制相一致。这里所说的社会生产方式既包括生产力,也包括生产关系与生产资料所有制,还包括社会制度的可接受性。这可谓一切国家土地制度构建的共同原则。至于结合到人地关系和人地比率因素,由于国情的不尽相同,体现在土地经营规模与方式上则各有差异。

我国是社会主义国家,但尚处于社会主义初级阶段,我国社会生产方式的基本特征应以社会主义公有制、按劳分配为主体,实行向社会主义商品经济和现代化过渡。我国社会生产力和商品经济的发展水平还很低,人均资源特别是人均土地有限,人地矛盾突出。与此相应,我国现行的集体所有家庭承包经营土地制度在其基本形态上是基本适应我国现阶段社会生产方式和我国基本国情的,但问题在于它的发育还很不完善,不能适应农业和农村经济发展"两个过渡"的要求,因而亟待进行深层的改革和建设。

因此,目前所宜进行的土地制度的深层改建,仍然应该是在现有的公有制基础上对土地所有权与土地使用经营权的两权分离机制的进一步构建,使之有所发展和完善。这就决定了我国现行农村土地制度改建的重点不是改变土地所有制,而是完善两权分离机制;其中心目标,应该是在保持土地集体所有制前提下的土地产权关系和土地使用经营制度的改革,建立和健全土地有偿使用和合理流动机制,使土地资源与其他生产要素实行优化配置,并加强和完善土地管理及其他配套制度。

(二)现阶段改建的主要对策分析

1. 明确和完善土地集体所有权

目前我国农村土地制度实行集体所有和国家所有两种土地公有制形式,而以土地集体所有制为主。据1982年统计资料,在全国耕地面积中,集体所有土地占94.4%,国家所有土地占5.6%。这种土地所有制形态与我国整个国民经济中生产资料所有制形式是一致的,它基本上适应我国社会生产力发展的水平和国情。

但是,如何在土地所有权与土地使用权分离条件下,明确保证和完善土地所有权的完整性及必要的合理流动,并在经济上得到合理实现确还存在着复杂和难以妥善处理的问题。

明确和完善农村土地所有权,特别是土地集体所有权,首先,要明确土地所有权的主体。应该在有关法律和规范上,明确规定农村土地除国家另有特殊规定外均属村一级的农民集体所有,其主体为基层社区合作组织或村民自治组织所有。其次,要明晰土地集体所有权的完整内容:集体土地所有者依法可以对土地行使占有、使用(经营)、收益和处分权;可依据法规和政策通过对土地的发包、转让、出租、抵押、入股等形式实现所有权。再次,土地所有权的转移应由国家管理和约束,规定土地所有权的转移只能在集体之间、集体与国家之间进行,以保证公有制土地的合理分配和利用。最后,明确农村中国有土地的权属不变,在农村集体使用经营国有土地时,只能行使土地使用权,而不能改变权属关系。此外,随着商品经济的发展,在一些经济发达地区出现村级集体非农化(如"工业村"等)而不需占有全部集体农用地时,则应鼓励其土地的依法合理转移。

2. 明确和完善土地使用承包制

明确和完善土地使用承包制,促使土地使用权的合理流动,是农村土地制度深层改革的中心环节。其所需采取的对策步骤和内容主要有以下三个方面:

(1) 实行集体土地长期承包,以稳定农民对土地经营的长期感,稳定土地集体所有家庭承包经营土地制度。根据已有的经验,要完善土地的分配和利用,农村集体所有的土地,可以按人或人劳比例平均承包到户,长期经营,并以此促使土地使用权的合理流动。鉴于过去承包期一般偏短,则可将耕地的承包期适当延长到15～30年,非耕地的承包期可根据实际需要由集体民主决定。耕地承包可沿用"两田制",口粮田按人平均分配,农户长期经营,责任田适当集中,专业承包;有条件的地区也可以全部耕地实行专业承包。专业承包的耕地,尽可能采用招标形式发包。凡发包出去的土地,集体都要与承包者签订书面合同,明确规定双方的权利、义务。承包合同签订后,由政府发放统一的土地使用证,载明承包地的坐落、面积、等级等项目,作为土地承包经营权转让、转包、抵押、入股、继承的法律依据。

(2) 明确规定农户的土地承包经营权。我国农民是集体土地的使用者,又是集体土地的主人。因而,对其承包的耕地和口粮田,在合同期内有占有权、使用权、收益权和部分处分权。承包者有权在合同范围内独立自主地从事经营活动,所承包的土地可以由子女继承经营。或有价、无价转给其他经营者,亦可通过转包方式有偿转让给其他经营者,还可以通过土地入股的形式联合经营或抵押给金融机构取得经营贷款。农户与集体的土地承包在合同期满后,如愿继续经营,则有权优先续订承包合同。如系投标承包的责任田和非耕地,在合同期内承包者可以入股联营或抵押,但不能转让、转包和继承。而对抵押贷款,一般应限用于承包项目的开发与经营。

土地承包者除有上述权属外,还需负有保护所包土地资源及其地产(土地投资)的责任,不使地力下降,并依照国家法规、政策及承包合同的规定使用土地,按期上交承包金给集体。

(3) 搞活农村土地使用权。据当前各地实践经验,承包土地以家庭承包为主体,但也有新联合体共同承包土地使用权,在沿海开放地区还有联营企业、中外合资企业的资产性土地使用权承包,以及以下多种承包、承租、转让和股份经营等形式:

租赁经营:一般多限于口粮田以外的土地,如集体保留的机动田、后备土地或新开发土地的经营。先由集体土地所有单位民主确定出底标,公开竞争投标,由中标者租赁经营,集体同承租人签订合同,确定租金、租赁期限和项目,到期则重新投标。租赁对象应以有劳动力多的种田能手为限。

抵押承包:可对责任田以至口粮田采取这一形式,确定承包期为若干年后,逐年交纳抵押金。目前实行的具体形式有:抵押下年提留摊派和农业税的;抵押粮油合同订购与市场差价款、农业税和集体统一服务生产资料或只抵押生产费用的。如果完成规定项目和任务,年终由集体将押金退还承包者,或作为下年抵押金;否则不予退还,由集体统一用于生产补贴。

有偿转让:主要可有三种形式:一是租金转让,转让土地使用权时收取租金;二是实物转让,转让土地使用权时由转入户向转出户交纳一定的粮食等农产品;三是换工转让,转出户可以人工换取转入户的大型生产资料设备,合理使用土地。

投标承包:它与租赁制经营相类似,先由集体定出底标,再公开投标,由中标者承包经营,但不同的是租赁制经营要预先上交租金,而投标承包的包金则于承包年终完成上交。投标承包也通过承包合同形式,具体分为两种类型:一是现金投标承包,二是实物投标承包,均按合同规定年终完成上交集体任务。

土地股份经营,即:以土地入股方式组成由入股者(股东)参加的土地股份有限公司,选出种田能手并善于经营者做公司经理负责土地经营事宜。其最大优点是,可使离土农户稳定地享受土地的入股分红,可以吸收无力经营使用土地的农户入股,由善于经营者经营使用,既实行按股分配,又按劳分配,多收共享,风险共当,促使农业生产稳定发展,并易于实现土地集中,提高土地经营规模效益,合理利用农业资源,促进农村产业结构的调整。因此,在有条件的地区宜于采用此种土地经营形式。

3. 明确和完善土地承包经营中的各种法制

由于我国正处在深化改革的历史时期,价格体系尚未理顺,从总体看,农产品价格明显低于价值,农业生产的机会成本高而比较利益偏低,阻碍农业各类用地的商品化经营。因而,目前主要采取承包经营的方法来搞活土地使用权。联产承包后的农村土地关系出现了如下地权结构:(1) 集体的土地所有权;(2) 农户的使用经营权;(3) 联户、新联合体、股份公司等的共同使用经营权;(4) 联营企业、中外合资企业的资产性土地使用权;(5) 国家(土地管理机构)与集体(村民自治组织)的管理权。由此产生了至少四种关系的矛盾,即:集体所有权与农户(或联户、新联合体、股份公司、联营企业、中外合资企业)之间、各种使用经营权之间、集体所有权与国家管理权之间、国家管理权与集体管理权之间的矛盾与协调问题。因此,亟应通过土地立法以解决各种矛盾,调整各种土地权属关系,以促进农用土地与其他生产要素的优化组合,提高农业生产力。其中,首先是要在立法上确认市场机制和竞争机制,利用地租、地价经济杠杆,通过承包、租赁、招标、入股等形式,促进土地合理流动,逐步提高土地适度规模效益和集约经营效益。其次,是在立法上确定集体与承包者之间通过承包合同等方式来明确集体对承包土地的各种管理和监督职能。再次,要明确集体土地所有权的内涵及其与国家管理权的关系,因目前集体土地的所有权是很不完整的所有权,它只有从事农业生产的权利,其他利用还需受国家限制,而更重要的是所有权的核心土地处分权、土地管理权实际上属于国家土地管理部门,由此出现了种种矛盾,必须在立法上对集体土地承包经营中的各种地权关系加以确认。

4. 建立土地有偿使用和合理流动机制

我国长期存在着社会主义条件下土地无价值的误解,加之1982年宪法明文规定:"任何组织或个人不得侵占、买卖、出租或者以其他形式非法转让土地"(宪法第十条),因而限制了土地所有权和使用权的流动,甚至产生了无偿使用土地的做法。这是造成土地资源浪费、耕地失控、土地利用效果不佳的主要原因之一。只是到1988年2月才修改了宪法第十条,明确土地使用权可依法出租、转让,但是关于建立土地有偿使用和合理流动机制的问题,无论在理论上和实践中都尚未解决。

所谓土地有偿使用是建立在土地的价值观念基础上的,是土地所有者向土地使用者收取使用土地的报酬的依据。我国目前仍然存在着土地所有权的国家垄断和集体垄断,并存在着土地所有权与土地使用权分离的土地承包制。这样,要使土地所有权在经济上实现,必然要求土地使用者对土地付费;同时,使用者要对土地投入资金以保证地力,当土地使用者转让土地使用权时,亦应从被转让者取得相应的等价补偿,这也是一种必要的土地有偿使用的补充形式。目前我国农村集体土地的流动和转移,除国家因建设需要征用集体土地属于有偿改变土地所有权外,绝大部分集体土地有偿使用范围只是限于使用权的承包和转包转让。

农村集体土地的有偿使用有其特定的双重主体关系,即:土地所有者(集体)与其成员(个别农户)之间的关系,以及个别农户之间的关系。按照《土地管理法》规定,集体土地分为三种所有制形式,即:村农民集体所有、乡(镇)农民集体所有和农业集体经济组织所有。实行土地有偿使用制,首先要分清这三种集体所有制及其成员,结合地籍整理,对土地所有权和土地使用权进行清理,划分每一种集体所有制形式拥有和使用土地的界线,并使每一个农户明确他所属的集体单位,集体土地一般只能在其内部分配使用,但也不排斥农户在承包土地后,把土地转让(包)给集体成员以外使用。这就是说,一个集体组织的农户既是集体土地的主人,又是一个相对独立的承包土地经营的经济实体,即集体土地的使用者。这种集体土地的双重主体关系,使集体组织不能排除其成员对土地的占有、使用和收益权,集体组织把土地使用权转让(承包)给它的成员,并不是一般的出售土地使用权;在现行的有限期的土地承包制下,集体与个别农户的关系也不是一般的租赁关系,因而,集体组织向承包土地农户收取的承包费,不能简单地等同于一般地租。现行的人劳平均分配承包土地的有偿使用费,主要不是在经济上实现土地所有权,而是集体组织调节分配土地和进行公共积累的一种经济手段。

为了更好地发挥土地有偿使用的经济杠杆作用,应根据需要与可能条件,对土地使用权的承包和转让进行有偿付费的科学计量。在承包土地时农户承包土地使用费的标准,应根据当地农业生产发展水平与其他产业的收入水平,由集体经济单位从整体利益出发加以确定。对于有偿转让土地使用权的收费,则应按商品经济原则确定。但因限于土地市场尚未形成,农产品价格低,如严格按地租、地价理论计量,目前还没有条件,故应采取变通的计量方法。

5. 强化土地管理,明确和完善集体土地管理与国家土地管理机制

随着土地制度中两权的分离和一定限度的土地商品化,必须相应加强对土地的管

理,以调节其合理分配和利用。这里首要的是协调国家与集体对土地管理的职能和分工。集体是集体土地的所有者,主要应在其所辖范围内对土地的承包、转让、利用和整治进行管理和调控。例如,对农户承包的土地,集体可根据当地实际情况作出具体规定,进行监督管理;如农户使用土地而未履行合同或违反合同规定时,集体可给以必要的惩处,甚至收回土地;在土地经营权转让时,集体可进行干预,限定转让给有经营能力者,并对无力经营的承包者或转向非农产业者强制其转让土地。为防止土地加剧分割,可规定对增加人口不再增调土地;为统一组织土地整治和农田水利建设,可以结合进行土地调整,促进土地集中。耕地转为非耕地须经集体批准,并相应提高承包金额标准。

国家对集体土地的管理主要是在大范围内的统一宏观管理,包括开发整治规划和运用经济杠杆调节等。特别重要的是对农地转为非农用地要严格按规划和法规政策进行控制,并由土地管理部门统一审批。还应尽快建立和健全土地税制度、土地金融制度,例如按照土地资源类型征税和征收土地增值税,试办地区性土地银行作为土地流动的中介和政策性工具,以推动土地的流动、集中和整治。

为了逐步克服土地平均分配方式造成的地块过于零散细碎,今后要通过土地整治,如田块归整、综合治水、修路以及大范围的流域整治来解决。要坚持统一规划、综合治理的原则,鼓励集资开发荒地、荒山、荒水、荒滩等后备资源,并鼓励对新开发土地实行招标承包经营。为了加强对土地的管理与监督,必须建立集体土地档案。详细记载每块土地的面积、坐落、等级、承包者、承包金额等,并把承包合同纳入档案,做好地籍管理。

6. 积极创造条件,逐步实行集约型适度规模经营

实行适度规模经营是我国农业实现"两个过渡"的客观要求和发展趋势,也是现行土地制度深层改革的终极目标。我国现行土地制度之所以实行土地有偿使用和搞活土地使用权的合理流动,本质上也是要把落后、细碎的小农经营方式逐步转变为现代化、商品化的社会主义大农经营方式。我国人多地少,特别是农业人口多耕地十分有限,加上商品经济和社会生产力发展水平低,给实行农业土地规模经营带来了很大复杂性。从人地比率而言,现在全国人均实有耕地面积不足 2 亩,户均实有耕地面积 11亩左右。即使农村第二、第三产业有了很大发展,大量农户劳动力实现非农化,那时我国农业土地规模经营也将是小型的。但据国内外已有经验,小型农场一般具有土地生产率高的优点,因此我国农业规模经营不必也不能主要依靠一味扩大土地面积,而应主攻土地单位面积产量的提高,结合提高劳动生产率和降低生产成本,以建立集约型适度规模经营。据国内各地实验结果,凡是这样做的都取得了显著效果,即使在"双轨"价格体制下,其比较利益也不比非农产业低。

除上述制度系统内的改建外,还要建立和完善与制度相应的环境条件,才能促进机制的顺利运行。例如,要促使土地有偿使用及其合理流动机制的运行,目前就应积极着手筹建必要的土地金融制度和土地税制及其有关政策。

原文刊发于《经济研究》1989 年第 9 期

土地利用的区位选择

刘书楷

（南京农业大学农经系）

　　土地和劳动形成一切财富的源泉，土地又是人类赖以生存的空间场所。人类的一切生产和生活活动都离不开土地，也无时无刻不在利用土地。但土地的数量有限，它的空间、位置不可移动，而且各种土地有其特定的适应功能，不可能听任人们随心所欲用来满足一切经济目的，所以一切经济活动都需要依据有利于各自发展的利益来选择用地，使各种土地按其特性功能用得其所，发挥最佳效益。

　　随着人口增长和经济社会发展，人类经济活动的复杂化给土地利用及其选择带来了人地矛盾日益增多，也使如何正确选择用地成为广泛存在的重要经济问题。适应这一客观要求，自19世纪以来西方资本主义国家已经开始了对这一问题的系统研究，并先后形成了农业、工业、商业等各业用地选择的经济区位理论。在我国开展系统的研究起步较迟，主要是近年来在农业区划和城乡区域规划与土地利用规划中进行了因地制宜合理布局和各种"定位"的研究，以及在近期城市土地批租和各业征用土地中对各用地范围的划分与配置，但是对各主要产业和各企业事业用地应该依据什么理论、原则、方法，选用哪些指标选定适当的经济区位，我们还缺乏系统深入的研究。

　　本文之作，旨在对国内外已有的研究成果，结合当前实践可资借鉴的有关理论方法加以提炼和概括，以期为进一步研究提供一些思路和基础。

一、土地利用区位选择的几个范畴和经济意义

　　土地利用区位选择的基本原则，是使土地利用的经济目的与其相适应的土地的特定功能实现最佳结合，前者是人利用土地的主观意志；后者是土地的客观条件，即土地的自然特性及其对人类生产和生活可能具有的特殊作用。土地的功能一般包括生产功能、承载功能和可耕功能。这三种功能对于农业、林业和矿业等生产用地的选择均属重要而不可少，因生产用地要求土地在一定条件下能具有较大的持续生产物质产品的内在功能，同时也要求土地的承载功能，以作为从事生产的基地和场所。而对于不要求提供生物产品和生产资源的城市用地等的选择，则作为衡量其价值的是土地的空间和位置，而很少考虑土地的生产功能和可耕功能。所以，就土地提供的空间、位置服务来说，对于任何用地目的都是全然重要的。美经济学者康莫斯（J.R.Commons）曾强调说："土地之所以值钱，主要在于它能提供场所与位置。……这才是土地的原始而不

可毁灭的力量。"①此说,对商品经济发展条件下土地利用区位的选择,提供了强有力的理论依据。

所谓空间(space)实际上包括了场所(room)和位置(situation)。一切资源和生产事业及经济活动所处的空间,通称为地理位置。而为人类一切生产和生活经济活动所必需的土地空间,是自然界给予人类社会的原始而永恒的服务。但是,人类要合理地、经济地利用它,则必须进行选择。

自然界所提供的土地空间,具有不可毁灭性、不可增加性和不可搬动性等特点,从而为人类利用它设置了难以人为改变的空间边界,它使附属于土地空间上的自然资源的数量、质量的分布和开发利用以及所形成的产业部门和生产的产品。都带有一定的地域性和地域分异规律性,特别对于农业生产来说是更为明显的。

从经济学观点看,土地之所以有价值,不仅主要在于它能为农业、林业、养殖业和工矿业、交通运输业、商业等各部门提供了物质产品;还在于它为人类社会的一切生产、生活经济活动提供了立足的位置和场所。这些因素既是自然(土地)所固有的特性功能,又是由于它们与有关的社会、经济、技术因素的结合,才具有了价值和作用。这种空间及附着于其(土地)上的自然物与自然力的特性功能,同所在空间上位置与场所有关的社会、经济、技术因素的结合,就构成为具有一定的经济价值与作用的所谓经济地理位置。

所谓经济区位(economic location of situs),就是自然(土地)的位置加上人为的选择,它是人们依据经济学原则对土地空间所处位置作出的抉择。而土地利用区位选择的经济意义,在于它不仅考虑当地自然资源条件及其合理的开发利用,还一并考虑其社会资源条件的合理开发利用。就是说,土地利用区位的选定,既要依据当地自然资源(土地)的自然特性功能,充分发挥其潜力和优势;又要依据其社会资源条件和社会需要,来确定资源利用和生产发展方向。土地利用区位的选择,要求当地所拟建立的产业部门或企事业单位所在位置与场所,必须与其最宜的资源条件相适应,以保证资源利用和自身发展的最大综合经济效益。由于土地提供的生产资源与空间场所的服务及其形成的产业结构与布局一般存在着地区差异,因此对一切产业和城乡用地的规划布局,都应要求十分重视并实行区位选择。但是对土地利用区位的经济意义却非一开始就为人们所重视。在封闭的自然经济生产方式下,地域分工不明显,商品经济不发达,地区之间甚少经济来往,当时的土地空间与位置只是一种自然现象,区位的经济意义不大。迨后商品经济发展,中心市场逐渐形成,社会交换领域扩大,地域分工日趋显著,地区之间以至地区内部与国际之间经济贸易来往增多,人们遂重视从经济价值上对土地空间位置利用的选择,要求通过区位选择,使产业和经济活动与要求的资源条件相适应,并使有利于区间和区内的物质文化交流。这样,土地空间所处的地理位置和交通运输条件就成为区域经济发展的决定性条件,而形成产业经济区位选择的主

---

① 转见伊利·韦尔万:《土地经济学》1940年版英文本,第50页。

要制约因素。

随着商品经济日益发展,区内和区间的社会分工和联系加强了,如何把分散在各地的劳动力和生产资源集中在一地与当地的自然资源优势合理配合,以形成产业优势和商品经济优势;同时,又便于把这个地区所生产的商品产品从产区运输到市场和区外销售,而不使生产成本增加,又促使经济发展,以发挥区位的优势。对于这一重要经济问题的研究。应依据人们利用区位的目的及其实质内容和影响因素作用的大小,分别对各种产业和生活用地的区位加以正确选择。下面分别就农业用地、工业用地、城镇用地和旅游用地等区位的选择理论与依据加以简要评述。

二、农业用地区位的选择——屠能的"农业区位论"

德国人屠能是最早研究经济区位的著名农业经济学家。在 1826 年《孤立国》一书中首次建立了"农业区位论"。他突出区位对土地利用的影响,假设一城市位于同样自然、经济、技术条件的地区中心,城区是所需工业品的唯一供给地,而城市四周农村是城市所需农产品的供应基地。这样,农村的各类用地和产业布局,便形成为以城市为中心的若干同心圆圈层,即有名的"屠能圈",共分为六个圈层:① 自由农作区,即城郊农业。宜种植易腐鲜果、蔬菜,发展乳牛等,实行高度的集约经营;② 林区。因当时林木主要用作燃料、建材,运输笨重,故宜近郊;③ 轮作农区。宜发展主要向城市供应商品谷物与根类、豆科作物;④ 主谷农作区。宜种植小麦、玉米、稻谷等及畜产品;⑤ 三圃式农作区。远离城市,当时流行把耕地划分三块,分别种植黑麦、大麦和休闲,并供应加工畜产品;⑥ 放牧草场,即纯牧区。位于远离城市的农区外缘。

屠能农业区位论的发表距今已 160 年左右,由于一切经济情况的变化,其规划的区位布局已不能适用于现在的条件,但他所阐明的选择农业用地区位的依据原则,仍有不可忽视的价值。这些原则可归纳为以下几条:

(1) 突出了城市中心和交通运输条件对周围农区土地利用和产业结构的主导影响作用。屠能最早确立了以城市为中心、城乡结合的区域概念,把城市作为工农业产品的交换中心和对农产品的消费中心。他在假定其他条件类似的前提下,以距离城市中心的远近及农产品运输费用的大小,对农业各产品的生产进行布局和定位。

(2) 对易腐保鲜农产品、单位产品体积或重量大而价值低的产品,以及单位产品产量占地多的产品,为节省运费和土地或为迅速向消费者出售,认为其产地均应选定在离消费中心市场较近的地方生产。反之,耐运产品、体积或重量相对较小而价值较高的产品,及产品价低占地又多的产品,其产地则应配置在远离城市的地区。

(3) 对因气候、土壤等自然条件所限制,或市场畅销的农产品。必须迁就特定产区而又远离消费中心市场的,应对这些产品进行加工、转形(如果品、乳品等加工产品),以利远销和降低成本。

(4) 按距离市场远近(其他条件类似),确定各产品生产对土地利用的合理集约程度,并确定区位地租的高低。即凡距城市中心市场愈近的地区,其土地利用的集约度应愈高,区位地租亦相应愈高。反之,距城市中心市场愈远的地区,其土地利用的集约度应降低,区位地租亦相应趋降。

以上都是屠能农业区位论的基本理论原则,即使在当今交通运输条件和其他经济技术条件发生巨大变化的情况下,仍然具有指导用地区位选择的现实意义。当然,农业用地区位的选择要考虑的自然、经济、社会和技术因素很多,不能仅仅抽象为距离城市的远近和交通运输成本。但这是一种研究方法,不能因此否定城市和交通运输对农业区位的重要制约作用。

三、工业区位的选择——韦伯的"产业区位论"

韦伯继屠能之后,系统地研究了经济区位理论,他1909年发表的《产业区位论》对工业制造业用地的区位选择,提供了有价值的理论原则。他认为与制造业用地选择区位有密切关系的主要是运输费用和劳动成本。运输费用包括所需原材料和燃料的运入费。和所生产的产品与副产品的运出费;劳动成本是由工资率和工作效率所构成。这是两项巨大的生产成本,是制造业选择区位的决定性因素。

韦伯根据制造业生产过程中所需各种物质的特性与产地及其与运输费用的关系,建立了一个物质指数公式:

$$物质指数 = \frac{特殊地物质的总重量}{产品的总重量} \tag{1}$$

式中:特殊地物质,即产自本地以外特定地方的原材料;物质指数,即运进工厂原材料
　　和燃料与运出工厂产品总重量之比。

依据上式分析,凡物质指数<1的制造业,为节省运费,厂址应设在产品的中心消费区。这种制造业有如随地可取得原材料的砖瓦、水泥厂和饮料厂等。其产品如为出口商品,则应设在便于出口的港岸。凡物质指数>1的制造业,应设在特殊地物质的产区,如所需原材料与燃料产地不在一地。则应偏近于运量最大而又在制造中失重最多的物质产区,属于这一类的产业有金属冶炼业、食品加工业和制糖业等。凡物质指数=1的制造业,其厂址可选择在产地与产品消费区之间的任何一点,一般应以偏近消费中心以利于市场竞争为宜。

韦伯依据劳动成本与工业区位的关系,还建立了另一个劳动系数指数公式:

$$劳动系数 = \frac{劳动成本指数}{地域重量} \tag{2}$$

式中:劳动成本指数,即制造产品一吨所支付的平均劳动成本;地域重量,即制造一单
　　位产品所需物质重量与产品重量之和。

依据此式分析,凡劳动成本指数大(劳动成本高),而地域重量小(运输成本低)的,就是劳动系数大的工业。其厂址的选择应离开运输成本最低地点偏向于劳动成本较低的地点,从而使劳动成本减少的数量超过运输成本增大的数额,最终使产品成本下

降。反之,劳动系数小的工业,其厂址的选择,应离开劳动成本最低的地点,而趋向于运输成本较低地点,使运输成本减少的数量超过劳动成本增大的数量,以达到生产成本下降。因此,一般人口多、劳动力充裕而劳动成本较低的国家或地区,其制造业的用地区位应选择偏向劳动成本较低地区的范围较大,而受劳动成本最低点的约束较小。相反,经济发达、运输条件便利、劳动力紧缺的国家或地区,其制造业的用地区位选择,则受劳动成本最低点的约束大,而受运输成本最低点的约束小。

韦伯把运输成本和劳动成本作为产业用地区位选择的两个主要因素。即使在现代交通发达、机械技术进步的条件下,虽因其约束力已有削弱而影响工业区位的因素更为复杂化,但其所用物质指数和劳动系数进行分析的理论方法,仍有借鉴的价值。

四、城镇各类用地和旅游点、娱乐用地的区位选择

所谓城镇用地,是指人口密集区域,人们用作各种生产与消费利用的土地,包括工业、商业、交通(道路)等,行政、文教、科技以及居民住宅和娱乐等多种事业的基地。随着乡村城市化和工业、商业、交通运输业等非农产业的发展,城镇日益增多,其用地不断扩大,而且与农业用地矛盾日益尖锐,如何选择和集约利用城镇用地,日益成为重要问题。

城镇用地以利用其经济地理位置和空间基地为主。而非利用其自然生产力和土壤肥力,对土地的沃度并不要求,对自然气候条件、土地条件的影响一般也很少考虑,其经济供给则较大。凡是交通便利,人物聚集之地,均可供城镇用地选用。但应以尽量不占或少占农用地为原则,注意节约、合理和充分利用土地空间。

随着城市的扩大,各类城镇用地的地区分工愈加明显。一般说,工业区应位于城市郊区,住宅区分布于较宁静地带。城市中心为繁华的商业、金融区以及各种特殊市场,而行政区、文化教育区、科技区等亦应各自集中形成为各种区域。其中,工业用地在城镇用地中占有较大的比例,合理配置工业用地,要从城市的性质出发,确定城市工业区位的总体系统和不同性质、不同规模的工业区。工业用地区位的选择应尽量满足工业对地形、地质、交通运输、能源、水源等条件的要求。以保证具有良好的生产、劳动条件;对于运输量大、有污染或易爆危害的工业企业,应在远离市区或在独立地段上建厂,设在城市的下风向和水源下游,并避开旅游点和风景文物胜地。城镇商业区用地原则上必须接近消费者,一般商业企业、饮食业、服装业和书店、影剧院以及银行、邮电业等要设在通衢大道和行人络绎的市镇中心,并适当采用高层建筑。住宅区用地是居民生活集聚之地,对生活环境的要求较为严格,要优先安排在自然环境好、日照充足、空气新鲜的地段、河岸、水源上游,并应在符合安全和卫生要求下尽量接近职工工作地区。其他如道路用地、文教科研用地和公园与绿化地等,也要考虑到各自的使用要求和用地特点加以选择与布局。

旅游和各种娱乐用地,是指人们用作观光、休息和运动的地方。其分布遍及城市和农村各地。随着经济和文化的发展,此项用地的需求日益增多,其用地的选择遂日

见重要。旅游点和娱乐用地的开发利用,虽属用于消费,但能引致社会生产事业的发展,增加就业和收入,因此其利用价值和经济意义比一般用地甚至更大。旅游和娱乐用地的供给大部分为自然条件所决定,但也有因历史文化古迹所形成的。一般旅游区和娱乐地的利用,通常多依据特有的自然风光或文物名胜配合林业、园艺、野生珍稀动植物等业务,以增大土地利用的价值。但也可利用资源贫乏没有生产价值的峡谷、岩洞、雪山、沙漠等特异的魅力作为观光游览用地的,则可使很多无用的土地变为有用而收益很大的宝地,这就扩大了土地利用的范围和价值。旅游和娱乐地的开发利用不需年复一年的生产成本,只要修建以后注意保护和管理,即可长期利用不衰,产生无限的社会经济效益,因此其开发利用具有日益广阔的前途。

原文刊发于《中国土地科学》1988 年第 6 期

试论土地经济学研究

刘书楷

（南京农业大学）

国内学术界和业务部门的一些同行专家正在为筹建具有中国特色的土地经济学而努力。笔者愿就有关的几个基本问题谈谈个人的看法。

一、关于土地经济学产生和发展的历史基础

土地经济问题以及人们对它的研究由来已久。土地经济学在世界许多国家也早已成为重要的学科。

土地利用（生产）和土地分配（地权）问题成为土地问题的两大问题；二者相互联系在一起，构成为人与地的关系及由此而产生的人与人的关系。在人地关系中，人是主导的决定性因素，因而土地问题常常是由人口问题引起的。从人类社会发展历史来看，原始社会，人们以采集、渔猎为主，尚未大规模利用土地，无所谓土地问题；迨后，畜牧业随人口增加而产生，形成了部落利用土地的畜牧业，而土地的承载量远未饱和，亦无土地问题的发生，当时自然也不会引起人们对土地问题的研究。及至人口大量增加，不种植农作物已不足以生活，乃有种植业的产生，因此土地成为最基本的生产资料，而为一部分人所占有，就产生了地权关系，此时土地如何分配和利用的问题日益成为严重问题，遂引起人们对土地问题的研究。稽诸史籍，我国自周代以后农牧业相继发展，土地的经济意义日增，土地问题日益受到重视，对土地的研究就随之而兴。

然而，只是到了资本主义制度建立以后，土地经济问题才开始形成为系统的研究。举其代表者，有17世纪英国资产阶级古典经济学的奠基人威廉·配第。其后，杜尔阁、斯密、李嘉图等对地租和土地问题亦多有研究。其中，李嘉图对级差地租的系统研究，实为资产阶级土地经济学的独立研究开创了先河。其后，马克思、恩格斯在批判和改造资产阶级古典经济学地租理论的基础上，陆续发表了《哲学的贫困》《资本论》第3卷第6篇"超额利润转化为地租"等经典著作，创建了科学的、完整的地租理论体系，为马克思主义土地经济学的独立研究奠定了理论基石。

随着马克思主义地租理论的形成和发展，土地问题和土地经济的研究出现了两个国际性的主要流派：一个是为垄断资本主义制度服务的庸俗经济学家，宗奉李嘉图等的地租和马尔萨斯的人口论及土地报酬递减规律，用以解释土地问题；另一个流派则遵循马克思、恩格斯关于地租、地价和土地肥力的原理来研究土地问题。继马克思、恩

格斯之后,马克思主义土地经济学家的早期代表人物考茨基发表了《土地问题》。此书虽有某些错误,但仍不失为一本传播马克思主义土地问题理论的名著。20世纪初,列宁把马克思主义土地问题的原理用于分析俄国土地关系的特点,从理论和实践上研究土地问题和农民问题,发表了一系列有关著作。这些著作和马克思、恩格斯的有关论著为我们建立科学的土地经济学奠定了理论基础。

但是,在本世纪初期以前的长时期中,土地问题和土地经济的研究多附属于一般经济学或其他学科。只是由于土地问题研究的渐次专门化和科学本身的分工趋势,在1924年才发表了伊利(R.T.Ely)和莫尔豪斯(E.W.Morehouse)合著的第一本《土地经济学原理》专著。此书很快传播到世界许多国家,被誉为当代最早的土地经济学名著。以后不久,日本著名学者河田嗣郎发表了《土地经济论》(由李达等译为中文,于1930年在我国出版),亦颇有影响。同时,我国学者章植撰写的《土地经济学》也于1930年出版。这期间,金陵大学农业经济系主持的历经九年的中国土地利用调查,于1937年以卜凯主编《中国土地利用》一书正式出版。此为就人地关系以剖析我国土地利用实际情况的第一部大型专著。与此同时,值得特别重视的是,我国著名经济学家陈翰笙联合当时一批进步学者钱俊瑞、薛暮桥、孙冶方等组成"中国农村经济研究会",对全国农村的土地问题展开了广泛的调查研究,先后发表了《东北的难民与土地问题》(1930年)、《现今中国的土地问题》(1933年)、《中国南方土地问题》(1936年)、《西双版纳的土地制度》(1949年)等论著。他们运用马克思主义观点分析了中国农村生产关系和土地问题,认为中国农村经济的中心问题是土地问题。这时持新观点的朱剑农也相继撰写了《土地经济学原理》(1946年)、《历史唯物主义土地政策教程》(1948年)等著作。

再就是,伊利和魏尔万(G.S.Wehrwein)于1940年又发表了《土地经济学》一书,很快被引用到我国当时的一些著名大学作为教材,如由李树青译出后被列为大学丛书(1944年出版)。直接间接受此书的影响,当时在各大学执教的土地经济学家也同时出版了自己的专著。如张丕介的《土地经济学导论》(1944年)、吴文晖的《中国土地问题及其对策》(1944年)。

进入50年代以来,由于我们较长时期没有把土地经济学作为一门学科和课程,土地经济问题的系统研究遭到了中断或者说大为削弱了。而近30余年来西方发达国家对土地经济学的研究则已跨入更加综合和深入的领域,它在很大程度上已与自然资源经济学和资源经济学等后续学科实行了融合。实践表明,社会主义公有制并没有自然地消除土地制度和土地分配问题,更不可能自发地解除客观上存在的土地利用、保护、治理和管理问题;相反,更需要加强和完善土地的合理利用、分配和管理,因而急需建立这门新的学科。目前我国土地利用和分配等方面的许多重大经济问题又亟待研究解决,因而重建一门新的具有中国特色的土地经济学,加强对土地问题和土地研究问题的教学研究,实已刻不容缓。

二、土地经济学的对象、任务和范围

（一）土地经济学的对象

我们应该建立一门什么样的土地经济学呢？经济学研究人类社会经济关系，阐明人类社会各个发展阶段上物质资料生产和分配的规律。土地经济学则是在理论和实践上研究如何分配和利用土地为人类生产、生活服务，研究人与土地的关系，以及因利用土地作为财产和收入来源时而发生的人与人的关系。

为了阐明土地经济学的对象，我们不妨引用几个有代表性的论述。伊利和莫尔豪斯在第一本土地经济学专著中首先提出："土地经济学是研究由于土地利用所引起的人与人之间的关系的一门社会科学"，它研究"如何能够通过调整由于土地利用而发生的人与人间的关系，来实现改善生活条件这个目标"[1]。后来，伊利和魏尔万对此定义又作了补充和发展，认为土地经济学"是一种研究利用大地表面或空间的科学，此种利用，须以财产及其他制度为条件。又此种科学还包括有使用这种空间以上和以下，而所有者又能于其上设置财产权的自然力与生产力"[2]。同期，我国土地经济学家张丕介则认为："土地经济学研究的对象，概括言之，为人与地的关系；具体言之，则为因人类经济行为而造成的人与人、地与地的关系。"[3]他这里所说的人与地的关系主要是指土地所有制和土地分配问题；人与人的关系是指因与土地有关的经济行为而发生的土地买卖、交换、抵押、占领、赠予、继承、租佃等人与人的关系；地与地的关系是指因经济行为而引起的各种用地的关系，如耕地与非耕地的关系和各种土地的内部构成比例，以及土地的垦殖指数和复种指数等。

最近我国土地经济学家张德粹在综述西方学者对土地经济学的定义表述后认为，"土地经济学是研究人们利用土地时所应遵循的经济原理，亦研究因利用土地而发生的人与人之间的经济关系，并探求改善这些关系的原则和办法，它是理论兼实用的科学，一方面说明利用土地的许多原理，另一方面又提供利用土地的实际方法，以使人与地间及人与人间的经济关系得以改善。"[4]这是集各家大成的较为完整的表述。

根据以上援引土地经济学的各种代表性的表述，可以概见其基本点上是一致的。应该认为，土地问题的研究，客观上虽然涉及自然、生态、技术、经济等许多学科的不同研究领域，但是作为一门经济学的分支学科，土地经济学并不深入研究土地的自然、生态和技术领域，而是研究其经济方面，从经济学的角度来研究土地问题，

---

① 伊利、莫尔豪斯：《土地经济学原理》，商务印书馆1982年版，第16～17页。

② 伊利、魏尔万：《土地经济学》，商务印书馆1944年版，第150页。

③ 张丕介：《土地经济学导论》，中华书局1944年版，第1页。

④ 张德粹：《土地经济学》，台北1981年版，第13页。

因而主要应以研究土地利用中的经济关系和土地关系及其运动规律为对象。土地经济学的研究领域涉及土地生产力和土地关系两方面,既研究人与地的关系,也研究因利用土地而发生的人与人的关系。当然,研究土地的利用和分配,不能不涉及和联系到土地的自然、生态、技术与管理等方面,但这些只是与经济行为密切联系的问题,只能构成土地经济学的部分内容,而不是它的研究对象。因此,可以说,土地经济学是把土地视为一个经济要素。研究其综合利用和分配的综合性经济学科。它是介于经济科学和资源科学之间的一门边缘科学或交叉科学,是理论与实践结合的应用经济学。

(二)土地经济学的任务

依据土地经济学的对象定义和性质,土地经济学的根本任务主要是阐明人类社会各个发展阶段或特定阶段的不同地域空间的人地关系,和由此而引起的人与人的关系,及其运动规律。人地关系及其中人与人关系的运动规律,反映着人们在利用土地和分配土地过程中的本质联系及其客观规律。不同的社会生产方式下有不同的经济联系、人地关系和土地关系;即使在同一社会生产方式下,不同的地区的人地比率和人地关系也不尽相同。因此,土地经济学就是要用土地经济学的科学理论和方法来研究和阐明一定生产方式下地域空间内的人地关系及由此而引起的人与人的关系,找出其客观规律,为指导土地合理利用与分配的具体实践提供科学依据。社会主义制度为人们按照客观规律和科学真理来研究一国不同地区的人地关系及其中人与人的关系,提供了广泛的可能性。只要依靠政策和科学,去组织人们认真地研究面临的现实问题,就会达到实现土地合理利用与分配的目标。

在我国社会主义现代化建设实践中,存在着许多重大的土地经济问题亟待研究解决。

1. 由于长期忽视地租、地价的理论研究和应用,而且对土地缺乏系统的综合考察评价,以致土地的分等定级计价工作基本没有进行,土地资源本底和利用方向迄今仍然不清;加之对土地的生产能力及其对人口与劳动力的承载量缺少量度分析,因而无法为土地的合理利用、调整和管理提供科学依据。

2. 在种植业土地利用和管理中,存在着无规划状态和浪费,生态平衡遭到破坏,土地关系混乱,经营规模分散、狭小,利用效益很低。加上我国耕地及后备耕地资源十分有限,而每年人口净增一千多万人,已耕地面积逐年减少,现在人均占有耕地仅 1.4 亩。与此同时,滥占耕地、用地不养地、地力下降、水土流失、土壤污染、生态恶化的现象却很严重。

3. 在林地利用和管理方面,由于缺乏有力的政策措施,造成有些地区滥樵滥伐,迹地更新迟缓。据测定,全国森林年生长量只有 2.3 亿立方米,而年消耗量却达 3 亿立方米,致使森林资源日趋枯竭,影响了水土保持。

4. 在草原利用上,超载过牧,只用不养,人工草场比率小,不仅生产率下降,且沙化、碱化、退化日益严重，使我国北部退化草场面积达 7.7 亿亩，占可利用草场面积的 23%。

5. 在水面的利用上，由于滥肆围垦，我国淡水水面急剧减少，湖泊的消失和淤浅削弱了调节供水能力，更直接影响了渔业的发展。

6. 从城镇土地的利用来看，由于城市发展缺乏规划，市镇用地的利用、开发、管理缺乏系统研究和原则措施，建筑布局混乱而不合理，造成住宅拥挤紧张，污染问题难以解决。

7. 在矿地利用上，缺乏对矿产资源形势的科学分析和矿地管理，以及对矿产资源的开发、利用、保护和价格政策缺乏研究。

8. 我国实行土地公有制，有关土地利用的社会法制与政策自应区别于资本主义国家。但是迄今我们在土地所有权与使用权的关系及其经济实现上，在土地金融和地价与地税机制上尚未健全，甚至很少用以作为经济杠杆来调节土地的合理利用和分配。

此外，关于基建占地和土地征用上的合理化也有待进一步研究解决。

土地利用和分配上的上述重大实际问题都要求土地经济科学作出科学的分析，提出正确的理论原则、政策、措施和方法。这应是我们研究土地经济学的现实和长期的具体任务。

（三）土地经济学的研究范围和内容

土地经济学的对象、任务已明，则其研究的范围和内容即可据以确定。但翻阅已有的有关专著，涉及的研究范围和内容并不拘泥于同一模式。如伊利、莫尔豪斯把土地经济学的研究范围和内容列为市地、农地、林地、矿地和水权等实体，从土地的特性、分类、经济学原理、利用现状与前瞻、土地所有权、土地信用、土地价值与估价、土地利用目标、移垦与开发政策和地税政策等各种理论和实际问题进行研究。后来，伊利与魏尔万在合著的书中又补充了土地与人口以及利用土地所涉及的自然经济条件和资源保护与土地管理。张德粹的《土地经济学》则把研究内容扩展为四篇二十章。首篇阐述有关土地和土地经济学的基本概念，各类土地的供给与需要及人地关系；次篇扩展了对报酬递减律、地租论及边际分析的论述；第三篇对土地利用一般理论和各种土地利用（包括农、林、市、矿、水地与娱乐地和自然资源保护）的理论与实践进行了讨论；最后一篇是土地利用社会法制（包括地权制、土地改革、土地金融、地价与地税及其政策）的论述。

纵观中外已有土地经济学对研究范围与内容的组织和体系，在框架和主体部分可以说大同小异，而所涉及的问题即使在我国当前情况下也都大体上存在。因此，我们所要建立的土地经济学科，在保持自己的特点及主要针对我国现实问题和需要的前提下，也应注意批判地汲取和借鉴西方有关主要著作中对我们有益的科学的成分。依据这一原则，可以拟定如下的研究范围和内容体系：第一部分是土地经济学的基本理论和方法。包括关于土地经济学的基本概念和范畴、土地的供给与需求及人地关系、土地报酬理论和土地利用中生产资源配合原理、地租与地价理论和土地评价的理论方法。第二部分是关于土地综合利用的理论与实践的分析论述。包括对我国土地利用一般问题和各种用地(耕地、林地、水面、城镇用地、矿地和旅游地)的综合开发利用的原理与特征和实践问题的探讨。第三部分是对土地利用中人与人的关系即土地制度和土地政策问题的概述。主要包括地权制度、土地改革、土地金融和土地税的制度与政策。由于我国这些方面的实践尚不完备,目前在理论和实践的分析论述上还只是有限度的。

总之,土地经济科学在我国当前还处在筹建阶段,上列内容不过是初步的考虑,一个较为理想的学科体系还有待进一步研究和完善。

三、土地经济学的研究方法

土地经济学是一门综合应用多学科成果的应用经济学,涉及自然科学和社会经济科学各方面,因而可以采用多种具体研究方法。但一般常用的研究方法主要有以下几种:

(一)系统分析方法

土地是综合性的经济要素,有关人地关系和因利用土地而引起的人与人的关系以及地与地的关系也都是综合性的,因而使土地经济研究的对象、内容构成为不同层次的系统,这就从客观上决定了土地经济学必须借助于软科学范畴的系统分析方法。

所谓系统分析方法,就是把研究的对象建立在系统论和系统工程科学基础上,置于系统的整体中加以考察的方法。它要求从系统的观点出发,着重从整体与部分、整体与外在环境之间相互联系、相互作用中有机地、综合地考察对象,即立足于整体,把整体作为确定目标的出发点,着眼于综合,以达到最优化的目标。系统分析方法应用于土地经济学,一般要求依据以下的原理和具体方法:

1. 根据整体功能大于部分功能之和的原理,着眼于整体和全局,实行整体到部分的分析方法。例如,在评价土地利用现状和制定其合理利用决策时,要依据土地的多样性和多宜性,及其特性功能,按照社会需要,用于多种利用方式,发展多种生产门类,要求一地多用,使各类土地的利用各得其所,使土地利用结构即地与地的关系趋于协调均衡,以取得整体利用功能最大。这对于克服和防止单一利用土地的不合理现象具有重要意义。

2. 根据系统结构的多层次及其相互联系的原理,采用综合方法。系统的内部存在着多种必然联系,这是事物存在和发展的规律。系统综合分析方法,就是从一个综合体的成分、结构、功能、相互结合方式、形成和演变过程等方面,进行综合考察分析,以揭示整个系统的内在联系和运动规律。土地经济学研究的对象、内容涉及不同类别和层次的系统,如土地的综合评价和综合开发利用都存在着自然因素和社会因素、系统内外多种因素与系统结合配比和平衡关系,其中一个因素或局部因素的变化常常会不同程度地影响到相关因素或整体,而发生相应的变化,甚至导致生态平衡和结构功能的变化。因此,在考察和评价土地及其利用时,就要求从综合效益和综合利用进行分析研究,而不能片面孤立地从单因素来考虑。像对土地利用方向的确定,就不能只考虑当前的经济效益,而应从生态、经济和社会三者综合效益的大小作出最优选择。土地评价就要包括自然生态评价和社会经济评价,土地利用就要考虑土地的综合开发、利用、治理和保护。

3. 根据最优化原理及最佳化目标,用最优化方法进行优化设计,为土地评价和土地利用决策提供科学的优化方案。所谓最优化方法,从宏观管理的角度说,就是要依据土地的供给与需求,理顺人地关系、土地关系,把宏观经济效益、生态(环境)效益和社会效益三者的最大综合效益作为总目标,作出最优化方案,使方案达到定性、定量和优化。这对于确定人地合理配比以及进行土地评价和土地利用决策都是十分必要的。

(二)定性分析与定量分析相结合的方法

土地经济学研究人地关系和土地关系,要求对土地及其利用决策找出质的和量的规定性,因而必须采用定性分析和定量分析相结合的方法。只有通过定性分析找出事物的本质及其内在的必然联系,才能揭示事物的发展规律。但要使质的把握精确,就要通过定量分析确定量的概念。这是由于量的变化可以引起质变,没有定量分析,就不能找到量变到质变的限度。例如,土地的质量等级及其合理利用的适宜程度,没有量度就难以确定它们的界限。一般说,定性分析是定量分析的基础和前提,而定量分析能使定性分析和对事物变化规律的认识更加准确、具体和深化。所以,定性分析与定量分析相结合,相辅相成,相互补充,是土地经济学的又一重要研究方法。

(三)静态分析与动态分析相结合的方法

研究土地经济问题,常常借助于大量的统计资料和实际调查材料,运用前人已有的研究成果,进行历史、现状分析和未来预测。这就需要采用静态分析和动态分析相结合的研究方法。这两种分析方法是互为前提和互相补充的,应结合运用,不能偏废。例如,静态分析使用人地比率、各种用地结构、土地生产率、地租、地价等指标来反映一定时间的人地关系和土地利用与分配的状况;而动态分析就要以一定的时间为基础,加进时间变动因素,用增长率、增长速度或变化状况的指标进行对比研究,以反映其发展过程和变动的方向和趋势。唯物辩证法承认任何事物都是运动和静止的对立统一,所以把静态分析和动态分析结合起来,对于揭示人地关系变化规律具有广泛的实用性。

(四)宏观分析与微观分析相结合的方法

所谓宏观分析,是指研究的出发点和领域的宏观整体性而言的,一般理解为从整个社会或国民经济总体上研究人地问题和土地关系形成与发展的过程,研究社会经济因素对人地关系的制约作用。所谓微观分析,是指研究的出发点和领域以组成国土总体中的局部小范围地区或个别农场为对象,研究人地关系和土地关系。例如,研究我国人地关系和土地关系,可以从全国、省或区域性来考虑,也可以从一县或一些生产单位分别加以研究。把宏观分析与微观分析结合起来,既可以从发展国民经济的全局考察人地关系和土地关系的变化,又可以从局部或家庭经济考察其变化。同时还可以研究人地关系和土地利用中人与人、地与地关系中存在的国家、集体与个人三者利益的经济效益、生态(环境)效益与社会效益的结合问题。

此外,土地经济学的研究还经常采用抽象法。所谓抽象法,就是对复杂的社会经济现象和过程进行大量调查研究,作出定性分析后,舍去大部分不重要的变量因素,把注意力集中在主要研究决定事物发展本质的一些关键变量因素上。

原文刊发于《经济研究》1987 年第 11 期

第二篇
农业资源经济研究

我国农业资源持续利用问题与对策

刘书楷　陈利根　曲福田

（南京农业大学土地管理学院）

摘要：阐明了从传统资源观到可持续发展人与自然观的根本转变的理念与意义；并从可持续发展人与自然观简析了中国农业资源国情与利用问题；论述了我国农业资源可持续利用方向、目标思路和五项战略对策及关键措施。

关键词：传统农业与持续农业；农业资源持续利用；问题与对策

一、从传统资源观到可持续发展资源观的根本转变

（一）由传统资源观理念向可持续发展人与自然资源观理念转变的历史必然性资源是一切存在和发展的物质基础和最基本要素，人类社会的一切产品和财富都是资源物质和能量转化而来的，资源作为一种最基本的基础物质和能量，在自然界和人类社会的广泛存在及其作为一切存在和发展的基础，这是资源所固有的不可替代的最基本特性和功能，这种特性功能是永恒的。资源从总体上具有特定的可持续性和可持续利用功能，否则连自然界都将不可能存在和发展，那么人类社会和经济的持续发展也就注定不可能。人们研究资源主要是从人类利用的角度，为了人类的发展而研究资源的永恒利用，因为没有资源的持续利用，就失去了可持续发展的基础。

由于研究资源利用必然要联系到人，为了人类的发展。因而从可持续发展和资源可持续利用二者的结合上进行综合研究，其理论内涵实质上是要协调人与自然的关系，实行人与自然和谐共处。

（二）可持续发展人与自然观的实质内涵和基本特点

人与自然关系的实质，就是人类为满足自身生存和发展的需要，通过自身劳动运用人为的社会资源和知识、技术、经济和管理手段与自然界进行物质变换的过程。这种人与自然界的物质变换过程就是利用资源的过程。

但必须指出，当今世界人类社会最突出的特征，则是人类史无前例的破坏性与日俱增。要实现可持续发展的资源永续利用，就必须遵循物能转化中物质不灭定律和能量守恒定律，以及生态经济平衡等自然经济社会规律；要使农业产出多，就必须加强对农业资源的开发利用、治理保护和管理，以保持资源、环境的数量、质量和忍受性高效循环，全面协调好人口、资源和经济社会的协调发展。

由于农业生产的特点主要是生物性生产，是自然再生产与经济再生产交织在一起的，就必须强调自然生态环境要素和自然再生产过程中自然资源的自然限制及自然生

态规律的制约作用。首先顺应自然的限制,善待大自然,在适应中利用和改造自然,维护和促进自然资源与环境的再生能力;同时,还须依据社会经济规律,控制人口和需求的无限增长,提高人对自然的认识、利用与改造能力,以协调人口、资源、环境和经济社会发展的关系。对农业生产来说,就是协调农业自然再生产与经济再生产的关系,协调自然资源与社会资源的关系。所以研究农业可持续发展,主要是强调把"发展"与其所赖以发展的资源(农业自然资源和社会资源)基础在代际之间因时、因地制宜合理高效率地进行配置和利用,以促进农业两个再生产过程的综合协调和持续发展。

"可持续发展人与自然观"是近20多年来,对17—18世纪工业革命后出现的人与自然对抗日益加剧,人与自然关系严重失调,从而障碍了经济社会发展的"非持续发展人与自然观"所提出的反思。可持续发展人与自然观认为:自然资源、自然力和环境要素与人力资源等社会资源都是构成综合生产力不可缺少的生产力要素,人与自然均系"一切财富"的原始要素,应和谐共处协调发展;并把发展生产力视为劳动(生产)过程,人与自然应进行对等的双向协调物质变换,而不是只为自身发展排斥非人类发展,更不能以牺牲人类赖以生存的资源、环境来换取自身的发展。从而也认为,自然资源、自然力和环境要素是发展生产力和实现可持续发展的物质基础和前提。

二、从可持续发展人与自然观分析我国农业资源国情与利用问题

农业资源包括人从事农业生产和农业经济活动中可利用的各种资源(含农业自然资源和社会资源及介于二者之间的人工自然资源)。西方农业生产经济学把农业生产资源视为"土地"(即自然资源综合体)、劳动(人力)、资本(人工自然资源和人造生产资料)及管理(即管理经营生产的能力)四大生产要素。而所有这些资源作为人类社会经济发展的基础和支撑系统,都具有重要的不可替代的作用,但其作用的大小和潜力则取决于一国、一地区的资源丰富与质量和开发利用状况及满足发展需求的能力。

我国是一个农业大国和农业人口大国,从资源和农业资源总量而言,也是一个资源大国。从人与自然协调发展和资源可持续利用的要求看,只是资源总量一项其意义并不十分重要,而人均占有量才具有决定意义。正是由于我国人口总量大,又是农业人口大国,主要农业资源的人均占有量却普遍偏少,成为我国资源的劣势。据联合国粮农组织(FAO)1990年生产年鉴统计,在全世界国土面积最大的10个国家里,中国人均占有耕地0.13 hm²,占世界平均数的46.4%,居第10位;人均占有水资源为2 500 m³,占世界平均数的25.7%,居第8位;人均占有森林、草地分别为0.13 hm²、0.27 hm²,相当于世界平均水平的15.5%、38.1%,居第9位。而且今后30年内我国人口仍将增长达15亿~16亿。可见,资源总量大,人均占有量少是我国农业自然资源的基本特征,而这一劣势仍在发展。

我国农业自然资源的人均占有量不仅少,而且由于自然条件的制约质量不高,土地垦殖指数只有10.4%,后备耕地资源少,现在耕地中劣质耕地约占耕地总面积的35%~45%,水土条件差的山丘耕地占50%左右;而耕地中的中、低产田约占2/3。加

上水资源紧缺,又将严重制约资源的利用率和产出度,从而加大农业生产成本,降低农业比较效益,障碍农业可持续发展。

除去上述自然条件和人口制约因素外,更值得重视的是,我国农业资源不仅人均占有量低、质量差、后备资源少,而且对资源的开发利用、保护整治和管理上,存在着严重的浪费现象,以致农业自然资源日益短缺,资源质量下降,农业生态环境趋于恶化,成为制约我国农业以至整个经济社会可持续发展的瓶颈,加剧了人地关系和人与自然的矛盾:一是由于自然资源条件的严格约束加上人口众多和发展对资源的需求增长,人均资源短缺矛盾,特别是耕地和水资源稀缺在加剧;二是稀缺资源粗放利用方式和低效、不合理利用没有根本改变;三是在资源产权制度和管理体制上的深层制约阻碍着资源可持续利用和农业可持续发展。

三、我国农业资源可持续利用方向、目标思路和战略对策及关键措施

(一)发挥人的主观能动性和创造性

根据我国人多地少、人均资源紧缺的资源国情,应扬长避短、补短,发扬人力资源等社会资源的优势,开发人的科技与知识素质,尽快转向生态环境建设、整治国土资源环境、抗洪抢险救灾,重点治理水土流失、土地退化、荒漠化和山区贫困等。

如对农业过剩劳动力、下岗转业人员加以技术培训,组成各种专业队伍用于整治国土、生态环境建设,在生态脆弱地区种树种草,治理水土流失、防治风沙危害,在山区加大坡地改梯田力度,扶持贫困山区建设基本农田,改变生产条件以消除贫困,则既能改善生态环境,开辟新资源,扩大资源利用,提高农业生产能力,又有利于充分就业,把充分利用劳动力资源与改善生态环境的需要结合了起来。此外,还可组织劳动力充裕地区劳力到境外地多人少地区务农,实行资源互换互补,扬长避短,提高资源总体利用率和效益。

(二)把缓解资源稀缺性问题作为一个核心战略

对非持续性可耗竭资源而言,除节约、集约利用外,应以寻求新的替代资源为主;对可持续性再生资源,则应随着改进技术、经济方式,加快资源再生量和更新速度,并使其利用量不超过再生量,保持再生速率大于利用速率的增长。这就要从技术进步和改善管理上寻求缓解、克服资源稀缺的有效途径。主要是:

1. 实行技术革新与技术进步推动自然资源储量的新发现和利用规模与效益,用新技术提高资源集约、合理开发利用,促进生产过程中以量多、价廉资源替代量少、价昂资源的多种资源相互替代,推动资源利用和生产规模的扩大,提高规模效益。

2. 面对当前农产品的国际竞争,实行"两种资源、两个市场"战略。依据比较利益原则,发展适应世界市场需求、适销对路、科技含量高、质优价廉的本国优势产品和产业,实行专业化、集约化、规模化、现代化生产,以提高我国资源总体利用水平和效益。

3. 推进资源重复利用、综合利用,提高农业综合开发水平。为适应今后农业发展阶段性变化,在农业资源综合开发利用上要相应实行以下两个转变:由以改造中低产

田和开垦宜农荒地相结合,转到改造中低产田为主,尽量少开荒或不开荒,把提高农业综合生产力与保护生态环境结合起来;由以增加农产品产量为主,转到积极调整结构,依靠科技进步,发展优质高产高效农业上来。

4. 运用科技、经济手段扩展各种农业自然资源内涵和外延的利用。如开发有生态经济价值的"四荒"资源和滩涂资源、山区林牧业资源,以及有现实条件和需要,并有远景战略意义的海洋农业资源、沙漠农业资源等,用以扩大稀缺性大的耕地、水资源的可替代率。

(三)对稀缺的资源实行节约和集约利用,由粗放低效利用转变为集约高效利用

在当今资源日趋短缺和非持续利用的形势下,自然资源的有限性和一切资源的稀缺性已成为资源的永恒属性,而作为经济范畴的资源稀缺性,已被资源经济学定义为"竞争性的市场上任何一种价格大于零的商品都是稀缺的"。就是说,任何一种资源都是有价值的,必须实行有价、有偿使用,才能缓解资源稀缺性的严重短缺。因此,除上述运用技术、经济手段寻求、开发新资源和替代资源外,还必须实行由粗放低效利用向以知识科技密集型为主要标志的集约高效利用的根本转变,而不能停留在劳动密集低效利用上;并建立完善的资源产权制度和资源有价、有偿使用制度,资源价值核算与价格管理体制,实行资源可持续利用管理,以达到节约和有效持续利用资源的目的。

(四)运用生态经济规律和科学技术,发展高效生态农业或"集约持续农业"

要在保护和改善资源、环境条件的基础上,实现资源节约和集约高效利用,以取得最佳经济、社会和生态综合效益,保证资源永续利用和经济社会可持续发展。

由于农业生产的区域性特点,要做到因地、因时制宜合理利用资源,就不能固守一个模式和规模;所选用的技术,也应是适用技术与高新技术相结合,当地经验与外来先进技术相结合。综观已有的成功做法,大都侧重于应用以下几项主要生态规律:

1. 共生规律

以发展豆科植物与根瘤菌共生、稻田养鱼、蜜蜂传播花粉优化良种,以及多种间作、轮作、套种栽培制度等。

2. 伴生规律

利用各种农作的主产品、副产品,发展产品加工业、副业。

3. 互生规律

以调整和优化农、林、牧、渔、副各业生产结构。

4. 序生规律

如我国南方发展桑(蔗)基鱼塘、草基鱼塘等。

5. 再生规律

利用再生资源的"自我建造""自我修复""自我调节"功能,以调节生物与环境的关系,保持生态平衡,实行"用、养、管结合","养、保、管促用",以实现资源可持续利用,达到增产增收。同时,还应重视经济规律的应用。例如:依据自然资源的多样性,实行重复利用、综合利用与管理,以节约资源、节省成本;对自然资源、自然力实行深加工利用,变低效利用为高效利用;发展废弃物资源化产业和环境保护产业,变废为宝,既节约资源又防止污染环境。

纵观中国现代生态农业 20 年来的实验,和"两高一优农业""集约持续农业"的相继出现与发展,其积累的成功经验无不证明这些农业发展模式只要实现生态经济协调发展、合理利用资源的,都是行之有效的可持续农业模式,应该因地制宜地采取多种形式加以示范推广。

（五）深化农业资源区划工作

目前我国农业资源区划工作已进入跨世纪扩大改革开放,实施可持续发展战略的新时期。为加强国土资源持续利用促进全国经济社会可持续发展,应在近期全国生态环境建设规划和农业与农村可持续发展("SARD")实验研究的基础上,充分利用已有研究成果,有重点地深入开展国土资源整治和生态环境区划与农业可持续发展区域规划,为分区建设农田保护区和建设大型优势粮棉、饲料、果蔬生产基地,发展节水农业等资源利用模式和生态农业模式提供科学依据,从而推动全国资源利用和生态环境建设,加快农业和经济社会可持续发展。

原文刊发于《中国农业资源与区划》2004 年第 2 期

农业资源可持续利用与综合管理基础研究刍论

一、资源、农业资源的可持续利用与管理概念

资源作为最基本的基础物质和能量,在自然界和人类社会的广泛存在及其重要性早已引起人们的瞩目和研究。但由于在不同的时期人们对资源的认识和利用能力上的差别及对资源研究的目的、目标的多向性和多学科发展带来的视角不同,以致资源的概念和内涵是多种多样和不断更新变化的。

在此所说的资源概念,是指的整体资源系统,主要从可持续发展和可持续利用的角度而言。传统的资源概念,有视资源为经济范畴,也有视为生态范畴,以至生态经济范畴的。而从可持续发展理论和资源可持续利用来看,资源之所以谓资源,是与人和人类对资源的利用相联系的,资源之所以被视为人类赖以生存和社会发展的物质基础,其实质是由于资源为人类利用,而提供物质、产品和财富。从而,资源成为人类社会经济发展的基础和前提条件,所以,笔者认为这是资源所固有的不可替代的最基本特性,并进而认为资源系统是可持续发展整体系统的支撑系统,它具有特定的可持续性和可持续利用功能:否则就连自然界都将难以持续发展,那么人类社会经济的持续发展就注定不可能了。

把资源——整体资源系统,定义为可持续发展的支撑系统所具有的上述特性功能,也是资源本质内涵的正确反映。正如我国《辞海》对资源的释义:"资财的来源,即财富之源。"①笔者1987年的一篇文章也将资源概念表述为:"资源的全部含义就是马克思所说的劳动力和土地及恩格斯所说的劳动力和土地及恩格斯所说的劳动和自然界一起提供的一切财富的源泉。"②笔者认为,广义的劳动力和劳动即人为因素,包括了一切社会、经济、技术、信息和管理因素,可统称为社会资源,再加上自然界提供人类利用的一切自然资源,就是对资源基本概念所作的最完善的科学表述。并指出"这是经济科学、自然科学和技术科学相结合的概念"③。

资源的可持续利用概念不仅强调人对资源的利用和自然资源与社会资源的结合,

---

① 《辞海》中册,上海辞书出版社1979年版,第286页。
② 马克思所说的劳动力和土地,恩格斯所说的劳动和自然界,指的是社会资源和自然资源。
③ 详见刘书楷《农业资源经济学几个基本问题的探讨》,《自然资源学报》1987年第4期。

而且表明资源利用的实质也是一个综合性概念,指出资源的"利用"不是单纯的"使用",而是从全面可持续发展要求对资源、环境要素实行合理科学的多种综合利用组织,包括资源调查,评价、规划、开发、利用、治理、保护和管理等系列活动,统称为资源可持续利用与管理。可以认为,在整体资源系统中,自然资源与社会资源只有结合起来,才能形成生产力,产生出产品和社会财富,成为一切财富和资财的源泉。而在资源利用和生产过程中,也只有把资源可持续利用与管理的系列综合活动协调组合起来,形成为合力,才能实现资源的可持续利用,成为经济社会可持续发展的基础。至于什么是农业资源? 则不能只就农业资源论农业资源,而应从资源——整体资源系统来认识。农业资源只是资源用途及利用方式的一种分类,即主要用于农业生产和农业产业部门的资源。

从资源可持续利用与可持续发展的依存关系而言,农业资源是农业可持续发展的基础条件,也是人类生活和生存的物质源泉;增加农业产量和财富,最终要看农业资源的丰缺、开发利用效率和管理水平。这是由农业是经济社会发展的基础和农业生产的根本特点所决定的。马克思曾指出:"经济的再生产过程,不管它的特殊社会性质如何,在这个部门(农业)内,总是同一个自然的再生产过程交织在一起。"[1]农业生产不同于其他物质生产部门的特点,是它有一个自然再生产过程构成为自然生态系统,与周围的自然环境存在着不可分割的联系,受光、热、水、土等自然资源和环境要素的制约和影响。而农业的经济再生产过程是一个社会经济系统,它是由社会资源条件(含人口、经济、技术、信息和管理等因素)构成的,也受自然生态条件的影响。由此可见,农业资源也是由自然资源和社会资源构成的,是自然资源和社会资源联系到农业利用的那一部分资源。但是,长期以来人们常称农业资源为气候、水、土地和生物等四大自然资源,而不提社会资源。这就忽视了农业生产中人的因素和社会资源的主导的决定性作用,甚至在一定程度上割裂了人与自然的关系。而恰恰是农业资源的利用与农业生产发展的这一实质联系,归根结底就是人与自然的关系。[2]

至于西方农业生产经济学,则从微观经济研究把"农业生产资源"(agricultural production resources)视为土地(land)、劳动(labour)、资本(capital)和管理(management)农业生产四大要素。"土地"即自然资源的综合体,含地球上的一切陆地、水域、空气、阳光、雨水、自然肥力等自然物和自然力;"劳动"是指直接从事生产的人力(含体力、智力);"资本"是指一切人类生产之物,如人造雨、人工肥力等人工自然物(人工自然资源)及人造生产资料(如种子、肥料、饲料、机械设备等)。统称为生产者财货(producers goods)或资本财货(capital goods);对"管理",则定义为组织经营生产的能力,是使土地、劳动、资本三种生产要素赖以结合,生产得以进行的重要因素。并认为随着生产规模和生产社会化的扩大,管理资源将越来越重要。这一定义不仅把农

---

① 马克思:《资本论》第2卷,人民出版社1976年版,第398～399页。
② 详见刘书楷《农业资源经济学几个基本问题的探讨》,《自然资源学报》1987年第4期。

业资源的内涵由自然资源扩展到社会资源的资源整体,而且强调了人为作用和社会资源在资源利用中的主体地位和主导作用。

总之,资源、农业资源作为人类自下而上和发展的支撑系统这一基本特性是不可替代的。但要使有限和日益稀缺的自然资源永续利用,则必须加强人在资源利用和管理中的能动、主导作用,协调社会资源与自然资源的互补性,不断提高资源系统的整体功能,才能适应经济、社会发展对资源日益增多的需求。

二、农业资源可持续利用与综合管理的理论内涵和实现途径

农业资源是由多种自然资源和社会资源构成的复合资源系统,其可持续利用与管理涉及的理论和实践问题很多,这里只就带有规律性和全局性的几项基本原则及其实际应用问题加以探讨。

(一)人与自然协调发展原理及其对策途径

人与自然关系(man-nature relationship)是人地关系(man-land relationship)的同义词,它是一种二元对应关系,并构成一个整体资源系统。从资源概念而言,人与自然系统就是社会资源与自然资源和环境要素的结合,并形成为劳动(生产)过程,成为一切资源的利用和产生财富与产品的基础。人与自然结合的实质,是人的劳动过程,亦即人利用资源、创造财富的过程。如马克思所说,劳动过程"是为了人类的需要而占有自然物,是人和自然之间的物质变换",即"一边是人及其劳动,另一边是自然界及其物质";亦即"制造使用价值的有目的的经济活动"。①

应予注意的是,马克思所说的人与自然的结合的劳动过程是人与自然界进行"物质变换",也是告诫人们在利用资源中,不能只是向自然界索取,更不是掠夺,而应是人与自然进行对等和协调的物质变换的关系。也就是恩格斯指出的,在这里"自然界为劳动提供材料,劳动把材料变为财富"②。这应当成为当今人们协调人与自然关系实行资源持续利用与管理的基本准则。

反观现实,人类以主宰大自然,肆意掠夺自然资源,甚至以牺牲资源、环境为代价谋求自身发展的蠢事比比皆是,终于遭到大自然的惩罚。针对这一严峻的现实,人们必须遵循人与自然和谐共处协调发展原理,在资源利用中恪守人与自然实行"对等"的"双向"物质变换,善待自然,合理利用和管理资源。其应有的对策途径,主要是重新认识自然资源和社会资源的特性功能及其规律,依据其特性功能和规律,用好和管好各种资源。

首先是依据自然资源的多元构成和多宜性、多用性功能,运用自然资源和自然力的生成和转化规律。例如,林德曼(R.G.Lindemen)的能量动力学原理和"人与自然关系食物链金字塔定律"("生态学 1/10 定律"),以及自然力的生成和转化规律(主要有

① 马克思:《资本论》第 1 卷,人民出版社 1972 年版,第 208~209 页。
② 《马克思恩格斯选集》第 3 卷,人民出版社 1972 年版,第 58 页。

"共生""伴生""互生""序生""再生"等规律),变自然资源的单一利用为综合利用,低效粗放利用为高效集约利用,并做到"用养结合""以养促用"。使资源得以持续利用与管理,做到越用越好、不断增殖,实现农业增产增收持续发展。例如,运用生态学 1/10 定律和互生规律可以调整和优化农业产业结构和生产结构,建立"稻田养鱼"、多种"间作套种"等高效综合利用的生态农业模式;依据伴生规律,实行农业产业化,综合利用粮、棉、油等主产品,并利用其副产品秸秆、谷壳等,发展食品深加工和副产品综合利用;依据序生规律设计和建立"桑基鱼塘""蔗基鱼塘"和"粮菜结合""粮林、粮草、粮渔、林牧、林草等多种结合"的良性高效循环的综合利用的生态模式;依据自然力再生规律,按照再生自然资源生态系统的"自我改造""自我修复""自我调节"功能,将此类资源的利用率和消耗率控制在其再生率增速的限度内,才能保持资源的永续利用不衰,越用越好,不断增值。

其次是在遵循自然规律的同时,要十分重视依据经济规律加强对资源的高效合理利用。主要是对各种资源的重复与综合利用,实行深加工利用,发展高附加值、高科技含量产业并发展废弃物资源化产业和环境保护产业,以一举解决节约资源和保护环境两大根本问题。

总之,可以认为,遵循人与自然和谐共处协调发展原理,合理利用资源,是实现农业资源可持续利用和综合管理的一条基本途径。

(二)资源稀缺性原理及其对策途径

"稀缺性"是一个经济学概念,自然资源的稀缺性是相对于自然资源和环境要素的自然有限性而言;而经济学上的资源稀缺性概念是泛指生产资源相对于无限多样化需求,从资源的供求关系与经济、技术因素的角度提出的。因此,西方经济学家把资源稀缺性定义为"竞争性的市场上任何一种价格大于零的资源。即任何资源的供给量不是无限的,也不是无偿可以得到的,而是有价的"。所以不少经济学家认为"经济学是研究稀缺资源分配的科学"(如 O.Lange,R.Lecamber)。而 19 世纪 70 年代瑞士洛桑学派瓦尔拉斯(L.Walras)曾提出"稀缺价值理论体系",认为"任何有用的东西,只要不稀缺就没有价值"。就是说,资源具有"稀缺价值",资源越稀缺其价值就越大。而且近20多年来国际上可持续发展理论和战略的提出,首先是瞄准全球性资源短缺问题。足见资源稀缺性原理对可持续发展和资源可持续利用与管理的重要意义,益发引起了世人的关注。

针对我国农业资源,特别是水、土等主要资源十分紧缺和利用不合理,以及管理不善,实行资源无偿、低偿使用,粗放经营等所造成的后果,其要害就在于忽视以至违背了资源稀缺性原理。因此有必要采取相应的对策途径,以缓解当前的资源稀缺性约束:

1. 依靠技术革新与技术进步,缓解自然资源的短缺。即依靠技术革新和技术进步,推动稀缺资源及其替代资源的新发现;提高资源的合理开发利用,促进规模经营、集约高效持续利用和综合管理,并用以整治、保护农业资源与环境。以取得最佳综合效益。运用新技术开发新资源,提高资源利用率和产品产出率及综合效益,就意味着资源存量和利用量的增加。例如,对耕地的保护、开发和持续利用管理,提高土地垦殖指数和耕地复种指数,实行持续高效集约利用和规模经营,只要利用和管理适度合理,提高综合效益,达到持续增产,就等于弥补了资源的短缺。

2. 应在农业生产和资源利用中广泛推行资源替代管理,以量大、价廉资源替代量少、昂贵资源。例如,以适用、高新技术逐步取代传统低效技术,以太阳能、风能、沼气等新能源取代煤、石油等化石燃料,以人工制品、水泥、塑料替代木材,以人造合成纤维替代一部分动植物纤维产品等。这不仅可以降低生产成本,重要的是可以节约用地、用水等农业资源,又可保护环境。

3. 改善边远地区、山区交通运输条件,动员偏远地带、山区、海洋的天然原始资源的开发利用,并可分流人口,扩大定居区域。

4. 根据地域分工和比较利益原则,改进农业区划与规划,开辟"两种资源、两个市场",扩大区间和国际贸易,以协调和缓解资源分配不均和资源稀缺问题。

5. 实行资源重复利用和"废弃物资源化",以扩大资源和后备资源的来源,提高资源及其价值的增殖。

6. 明晰资源产权,建立适应市场经济的资源有偿使用制度。变无价、无偿使用为计价有偿使用。而已利用自然资源价值是由劳动价值和资源稀缺性价值构成的,其计价应包括:对新资源的勘探、开发,对已利用资源的再开发、利用、整治、保护和管理的全部费用,即投入社会资源的总成本,加上必要的经营利润。只有对自然资源实行全面合理计价和有偿使用,才能促使资源节约合理利用,保证资源的数量和价值不断增殖及可持续利用。

(三) 我国农业资源可持续利用和综合管理的可持续发展目标及其对策途径

可持续发展理论的提出始于 1972 年联合国世界环境大会。1987 年世界环发会议秘书长布伦特兰(G.H.Brundland)提出了世人广泛认可的可持续发展概念:"既满足当代人的需求,又不对后代人满足其自身需求的能力构成危害的发展"。1992 年在巴西召开的联合国环发"国家首脑大会"上通过了全球性可持续发展战略。1994 年国务院通过并公布的《中国 21 世纪议程》指出"走可持续发展之路,是中国在未来和下一世纪发展的自身需要和必然选择"。"中国是发展中国家,可持续发展的前提是发展。……在经济快速发展的同时,必须做到自然资源的合理开发利用与保护和环境保护相协调,逐步走上可持续发展的轨道上来。"[1]这就表明资源、农业资源的可持续利用和综合管理的最终目标是实现可持续发展。

可持续发展理论和战略是针对全球性"人口、资源、粮食、能源、环境、发展"问题的挑战提出的,其内涵包括生态、经济、社会三种可持续发展,其中生态可持续发展是基础,经济可持续发展是中心,社会可持续发展是终极目的,三者互为条件,结为一体,缺

---

[1] 《中国 21 世纪议程》(1994),第 1、4 页。

一不可。必须相互适应协调发展，才能推动全面可持续发展。而就农业和农村的可持续发展来说，农业是经济社会发展的基础和根本保证，应置于优先发展的地位和领域。

我国是人口众多、自然资源严重约束的发展中大国，农业和农村发展正面临一系列严重问题：一是人口问题积重难返。目前已超过 12 亿，占世界人口 20%，比所有发达国家人口总和还多，人口数量大、素质不高、人力资源开发任务繁重；二是人均主要农业自然资源少，如耕地、水资源只分别占世界人均水平的 1/3、1/4，而且仍在下降，利用率不高，资源供需矛盾日趋尖锐；三是农业综合生产力低，抗灾能力差，农业生产率低而不稳；四是农业经济结构不合理，化肥、灌溉水利用率低，农业投入效益不高，农业成本日益上升，导致农业比较利益较低和农民平均收入低，限制了农业发展；五是土地退化，水土流失严重，自然灾害频繁，农业和农村环境日益恶化。由于上述原因，必然制约我国农业和农村经济以至整个国民经济与社会的持续稳定协调发展。

要使我国农业和农村走上可持续发展之路，必须采取多种相应的对策途径。其中最根本的和核心问题是实行资源可持续利用与管理。通过合理永续地利用农业资源（包括自然资源和社会资源），以保持农业生产率稳定增长，提高食物生产和粮食安全，增加农民收入，发展农村经济，并发展可持续农业科学技术以推进农业资源可持续利用与管理。

实行农业和农村可持续发展战略必须与农业资源可持续利用对策措施相结合，构成为一个有机联系的战略对策体系。正如《中国 21 世纪议程》指出的，要"建立可持续发展的经济体系、社会体系和保护与之相适应的可持续利用的资源和环境基础"。以及"促进可持续发展的综合决策机制和协调管理机制"。[①] 因此指出了农业与农村可持续发展所应涉及的七个研究领域：(1) 推进农业可持续发展的综合管理；(2) 加强食物安全和预警系统；(3) 调整农业结构，优化资源和生产要素组合；(4) 提高农业投入和农业综合生产力；(5) 农业自然资源（应包括自然资源和社会资源）[②]可持续利用和生态环境保护；(6) 发展可持续性农业科学技术；(7) 发展乡镇企业和建设农村乡镇中心。[③] 笔者认为，这既是我国农业和农村的可持续发展战略目标，又是针对现实资源、环境问题提出的完整对策体系和有效途径，应积极加以实施。

至于如何实施得好，可以说关键在于人对农业资源的利用和管理。要先管好才能用好，而管好是为了用好。总的是实现农业资源的可持续利用与管理，以促进农业和农村经济社会可持续发展。《中国 21 世纪议程》曾对推进农业可持续发展的综合管理，指明了四项对策途径：一是要重视经济转轨中防止牺牲资源和环境、单一追求经济高速增长的倾向，制定相应政策、法规和规划等综合管理措施；二是增强管理资源中保护资源和环境的意识，制定相应政策、法规；三是继续推行我国农业综合治理和可持续

---

① 《中国 21 世纪议程》，第 7 页。

② 括号内文字由笔者加注。

③ 所引 7 项因篇幅限制不再阐释。

发展试验区的经验,逐步推广生态农业模式和持续高效集约农业模式,以促进农业可持续发展;四是协调经济社会发展与资源环境的关系,建立、完善可持续发展的农业综合管理体系,把改进信息管理系统作为科学决策的基础和支撑系统。

在此,笔者认为建立和完善我国农业资源可持续利用和综合管理体系,还应针对我国资源日益短缺和利用浪费严重的制度缺陷,建立和完善资源使用制度,加强资源使用管理与资源、环境管理,制定相应的管理体制、机制和法制等宏观管理的治本之策。此项改革应与资源产权制度、价格体制改革结合进行,建立资源环境经济核算,并纳入国民经济核算体系保证其实施。

由于人是资源利用、管理的主体和主导因素,还必须同时严格控制人口数量,大力发展和运用科技教育手段提高人力资源素质,才能实现资源的可持续利用与管理,促进可持续发展。

原文发表于《农业资源与区划》1999年第4期

各国可持续农业发展道路与资源利用模式比较

刘书楷

（南京农业大学土地管理学院）

摘要：阐述了可持续农业有关概念、定义及其实质内涵，并比较分析了国外一些国家和我国台湾省可持续农业发展模式，论述了我国不同地区农业持续发展及资源利用模式，指出我国 SARD 模式已经展现了我国农业现代化方向和农业与农村经济可持续发展的道路。

关键词：可持续农业；资源利用；模式；可持续农业与农村发展

Road of sustainable agriculture development and model of resource use in different countries

LiuShukai

(Collegeof Land Management，Nanjing Agricultural University，Nanjing 210095)

Abstract：Conception，definition and intension of the sustainable agriculture are expounded. Models of the sustainable agriculture development in different countries and Taiwan Province of China are compared and the models of agricultural sustainable development and resource use in China are also discussed. It is pointed out that Chinese SARD already shows the direction of agricultural modernization and the road of sustainable development of rural economies in China.

Key words：Sustainable agriculture, Resource use, Model, Sustainable agriculture and rural development(SARD)

一、可持续农业的概念与实质内涵

农业是经济社会发展的基础，可持续农业为可持续发展的基础。自全球性可持续发展理论和战略提出后，可持续发展的首要目标和核心问题是要满足人类的基本需求，所以农业的持续发展与经济社会的全面持续发展并存，且一直是世人瞩目的焦点之一。

可持续农业或持续农业历来曾有过多种提法，其定义、实质内涵、研究内容与任务等尚处于探索之中。可持续农业一词的提法，以美国为例，曾先后出现有机农业（organic farming）或简称"O"型农业；生态农业（ecological agriculture）；再生农业（regenerative agriculture）；低投入可持续农业（Low-input sustainable agriculture）；高效可持续农业（high efficient sustainable agriculture）等提法，以上统称为各种替代农业(alternative agriculture)模式。1991 年联合国粮农组织(FAO)在荷兰登博斯召开"农业与环境"会议并通过了《登博斯宣言》,提出了"可持续农业与农村发展"(Sustainable Agriculture and Rural Development,简称 SARD)作为全球性统一概念并作了定义。但迄今各国对可持续农业的概念和定义等仍有不同的解释。

可持续农业(或 SARD)的定义主要有以下 2 种解释:一是《登博斯宣言》的定义,其要点为可持续农业是一种采取某种使用和维护自然资源基础的方式;可持续农业是实行技术变革以确保当代人及后代人对农产品需求不断满足的能保护资源、环境,推行技术上适当、经济上可行、社会上能够接受的包括农、林、渔业的广义农业发展模式。二是针对以上定义的另一种解释,其要点为重视资源合理开发利用,主要依靠运用生物措施提高地力,而少用或不用石化无机物投入,多用有机物投入来实现农业可持续发展;认为实现农业可持续发展的目标,主要是保护资源、环境和实行集约经营,达到经济上合理、技术上可行,建立一个综合性的农业生态经济系统,要求资源配置达到社会平等、国际平等和代际平等。这 2 种定义不是对立和相互排斥的,而只是表述上和侧重点互有不同。

可持续农业的实质内涵在于运用可持续发展的原理和方法寻求农业生物与其环境的最适关系,建立相应的农业技术体系和农业资源综合管理战略,以提高农业的综合生产力、稳定性和持续性,实现农业可持续发展。一般认为,可持续农业的基本内涵与可持续发展的内涵是一致的,亦应包含生态持续性、经济持续性和社会持续性 3 个方面;也有把生态持续性改称为生产持续性,认为农业的可持续性应具有其自己的特点;生态可持续性(ecological sustainability)或称农业生产可持续性,主要关注的是生物—自然过程以及农业生态系统的永续生产力和功能,它要求维护资源基础的质量,保护农业生产自然条件、基因资源和生物多样性,以维护和提高农业生态系统的生产力;农业和农村经济可持续性(economic sustainability)主要考虑的是农业生产者的经济利益、产量的持续性、农业经营的可获利性,而这些又是与农业生态持续性联系在一起的;农村社会可持续性(socio-sustainability)强调的是农业和农村可持续发展的社会方面,即满足人类衣食基本需求和社会文化需求(如教育、就业、娱乐、平等、安全等);农村社会可持续性还包涵有代际、代内与区际、区内的平等和公平。

可持续农业研究的基本内容包括土壤、水和土地资源等资源保护;生物和耕作制度的多样化;生物技术等技术的大力应用,三者相互联系,共同构成可持续农业的基本框架。

实施可持续农业的基本任务是在可持续发展理论指导下结合国情特点制定的。包括因地制宜,根据区域自然经济条件,优化农业结构,改进耕作制度,降低资源的消耗速度,提高资源利用率;在保护的基础上合理开发利用农业资源,实现农业资源永续利用;保护现有生物物种和各类生态系统,培育新品种,特别是对农业资源利用率高的固 N 作物及抗御灾害能力强的品种,保护和实现生物多样性(biodiversity);防治农业污染,包括推广病虫害综合防治技术,尽量以有机肥和绿肥替代化肥,推广无污染的生物农药,尽量以太阳能、风能、潮汐能和地热等资源替代石化能源,以减少企业造成的污染等。

二、国外一些国家和我国台湾省可持续农业资源利用模式研究概况

当今世界各国,特别是一些主要发达国家和地区对可持续农业资源利用模式的研究已日益成为热点,但由于国情或地区条件的差异,面临的挑战和问题各有特点,对可持续农业的探索和研究也不尽相同。美国是最先进行可持续农业研究的国家之一,曾先后提出与制定3个计划和设想:1988年提出"低效投入(或减投入)可持续农业"(简称 LISA)计划,强调低投入,不用或少用石化制品,以控制农产品过剩,保护资源、环境,降低生产成本,提高农业竞争力和农场主的净收入;1990年将 LISA 更名为"可持续农业的研究和教育战略"(Sustainable Agriculture Research and Education in the Field,简称 SARE)。经美国国会通过的《美国1990年农业法》其实质是通过立法形式,选择研究和教育途径来建立一种可持续的、有利可图的与保护资源的农业生产体系,促进美国现代农业进一步发展。1990年美国又提出"高效率可持续农业"(High Efficiency Sustainable Agriculture,简称 HESA),强调高的纯收益,保证必要的农用资金与农用化学制品投入。其实质在于节约利用资源,有效保护环境,广泛使用良种,合理利用栽培投入(input on cultivation),适应一种以高效率为核心的主要依靠科学技术进步的农业生产体系,提出了一种以环境保护为主攻目标的购买性资源(purchased resources)低投入可持续农业发展道路,并正在美国东北部、中北部、南部和西部地区3万多个农场试行。经过数年实验研究,美国目前已初步探索出若干具体模式:农作物合理轮作模式;种植业与畜牧业综合经营模式;主要利用农场内部有机肥对土壤进行培肥管理模式;以生物防治为主的病虫害综合管理模式;利用作物轮作与机耕措施防治杂草模式,并经过多点试验已取得明显效果。

与美国、加拿大、澳大利亚国家相比,西欧法国、德国、英国发达国家人均拥有耕地资源相对较少,在发展现代农业过程中十分重视资源的合理利用和环境保护。德国、法国、英国试行一种"生物农业"模式,其主要技术与管理措施具体模式有培育和推广农场(农户)外部资源(off-farm resources or external resources)低投入及农场内部非购买性资源(non-purchased resources or on-farm resources,internal resources)高投入的栽培品种,研制与其相适应的综合栽培技术及管理措施;实行农作物合理轮作和适宜的耕作制度与综合栽培技术管理措施;采用有效的有机肥与堆肥施用技术,对土壤微生物进行科学管理;采用以生物防治为中心的病虫害综合防治管理措施;种植绿肥,用地养地结合;开设"生物学农业"课程,为推广"生物学耕作技术"培养人才;制定有关法规,如《自然食品法》等,确保生物农业措施的实施。并在3国的许多农场、学校推广"生物农业"发展模式。

日本特别强调选择以合理利用资源和有效保护环境为基础的"环境保全型农业"可持续农业发展道路。1992年以来实施推广了"环境保全型农业"模式,并推行了"自

然农业"模式。目前这种自然农业所产生的"自然食品"种类日益增多。

印度独立后推行了"绿色革命",农业粮食增产显著,但同时也带来了对资源、环境的日益加大的压力和恶果。1986年颁布了《环境保护法》,1992年提出了"印度可持续农业的发展途径"(approach to sustainable agriculture in India)的重要报告,把生态、经济、社会和文化各领域纳入可持续发展。目前正在试行的"合理利用资源、保护生态平衡、谋求生存与发展"模式已取得了成效。

我国台湾省在国际可持续农业热潮推动下开始进行以培养土壤肥力为目标的永续农业的试验,所用经费占农业研究经费的2.4%,已制定中长期计划在台北、台南、台中、台东等农业改良和茶叶改良场开展试验。试验内容一是少用或不用化学肥料及人工合成化学制品,尽量使用本农场(农户)可再生、再利用有机物质,以供应作物养分、培养土壤肥力。目前已开发的生物肥料有大豆、花生、绿豆、红豆等根瘤菌固N能力强的菌株供田间测定使用;筛选出菌根与溶磷菌供生产复合生物肥料使用;筛选出加速有机物分解的分解菌,增强部分树枝叶作堆肥的腐熟度;筛选出抗多种土壤传播性病害的拮抗微生物。二是研制和开发以生物防治为主的病虫害综合管理技术及其应用方法,向农户推广如已选育出的抗稻热病、抗稻褐飞虱等抗病品种与品系;已研究出的马铃薯无病毒种薯等种苗繁殖技术;利用赤眼寄生蜂防治玉米螟等生物防治技术及利用拮抗微生物防治等。三是研究和推广合理轮作制度与保护资源、环境的可持续农耕法,以提高可持续农业的整体效益。

三、我国生态农业及集约持续农业与农村发展研究试点简况

现代生态农业来源于70年代西方发达国家的"生态农场",是以取代"石油农业"的替代模式(alternative agriculture)而出现的。80年代以来我国建立的生态农业沿用了西方生态农业的名称,但实质内涵并不相同。我国现代生态农业是深深扎根于我国传统农业精华和生态经济思想基础上,综合运用了马克思主义人与自然关系原理,以生态学、生态经济学理论为指导,采用系统工程方法和先进科学技术成就,以研究生态经济协调发展,合理利用自然资源、保护生态环境为主题,以实现农业和农村经济高产、高效、协调发展为目标的生态农业,应视为一种可持续农业模式。首先开展生态农业户、生态农业村试点工作,以后逐步扩大为生态农业乡(镇)、生态农(林、牧)场试点工作,及至1993年国务院7部(委)、局在全国开展生态农业县建设试点工作。据统计,生态农业建设试点地区与未试点地区相比,粮食总产增长幅度为15%以上,人均收入提高12%,光能利用率提高10%～30%;并在经济增长的同时,明显改善了生态环境,增强了农业生产抗灾能力和农业生产后劲。可见把生态农业纳入可持续农业和农村发展战略是应予重视的。

90年代初以来我国政府提出发展"高产、优质、高效农业"的方针,全国各地特别是东部地区普遍开展试点,出现了不少"双千田""双千县"。这种农业模式要求4个指标,即高产优质,保供促收;结构优化,产销一体;高新技术,管理科学;集约经营,持续

发展,以实现经济、社会和生态效益的同步提高,这是集约持续农业的一种模式。1991年联合国粮农组织召开国际"农业与环境"会议之后,我国开展了"中国可持续农业与农村发展试验示范县"(SARD)建设工作。先后在全国不同类型区选择了 29 个地区、县(市)作为试验示范区,围绕 SARD 的三大目标:农业生产、农村经济和生态环境可持续发展的协调统一,重点探索各区域类型 SARD 的发展道路、模式与政策。通过几年来 SARD 规划的实施和研究,我国农业部门依据 80 年代中期国内一些著名农业专家卢良恕、刘巽浩、袁从炜等的倡仪,提出将"集约持续农业"(intensive sustainable agriculture)模式作为实现我国农业现代化的有效途径,这符合我国人多地少,特别是农村人口多,耕地紧缺,又是发展中国家这一基本国情。强调集约经营重视粮食安全,并不意味可以忽视资源环境问题,而是要求集约利用资源实现高产与可持续发展同步。因此,《中国 21 世纪议程》优先将可持续农业作为第一农业项目提出。这就要求实现农业可持续发展必须把握住农业生产、农村经济社会可持续发展与农业生态环境的统一与协调,促进粮棉油增产,增加农民收入和促进农村经济繁荣,提高农业生产力与改善资源环境,避免和克服短期行为。我国可持续农业的基本特点可概括为 3 点:一是集约农作。把提高土地资源、水资源等资源利用率放在首位,高度集约土地,从平面、空间、时间多维利用,实行多种农作高产制度,提高农牧水产业的单位面积产量与质量;二是高效高收益。调整产业结构,实行产业化、集约化和现代化经营,把提高劳动生产率、提高经济效益和增加农民收入放在重要位置;三是持续发展。强调生态与人工生态相结合,保护资源,改善生态环境和土水林草资源及其生产条件,以提高农业的综合生产力,促进农业可持续发展。

我国可持续农业技术体系有动植物品种技术,如高产优质矮秆小麦、水稻、杂交水稻、杂交玉米、人工授精技术和培育瘦肉型猪等;多样化耕作技术,如一熟改二熟,二熟改三熟,间作套种等可提高复种指数 25%。多熟制与地膜、移栽、高密等技术相结合等;增施肥料技术,如配方施肥,NPK 平衡,有机肥与无机肥配合施用等技术推广等;灌溉技术,如北方井灌技术、南方稻田浅灌与晒田相结合技术及节水技术等;动植物病虫害综合防治技术;水土保持技术和农田保护技术,农田培肥技术,中低产田改良技术等;农业区域开发与综合治理技术,如黄淮海、黄土高原,三江平原,南方红黄壤及三北防护林等大型开发综合治理工程等。我国可持续农业技术组织实施与管理的原则是大力研究、推广现代科学技术;继承发扬优秀传统技术;促进多种技术的有序组合和综合配套。总之,要持续推进科学技术进步,实现农业科学技术现代化,农林牧渔业要主攻提高土地利用率和单产的技术体系,以确保持续增产、有效供给,实现可持续发展的目标。

发展集约型持续农业是我国可持续农业发展的基本模式和必由之路。但由于我国地域辽阔,农业地域分异显著,还必须提供适应多种情况和现实需要的多样性典型模式。1992 年我国组织开展了区域性的农业可持续发展分类模式研究,依据已有的综合农业区划选择了 6 类地区 25~30 个模式:东北区主要开展辽宁平原商品粮基地农牧结合模式;低洼垦区高度机械化、商品化 SARD 模式;漫岗、丘陵水土流失地区开发治理模式;东部浅山区资源立体开发模式的建设。黄淮海平原区主要开展盐碱地综合治理可持续发展模式;缺水低平原区节水农业模式;高产高效可持续发展模式;集约可持续发展模式;节粮型养牛模式的建设。长江中下游地区主要开展粮、猪主产区种养加销生态可持续发展模式;东部亚热带山地丘陵资源开发与保护结合模式;南方丘陵红黄壤治理与资源开发模式的建设。西南地区主要开展人多地少丘陵旱地可持续发展模式;西南高原红黄壤丘陵可持续开发模式;岩溶山区可持续发展模式;岩溶峰丛洼地可持续发展模式的建设。西北地区主要开展黄土丘陵沟壑半干旱区小流域综合治理模式;西北干旱高扬程灌区高产高效模式;黄土高原水土流失综合治理模式;科尔沁沙地资源保护与开发模式;沙漠化边缘地区治沙兴农模式;干旱区治理土壤次生盐渍化模式的建设。沿海经济发达地区主要开展以农村工业维持农业发展模式;农村工业与农业协调发展模式;以市场建设促进可持续发展模式;"贸工农"结合促进可持续发展模式的建设。沿海滩涂地区可持续农业与农村发展(SARD)模式主要是开发种养加发展模式的建设。总之,经过分区分类研究,选择适宜的分区模型,通过对比分析可以认为我国 SARD 模式已经展现了我国农业现代化方向和农业与农村经济可持续发展的道路,并呈现了区域性、多样性及多元性的特点,实质上反映了不同地区不同资源要素的组合类型和实现农业与农村经济发展的可持续性。

参考文献

[1] 中国农业部农业资源区划管理司编:《中国农业和农村》,中国农业科学技术出版社 1996 年版。

[2] 中国农业资源区划办公室、中国农业资源与区划学会:《中国农业资源开发与区域发展战略》,气象出版社 1997 年版。

[3] 美国全国研究委员会著,全国农业资源区划办公室编译:《美国可持续农业研究与教育》,中国农业科学技术出版社 1997 年版。

原文刊发于《生态农业研究》1999 年第 1 期

可持续利用资源经济学的产生与学科体系建设

刘书楷

（南京农业大学）

一、传统资源经济学面临的挑战与趋向

当今的时代是进入工业化社会生产模式的时代，它与人类社会发展的过去任何时期相比，都是技术、经济、社会和文化扩张突飞猛进的时代。从而使科学技术和自然资源以空前态势进入生产过程，推动着经济的增长，又使自然资源与生态环境在质和量上发生着重大的蜕变，而进入人口增多、资源短缺、环境和生态日趋危机的时代。人口、资源、能源、粮食、环境与经济、社会发展的结构失调，已成为全球性普遍问题。传统发展模式带来的繁荣，在相当大的程度上是建立在掠夺和挥霍有限资源、牺牲生态环境的基础上的。而且，经济发达国家对资源、环境的过量占有和消耗，加剧着全球生态系统和自然环境的不可逆转的恶化，并危及发展中国家的经济社会发展。而所有这些又是同传统经济学和传统资源经济、环境经济的理论误导和缺陷分不开的。

不论是在现代市场经济条件下或是在计划经济体制下，传统经济发展模式和传统经济理论导向的基本特点是以单纯发展经济和实现国民生产总值的增长为目标的。它追求的是单一经济增长和生产产品量的增长，认为消费有利于生产，需求增加能刺激经济发展，导致 70～80 年代世界经济增长已达到顶点，生产和消费跃越至空前水平。而这种高消费和高速经济增长是以资源过度消耗与牺牲环境为代价的，结果反而使经济增长不能持续下去，造成 1990 年世界发达国家的经济跌进了低谷，而至今未有明显的回升。这主要是无节制的经济增长对资源环境的严重消耗和破坏导致了稀缺自然资源严重短缺。这也表明，自 20 年代以后资源经济学的出现和 70 年代后环境经济学的产生虽然提出了保护资源和环境问题，但大都是作为实现经济增长的手段，并未能从根本上解决资源环境问题。

只就全球资源短缺及带来的环境问题而言，其后果是十分严重的。主要表现如下：① 化石矿物燃料石油、煤、天然气日趋耗竭。② 土地在加速退化。③ 森林和林地在锐减。④ 水资源日益短缺和污染。⑤ 由于城市、工业扩张，建设用地大量侵占耕地，加上土地退化等原因，很多国家和地区耕地和人均耕地资源日趋减少，势将影响到粮食安全。而相反，在自然资源短缺和环境污染的同时，全球的人口却仍在增加。

可见，当今人类社会进入了工业化发展的现代文明，而经济的高度发展和物质文明却带来了对人类的困扰和挑战。资源的衰退和短缺，环境的污染和破坏，从反面限

制和阻碍了人类社会经济和文明的发展。历史证明,传统的发展模式实际上并不是人类社会经济和文明发展的理想模式。所以,自70年代出现全球性"人口——资源——能源——粮食——环境"结构失调危机以来,世界上有识之士就在孜孜以求探索新的人类社会经济的可持续发展战略和模式了。

就是在这种历史背景下,1972年联合国召开了第一次全球环境会议,通过了人类环境宣言,首次针对全球保护资源问题提出了"可持续发展"(Sustainable Development)的呼吁。1987年联合国召开了"地球的未来"国际会议,通过了著名的布朗特兰报告《我们共同的未来》(Our Common Future)这一历史性文件,提出"经济社会发展必须同资源和环境相协调,在满足当代人需要的同时,不危及后代人留有满足其需要的能力",为"可持续发展"确定了公认的定义和全球环境战略。并接着于1989年"联合国环境发展会议"(UNEP)通过了《关于可持续发展的声明》,进一步明确了可持续发展的定义和战略,主要包括4个方面的含义:① 走向国家和国际平等;② 要有一种支援性的国际经济环境;③ 维护、合理使用并提高自然资源基础;④ 在发展计划和政策中纳入对环境的关注和考虑。鉴于全球资源、环境危机的严重性,联合国又于1992年召开了由各国首脑参加的"环境与发展大会",正式确立了可持续发展是当代人类发展的主题,提出了具有划时代意义的《21世纪议程行动计划》。在这次大会上,中国政府总理表示了庄严的承诺;并相继于1994年公布了国务院批准的《中国21世纪议程——中国21世纪人口、环境与发展白皮书》,决定在"九五"计划和2010年规划中开始实施。

以上联合国和我国历次会议的过程和协议表明:由于资源、环境是发展的基础和前提,要从根本上扭转当今面临的严峻的全球性资源、环境问题,实施可持续发展战略,有必要顺应时代的需要,尽快筹建一门与可持续发展要求相适应的"可持续利用资源经济学",为实施我国可持续发展战略提供理论与政策依据,以期从传统的牺牲资源环境为代价的发展模式中逐步走上可持续利用和可持续发展的轨道。

二、可持续利用资源经济学的产生和学科体系

(一)可持续利用资源经济学产生和形成的历史基础

如上所述,可持续发展的概念、理论和可持续发展战略是适应当代全球人口、资源、能源、粮食、环境结构失调严重挑战的客观需要,在传统发展模式与传统经济发展步入困境的时代背景下应运而生的。

当人们看到了当代工业化社会物质文明与经济繁荣的同时,世界上贫困人口不仅没有减少反而增加,从而逐步认识到传统发展模式所造成的资源短缺和环境破坏已危及粮食安全和人类生存,加深了发展与资源、环境的对立。而传统发展道路与传统经济发展模式对此已无能为力,遂迫使人们不得不为人类自己的发展寻求新的可持续发展之路。正如《中国21世纪议程》序言指出的:人类"认识到通过高消耗追求经济数量增长和先污染后治理的发展模式已不再适应当今和未来发展的要求,而必须努力寻求

一条人口、经济、社会、环境和资源相互协调的,既能满足当代人的需求而又不对满足后代人需求的能力构成危害的可持续发展道路"①。

应该说,实现可持续发展的目标并非轻而易举,它有赖于人们的主观努力,去克服当前存在的严重而尖锐的矛盾,积极地创造条件才能逐步实现。因此,构建一门可持续利用资源经济学不能不说是目前急迫的一项理论和战略需要,而且必须把资源可持续利用视为实施可持续发展战略的首要基础和前提。但是,要建立一门新的可持续利用资源经济学不仅只是顺从客观需要,还要充分运用传统经验和研究成果,特别是传统资源经济学和环境经济学的基础和精华,并依据可持续发展的思路,深入研究现实问题并进行学科的构建。纵观近现代西方资源经济学和环境经济学、生态经济学的建立和发展,以及在资源开发利用中的生态环境意识和生态经济意识的进一步加强,使我们看到不仅使资源、环境问题的研究与经济学保持密切联系,而且与生态学的发展也有直接关系。值得强调指出的是,生态经济学的出现,不仅使经济学与生态学联系为一体,而且使资源经济和环境经济研究趋于更加综合。生态经济学的建立,开始于60年代美国经济学家肯尼斯·鲍尔丁(K. E. Bourding)的《一门科学——生态经济学》,首次提出了"宇宙飞船经济——生态经济"一词。以后对生态经济的研究日渐增多。1976年日本坂本藤良的世界第一部《生态经济学》专集问世;及至1978年英国A.科特雷尔《环境经济学》对鲍尔丁前书提出的"宇宙飞船经济——生态经济"进行解释,其观点是:"宇宙飞船的生态经济学的目的是保存、维护、使用和再使用宇宙有限的资源。"②当时不少国家也对资源生态经济问题的研究给予了重视,如1982年前苏联出版了一本《自然利用经济学》。80年代初,我国也开始筹建了生态经济学,1985年我国著名经济学家许涤新《生态经济学探索》出版后,1987年又推出了《生态经济学》;自80~90年代,我国相继问世的生态经济学、农业生态经济学、城市生态经济学等出版物,犹如雨后春笋,不胜其数。近年又出现了王松霈等《自然资源与生态经济系统》(1992年)、马传栋《资源生态经济学》(1995年)、王松霈主编《走向21世纪的生态经济管理》(1996年)及刘思华等《可持续发展经济学》(1997年)等等。而生态经济学和资源生态经济学、生态经济管理以及可持续发展经济学研究的新进展,乃是伴随"可持续发展"时代到来的系列新成果,这不仅进一步加强了资源经济和环境经济的全方位综合性研究,而且将传统经济学推进到了可持续发展经济学的变革,为资源可持续利用的系统研究提供了条件和基础。

总的说,不论是古代我国长期积累的保护资源、保护生态的资源观,或近现代确立的生态、经济、社会协调发展的资源观,其理论核心都是要求在开发利用资源中协调人与自然的关系。只有协调好人与自然的关系及其中人与人的关系,取得经济效益、社会效益与生态效益的整体统一,才能做到积极的生态、经济、社会平衡及其良性高效循

---

① 《中国21世纪议程——中国21世纪人口、环境与发展白皮书》,中国环境科学出版社1994年版。

② A.科特雷尔:《环境经济学》中译本,商务印书馆1981年版,第14页。

环,实现人类社会经济的全面持续发展。然而应该看到,这些长期孕育在人类社会实践和经验积累之中的资源观和资源经济学理论成果,还有待依据可持续发展的目标,通过对现实问题的系统研究使之完善和科学化,才能逐步形成学科体系。

(二)关于"可持续利用资源经济学"的学科体系问题

一般说,资源经济学的研究对象是资源和资源经济问题。但如所知,资源和资源经济问题都是动态概念,这就给构建"可持续利用资源经济学"的科学定义和学科体系带来了复杂性。学科体系通常是指一门学科的理论方法和它的知识体系,包括这门学科的派生来源与性质,研究对象、定义与任务,研究目标、内容及研究方法论等。对"可持续利用资源经济学"这一新学科而言,则不能不追溯其学科的派生之源的母学科,及以下的相关问题。

1. 可持续利用资源经济学的学科派生来源与学科性质

"可持续利用资源经济学"的近亲,可以说是"资源生态经济学",再往上追溯就是传统"资源经济学"与"环境经济学"了。如上所述,传统资源经济学在本世纪 20 年代后首先创立了"土地经济学",30 年代后扩展为"自然资源经济学",70~80 年代发展为综合性的"资源经济与环境经济学",90 年代以后,在我国又出现了"资源生态经济学"。从这一历史渊源来看,传统资源经济学和可持续利用资源经济学的学科派生来源都应该是经济学,因此它们都是经济学的一个分支学科,其学科性质是社会科学性质;既然是源于经济学,就应运用经济学的原理和方法来研究资源经济问题。

但是,由于资源这一研究对象客体包括自然资源和社会资源,而且研究资源可持续利用不能不涉及资源生态、资源法等相关问题,及各种资源与环境的保护与管理问题等,因而 1998 年新编《中国资源科学百科全书》已将"资源经济学"列入"资源科学"的学科体系框架之内,作为"综合资源学"的一个分支学科①。按此学科分类,源于资源经济学的"可持续利用资源经济学",实际上又是一门介于经济学与资源科学的生产要素经济学。这样,又可以认为,"可持续利用资源经济"是建立在"可持续发展经济学"和"资源科学"这两门学科基础上的交叉学科或称边缘学科。它可以综合运用社会科学和自然科学,特别是经济学和资源科学的理论和研究成果来拓宽和加深本学科的研究领域。

2. 可持续利用资源经济学的研究对象、定义与任务

资源的概念是作为人类生产实践的物质基础提出来的,资源的开发利用是经济社会发展的基础和前提。资源作为经济范畴,其实质是为人类利用,以提供物质产品和财富,因而是资源经济学和可持续利用资源经济学的研究对象和客体。资源又是发展社会生产力的基本条件,是一切产品和一切财富的源泉,所以人类的生存和社会经济的发展离不开资源的开发利用,资源的可持续利用则是人类生存和经济社会实现可持续发展的基础。而且,随着人类社会经济的日益进步和发达,可持续利用资源经济学

---

① 见孙鸿烈等:《资源科学研究的现在与未来》,载《资源科学》1998 年第 1 期。

对可持续发展的基础作用将愈益显得重要。

作为一门综合性资源学科,可持续利用资源经济学的学科定义,顾名思义,可简释为:研究各种资源(环境要素)和整体资源与环境系统的可持续利用问题,与实现途径及其综合效益的学科。但是,资源和资源利用实质上是一个综合性概念,是指人类在各种生产和生存活动的特定条件下,对特定资源、环境要素的开发、利用、治理、保护和管理的综合性活动。所谓"利用"不只是单纯的"使用",而是从可持续发展经济学以至更为全面综合的可持续发展概念理解的多种综合利用活动。资源可持续利用的基本含义,是对资源实行合理地科学利用的总体活动,以协调人与自然、人与人之间,经济、社会发展与资源、环境之间的关系,使有限和稀缺资源得以最有效地开发利用和分配,并取得最佳综合经济、社会、生态效益。

可持续利用资源经济学的基本任务,是要科学、正确地认识和对待资源、环境,运用可持续发展理论和新的人与自然观,以协调人与自然关系和经济、社会发展与资源、环境关系,研究合理有效地开发、利用、治理、保护和管理资源与环境的途径,使经济社会发展与资源环境的持续利用得到最佳结合和实现。此项基本任务对于研究这门学科可谓具有普遍的意义,但具体到一国、一地区则会有所不同。针对中国的国情,江泽民主席在党的十五大报告中曾明确提出:"我国是人口众多、资源相对不足的国家,在现代化建设中必须实施可持续发展战略。坚持计划生育和保护环境的基本国策,正确处理经济发展同人口、资源、环境的关系。资源开发和节约并举,把节约放在首位,提高资源利用率。统筹规划国土资源开发和整治,严格执行土地、水、森林、矿产、海洋等资源管理和保护的法律。实施资源有偿使用制度。加强对环境污染的治理,植树种草,搞好水土保持,防治荒漠化,改善生态环境。控制人口增长,提高人口素质,重视人口老龄化问题。"①这就是我国今后实施可持续发展战略的根本任务。

3. 可持续利用资源经济学的研究范围与内容体系

依据上面提出的研究对象与任务,可以认为可持续利用资源经济学的研究范围应包括四部分,其内容体系的框架大体如下:

(1)基础理论。① 资源的可持续发展概念与特性功能。② 资源经济学的历史、现状与发展——由传统资源经济学到可持续利用资源经济学。③ 可持续利用资源经济学的几项基本原理:人与自然和谐共处协调发展原理;资源稀缺性原理;人口可持续发展与人口经济原理;生态经济原理;可持续发展原理。④ 自然资源和环境的价值与价格。⑤ 自然资源产权与产权制度改革。

(2)资源可持续利用综论。① 资源综合考察与持续性评价。② 资源的合理配置与生产要素优化组合。③ 生产资源的开发与可持续利用。④ 自然资源和生态环境的保护与可持续利用管理。⑤ 非持续利用资源(可耗竭资源)的开发利用与管理。⑥ 可持续利用资源(可再生资源)的开发利用与管理。⑦ 共享资源的开发利用与管

①　转见《人民日报》,1997 年 9 月 22 日第 3 版。

理。⑧ 各国可持续农业发展道路与资源利用模式比较。

（3）资源可持续利用各论。① 土地资源的开发、持续利用、保护与管理。② 水资源的开发、持续利用、保护与管理。③ 生物资源的开发、持续利用与管理。④ 能源资源的开发、持续利用与管理。⑤ 旅游资源的开发、持续利用、保护与管理。⑥ 海洋资源的开发利用、保护与管理。⑦ 人力资源的开发、持续利用与管理。

（4）中国资源概况与可持续利用战略。① 中国国土资源概况及利用现状。② 中国国土资源可持续开发利用与资源环境管理战略。附：国土资源与环境法规。

4. 可持续利用资源经济学的方法论①

从方法学来说，一门学科采用的研究方法是为学科的研究目标、对象、任务服务的，应有其特定研究方法，但也有多种相关学科通用的研究方法。可持续利用资源经济学是经济学与资源科学相交叉的高度综合性的学科，涉及多种错综复杂的人与自然的关系及其中人与人的关系，和发展与资源、环境的关系，而资源的开发、利用、治理、保护与管理又涉及自然生态、社会经济和工程技术等诸多因素与学科，它们构成为一定的完整体系，缺一不可，既相辅相成，又互有矛盾，需要统一协调。这就需要采取马克思主义唯物辩证法和可持续发展理论与生态经济理论指导下的系统分析方法和多种综合分析方法：

（1）系统分析法。即综合与分析相结合的方法。它立足于整体，着眼于综合，在综合基础上进行具体分析。此法运用于资源的可持续利用经济研究，主要采用三种具体分析法：① 根据"整体功能＞部分功能之和"的原理，着眼于整体和全局，以求得资源利用的最大综合效益；② 根据系统结构的多层次及其相互联系的原理，在开发利用资源中，从自然生态、社会经济和工程技术的复合系统中去观察分析和协调三者对立统一关系，以促使其趋于多种平衡和良性循环，实现最佳结构功能；③ 根据最佳化目标，用最优化方法进行优化设计，为资源可持续利用提供最优方案与模型。

（2）静态分析与动态分析相结合方法。一般说，在资源经济问题研究中，前者是通过一般统计调查以反映一定时期和地区的资源利用状况的；后者则是通过预期分析研究未来变化趋势的。这两种方法应相并结合应用，但对当今资源的可持续利用研究而言，由于人口、经济、技术条件变化很快，资源开发利用的速度与规模相应增大和出现的问题趋于复杂，为从长期考察资源利用对可持续发展的作用，并采取对策，人们对于动态预测法的应用已日益引起重视。

（3）宏观分析与微观分析相结合方法。宏观分析法是指研究的出发点与领域的整体性，采用此法对资源经济问题的研究，主要是从整个社会经济的角度来研究人与自然的关系和资源环境问题，并研究自然、经济、技术和社会诸因素对资源、环境的关系及对资源利用与分配的影响。微观分析研究的出发点和领域，则是以组成国土资源

---

① 参阅刘书楷等《农业资源经济学》绪论，西南财经大学出版社 1989 年版；刘书楷主编：《土地经济学》绪论，中国矿业大学出版社 1993 年版。

总体的局部小范围或个别生产单位与企业为对象来研究资源、环境问题。一般说，只有把这两种方法结合起来应用，才能从全局又从局部考察，全面把握资源利用与环境问题变化的规律性。但随着人类开发利用资源的范围和数量的扩大，宏观分析研究方法的应用已日见增多，而近年来，国际上"两种资源""两种市场"观点的提出正在推动着资源可持续利用研究的国际化。

（4）定性分析与定量分析相结合方法。此法是唯物辩证法分析事物发展由量变到质变规律的重要方法之一。定性分析是确定质的规定性，定量分析是把握数量比例及其变化。只有通过定性分析找出事物的本质及其内在的必然联系，才能揭示事物的发展规律，但要使质的把握精确，就要通过定量分析确定量的概念找到量变到质变的限度。因此一般要在定性分析基础上进行定量分析，以找出事物发展的质的和量的规定性。例如，研究资源可持续利用的代际分配、优化配置和利用的规模、强度（集约度）和结构功能等，就要先区分资源的非持续利用与可持续利用类别，及其稀缺性程度，把握其规律与利用对策；并运用教学方法和数学模型，揭示其数量表现、数量关系、数量限度和数量变化。

而且，随着研究方法的日益模式化、数量化和高新技术的广泛应用，也促使了资源综合考察和可持续利用评价与管理的日益现代化。

原文刊发于《中国农村观察》1998 年第 6 期

论农村经济两个转变与资源综合管理

刘书楷

（南京农业大学）

文摘：从发展与资源环境相协调的观点，简析了我国实行农业和农村经济两个转变的战略意义、要求和内涵；提出正确处理经济变革中加强资源综合管理的建议。

关键词：农村经济；两个转变；资源综合管理

Abstract：Brief the strategic significance requirements and intentions of carrying out two transforms in agriculture and rural economy in our country in terms of coordination among developments，resources and environment. Put forward the suggestions of intensifying synthetic managements of resources in properly dealing with economic reforms.

一、我国经济实行两个转变的实质及对农村经济发展的意义

中共中央十四届五中全会明确指出,实现"九五"时期和 2010 年的奋斗目标,关键是实现两个具有全局意义的根本性转变:经济体制由计划经济向市场经济转变;经济增长方式由粗放型向集约型转变。其实质,是实行经济发展战略的重大调整,深化改革,促进经济社会可持续发展。要实现这两个转变,必须以经济建设为中心,切实把农业放在发展经济的首位,改善农业生产条件,提高农业和农村经济的综合生产力,确保粮食等农产品的有效供给。

改革开放十多年来,我国农业和农村经济的发展已经取得了空前的令人瞩目的成就,但目前农村市场集中程度还很低,农业经营规模狭小,限制了农业的市场化和现代化,致使农业生产增长滞后,结构失衡,农业比较效益低下,严重制约和障碍了整个国民经济的持续、快速、健康发展。分析农业发展滞后的原因,主要在于经济体制和经济增长方式上严重存在着不适应生产力发展的障碍及人口、资源和环境等根本制约因素,而二者又是相互联系的。因此,当前有两个最基本的问题有待深入研究,一是如何认识和实现这两个转变;二是怎样正确处理两个转变中发展与资源、环境的关系。

二、实现农业和农村两个转变的要求及其内涵

（一）关于农业和农村经济体制的根本转变

我国经济体制改革是从农村开始的,已在全国农村实现了以家庭联产承包为主的责任制,基本完成了农业改革与发展的"第一个飞跃"。这是一项长期艰巨的任务和复杂过程,必须随着市场经济体制改革的继续深化而发展。针对已出现的矛盾和问题,

目前亟应提到研究和实践日程上的主要有以下几点：

1. 深化农业经营体制改革和农村产权制度创新。依据邓小平农业"两个飞跃"思想，我国已经建立的集体土地以农户承包为主的责任制、统分结合的双层经营体制，是我国农业实现社会主义现代化的必由之路，必须长期坚持。但应根据市场经济资源管理体制的要求，兼顾公平与效率原则，随着改革和发展的深入，实行产权多元化，明确农民集体和农户的产权主体地位及责、权、利关系，引导农民和土地使用权进入市场，这是加快农业市场化的基础和前提。

2. 在坚持和完善经营体制和产权制度的基础上，根据有条件、农民自愿的原则，适应市场经济发展和农业现代化的要求，积极组织引导农民发展适度规模经营，逐步推进农业"第二个飞跃"。

3. 大力开展农业产业化。使传统农业实现"工业化""商业化""企业化"，发展现代化、市场化农业产业。实践证明，当前各地推行的"农户＋合作社""农户＋公司"等形式，以资源优势发展龙头产品、产业，带动贸、工、农一体化，把生产、加工、运销、综合利用结合起来形成"产业链"，对提高农业自我维持与发展能力、提高农业综合效益和比较利益是十分重要的，它是实现农业和农村经济"两个根本转变"和农业"第二个飞跃"的有效形式。

4. 加强国家对农村市场体系的培育和建设。其中包括农产品交易市场和农业生产资料(资金、土地、劳动力)市场等。只有作为交易载体的市场机制建立和完善，才能管好市场，稳定市场，提高市场信息和调节能力，充分发挥市场配置资源、活跃农村经济的基础功能。

5. 要建立健全国家对农业的支持和保护体系。农业生产周期长，自然风险和市场风险较大，加上目前现代化、产业化、市场化程度低，致使农业发展滞后，这就需要国家从财政、金融、科技和政策上予以大力支持和保护，并使之制度化、法律化。还应加强对农民的社会组织(如农民协会、农会等)的扶持。发挥农民的自治、自持能力，以提高自身素质。

（二）关于农业和农村经济增长方式的根本转变

实行经济增长方式由粗放型向集约型转变，是对资源进行有效配置、利用和经营方式的转变。经营方式的形成和发展始于农业。传统农业经济学一向把农业经营方式区分为粗放经营和集约经营两种形式，认为由前者向后者转变是农业经营方式发展的必然趋势。所谓粗放经营，是指在单位土地面积上投入少量的劳动和资本；反之，投入多量的劳动和资本则称为集约经营。这主要是依据"等量投入等量产出"原则而言的。我国古代，早已有"广种薄收"与"精耕细作"之说，则寓意更切。19世纪初，德国农业经营经济学家泰厄(A. Thaer，1752—1828)首先提出集约农业是"合理的农业"，强调了对土地资源利用实行增量投入，以求得合理的耕作和产出率，后来成为传统的农业集约化经营理论。

这种传统的集约经营理论主要关注的是土地的利用，而甚少考虑相应的其他稀缺资源;只考虑了经济效益,甚少注意生态环境要素,也很少研究经营方式的选择所应依据的自然经济技术等客观条件。因而我认为,我国农业增产方式的转变,还应强调以下两点:

1. 不能认为集约经营就是绝对的合理,而应该说有合理的集约经营,也有合理的粗放经营,二者只有发展阶段的不同,并不相互对立,也不能说越集约越好,而应依据国情、人地关系等实际条件选择相适应的合理的集约型农业和土地利用方式,并积极创造条件由粗放型经营向集约型经营转变。必须依据自然、经济、技术条件和社会需求,决定合理的集约投入结构、方式和集约度,使之达到经济上生态上的适度、适资源管理量,以节约、合理利用资源,保证高产、优质、高效、低耗。这种经营方式应该是生态经济型的集约持续农业。

2. 我国是受自然资源严格约束的国家,人多地少,特别是人均耕地、水资源紧缺,相应带来了粮食等农产品不足的需求矛盾,又会引致对这些紧缺自然资源的超负荷集约利用,反而造成难以克服的资源环境问题。如何防止和克服这些问题的发生,是我国特有的难题,主要应依靠科技,提高劳动力的素质,实行科学种田来解决。故实行农业增产方式的根本转变不仅是提高投入产出的问题,而是要实行"科教兴农",实现农业现代化。

三、农业和农村经济两个转变中的发展与资源环境

我国于 1994 年由国务院通过的《中国 21 世纪议程》明确提出:"必须导求一条人口、经济、社会环境和资源相互协调的……持续发展的道路"。实行两个转变的目标是实现可持续发展,但是两个转变所涉及的领域主要是经济社会的发展,而相应的资源、环境问题很多。从宏观角度围绕两个转变来看,则应着重从以下几个方面采取对策:

(一)首先应普及和强化人们的"资源意识"和"环境意识",协调好发展与资源、环境的关系

可持续发展首先是发展,实现两个根本转变尤其是农业增产方式的转变,必须把合理利用资源、保护环境寓于发展之中,加强发展和建设中的环境规划、评价和管理。

(二)要正确处理两个转变中农业增产与资源、环境的关系

包括农业自身发展和农业外围产业的协调发展以及外在宏观环境条件的改善。后者最重要的是发展林业、加强水利建设、做好水土保持、治理沙漠和国土整治等。发展林业是农业生产的保障,不仅能根本改善农业和农村生态环境,而且能保证农业稳产、高产和持续增产,利用我国 69% 的山区土地资源发展木本粮油,实行综合利用,对缓解耕地不足,实现农业增产和农民增收意义重大。水利是农业的命脉和经济社会发展不可替代的基本条件和资源环境要素,扩大灌溉面积、治理水土流失、除害兴利,不仅保障农业发展,也间接扩大了耕地。加强土地管理,切实保护耕地,合理利用每一寸土地,是农业发展的基础,也是立国之本。此外,还应重视对城市污染、工业污染的防治,实行废弃物资源化利用。

（三）强化国家对农业投入

实行农业和农村经济增产方式由粗放型向集约型转变,实质上是改变过去对资源环境"只用不养""重用轻养""广种薄收",甚至掠夺式的经营方式。实行适度多投入集约化经营,不仅是增加投入,更重要的是实行"科学种田",发展科技,提高农业增产回报中的科技含量,科技含量越高其增产潜力随之愈大。从可持续发展战略而言,科技投入不仅限于提高增产效益;更重要的是用于保护资源环境,以保证其可持续增产的基础功能。

原文刊发于《中国农业资源与区划》1998 年第 2 期

从生态经济观论资源的二重涵义与特性功能

刘书楷

（南京农业大学　南京 210095）

摘要：资源是构成自然界和人类社会机体的最基本要素，是自然生态和社会经济赖以存在和发展的基础。资源、环境与发展是当今世界普遍关心的全球性问题，以资源为主题的资源科学体系和以资源为基础及重要组成部分的生态经济科学体系正方兴未艾，日新月异地发展。为寻求多学科之间思维和分析问题的基础和出发点，本文探讨了资源的一些基本概念：① 资源的生态经济二重涵义；② 生态经济学的资源分类及其基本特性；③ 自然（生态）资源和社会（经济）资源之间互补性及其整体结构功能。

关键词：资源；二重涵义；特性；功能

一、资源及其生态经济二重性涵义

资源因在自然界和人类社会广泛存在的普遍性和重要性，早已引起古今中外学者和一般人们的重视，而多有其说。但由于资源研究的多向性和多学科自身发展中带来的视角差异，人们对资源的释义并不拘于一格，而是多种多样的。大凡是科学的概念与涵义应清晰准确，但也应尊重多学科及其发展中的学说和见解。综合已有的研究，笔者认为要全面正确地认识资源，似应从以下两个方面去把握：

（一）资源的词义及其实质

按中国辞书对资源一词的释义，"资"是"次"与"贝"的组成，"资源"是指"资财、财富之源"。十分巧合的是，英文"资源"（resource）一词，同样是由"再"（re）和"来源"（source）所组成，亦即"再生之源"。这表明资源的实体是物最基本的原始要素。一切自然的（natural，or physical）和社会经济的（socioeconomic）物质都是由资源衍生或转化而来的。可见，资源是一切存在的基础，自然界和人类本身就是最基本的资源。正如马克思所说，"劳动力和土地"，是"形成财富的两个原始要素"，"一切财富的源泉"[1]。劳动力是人为因素，人力资源；土地是自然因素，自然资源。从人类社会的进化而言，人和人类社会是由自然界演化而来的，故自然界、自然资源是最原始要素，最基本资源。

从资源的广泛分布而言，它几乎是无所不在的。但"资源"概念源于人对资源的认识，它具有时间、空间、社会制度、利用目的和设计手段与技术的向度范围（dimension）。客观存在的资源只有被人类认识和用以满足需要，而具有一定价值时，才能成为现实的资源。资源的被认识和取得与利用，需要一定的时空条件和技术及资源的使用价值与供给数量。在一定的时空条件下，当人类发现和认识到某一资源的用途,而且能够取得以满足需要并因供量有限必须付出代价时,这种资源才成为现实资源。相反,当一种资源尚未被认识,或限于技术、经济条件而无法取得和利用;或者此种资源虽然有用但其供给量巨大而不需任何代价时,则不视为现实资源。由此而言,一般辞书上常把资源的概念解释为以下几种涵义:即由资源可得到实际的帮助与支持;资源是一种达到目的的手段;资源是一种利用机会的能力。

类似的看法,具有代表性的是美国资源经济学家对资源的定义:"资源是由人发现的有用途和有价值的物质。自然状态的未加工过的资源可被输入生产过程,变成有价值的物质,或者也可以直接进入消费过程给人们以舒适而产生价值。"[2]

联合国环境规划署(UNEP)对资源的定义是:"所谓资源,特别是自然资源,是指在一定的时间、地点的条件下能够产生经济价值,以提高人类当前和将来福利的自然环境因素和条件。"[3]

而许多经济学家,如美国赫地(E. O. Heady)认为资源与生产要素(factors of production)同义,是指用于生产过程中的任何原动力(agent)。我国经济学家在很多场合常以"人力、物力、财力"三要素来定义资源。

(二)资源系统

资源是由多种因素组成的资源系统。资源因素之间可以分离存在,也可结为一体,但要发挥资源的功能,则须由多种相关资源因素的配合而成为一定结构功能的资源系统。正如马克思所说,劳动力是创造财富的原始要素,但不是唯一的要素,而只有劳动力与土地相结合才是一切财富的源泉。所以他引用了威廉·配第(W.Petty)的名言:"劳动是财富之父,土地是财富之母。"[4]也恰如恩格斯所说,"其实劳动和自然界一起才是一切财富的源泉,自然界为劳动提供材料,劳动把材料变为财富。"[5]所谓"劳动力和土地"或"劳动和自然界一起"就是资源系统,即资源的全部涵义。资源系统可以是多层次的,例如,自然界中一切能为人类利用的有价值的自然要素称为自然资源;地球表面由土壤、水、空气构成的自然环境和生活在其中的多种生物称为生物圈资源;由光、热、水等因素构成的是气候资源;由各种动植物、微生物构成的是生物资源;由地貌、土壤、植被等因素构成的是土地资源;由地表水、地下水等构成的是水资源;由多种金属和非金属矿原料构成的是矿产资源。而包罗一切社会、经济、技术和管理因素的则称为社会资源。资源系统的多层次和多维性,不仅从整体上和从多角度反映了资源概念的实质内涵,而且为多学科在研究资源问题上设定和明确了对象目标。

应予强调指出的,从生态经济学角度研究资源生态经济问题所侧重的是资源生态经济系统。所谓资源生态经济系统,指的是构成生态经济系统的多种资源组合。生态经济系统是自然生态系统和社会经济系统的复合系统,其组成的基本要素是自然(生态)资源与社会(经济)资源的综合体,即生态经济资源系统。据马克思的再生产理论,"经济的再生产过程,不管它的特殊社会性质如何,……总是同一个自然的再生产过程交织在一起"。[6]对农业是这样,对其他存在这两个再生产过程的一切产业也是这样。这两个再生产过程,就是生态经济系统,因而构成两个再生产过程的两种资源,即自然

(生态)资源和社会(经济)资源,必然融为一体交相作用。这样的资源配置既符合生态经济协调发展规律,又有利于发挥资源的最大利用效益。

从生态经济系统观点看,整体资源实质上是资源生态经济系统,这是最完整的科学的资源概念,它可以是多层次的资源系统,而且不论是哪一层次的资源系统,都共有一个基本特征,即:整体资源系统的组成都是由自然(生态)资源和社会(经济)资源交织而成的;其标准的模式用集合(⊃)和交织(×)符号来表示是:

资源生态经济系统⊃自然(生态)资源×社会(经济)资源。

此式表明:整体资源即资源生态经济系统,它是由一定的自然(生态)资源和社会(经济)资源构成的综合体;作为整体资源的科学概念,是具有二重性实质内涵的,即资源具有自然(生态)和社会(经济)双重性涵义,资源是有价值之物,资源既是资源,又是资产。资源的特征还在于它不是抽象的概念,不是超然于人类社会脱离生产和消费过程的,而是在一定的时空条件和技术条件下以及定向范围内用以为人类社会提供福利和服务的物质与动力。而且随着社会经济和科学技术的发展,以及人们对资源的认识和利用能力的不断提高,加上资源本身供求关系的变化,资源的概念和范畴不是一成不变的,资源是一个动态概念。但是资源数量、质量、用途、价值等的变化,并不会改变资源的上述二重性涵义及其特征。

二、资源的分类系统和基本特性

(一)资源的分类

资源种类繁多,各有其特性功能,必须通过科学的分类归纳共同性,区别差异性,才能予以识别。由于各学科对资源的视角和利用目的及分类细度不同,目前并没有统一的资源分类系统。从生态经济学观点而言,资源的分类应立足于资源生态经济系统的整体,按照资源的自然生态和社会经济二重属性,及其用途、供给数量和能否再生等特征,进行系统的分类,以便识别各类资源的特性,依据资源的特性功能加以合理配置和开发利用、治理保护和管理,发挥资源各自的特长和优势。生态经济学的资源分类系统可大体分为以下层次:

A　自然(生态)资源[7](通称自然资源)

　　AI　耗竭性资源:

　　　　AIa　再生资源:

　　　　　　AIa1　土地资源

　　　　　　AIa2　森林资源

　　　　　　AIa3　作物资源

　　　　　　AIa4　牧场和饲料资源

　　　　　　AIa5　野生及家养动物资源

　　　　　　AIa6　水产渔业资源

　　　　　　AIa7　遗传资源

AIb　非再生资源：

　　AIb1　能重复利用的资源

　　AIb2　不能重复利用的资源

AII　非耗竭性资源：

　　AIIa　恒定性资源

　　　　AIIa1　太阳能

　　　　AIIa2　潮汐能

　　　　AIIa3　原子能

　　　　AIIa4　风能

　　　　AIIa5　降水

　　AIIb　易误用及污染的资源

　　　　AIIb1　大气

　　　　AIIb2　水能

　　　　AIIb3　江河湖海中的水资源

　　　　AIIb4　广义的自然风光

B　社会(经济)资源(通称社会资源)

　　BI　人力(劳动力)资源

　　BII　经济资源

　　BIII　技术资源

　　BIV　管理资源

　　BV　信息资源

　　BVI　文物资源

　　BVII　娱乐旅游资源

由于一切自然(生态)资源和社会(经济)资源都是与人类社会需要及再生产(含生产与消费过程)相联系,大都属于已利用资源,所以实际上是自然(生态)社会(经济)双重性资源。

(二) 资源的基本特性

从生态经济系统观点看资源的基本特性,同样应立足于整体,着眼于综合,归纳共性,区别差异性。所谓基本特性,主要是对资源的自然(生态)特性和社会(经济)特性进行分析与综合。故应分别就自然(生态)资源和社会(经济)资源两大类资源着手。

1. 自然(生态)资源的基本特性

自然(生态)资源广布于自然界和自然再生产过程,包括种类繁多的生态环境要素,但其在自然(生态)属性上有着大同小异的共性,主要可概括为以下几个基本点:

(1) 原始性(primitiveness)。这是一切资源的共性。但自然(生态)资源与自然界同在是最原始基本要素,是万物生存和发展的源泉与原动力。

(2) 整体性(integrality)。自然资源既各自存在又相互制约共生,形成为一定的整体结构功能,其中某一要素的破坏或配合比例失调,必将影响整体结构功能的发挥,这不仅限于自然(生态)资源系统,而且整个生态经济系统亦复如此,故要求资源的综合开发利用。

(3) 地域性(regionality)。自然(生态)资源是大自然机体的组成部分,它固定于或相对附着于一定的地域空间,受地球与太阳的位置及其运动规律的制约,形成资源分布与组合和生产与利用的空间和季节差异,表现为地带性和季节性,因而对资源的利用必须因时因地制宜。

(4) 均衡性(dynamic equilibrium)。自然(生态)资源是一个自然生态系统,它在再生产过程中,其结构功能、输入与输出、投入与产出之间是按生态经济平衡规律运行和发展的,故要求在资源配置和利用上协调生态与经济的相应关系。

(5) 有限性和稀缺性(limitativeness & scarcity)。自然(生态)资源是大自然赋予而有限的,这不仅限于非再生资源(nonproductive resources);若对再生资源(reproductive resources)利用失当,也不能保证永续不衰。即使数量巨大的恒定资源,因受时空和技术条件的制约,其利用量和利用的范围与程度也是有限的。由于自然(生态)资源的数量和可利用量是有限的,随着人类社会对资源的需求增长,资源因受供求规律的支配而总是相对稀缺的。因而在资源利用上必须遵循适度、适量、合理节约的原则;只有按此原则实践,才能实现生态经济协调发展及发展与资源环境相适应。

(6) 多宜性和多用性(multi-adoptability & purposes)。自然资源一般都具有多宜和多用性的特点,因而具有多功能、多用途,这就为依据社会与市场需求选择和利用资源优势提供了可能,也有利于资源的综合利用及产业的全面发展。

(7) 可塑性和可培育性(reformability & cultivability)。生态环境要素中的生物资源与环境资源条件,以至一些矿物原料资源的组成,大都是可以改造、改良的。例如生态资源中可以通过改良生物以适应环境,也可以改善环境条件以适应生物的生存发展,这为许多生物学科和环境科学及相关技术的发展提供了用武之地,从而也突破了资源的有限性和约束性。

(8) 生态经济性(eco-economic nature)。自然(生态)资源的有限性、稀缺性和有用性及其与再生产的必然联系,使它不只是天然的资源,而是具有占有权及有价值的劳动资料和资产,从而有了自然(生态)和社会(经济)的二重性内涵,而成为有重要经济意义的财富与资财之源。

2. 社会(经济)资源的基本特性

社会(经济)资源是人类社会和经济再生产过程的基本要素,包括人力资源、社会、经济、技术、管理、信息、人文、旅游等多种资源。它不同于自然(生态)资源的基本特性在于它是人为的因素,具有社会经济性、继承性、主导性、可动性、扩展性和无限性。

(1) 社会经济性(socioeconomic nature)。首先人是"社会的动物",人力资源创造一切社会经济资源和产品,它们由于社会、经济、民族、国别、生产方式、时代的不同而各具特色。

（2）历史继承性（inheritability）。社会（经济）资源是社会再生产和经济再生产的基本要素，是人为因素。大凡人类社会的物质和精神财富以及人类的智力与体力和人文资源、经济技术资源，都是在原有基础上不断积累和增殖的，有一定的历史传统及其不可分割的连续性和继承性。

（3）主动性和主导性（activity & initiative）。社会（经济）资源虽后于自然（生态）资源而存在，但它在一切资源和资源整体中是最活跃的能动性因素，是生态经济系统中最主要、最具活力的成分，是创造世界和社会财富，进行一切生产活动的主导因素。一切物质和非物质的生产活动都是按照人的意志和需求，通过人的劳动和技能进行的。人类为了自身的需要，运用历史积累的文化与技术，占有、利用自然（生态）资源，改造自然环境，创造社会财富，并赖以生存和发展。

（4）可动性、扩展性和无限性（movability，expansibility & unlimitedness）。社会（经济）资源不同于一般自然（生态）资源的区域性，它并不固定地从属于一定的地域空间和地域条件，它的产生、存在和利用具有可移动性，举凡人力、物力、财力、经济、技术、管理、信息等资源，可以引进和输出，流转于地区和国际的生产和生活领域。

因而，随着社会、经济和技术的发展及商品交换领域的扩大，使社会（经济）资源具有日新月异的更新性和扩展性，其种类、数量、质量无限增长，变化不拘。从而推动着人类社会和经济的发展，但往往也因此导致对自然（生态）资源的无限需求和压力，造成过度发展与资源、环境矛盾的日益激化。

3. 劳动力资源的基本特性

（1）劳动力资源具有原动力和开发对象的二重性。作为动力，劳动者在与自然界进行物质交换中起着发动、调节和控制的主导作用；作为开发对象，劳动力资源自身也须开发其体力和智力，进行劳动力再生产。没有人力、劳动力的扩大再生产，就不能充分合理有效地开发利用自然（生态）资源，就没有社会（经济）的扩大再生产。

（2）劳动力资源具有生产者和消费者的双重身份。这因它以自身的再生产而存在，其开发利用有特定时效性，如超过或不到劳龄时期，劳动力只是人口，而为纯粹消费者。自然（生态）资源则是自然界常存的物能实体，可提供人类社会长期利用。

（3）劳动力的数量和质量在形成生产力上有其自身的特点。劳动力资源的数量，取决于两种因素：一是劳动者自扮的再生产（人口和劳动力再生产）；二是劳动者可能结合的生产资源和生产工具的多少（不结合资源和工具的劳动力资源是自然状态的劳动力，结合资源和工具的劳动力资源才是现实的劳动力，并形成为劳动过程和生产力）。

劳动力资源的质量，取决于两种因素：一是劳动者自身的生理素质与机能；二是劳动者接受社会文化和科学教育的含量，及其在劳动者身上的"物化"程度。在现代社会中，科学技术是第一生产力，文化教育和精神文明及科学技术的发展水平对劳动力资源的质量起着日益重要的作用。

三、自然（生态）资源与社会（经济）资源的共性和互补性，及其整体功能

以上我们分析了自然（生态）资源和社会（经济）资源的各自特性，但不容忽视二者

之间还存在着相互依存的共性和相互为用的互补性,及二者构成的资源生态经济系统的整体功能。

从系统观点而言,任何一种资源都是一个系统,它有一定的结构功能。例如,在农业自然再生产过程中,生物资源与其生活所在环境资源条件之间是相互依存和发展的,并构成为一定的生态系统,其中的生物资源在没有人为因素和社会(经济)资源条件的参与下,可以自行生存、繁衍和发展,但是这种自然状态的演变和发展是十分缓慢的,它不能形成为社会生产和适应人类社会对农产品日益增长的需要,因此必须与社会(经济)资源、人力资源相结合,才能形成农业生产,故农业生产是由自然再生产过程和经济再生产过程交织而成的生态经济系统。而在此再生产中,作为再生产的基本要素,自然(生态)资源是自然界提供的劳动对象和材料,社会(经济)资源则是生产的动力,只有二者结合在一起,才是一切财富的源泉,这就是资源生态经济系统。

由于资源生态经济系统是由自然(生态)资源和社会(经济)资源共同构成的,具有产生财富的结构功能。因此对一国一地区的资源评价、配置和利用,必须着眼于其自然(生态)资源和社会(经济)资源的整体结构功能,分析其国土资源的总量与质量、配合比例和综合生产力。就我国而言,总的说来,"地大物博""人口(劳动力)众多",但是人均自然资源相对较少,加之经济、技术等社会资源条件的限制,我国的资源配置与利用还存在不少问题,国土资源的整体结构功能及其综合潜力和综合生产力尚待进一步开发。就当代一些发达国家而言,它们的共同特点是经济、技术较发达,利用资源的条件与能量较大,但不都是自然资源丰富的,有的则是依赖获取国外自然资源发展经济的。而形成鲜明对照的,多数发展中国家具有丰富的自然资源,却因经济、技术等社会资源条件的制约而陷于贫困。这表明了整体资源生态经济系统中,自然(生态)资源和社会(经济)资源的依存性和互补性,二者是缺一不可的,否则就不能形成资源的整体结构功能。

参考文献

[1]《马克思恩格斯全集》第 23 卷,第十三、十四、二十二章,人民出版社 1972 年版。

[2] Alan Randall. Resource Economics, Second Edition, p12, 1986.

[3] 刘书楷:《农业资源经济学》,西南财经大学出版社 1989 年版。

[4] W. Petty. A Treatise of Taxesand Contribution. p47, Londen, 1667.

[5]《马克思恩格斯选集》第三卷,人民出版社 1972 年版,第 508 页。

[6] 马克思:《资本论》第 2 卷,人民出版社 1976 年版,第 398~399 页。

[7] 李文华、沈长江:《自然资源分类系统》。

[8] 刘书楷:《农业资源经济学概论》,南京农业大学油印稿 1986 年印。

原文刊发于《生态经济》1996 年第 1 期

比较利益学说与农业地域分工和区域资源开发战略

刘书楷

（南京农业大学土地管理学院，210014）

提要：在当前市场经济体制下，农业资源开发利用既要以市场需求为导向，又要坚持以比较利益为原则指导地域分工和合理开发利用地域资源优势，使产业结构和区域发展方向与充分发挥资源优势和地区生产优势相一致，提高农业的综合生产力和综合经济效益。

关键词：市场经济；比较利益；农业地域分工；区域资源；开发利用

一、市场经济的发展与比较利益学说

比较利益学说始创于 18 世纪中叶英国古典经济学家亚当·斯密（Smith，Adam，1723—1790），及至 19 世纪中叶经大卫·李嘉图（Ricardo，David，1772—1823）发展和完成。当时英国正处于资本主义上升时期，随着市场经济的发展，劳动地域分工日益扩大在国与国之间进行，他们二人先后系统地提出劳动地域分工和国际分工与比较利益的理论学说，至今仍具有时代意义。

斯密从个人之间的商品交换推论到一国地区之间及国与国之间的商品交换，认为一个人、一个地区、一个国家用最少的花费可以买到自己不能或不擅长生产的物品，那么他就没有必要去生产这些物品；同时也都会尽量生产那些它们擅长和可能经济地生产的物品，并用以交换别人、别地区或别国擅长和经济地生产的物品。这样，就不必由一个企业、一个地区或一国生产自己需要的全部物品，而且显然对大家的生产发展都有绝对的好处。这是由于实行劳动地域分工和国际分工的基础，主要是一个地区或一国在某产品的生产上占有优越的自然资源或社会资源条件，它生产这种产品的成本就比没有这种优越条件的地区或国家低廉。因此，每一地区或国家都按照自己特有的资源条件去进行生产而在专业化的基础上彼此交换，这无疑对大家都有利。斯密的这种劳动地域分工和国际分工论的依据，是一地区、一国要有独特的优越于其他地区或国家的资源条件和生产条件，故被称为"绝对利益学说"（theory of absolute advantage）或"绝对成本学说"（theory of absolute cost）。但是，这种在某一产品生产的绝对优势，并不是所有的地区或国家都具备的，如果有的地区或国家确实不具备这种比其他地区或国家的绝对优势，难道就没有自己的地域分工和专业化生产吗？这表明了绝对利益或绝对成本理论的局限性。

因而促使斯密的后继者李嘉图去进一步发展和完善斯密的理论，提出了"比较利益学说"（theory of comparative advantage）或称"比较成本学说"（theory of comparative cost)。于是,通常又称李嘉图是比较利益学说的创建者。按照李嘉图所说,最好的劳动地域分工以国际分工而论,各国只从事生产本国资源和生产条件比较优越、成本比较低廉的产品,即使其成本的绝对数额高于其他国家也无妨,并用以与其他国家交换本国所需要的、本国生产成本较高的产品。

由此可见,李嘉图和斯密都是主张劳动地域分工,发展国际分工和自由贸易的,但其着眼点和立论依据上却并不相同。斯密侧重的是从生产的绝对优势和成本上的绝对差别出发;而李嘉图则是从生产上的相对优势和成本上的相对差别出发。无疑,李嘉图的比较利益(比较成本)较之斯密的绝对利益(绝对成本)来说,对实行劳动地域分工和区域资源开发的思路和适用性都更加开阔和广泛。

自比较利益学说提出 100 多年来,随着世界市场经济发展和国际分工的扩展,各地区、各国的经济都在向外开放,在发展中相互依存,紧密联系。事实日益证明,各地区、各国之间生产要素更加千差万别,各有优势和劣势,如何适应国内外市场经济发展,抓住机遇发展自己相对有利的产品和产业,在市场竞争中占有一席之地,越来越多地取决于是否善于适应市场经济的发展变化,按照比较利益学说的原则合理调整产业和产品结构与布局,并制定相应的区域资源开发战略。

二、农业地域分工和比较利益原则在农业区域资源开发利用战略上的应用

由于有限的可利用自然资源如土、水分、空气、太阳能和各种养分,以及对人类所需的生产资源如矿藏、原材料、能源等都具有明显的地域性和地域分异规律,加上在资源开发利用中自然资源条件与社会资源条件又是相互交织在一起的。因此,农业自古以来就有"靠山吃山、靠水吃水"的说法,自然的地域分工早已存在,这种由于自然形成的地域分工是商品经济发展的原始基础,有其一定的客观必然性,但是只有在现代经济技术条件下特别是由于商品经济的发展,才能使劳动地域分工趋于分明,并具有重要经济意义。

劳动地域分工与专业化(division of labor and specialization)是商品经济发展的一项客观规律,也是促进市场经济发展的一项基本原则。任何生产要素(资源)的利用,无不要求使生产要素的特性功能与用以发展的产业相适应,俾以发挥其生产力的特长和优势,特别在市场经济机制优化资源配置下尤其要做到这一点,才能在市场竞争中立于不败之地。因此,在当前市场经济体制下,农业资源开发利用既要以市场需求为导向,又要坚持以比较利益原则指导地域分工和合理开发利用地域资源优势,使产业结构和区域发展方向与充分发挥资源优势和地区生产优势相一致,而切不可顾此失彼。否则,不是产品不能适销对路,就是闲置和浪费资源,更谈不上什么合理的地域分工。农业资源利用的地域分工是地域分工合理化的基础,它对区域经济的发展和一切经济活动均有重要经济意义。在农业资源综合开发利用中尤以农业用地最具有重要意义和综合性,它包括了一切附属于和结合在土地上的自然资源和社会资源,故可以

农业用地的合理开发利用加以论述。农业是以利用土地的自然力为主,并辅以人力的产业,农业生产中任何一种产品和产业的生产必须选择相适应的自然资源条件和环境条件,以充分发挥自然力的综合功能,才能达到高产、优质和高效;同时还必须适应社会需求和市场需求,做到适销对路,增多收益。

基于这一综合效益目标,农业土地的开发利用,及农业地域分工的确立,则应根据比较利益程度及大小的不同,遵循以下四个原则。

(1) 绝对有利的地域分工原则。这主要适用那些生态适宜范围狭小只能在特定的自然条件下生产,而在另一环境条件下很难或不能存在的农作物。例如,我国南北跨越九个温度带,各个温度带均有其适宜的农作物及其栽培耕作制度,如欲将热带作物及其栽培耕作制度移植于寒冷地带,这种农作物生长与当地自然环境条件不相适应,土地的自然生产力及其生产功效就要受到抑制。即使在科学技术发达的条件下,利用人工控制和科学技术设施能够生产,农作物能够勉强维持生长,但由于这种生产并非利用土地的自然生产力,而主要是依靠人为因素和对土地的投入,结果往往"任情返道",导致生产成本高,而产品品质低,事倍功半,费多效少,不可能大规模生产,无法在市场经济条件下与其他地区的产品竞争,这不仅对生产者不利,对农业资源也会造成浪费。由于种植业受生态环境条件的严格制约,纵然随着科学技术进步,生态界限上会有突破,但还是要服从比较利益原则实行地域分工。而比较利益悬殊大的,对土地利用的区域分工的选定就具有约束的绝对性。

(2) 相对有利的地域分工原则。主要适用于那些生态适应性较强,可以在广大地区生长和生存的农作物或畜、禽等生物。如对一个地区可能生产的多种农作物,其生产所获利益有大小之差别,但又不过于悬殊,就要加以相互对比,权衡其利弊和利益大小善为选择,使农业资源利用更为合理。进行这种比较分析,主要应以生产某种农作物的投入和产出效果与生产另一种农作物的投入产出效果相比较。例如,甲地区每亩耕地的利用,按同样投入一个单位成本可产稻谷 10 kg,亦可产棉花 5 kg,表明甲地区生产 1 公斤棉花的价值相当于生产 2 kg 稻谷的价值,即棉稻生产成本之比为 2∶1。又如乙地区每亩耕地的利用,按同样投入一个单位成本,可产稻谷 6 kg,亦可产棉花 6 kg,则可知乙地区 1 公斤棉花的价值相当于 1.5 kg 稻谷的价值,即乙地棉稻生长成本之比为 1.5∶1。对甲乙两地区的土地利用分工选择,即可通过以上比较得知甲地区以生产水稻为有利,而乙地区以生长棉花为有利。

这里之所以对稻谷与棉花进行比较,因二者生长期大致同季,属于相竞作物,在土地利用上只能选择其中的一种。如上分析,甲地区因生产稻谷有利,故应选种稻谷而弃种棉花;乙地区因生产棉花相对有利,则应选种棉花而弃种稻谷。按此原则确定两地土地利用和生产分工后,相互交换产品,可使两地双方所获利益均比不分工时为高;同时,实行地域分工后,甲地区可将全部耕地或大部分耕地集中生产稻谷,乙地区则可集中生产棉花,从而促进生产的区域专业化发展,使整个国家和地区之间稻棉生产布局趋于合理和总产量相应增加。

　　当然,实行生产地域分工还必须随之加强地区横向联系,实行地区之间的商品交流,并使商品交换比例对双方均有利,也不致发生买难、卖难,以免阻碍地域分工顺利实现和发展。

　　(3) 优势最大与劣势最小的地域分工原则。此项原则是指地区之间虽有生产条件(含自然条件和社会、经济、技术条件)优劣的差异,但资源利用的地域分工并不完全集中在优势地区,而是依据优势最大与劣势最小原则实行地域分工,可以选择优势最大地区,也可以选择劣势最小地区。这主要是由两种原因决定的:一是生产条件优势最大的地区,虽然生产成本低而产出率高,投入产出效果好,但由于对农产品总量的需求不能只靠优势最大的地区来供应,还必须由中低产地区或中次等土地提供产品;二是依据比较利益原则,地区之间对各种农作物是否因分工生产而相互交换,并不取决于生产成本(或产量)绝对数字的高低,而是由各项成本的比例(或投产比)数字所决定的。

　　例如,有甲、乙两地区均产稻谷和棉花,甲地区因生产条件优越,每单位成本的产量不论稻谷或棉花均较乙地区占优势,但在决定地域分工时就不能把稻谷和棉花的生产任务都集中在甲地区;而是要分别考察甲、乙地区稻、棉生产成本之比,然后计算两地稻、棉每斤价值的高低,以作出种植分工的选择。现假定甲、乙两地区每亩耕地生产稻谷与棉花的单位成本产量是甲地区稻谷 10 kg,棉花 5 kg,稻棉生产成本之比为2:1。乙地区稻谷 6.0 kg,棉花 4.5 kg,稻棉生产成本之比为2:1.5。

　　根据以上稻、棉生产成本之比,可知甲、乙两地区相比,甲地区因生产条件优越,其单位成本的产出率不论稻谷或棉花均较乙地区为高,但就稻谷与棉花生产成本之比来看,甲地同一单位成本可产稻谷 2 kg 或棉花 1 kg,即 1 kg 棉花的价值等于 2 kg稻谷;而乙地同一单位成本则可产稻谷 2 kg 或棉花 1.5 kg,即 1 kg 棉花的价值等于1.33 kg 稻谷。因此,甲地分工生产稻谷最有利,优势最大;乙地分工生产棉花的产量及投产比虽仍较甲地为劣,但劣势最小。所以,为谋求整个国家社会土地资源充分发挥其生产功能计,甲地应选择其优势最大的稻谷而生产;乙地则选择其劣势最小的棉花而生产。

　　在此分工原则下,甲地必将利用其土地生产率的优势生产稻谷,乙地必将集中利用其土地生产率的优势(劣势最小亦是该地的优势)广植棉花,这样由于实行了合理的地域分工,其结果与分工前比较,总起来看所得稻谷增产的价值比棉花减产而失去的价值要大得多,而且不论对甲地区、乙地区以至全国都是有利的。加之,由于实行地域分工将促进生产专业化的形成和发展,因此便可使所需发展的农作物等产品生产,按其生态适宜性和经济合理性配置在有利的地区,提高社会总生产单位成品产出率和经济效益,从而充分发挥全国各地区土地利用的生产优势。

　　总之,不论各地生产条件有何不同,按此原则实行资源利用地域分工,只要选择优势最大和劣势最小作为资源利用和发展生产方向,无论对于生产经营或整个社会都会带来最佳效益和利益。这种科学合理的地域分工是实行生产合理布局和生产区域化和专业化的依据和基础。

（4）特种土地特殊利用地域分工原则。主要是指有些地区具有特殊的自然环境条件，适于种植特种农作物或生产特殊用途的产品，而且具有不可替代的垄断性，因而要求发展相适应的特殊产业。例如，最宜于发展社会必须的珍稀特种作物、药用作物、野生动植物、矿产和风景特别优美以及历史文物名胜古迹等特殊用地、位置优越的港口码头等等，均具有其特定的独占利用原则，而不能改作其他用途。在农业利用上，常有一些生长环境十分狭窄，一国之内可能生产这种特种产品的稀有土地，这种稀有土地即使具有其他多种互竞用途亦应予以舍弃，以保证珍稀产业和自然环境的最佳利用，使之获得独占的最大效益。

原文刊发于《中国农村经济》1994 年第 4 期

论比较利益原则及其在农业区域开发
与资源利用上的应用

刘书楷

（南京农业大学土地管理学院，210014）

在社会主义市场经济中配置资源关键之一，是按照比较利益原则实行农业地域分工，因地制宜，扬长避短，合理开发地区农业资源。为此，本文拟着重就比较利益学说的提出及其意义、地域分工、专业化规律、比较利益原则和在农业区域资源开发利用上的应用，作一简略的理论和实证分析。

一、比较利益学说与原则的提出及其重要经济意义

比较利益学说，创始于18世纪中叶英国古典经济学家亚当·斯密，当时正处于资本主义上升时期，随着商品经济的发展，要求劳动地域分工扩大，在国与国之间进行，于是他比较系统地提出了国际分工与比较利益的学说和理论，从个人的商品交换推论到一国之内和国与国之间的商品交换。认为如果一个人用最少的花费就可以买到自己不能或不擅长生产的物品，那么他就没有必要生产这些物品；同样，在一国各地区之间和国际上国与国之间，它们也都愿尽量生产那些它们擅长和经济地生产的物品，并用以交换其他地区或另国擅长和经济地生产的物品，而不必由一个地区或一国生产自己全部需要的物品，这显然对各地区和各国的生产发展都有绝对的好处。就是说，不仅个人之间、一国内部各地区、各产业部门内部，彼此之间存在着分工，可以提高劳动生产力水平；国际之间的地域分工也可以提高生产力。因此，他主张如别人、别地区、外国的产品比自己生产的物美价廉，那么最好是输出自己生产条件占优势地位的产品，去换取他人的物美价廉的产品。他认为，这种劳动地域分工和国际分工的基础是有利的自然条件和社会经济条件，主要是自然资源条件和社会资源条件，因为产品归根是由资源转化而来的。而一个地区或一国在某种产品的生产上占有优越的资源条件，它生产这种产品的成本就比没有这种优越条件的地区或国家低廉，因此，每一地区或国家都按照自己特有的资源条件去进行生产，在专业化的基础上彼此交换，这对每一地区或国家都是有利的。斯密的这种劳动地域分工和国家分工论的依据，是一个地区或国家独特的优于其他地区或国家的资源条件和生产条件，因而又被称为"绝对利益学说"或"绝对成本学说"。但是，这种在某种产品生产占绝对优势，并不是所有的地区或国家都具备的。如果有的地区或国家确实不具备这种比其他地区或国家的绝对优势，难道它们就没有自己的地域分工和专业化生产了吗？这表明这种绝对利益或绝对成本理论是有局限性的。

因而及至19世纪初叶英国古典经济学的完成者大卫·李嘉图发展和完善了斯密

的学说,提出"比较利益学说"或称"比较成本学说",照李嘉图所说,最好的劳动地域分工以国际分工而论,各国只从事生产本国资源和生产条件比较优越、成本比较低廉的产品,即使其成本的绝对数额高于其他国家也无妨,并用以与其他国家交换本国所需要的、本国生产成本较高的产品。李嘉图为了说明这一点,列举了英国和葡萄牙分别在毛呢和葡萄酒的生产例子:英国生产一定数量的毛呢需要 200 人一年的劳动,如果酿制一定数量的葡萄酒则需要 120 人一年的劳动;而葡萄牙生产与英国同样数量的毛呢和葡萄酒,则只需要 90 人和 80 人劳动一年。显然,葡萄牙在生产毛呢和葡萄酒上都较英国处于绝对优势。但是,对葡萄牙来说,与其占用生产葡萄酒的一部分资本去生产毛呢,还不如把全部资本都投放在葡萄酒生产上以换取英国更多的毛呢;而对英国来说,虽然在葡萄酒和毛呢生产上的绝对优势均不及葡萄牙,但终于发现自己有利可图的办法在于生产和输出毛呢,以换取葡萄牙的葡萄酒。

由此可见,李嘉图和斯密都是主张劳动地域分工,发展国际分工和自由贸易的,但其着眼点和立论依据上却并不相同。斯密侧重的是从生产上的绝对优势和成本上的绝对差别出发的;而李嘉图则是从生产上的相对优势和成本上的相对差别出发。无疑,李嘉图的比较利益(比较成本)学说较之斯密的绝对利益(绝对成本)来说,对实行劳动地域分工和区域资源开发的思路和适用性都更加开阔和广泛。

自比较利益学说提出 100 多年来,随着世界市场经济发展和国际分工的扩展,各地区、各国的经济都在向外开放,在发展中相互依存,紧密联系。事实日益证明,各地区、各国之间生产要素更加千差万别,各有优势和劣势,如何适应国内外市场经济发展,抓住机遇发展自己相对有利的产品和产业,在市场竞争中占有一席之地,越来越多地取决于是否善于适应市场经济的发展变化,按照比较利益学说的原则,合理调整产业和产品结构与布局,并制定相应的区域资源开发战略。

二、农业地域分工与专业化的必然趋势和比较利益原则在农业区域资源开发利用战略上的应用

农业自古以来就有"靠山吃山、靠水吃水"的说法,自然的地域分工早已存在,这种由于自然形成的地域分工是商品经济发展的原始基础,有其一定的客观必然性;但是只有在现代经济技术条件下,特别是由于商品经济的发展,才能使劳动地域分工趋于分明,并具有重要经济意义。

随着商品经济的发展,劳动地域分工实际上已主要表现为区域生产专业化的农业地域分工,其反映的农业资源开发利用的地域分工也是专业化的。所以,农业地域分工与专业化是现代商品经济条件下农业资源开发利用地域分工的必然趋势。

劳动地域分工与专业化是商品经济发展的客观规律,也是促进社会经济发展的基本原则。任何生产要素(资源)的利用,无不要求使生产要素的特性功能与用以发展的产业相适应,俾以发挥其生产力的特长和优势,特别在市场经济机制优化资源配置下尤其要做到这一点,才能在市场竞争中立于不败之地。因此,在当前市场经济体制下,

农业资源开发利用既要以市场需求为导向,又要坚持以比较利益原则指导地域分工和合理开发利用地域资源优势,使产业结构、区域发展方向与充分发挥资源优势、地区生产优势相一致,而切不可顾此失彼。否则,产品不能适销对路,就是闲置和浪费资源,更谈不上什么合理的地域分工。

农业自然资源是劳动对象的最基本要素,其开发利用与配置状况,是决定产业结构和生产布局及不断完善劳动地域分工与专业化的最重要因素。农业地域分工的实质,是合理有效配置资源和产业,不断完善地域分工与专业化,发展全国和各地区的经济。而区域经济的发展及其经济效益,归根都有一个资源的开发利用问题。科学地确定各地区的农业资源开发利用战略,合理利用农业资源,将促使全国和地区产业结构、生产布局的合理、地域分工的合理化,不断完善和发展区域经济,提高农业的综合生产力和综合效益。

农业资源开发利用和农业实行合理地域分工的理论依据,同样是比较利益原则。但这一原则的应用不能仅限于经济利益,而应是经济利益与生态环境效益和社会效益的综合,并最终又集中体现在经济利益上。

农业资源利用的地域分工是地域分工合理化的基础,它对区域经济的发展和一切经济活动均有重要意义。在农业资源综合开发利用中尤以农业用地最具有重要性和综合性,它包括一切附属于和结合在土地上的自然资源和社会资源,故可以农业用地的合理开发利用加以论述。农业是以利用土地的自然力为主并辅以人力的产业,农业生产中任何一种产品和产业的生产必须选择相适应的自然资源条件和环境条件,以充分发挥自然力的综合功能,才能达到高产、优质和高效;同时还必须适应社会需求和市场需求,做到适销对路,增加收益。

基于这一综合效益目标,农业资源——以农业土地的开发利用为例,及农业地域分工的确立,则应根据比较利益程度及大小的不同,划分为以下四个原则:

（一）绝对有利的地域分工原则

这主要适用于那些生态适宜范围狭小的农作物只能在特定的自然条件下生产,而在另一环境条件下很难或不能存在的农作物。例如,我国南北跨越九个温度带,各个温度带均有其栽培耕作制度,由于种植业受生态环境条件的严格制约,纵然随着科学技术进步在生态界限上会有突破,但还是要服从比较利益原则实行地域分工。而比较利益悬殊大的,对土地利用的区域分工的选定就具有约束的绝对性。

（二）相对有利的地域分工原则

主要适用那些生态适应性较强,可以在广大地区生长和生存的农作物或畜、禽等生物。如对一个地区可能生产的多种农作物,其生产所获利益有大小之差别,但又不过于悬殊,就要加以相互对比,权衡其利弊和利益大小,善为选择,使土地资源利用更为合理。进行这种比较分析,主要应以生产某种农作物的投入和产出效果与生产另一种农作物的投入产出效果相比较。

当然,实行生产地域分工还必须随之加强地区横向联系,实行地区之间的商品产品交流,并使商品交换比例对双方均有利,也不致发生买难、卖难,以免阻碍地域分工顺利实现和发展。

（三）优势最大与劣势最小的地域分工原则

此项原则是指地区之间虽有生产条件(含自然条件和社会、经济、技术条件)优劣的差异,但土地利用的地域分工并不完全集中在优势地区;而是依据优势最大与劣势最小原则实行地域分工,可以选择优势最大地区,也可以选择劣势最小地区。这主要由两种原因决定:一是生产条件优势最大的地区,虽然生产成本低而产出率高,投入产出效果好,但由于对农产品总量的需求不能只靠优势最大的地区来供应,还必须中低产地区或中次等土地提供产品;二是依据比较利益原则,地区之间对各种农作物是否因分工生产而相互交换,并不取决于生产成本(或产量)绝对数字的高低,而是由各项成本的比例(或投产比)数字所决定的。

实行地域分工将促进生产专业化的形成和发展,可使所需发展的农作物等产品生产,按其生态适宜性和经济合理性配置在有利的地区,提高社会总生产单位成品产出率和经济效益,从而充分发挥全国各地区土地利用的生产优势。

总之,不论各地生产条件有何不同,按此原则实行土地利用地域分工,只要选择优势最大和劣势最小作为土地利用和发展生产方向,无论对于生产经营者或整个社会都会带来最佳效益。这种科学合理的地域分工是实行生产合理布局和生产区域化和专业化的依据和基础。

（四）特种土地特殊利用地域分工原则

这主要是指有些地区具有特殊的自然环境条件,适于种植特种农作物或产品生产的用途,而且具有不可替代的垄断性,因而要求发展相适应的特殊产业。例如,最宜于发展社会必须的珍稀特种作物、药用作物、野生动植物、矿产和风景特别优美以及历史文物名胜古迹等特殊用地、位置优越的港口码头等等,均具有其特定的独占利用原则,而不能改作其他用途。在农业利用上,常有一些生长环境十分狭窄,一国之内可能生产这种特种产品的稀有土地,这种稀有土地即使具有其他多种境况用途亦应予以舍弃,以保证珍稀产业和自然环境的最佳利用,使之获得独占的最大效益。

原文刊发于《中国农村经济》1994 年第 8 期

论资源经济学和农业资源经济学
产生的历史基础及其发展趋向

刘书楷

（南京农业大学）

摘要：资源经济学和农业资源经济学是自 80 年代以来建立的新学科，并日益成为生态经济学和农业生态经济问题研究的基础和核心。笔者通过对这门学科产生和发展的历史回顾与前瞻，客观地论述其不同时期的代表性学术思想和著作及其研究趋向。

关键词：资源经济学；农业资源经济学；资源生态经济研究

On the Historical Foundation and Development of Resources Economics and Agricultural Resources Economics

Liu Shukai

(Nanjing Agricultural University)

一、资源经济和农业资源经济问题的产生及其研究的历史基础与过程

任何一门学科的形成，都是人类社会实践及人们对客观实践多次研究积累的产物。没有实践及其理论研究的基础，就不会形成科学。对资源经济学科农业资源经济学来说，如果没有有关资源和资源经济问题的系统研究，同样不可能凭空产生。

由于资源是一切物质生产的基本要素，一切物质产品都是由资源的物质和能量转化而来的，因此，有农业生产就有对农业资源的开发利用，而当人们重视农业生产的发展时也就开始了对农业资源开发利用的研究。从人类社会发展史看，对资源的开发利用是围绕一定的物质生产过程中人与自然的关系进行的，农业生产过程实质上也是人通过自己的劳动与自然界进行物质变换的过程。而人与自然的物质变换关系如何进行，主要取决于社会生产方式和生产力发展的水平。据此可以把人类开发利用农业资源及其研究进展总历史过程，大体划分为以下三个阶段：

第一阶段：前资本主义社会，即古代社会。

那时由于经济、技术发展水平低下，人口稀少，人们开发利用自然资源的范围、规模和深度有限，开发利用自然资源的基本方式是"依赖→适应→索取"，由于索取的少，虽然给大自然的补偿也少，并不造成对资源环境超负荷压力，人与自然一般能保持和谐相处。但一俟地区人口增多或发生战争，也会发生局部滥砍、滥伐、滥垦、滥捕和过度利用的掠夺性经营，以致生态环境破坏，造成食物短缺等现象。因此，在自然资源利用研究上就出现了经验基础上的维护生态和适应自然学术观点，从而形成了朴素的珍

视利用和保护自然资源的生态思想。例如,早在战国时期的文献中就有这样的记载:"不违农时,谷不可胜食也;数罟不入洿池,鱼鳖不可胜食也;斧斤以时入山林,材木不可胜用也。谷与鱼鳖不可胜食,材木不可胜用,是使民养生丧死无憾也。养生丧死无憾,王道之始也"。"橘生淮南则为橘,生于淮北则为枳,叶徒相似,其实味不同。所以然者何? 水土异也"。自战国、秦以后又有"天地合一""阴阳结合生万物"之说,提出了"不违农时""因时因地制宜"合理开发利用自然资源的原则;及至 6 世纪中叶,北魏贾思勰的《齐民要术》一书进而提出"地势有良薄,山泽有异宜。顺天时,量地利,则用力少而成功多。任情反道,劳而无获",更把合理利用资源的生态经济原则提到规律性高度。我国古代的上述协调人与自然、合理开发利用自然资源的思想观点,即使到了科学技术发达的今天,仍然不失为指导农业生产的基本原则和方针。

第二阶段:资本主义社会出现后至本世纪 20 年代。大规模深度开发利用资源带来了经济繁荣与牺牲生态环境逆向发展的矛盾,促使了资源经济问题的系统研究,建立了土地经济学。

大约四百年前,由于远洋航海和商业贸易的发展孕育了资本主义的兴起,首先是农业革命,然后是工业革命,迅速地改变了生产方式,提高了生产力,也使人口以空前的速率增长,但是经济技术和社会的发展与繁荣是建立在全球性资源开发基础和生态系统不可逆转的改变基础上的。总之,资本主义的发展使人与自然、经济社会发展与资源环境矛盾日益尖锐。以致成为社会发展中的一个特殊矛盾,这就引起了人们十分重视对资源经济问题的研究。

由于这一时期,人与自然矛盾的焦点主要集中在人地关系和土地资源的分配与利用上,所以先期产生了对土地问题的系统研究。但是对土地经济问题的研究在相当长的时期是附属于经济学科,以后才从经济学脱离的。土地问题的较为科学的研究始于资本主义发展较早的英国和法国的一些古典经济学家,其早期代表人物威廉·配第(W.Petty, 1623—1687)曾把土地和劳动并称为财富的两个原始要素,即两大基本资源,提出了"劳动是财富之父,土地是财富之母"的名言,后为马克思所引用。其后,法国的杜尔图(R.T.Turgot,1727—1781)、英国的亚当·史密斯(A.Smith,1723—1790)、李嘉图(D.Ricardo,1772—1823)等对土地、地租和土地报酬理论都有较为系统的研究。特别是李嘉图的差额地论一直被西方经济学家宗奉为古典地租理论。后来马克思的科学地租论也是在批判地吸收改造他们的地租论的基础上创立的。

应该指出,对资源经济和土地经济问题研究最多、贡献最大的是马克思和恩格斯。马克思在建立起科学劳动价值学说和剩余价值理论的基础上,几乎花了约 40 年的时间,即从《哲学的贫困》(1847 年出版)到《资本论》第三卷(1894 出版),对土地和地租、地价等土地经济问题进行了广泛深入的研究,创立了完整的科学土地肥力学说,科学地租与地价理论体系(《资本论》第三卷第六篇),为马克思主义土地经济学、资源经济学的学科建设奠定了坚实的理论基石。这应是我国社会主义土地经济学和农业资源经济学建设的主要理论基础。

　　自马、恩之后,资源经济问题的研究从此就区分为两大流派:一派是马克思、恩格斯之后的马克思主义学派。其主要代表人物,先是原系马克思列宁主义者后来成为第二国际修正主义者的考茨基(K.J.Kautsky,1854—1938),他在 1899 年写的《土地问题》(又名《农业问题》——全名是《论现代农业的倾向与社会民主党的农业政策》),是一本在恩格斯指导下宣传马克思主义的著作。我国已于 1937 年有了岑纪的译本;其后,是本世纪初列宁发表了一系列有关土地问题理论的重要著作,主要集中在《列宁全集》第五卷,其中有《土地问题和"马克思的批评家"》(1901 年)、《俄国社会民主党的土地纲领》(1902 年)和《俄国土地问题的实质》(1912 年)等多篇名著,这是继马克思之后,对土地问题富有研究的系列专著,结合马、恩等有关论著构成了我们研究资源经济和土地经济的基础理论体系。

　　另一流派,是资产阶级古典经济学以后对土地问题和资源经济问题深有研究的代表人物和著作。其中,值得一提的有阿弗里德·马歇尔(A.Marshall,1842—1924),他在其代表作《经济学原理》(1890 年)中,研究土地、劳动、资本时给土地的著名定义是"土地是自然界赋予人类的陆、水、空气、光和热等各种物质与能力"。这里显然把土地广义为自然资源,这是以后经济学家和资源经济学家公认的经典命题,它与马克思对广义土地的命题并无二致。其后,由于资本主义生产的迅速发展,人口与土地问题日益严重,人们对土地经济问题的研究越来越重视,作为一门独立的土地经济学便从一般经济学分化而出,及至本世纪 20 年代前后,作为资产阶级土地经济学的奠基人伊利(R.T.Ely)和他的助手莫尔豪斯(E.W.Morehouse)合著的世界上第一本土地经济学专著:《土地经济学原理》于 1924 年问世。接着,伊利与魏尔万(G.S.Wehrwein)于 1940 年又出版了《土地经济学》,这两部专著风靡一时,被誉为当代最早的土地经济学专著。在这两部书中伊利等仍把土地定义为自然资源和自然力,这就为后来自然资源经济学的建立提供了基础。

　　第三阶段:大约本世纪 30 年代以来,由土地经济学逐步开拓形成了多门类的资源经济学。

　　由于西方经济学一向把土地视为自然资源或称"自然资源综合体",因此在土地经济学由经济学独立出来后,伴随土地经济学的发展,已开始孕育着自然资源经济学和更广域的资源经济学。同时由于资源经济问题研究的日益重要,一般经济学的研究领域也在向资源经济领域倾斜。这就为资源经济学和农业资源经济学的产生和发展创造了更有利的条件。稽诸史料,大抵自然资源经济学和资源经济学的学科命名和相应的研究与理论体系是本世纪 30 年代开始出现的。例如,哈罗德·霍德林(H.Hotelling)1931 年发表的《可耗尽资源的经济学》提出了资源保护问题。而且由于西方经济发达国家的资源出现了稀缺的严重问题,西方许多经济学家在三四十年代就纷纷提出了以经济学原理研究稀缺资源的分配问题,认为经济学就是研究稀缺资源利用与分配的。例如,兰格(O.Lange)在其《经济学的范围与方法》中说:经济学可以说是研究人类社会在运用稀少资财的一种科学;罗宾斯(L.Robbins)在其《论经济学的性质和意义》中说：经济学可以说是一种研究人类运用具有多种用途的稀缺资财以达到的一定目标的经济行为的科学，是讨论如何选择此项有限量资源的最佳用途的科学。由于霍德林、兰格和罗宾斯等都把研究稀缺资财（资源或可耗尽资源）的利用和分配作为经济学的主要内容，实际上在很大程度上所讲的经济学就是资源经济学，或自然资源经济学。这样，其后在美、英一些国家也就相继出现了不少定名为"自然资源经济学"和"资源经济学"的专著。其中，近期的代表性著作有：莱康伯（R.Lecomber）的《自然资源经济学》（1979年），书中开宗明义，就把经济学定义为"稀缺资源分配的科学"；兰德尔（A.Randal）的《资源经济学——从经济角度对自然资源和环境政策的探讨》（1981年），该书指出："经济学是研究经济系统的科学，也可以把它解释成研究在稀缺环境中如何作出选择的科学。"并认为经济系统很复杂，因而衍生了各种分支专业学科，其中包括了"自然资源和环境经济学"。而自然资源和环境经济学是"应用经济理论和定量分析的方法来解决自然资源和环境舒适的供给、配置、分配以及保护等公共政策问题"的，它是"社会微观经济学这一研究领域的一部分"。由此可见，自土地经济学建立后，从30年代起欧美各国相继建立和发展了专业的或综合的资源经济学。

应该指出，资源经济学的衍生和发展不仅与经济学有密切联系，而且与生态学的发展也有直接关系。生态学是较为古老的科学，它在1865年由德国动物形态学家赫克尔（E.Haekel所创立，及至近20年来随着人口增长和经济社会发展，人与自然、人与环境的矛盾日益突出，促使了生态与经济、环境研究的融合，其核心是资源利用问题，从而在自然资源经济学和资源经济学的基础上衍生形成了"环境经济学"和"生态经济学"。1974年美国塞尼卡（J.Seneca）陶西格（M.K.Taussig）合著出版了世界上第一部《环境经济学》；1975年美国克鲁蒂拉（J.V.Krutila）和费舍尔（A.C. Fisher）发表了《自然环境经济学——商品性和舒适性资源价值研究》；1976年日本坂本藤良出版了世界上第一部《生态经济学》专集；1978年英国艾伦·考特雷尔（A.Cottrel）发表了《环境经济学》；1981年美国费舍尔又发表了一本《资源与环境经济学》，运用资源优化、利用模型和各种环境费用方法，从福利理论角度对资源利用和环境保护进行分析并提出对策。

同期，在苏联主要是建立了公有制基础上的"土地规划"学科，却没有对土地经济和资源经济作独立的系统的研究；只是在近几年才注意了自然资源和生态问题的研究，建立了《自然利用经济学》。

在我国，如上所述我国古代对土地和资源利用及其生态经济的研究一直居于世界领先水平，但至近代资本主义兴起后，在旧中国的长时期内我们却没有真正建立起自己的土地经济学和资源经济学。甚至在解放后的长时期中，我们却陶醉于"地大物博、人口众多"，而自诩和自豪于世；并误认为实行社会主义公有制不必过虑人口和资源、环境问题，以致放松了对人口、资源、土地和环境的研究和管理，以致把解放前大学里开设的土地经济学课程都取消了，国家也没有一个统一管理资源和土地的部门。而直至党的十一届三中全会以后，这种对资源、土地和环境的放任状况才有了根本改变，这一方面是迫于我国人口激增和经济发展对自然资源进行高强度开发引发的难以承受的压力;另一方面是由于对土地、水资源的高强度开发,确实带来了日益严重和难以逆转的水土流失,森林、草原的萎缩以及对生态平衡的破坏和对环境的污染。我国是一个发展中的社会主义大国,现在人口已达到临界点且处在低死亡、高出生阶段,我国每年新增国民收入中的大约 1/4 是被新增的人口所消耗掉。我国耕地、林地、水资源和粮食相对短缺问题也日益突出。这就使人们越来越认识到,我们必须有效地解决人口、资源、环境问题,实行协调发展的目标,才能保证我国社会经济持续、稳定、协调发展。

由于近 10 年来党和国家对资源、土地和环境生态极为重视,我国资源、土地、生态、环境的研究方兴未艾。就农业资源经济研究来说,80 年代初我们是结合我国农业资源调查和农业区划这一重要工作逐步进行的,1982 年笔者在主编的全国高等农业院校通用教材中首次系统地编写出了我国农业区划工作中农业自然资源条件和社会资源条件的调查与评价的内容;并在 1984 年为南京农学院农业经济管理专业研究生开设和编印了《农业自然资源经济学导论》课程与教材。以此为基础,笔者 1986 年主编了全国性的《农业资源经济学》教材试用本,至 1989 年此教材以专著形式出版。1990 年陈迭云等《农业资源经济的理论与实践》也相继出版。近两年来,《农业资源经济学》已正式列为农业部部定教材之一,正在编写付样。从此我国就有了世界上第一本《农业资源经济学》。

总之,自二十世纪三四十年代以来,全球性的资源危机和生态环境危机促使了多形式、多门类的资源经济学的产生和发展,其研究目标和趋向大都是针对"人口、资源、环境、经济"结构问题进行分析研究,并提出谋求解决途径的。这就使资源经济学的研究日趋生态化,而发展成为把生态与经济、环境与经济融于资源开发利用一体的新的资源经济学和环境经济学,从而使资源经济学的研究进入了一个质的飞跃阶段。从上述资源经济研究的长期发展过程中,从其发展规律中,我们也许可以得出如下的看法:在当今要建立一门新的资源经济学或农业资源经济学,就必须运用生态经济观点,按照生态经济协调发展规律的要求来开拓和深化资源经济和农业资源经济这一研究领域。而不能沿用传统经济学以纯经济学观点和纯经济目的来观察和研究资源和环境问题;否则,就不可能摆脱长期以来依靠牺牲资源环境为代价发展经济的困境。

二、当今资源经济学和农业资源经济学面临的挑战和发展趋向

当今的时代与过去任何时期相比,都是技术、经济、社会和文化突飞猛进的时代。它促进了人口的增多、资源的开发、环境的污染和生态日趋危机。"人口—资源—环境—经济"结构失调,已成为全球性的普遍问题。发展带来的繁荣在相当大的程度上是建立在掠夺和挥霍有限资源的基础上的,而且经济发达国家对资源环境的过量占有和耗费,加剧着全球生态系统和环境的不可逆转的恶化并危及发展中国家的经济社会发展。显然,这种发展的繁荣是不均衡和不公平的,在生态上和经济上无论如何都不

能无限地持续下去。大量证据已经表明,生态系统在地球上的大片地区已遭到无可挽回的破坏,物种和基因库正在减少,应付自然灾害的能力已在减少,空气、土地和水的污染剧增。现代化农业生产手段造成了严重水土流失,化肥、农药形成严重污染。人口过多的发展中国家在经济现代化的初期,人口仍在迅速增长,加剧了贫困,迫使用本国资源向发达国家换取产品,从而迸发了人口过剩、饥饿和资源环境恶化的严重威胁。面临上述问题的挑战,目前资源经济的研究目标正集中在以下几个方面:

(1) 协调经济系统与自然系统、社会系统的关系,研究资源的远景和近期的供需平衡。经济是一个复杂的组织系统,包括生产部门和消费部门。生产部门开采和获取自然资源,并把它与其他生产资源投入生产过程,生产产品、商品和提供服务;消费部门则把生产部门生产的产品或资源投入消费过程,以便有效地满足人类需求。生产过程和消费过程都离不开自然资源和社会资源,因此经济就不可避免地要与一些自然系统(大气圈、地圈、水圈、生物圈)和社会系统(如协调人与人关系的法规、政策、各种社会组织与社会联系等)发生关系并受其制约。生产活动和消费活动都是人与自然进行物质变换的过程,归根是由自然资源和社会资源的物质和能力提供的,而不是创造的消灭物质的过程,生产与消费之间及其与资源环境之间存在着一种物质平衡的关系,自然资源和社会资源的保证程度是生产和消费的限制因素和基础,生产和消费产生废弃物的不可避免性,这些都制约着人类的生存和经济社会的发展。因此弄清资源的状况及其对经济社会发展的保证程度,从而确定生产和消费的发展水平与速度,协调经济社会系统与自然资源环境系统的关系,就成为当今资源经济和农业资源经济研究的终极目标与趋向。

(2) 针对自然资源日益稀缺的现实,加强新资源开发和资源增殖与节约利用的研究。在当今人口增长和经济社会发展的压力下,自然资源环境的承受能力已日益下降,质优价廉的资源已经过度开发,利用潜力有限,为满足人类社会日益增长的需求,不得不动员一切经济技术手段把希望寄托于新资源的开发上。目前对开辟新资源的有效途径,主要有:① 运用高新技术探求宇宙一切未经开发而可能利用的新资源、新能源。包括一切未经开发利用的土地、水、气候、生物资源和海洋资源,其中被认为难利用的如能在开发利用技术上有新突破,这方面的潜力是很大的。例如,我国目前正在通过农田和水利工程建设开发荒坡、荒滩、荒水和矿区废弃地等,今后随着经济技术的发展进而还要改造草原和沙漠等。开发新能源应因地制宜,一般是指地热能、风能、太阳能、潮汐能、海浪能、生物能和核能等。开发新能源要考虑一国一地区合理的能源结构,从全局着眼研究远景能源结构,把农村能源与城市能源有机联系起来。② 集约利用已开发资源。这方面只要改变掠夺式粗放经营为合理集约经营,适当增加投入,加强科学管理,不仅增产潜力大,而且投入少、见效快、效益大。例如,对我国耕地利用中占 2/3 的中低产田的再开发集约利用、大面积水面和滩涂资源的集约经营以及利用农作物杂种优势开发和推广杂交水稻、杂交小麦、杂交玉米、高粱等。③ 积极增殖可再生资源,补充和取代非再生资源;大力开发人力资源和可利用的一切社会、技术、经济资源,补充和取代自然资源。④ 开发资源节约型产业,如发展节地型、节水型农业及节能型和效益型产业。⑤ 开发废弃物资源化产业和防治水、土、气污染研究等。

(3) 依据资源之间相互联系和互补规律,运用系统观点优化资源配置,提高资源系统的整体结构功能。地球上的资源是一个庞大、复杂、动态的互相联系与制约的系统,人们关心和利用的任何资源只是这个资源系统的某些部分。在不同资源之间存在着相互影响的复杂关系。例如,农业利用上,土地、水、空气和生物资源之间任何一种资源的直接利用,都联系着并影响其他三种资源的利用及其潜在价值;城市、工业和交通运输对土地的占用会影响大气和环境的质量;修建水库、大坝水利枢纽,能收灌溉、防洪、发电、航运之利,但也会淹没一些土地、改变水的流向,影响地下水系和生态系统;建矿、修路、农业生产都会增加用水、改变水质或污染环境等。同时,资源通常是结合在一起利用的,不同资源有其特殊功能和用途,开发利用任一资源都会牵动或改变这个资源系统的结构功能价值,然而人们至今对资源系统的了解还十分有限,也很难预测改变资源系统后会引起哪些后果。因此,对于设计和建造大型资源开发工程,必须进行慎重的分析、论证和实验;对一般涉及多种资源组合的开发项目,亦应从提高整体功能和效益上对资源进行优化配置。资源优化配置的研究虽然比较复杂,但只要配置合理,即使同样的资源投入,则可不费额外费用取得最佳效益。特别是对稀缺资源的优化配置,在当今尤其具有重要经济意义。

(4) 加强区域资源系统和产业资源系统开发利用的综合考察与评价。如所知,对资源的研究不是孤立地研究个别资源,而是研究资源系统。一般多把资源系统归为区域资源系统和产业资源系统,即一个地区的资源系统或一种产业门类的资源系统。但一个地区的资源系统既要涉及产业结构(或经济结构),又要涉及地区生产布局,实际上包含了上述两种资源系统。不论区域资源系统或产业资源系统都是从一定的范围考虑其资源利用构成的,主要是区别其主要资源(或资源主体)和辅助资源,合理配置和构建适宜于当地和一定产业的资源体系,提高资源利用的结构功能。所谓主要资源是指能产生经济价值并构成最终产品的主要组成部分的资源;所谓辅助资源是指在资源转化为产品过程中所须运用的工具、技术、运输手段和信息以及生态环境因素等。为了科学地规划一个地区的资源开发、利用和保护,必须把适宜当地生态条件和经济价值高又适应需要的主要资源和辅助资源合理地配置为优化的资源系统,使之具有最佳的整体结构功能。

而要做到这一点,就要对资源系统进行综合评价。即根据一定的生产目的,与当地整个生态环境联系起来对资源开发利用的结构功能及其在地区整个生态环境中所产生的连锁反应加以生态经济评价。为此要依据不同地区、不同类型的资源系统典型资料,运用生态经济评价指标体系与评价方法作出定性和定量分析,使之成为具有参数和依据的工作规范,以提高效率和水平。

(5) 加强资源微观经济和宏观经济相结合的研究,促使资源经济研究生态化。传统西方资源经济学一向被认为是社会微观经济学(social microeconomics)的一个分支,它主要是运用微观经济学的价格理论和实证分析与规范分析方法研究自然资源的配置问题及其决策的经济效果的;它认为资源价格取决于竞争条件下供求双方,资源价值的大小最终取决于个人偏好,个人偏好决定个人的选择。这在双方市场经济和企业经济中,价格起着协调资源供需的作用,但也并不是可以由价格完全决定的,资本主义国家的中央机构也在运用计划手段和法制政策进行宏观调控,资源的供求和分配不都是在等价原则下成交的,特别是在发达国家与发展中国家之间的资源供求与分配实际上是在不等价地交易。所以随着自然资源日趋稀缺,即使西方国家对资源的宏观控制与管理也在加强,并制定了许多资源法规。当然,在实行计划经济与市场调节相结合协调资源供求与分配的我国,对公有制自然资源的供求、配置、分配和利用与保护,更须强化国家政策导向和宏观管理,其中有关国土整治、自然资源和生态环境保护尤赖于通过国家统一规划及宏观管理来实现。从而,将使资源经济研究由微观经济向微观经济与宏观经济的结合,由纯经济向经济与生态的结合方向发展。

当今资源和环境研究的全球性,已日益成为趋势。放眼全球和未来,改变封闭式研究为开放型研究,强化资源宏观经济管理和生态经济管理正在成为世界各国资源和资源经济研究工作者向往的目标。

参考文献

[1] 刘书楷:《农业自然资源经济学导论》,南京农学院农业经济系内部版 1984 年印。

[2] 刘书楷:《农业资源经济学几个基本问题的探讨》,《自然资源学报》1987 年第 2 卷第 4 期。

[3] 刘书楷等:《农业资源经济学》,西南财经大学出版社 1989 年版。

[4] 刘书楷、张月蓉等:《土地经济学原理》,江苏科学技术出版社 1988 年版。

[5] 周诚等:《土地经济学》,农业出版社 1989 年版。

[6] 陈迭云等:《农业资源经济的理论与实践》,农业出版社 1990 年版。

[7] 黄奕妙等:《资源经济学》,北京农业大学出版社 1988 年版。

原文刊发于《生态经济》1992 年第 12 期

从资源经济学原理论废弃物资源化问题

刘书楷

（南京农业大学，210014）

本文从资源生态经济角度，就人口、资源、环境三大全球性问题，对废弃物的资源化及其理论与实践进行分析与探讨。作者认为，废弃物的资源化是缓解环境污染和资源危机的一项重要的根本途径，并通过现实问题的分析研究，侧重对废弃物资源化的农业利用问题提出了一系列对策，以期为制定宏观环境规划与管理决策提供参考依据。

一、何谓废弃物及其资源化的意义

废弃物可定义为人类一切生产、生活活动中所产生的一种非产品产出，它是人们在一定的生产和生活过程中不需要的物质和能量，亦称为生产排泄物和生活排泄物。

废弃物作为一种特殊的"二次资源"，它是社会经济再生产过程中资源投入量与产品产出量在物质与能量上的差额，是生产过程中资源利用所产生的物料流失，这种物料流失即投入资源变量在其利用中未转化为产品的那一部分剩余的物质和能量。虽然一般说，物质和能量的转换不论其形态和性质是否发生变化，其在循环和转换过程中输入与输出之间，遵循着自然物质不灭和能量守恒定律。但是，投入利用资源的物能消耗量总是要大于其产品的物能量，即生产过程中所消耗的资源的物质和能量常常不可能全部转化到产品中去，这是物质与能量的转换规律。例如，根据 R.G.Lindeman 能量动力学原理，所构建的一项重要生态学常用的，"1/10 或 10%定律"，即每转化一次只能利用不超过 10%的能量。那么，能量从低营养级向高一级营养级转化一次要损失 90%以上，即初级生产者所固定的太阳能如果在食物链上连续四次营养级转化，则在第四级营养级上所占有初级生产者所固定的能量只有 0.01%。但应该说，由此而产生的物能流失，是符合自然生态规律而难以避免的。当然，人们对这种自然转化过程，还是可以通过人为的调控，根据一定的经济目的实行定向和多层次利用与转化，以提高物能的利用率和转化率，从而获得更多的人们需要的产品，但要想使生产过程中不产生废弃物几乎是不可能的。所以说，在人类生产和生活中由于技术工艺、生态工程和经济社会等原因，总是难免要引致废弃物的产生，而且越是人口增长，经济社会趋于发达，生产规模不断扩大，废弃物的排泄量必然相应越多。这是一条不以人们意志为转移的客观规律。

从资源经济学的角度看，废弃物本身就是某种物质和能量的载体，是一种特殊形态的未利用资源。废弃物作为暂时不需要、未利用的物质和能量，其中包含有用物质与有害物质两类,前者可以再开发再利用成为资源;后者则需要经过改造和再资源化,化害为利,才能再利用而成为资源。可以认为废弃物之是否有用,其有用的边界与范围,都是一个动态概念。因而,废弃物亦可以定义为一定时空条件下,人们所不需要或未利用的东西。至于某种东西在什么时候和什么地方是有用和有价值的,在什么时候和地方成为废物,这涉及许多不确定因素,是很难用简单的语言明确回答的,但这又关系到我们是否视废弃物为资源及怎样利用它的问题。笔者认为,这一问题的实质,也就是废弃物的资源化问题。

废弃物既然是以物质或能量的形态而存在的,因而可概括为两大类:一是物质废弃物,二是能量废弃物。而在生产过程和资源开发利用中,废弃物的形态不是固定不变的,只要投入一定的物质和能量,又可使物质废弃物由一种形态转变为另一种或更多种其他的形态,或者转变成为同一种形态的不同物质。废弃物之所以存在并视为废物,其经济学的定义在于:一是废弃物跨越了它自己活动场地的边界,排入了环境;二是废弃物在现存市场没有价值或者把它投入到本活动或别的活动中,其价值低于收集、加工和运输的费用,而使利用无利可图。

然而,现代工业的巨大发展,加上人口增长和经济社会发展带来的废弃物日益增多,自然资源日渐衰竭,环境日渐恶化,这种趋势正在迫使人们逾越眼前的经济利益,把废弃物问题置于人口、资源、环境和经济社会的协调发展中加以解决。应该认为,废弃物的大量产出和积压,既是资源问题,也是环境问题,而归根到底是资源利用问题。这就决定了解决废弃物问题的关键和根本途径,是实行废弃物的资源化。其实,早在工业革命开始的资本主义上升时期,已经出现了这一问题,马克思在当时已注意到工业化带来的废弃物问题,并进行研究。提出了废弃物资源化的对策。他指出:"生产排泄物,即所谓的生产废料再转化为同一产业部门或另一产业部门的新的生产要素……通过这个过程,这种所谓的排泄物就再回到生产从而消费(生产消费和个人消费)的循环中。"马克思认为这是值得详细探讨的一类节约,也是大规模社会劳动的结果。废弃物实际上是一种资源利用中的物料流失,实现废弃物资源化,变废为宝,化害为利,则是解决当代资源匮乏和环境污染的最积极地取得环境经济和资源经济双重效益的最佳途径,具有重要的战略意义。

二、当今废弃物对生态环境和资源利用的影响及主要存在问题

废弃物的种类和数量,主要取决于人口增长和经济社会的发展,也由文化习惯与社会经济制度及废弃物资源化的意识和行为所决定。在自然经济占主要地位的古代社会,人类活动的范围和利用自然资源的深度极其有限,因此废弃物的问题几乎是不存在的。迨至近现代社会,随着工农业生产的发展和人民生活水平的提高,工业、交通运输业、农业和生活活动的污染源及其废弃物的排放量大幅度增加,势必造成大量物料流失和资源浪费,而且大量废弃物排入环境后,因富裕社会劳动力价值很高,对废弃物的收集和加工的费用会高得难以承担,因此日积月累,废弃物的大量积存就带来了

严重的生态环境问题和自然资源的巨大浪费。

就固体废物的数量来说,据美国资料,如把 60 年代末期扔掉的所有固体废物等量分配给美国每个市民,每天平均会摊得约 100 磅,一年下来达 19 吨,足以把他掩埋起来。在美国,最多的一类废物来源是开矿,约占 31%,而从市中心来的占 7%。在人口稠密的市区,一个市民或一个机关每人每天丢弃的固体废物达 7～12 磅。而且,固体废弃物的种类和数量近年来呈增长趋势。美国近年来在中心城市郊区的家畜饲养场比过去有增多,而一头肉食用的小牛排泄的粪便就有人粪便的 12～18 倍,一个万头牛饲养场每天必须处理的湿粪就约有 260 吨(相当于 15 吨干粪),约相当于一个 12～18 万人的城市粪便的排放量。美国经济在 1950—1970 年之间每年平均增长率为 3.8%,而固体废物的平均增长率却在 4% 以上,这表明废弃物的增长速度在加快,并超过了经济增长的速度。这在经济发达国家中是有其代表性的,而且预示着一种发展趋势。据近期估计,全球每年新增的垃圾达 100 亿吨左右。总量人均 2 吨。世界上产生垃圾最多的是经济最发达的美国、联邦德国、英国和日本。仅美国每年就产生工业垃圾 20 亿吨以上,城市居民垃圾 2.2 亿吨,丢弃的旧汽车 1 000 多万辆,全国垃圾占地面积 1.18 万平方公里,预计到 90 年代末,美国将有一半以上的城市无处堆放垃圾。同时,地球上的危险废物正在以每年 5 亿吨的速度增加,这也主要产于西方工业化国家,其产量占世界总产量的 90%,目前这些国家每 5 分钟就有一船危险废物跨越国界输送到第三世界国家,年输出量达 200 余万吨,严重地危害着堆放这些废弃物的第三世界国家。

我国是一个人口众多、自然资源相对不足的发展中国家,由于人口增长和经济社会发展较快,对资源利用与生态环境的压力很大,加之经济和科技水平不高,因而废弃物的产出品种和数量及其造成的环境资源问题亦相当严重,已成为世界上污染物排放量最多的国家之一,而且我国对废弃物垃圾的处理远落后于发达国家。据 1982 年资料,我国能源(主要是消耗的废气)污染物排放量为 4 100 万吨,城市大气污染严重;同年全国废水排放量为 310 亿吨,其中工业废水 240 亿吨,占 77.2%,若以万元产值的废水排放量计,我国相当于日本的 2.6 倍、联邦德国的 3 倍。我国江河湖泊等水域的水质不断下降,沿海工业污水直接排放入海的达 66 亿吨。每年因水污染造成的直接经济损失达 300 多亿元;同年统计,全国工业和矿业固体废弃物排放量约 4 亿吨,绝大部分废渣堆弃矿区、城郊或排入江河湖海。近几年,我国城市年产垃圾约 5 188 万吨,粪便 3 453 万吨。而且随着城市人口增加、人民生活水平的提高,垃圾量约以每年 10% 的速度增加。

上述事实表明,国内外日益严重的废弃物积存,主要是人们对自然资源的不合理利用所造成的。从环境科学和资源经济学的角度看,社会废弃物的大量积存,必然会至少带来以下五个方面的问题:① 环境污染和公共卫生方面的公害。如废弃物大量堆积可能成为传染病源的载体,污染大气、水体和食物等。② 污染风景,损害美学价值,恶化环境。③ 废物、垃圾装置要占用大片有价值的土地空间和场地,不仅妨害土地的合理利用,并降低附近财产的市场价值。④ 废弃物的收集、运输和加工处理要耗费大量财力、物力和人力,增加财政支出。⑤ 矿产废弃物的大量产生,会造成有限自然资源的浪费与退化。

三、废弃物的综合治理对策:中心是废弃物资源化

如上所述,废弃物是不善于利用资源的产物,其原始形态是投入利用的资源,因生产时不需用或"不得其所"而被视为废物排出于资源系统之外进入环境,实际这是资源的非资源化现象。70 年代以来,许多国家已经提出把废弃物特别是固体废弃物,作为资源进行"循环利用"和"综合利用",并将废弃物通过一定的组织机构和市场进行"直接交换",把一方无用或不用的废弃物调配给需用的另一方,使它"用得其所",得到有效的利用,这就为实现废弃物的资源化建立了一定的机制。

当然,废弃物的资源化还不是唯一的杜绝废弃物危害的途径,它需要前期的防治和中间的收集、运输、加工处理及自始至终的政策法制和组织管理等各种综合治理措施相配合,但是应该一切均以废弃物的资源化为中心和目标。一般来说,首先,要搞好工农业生产布局,在一切生产工艺上,研制低废和无废技术,合理节约利用资源,使废弃物减少到最低量;其次,要在生产过程中,实行"一业为主、多种经营",实行废料的循环利用和综合利用,把废弃物尽量消化在再生产过程中;再就是,废弃物产生后,要做好收集、运输、加工和处理,以达到最佳环境经济效益和资源经济效益。

根据我国自然资源相对紧张,人口增长和经济社会发展对资源环境压力大的特点,要解决好环境与发展的矛盾,应该把资源环境问题寓于发展中去解决。而发展,首先是发展农业,农业是国民经济的基础。目前我国环境的污染主要来自工业,而受害最大的是农业生产。因此,似应确立把废弃物的资源化优先置于农业利用上的指导思想。按此设想,结合国内外的有效经验,我国废弃物资源化的途径和方向,主要围绕农业利用可列举如下:

(一)工矿区和城市无机垃圾堆山和填埋及其资源化处理

工矿区废渣、煤矸石等以及城市无机垃圾是当代固体废弃物的主要来源。其处理方法,从有利于农业资源利用来说,主要是尽量选用人工开发资源的废黏土坑、废采石场、废矿坑及无利用价值的干沟、断裂地段,将垃圾分类、分层、覆土填埋,或有控制地堆放。这样最省投资,既有利于垦复耕地,又有利于恢复地貌,维持生态平衡。但要求回填地最低处的标高要高出地下水位 3.3 m 以上,以防止污染地下水,并应设排气口,避免发生爆炸。回填后的场地宜作绿地、种植、牧场等农业利用,既有利于生产,又能美化环境。

(二)城乡、工矿区有机垃圾堆肥处理

从处理有机垃圾、粪便中制取农田堆肥,是我国传统的积肥技术,也是当今世界各国仍然研究利用废物资源化的方法。考虑到近年土地肥力和有机质下降,从城乡、工矿区大量有机垃圾、粪便中增积利用有机肥,对提高土壤肥力和维护土壤生态平衡是

极为必要的。

目前,我国对城市生活垃圾及农村秸秆堆肥技术已积有经验。据最近江苏无锡市的实验报道,从 1985—1989 年,该市在国内首先建立了正常运行的日处理 100 吨垃圾的堆肥工厂,生活区垃圾经过多次机械分选,去除非堆肥物后,只需经约 20 天发酵加工处理,就能成为腐熟度好、无臭味、无污染的优质有机肥料。施用这种肥料,不但能改善土壤结构,而且能使小麦亩产增 20%,油菜亩产增近一倍,西红柿亩增收 200 元以上。

又据报道,利用城市人粪尿制造颗粒有机肥技术已在哈尔滨市试验成功。此技术是把城市的人、畜粪便等有机废弃物,进行三级处理,加工成无致病菌、无毒、无臭并便于运输保管的复合颗粒有机肥,它使此项废弃物实现了资源化和生产工厂化及商品化。

(三) 利用城乡生物废弃物制取沼气,提供新的能源、燃料和肥料

沼气是广泛利用有机垃圾、植物秸秆、人畜粪便、污泥等物料制取生物能源的一大资源。它是我国城乡利用生物能源最经济合理的方式,是解决能源不足的有效途径,也是保护和改善生态环境的积极措施,而且能为农业生产提供无污染的肥料和饲料。它以原料易得、可以再生、生产成本低、使用安全、管理方便,对环境无污染等优点,已在我国农村推广,而且它同样可以在城市发展。

参考文献

[1]《马克思恩格斯全集》,人民出版社 1972 年版,第 92～120 页。

[2] 刘天齐:《环境保护概论》,高等教育出版社 1984 年版,第 189～213 页。

[3] 曲格平:《中国环境问题及对策》,中国环境科学出版社 1984 年版,第 137～148 页。

[4] G.H.休埃尔:《环境管理》,刘天齐编译,中国环境、经济与法学学会 1982 年版。

原文刊发于《农业环境保护》1991 年第 3 期

农业资源经济学几个基本问题的探讨

刘书楷

（南京农业大学农业资源经济与土地管理教研室）

An Approach to Some Fundamental Problems of
Agricultural Resource Economics

Liu Shukai

（Section of Agricultural Resource Economics and Management，Nanjing Agricultural University）

Abstract：Economic growth, resource scarcity, and environmental degradation, have already been a global and serious problem day by day. In China, natural resources are relatively lesser but the population is larger so saving and rational use of resources in a basic national policy therefor, the importance of research of agricultural resources economics will increase continuously at present and in the future. But the economics of agricultural Resource has not yet become a systematical and independent discipline. For the reason of impulse of the establishment and further development a new discipline, the write proposes some opinions as follows：

First, based on the previous research and practice, and from the viewpoint of economics and agro-resource economics, this article sums up various opinions and built up a dynamic and systematic analysis on natural and agricultural resources.

Second, recognized the main subject, target, tasks and their contents of agricultural resource. Economies, the emphasis should be placed on the comprehensive studies on the evaluation, exploitation, utilization, improvement. Conservation and management of natural resources as well as on population and labour resources, and their strategic research as a whole. The aims are regulation of the relationships between human and nature(biosphere), and acqisition the best integrated benefit. That is, Agro-resource Economic is mainly deals with the exploitation and utilization of nature by man, out more specifically with the relations of man to man arising out of the relation of man to natural resources, It is a branch of the oretical and applied.

Third, in regard to the methodology of Agro-resource in this article the systems theory and systems engineering is the fundamental approach and the methods of systems and comprehensive analysis, optional control, ect. were a deguately adoptable.

人口增长、资源短缺、环境退化，已成为现代全球性日趋严重的普遍问题。我国农业资源的人均占有量相对较少，珍惜和合理利用这些资源是一项基本国策。展望将来,农业资源经济的研究愈益显得重要。但是,迄今并未形成一门系统研究的独立学科。为了促进农业资源经济学的形成和发展,本文就几个有关问题提出一些看法:首先,在前人研究的基础上从经济学和生态经济学的观点对资源和农业资源的新概念作了系统的分析概括;其次,对农业资源经济学的对象、任务和研究范围与内容,提出了以侧重农业自然资源的综合考察评价、综合开发利用、治理、保护与管理以及对社会资源中人口与劳动力的开发利用及其有关战略问题的系列研究体系,并确立以改善和协调人与自然及由此而引致的人与人的关系,谋求最佳整体效益为目标;第三,依据资源开发利用的整体系统性原则,强调采用相应的系统论和系统分析方法作为其方法论的基础,并阐明系统分析、综合分析和最优化控制等方法在本学科中的具体应用。

一、资源、农业资源的概念

资源(resources),是一个动态概念,它的涵义和表述,随着人们对它的认识和利用程度的深化而不同。照我国的传统解释,资源也可称为资财之源,财富之源,近期出版的《辞海》对资源的释义是"资财的来源,一般指天然的财源"[1]。资财、财富实际上有两个来源,有来自天然的,有来自人为的,或二者兼而有之。因而,资源可大别为两个范畴:一是自然界赋予的自然资源;二是来自人类社会劳动的人为因素,包括一切社会、经济、技术因素。至于经过开发利用和改造的自然资源,因为附加了人为的因素,一般说应具有双重性,如已开垦利用的土地等。由于社会经济的发展,许多自然资源已进入生产和其他利用,纯粹的自然资源正日趋减少;但人们仍然通称这种资源为自然资源。

对资源的科学解释,在马克思主义经典著作中早有论述。马克思在论述资本主义剩余价值的生产时,曾指出:"劳动力和土地",是"形成财富的两个原始要素"[2],是"一切财富的源泉"[3]。恩格斯在论述劳动在从猿到人转变过程中的作用时,进一步明确指出:"其实劳动和自然界一起才是一切财富的源泉,自然界为劳动提供材料,劳动把材料变为财富"[4]。马克思所说的"劳动力和土地",恩格斯所说的"劳动和自然界一起"提供的"一切财富的源泉",就是资源的全部涵义。广义的劳动—人为因素,包含了一切社会、经济、技术因素,可统称为社会资源;再加上自然界提供人类利用的一切自然资源,就是对资源基本概念所作的最完善的科学表述。这实质上也是经济科学、自然科学和技术科学相结合的概念。我们应该以此作为建设资源经济学和农业资源经济学科的出发点。

此外,还有另一些有关资源的表述。例如,联合国环境规划署(UNEP)对资源的解释:"所谓资源,特别是自然资源,是指在一定时间、地点的条件下能够产生经济价

---

[1] 见《辞海》中册,上海辞书出版社1979年版,第3286页。
[2] 《马克思恩格斯全集》第29卷,人民出版社1972年版,第633页。
[3] 《马克思恩格斯全集》第29卷,人民出版社1972年版,第553页。
[4] 《马克思恩格斯全集》第3卷,人民出版社1982年版,第508页。

值,以提高人类当前和将来福利的自然环境因素和条件"①。这一解释的特点,是把资源(自然资源)与环境(自然环境条件)联系在一起,视自然资源为自然环境的组成部分,认为自然环境中能为人类利用的部分就是自然资源,环境质量也是资源。

自然资源(natural resources),是指自然界进入生产过程的各种物质资源。随着科学技术和生产水平的进步,资源包含的种类不断扩大。在美国,资源经济学中的解释,一般是指地球上一切有生命的和无生命的资源,但通常只指在一定的技术、经济条件下为人类所能开发利用的资源。这些资源包括:农用土地、森林用地以及林产品和森林为人类提供的服务,江河湖海等水域以及水资源为人类提供的服务,金属和非金属矿藏,具有美学价值或科学价值的自然环境,还有大气层等。我国自然资源研究工作者,近期以来对自然资源概念的表述是:"自然资源是自然界形成的可供人类生活与生存所利用的一切物质与能量的总称。它是人类赖以生存,社会得以发展的必不可少的物质基础"②。

社会资源(social resources),是人类自身通过劳动提供的资源。从社会再生产的角度来说,社会资源实际上就是劳动—劳动力资源。社会资源与自然资源,都是物质形态上的客观对象。正如马克思所说:"人本身单纯作为劳动力的存在来看,也是自然对象,是物,不过是活的有意识的物,而劳动本身则是这种力的物质表现"③。社会资源和自然资源在社会再生产过程中是互为对象的,都是有待于开发利用的资源,是人类社会得以存在和发展的不可缺少的两大物质要素。社会资源集中体现为劳动力资源,在社会再生产过程中是驾驭自然资源和自然力的动力和主体。只有这两类资源结合起来,才能形成现实的生产力。社会资源可以具体划分为社会、经济、技术三因素,目前由于社会生产力的高度发展和生产的社会化,社会资源包括的内容越来越多,除人力和物质资源外,科学、技术、信息和管理等,愈益成为重要资源。

农业资源(agricultural resources),就是自然资源和社会资源联系到农业利用的那一部分。如果说,资源是人类从事一切物质生产和生存活动的必要条件,那么农业资源,就是人们从事农业生产或农业经济活动所利用或可资利用的各种资源。农业资源也包括自然资源和社会资源。所谓农业自然资源,是指自然界存在的、可作为农业生产原料的物质和能量来源及农业生产所必要的环境条件。农业自然资源不同于农业自然条件,后者是指自然界为农业生产提供的天然可能性和限制性,例如地理位置、地形、气候等。所谓农业社会资源,则包括社会经济和技术中可用于农业生产的各种因素,主要有人口、劳动力、科学技术与技术装备、信息与管理等等。

西方农业生产经济学,从微观经济研究,把农业资源称作"农业生产资源"(agricultural production resources),认为一切农产品都是由各种生产资源配合而成

---

① 阳含熙:《生态学与国土整治》,载《国土研究班讲稿选编》,1982年。
② 孙鸿烈:《中国自然资源研究会筹备组工作报告》,1983年。
③ 《马克思恩格斯全集》第23卷,人民出版社1972年版,第229页。

的,并把资源分为土地(land)、劳动(labour)、资本(capital)和管理(management)四大类,叫做农业生产四大要素。土地是指地球上的一切陆地、水域、空气、阳光、雨水、自然肥力,包括有形的自然物和无形的自然力,土地即自然资源的综合体。劳动是指直接从事生产的人力,包括体力和智力。资本是指一切人类生产之物,如人造雨、人工肥力等人类加工的自然物,以及人造的生产资料,如种子、肥料、饲料、机械设备等,统称为生产者的财货(producers goods)或资本财货(capital goods)。而管理则定义为人们组织经营生产的能力,是使土地、劳动、资本三种生产要素赖以结合,生产得以进行的重要因素。随着生产规模和生产社会化的扩大,管理资源将越来越重要。这些解释,对农业资源经济学也是适用的。

总之,资源和农业资源的概念,随着科学技术的发展和人们对自然界认识的深入,经常处于发展变动的状态之中,过去不认为是资源,今天或明天有可能成为资源。

二、农业资源经济学产生和发展的历史基础

农业资源是农业生产赖以发展、人类赖以生存的必要条件和物质基础。当人们重视农业生产的发展时,也就开始产生了如何合理开发利用农业资源的问题。因此,农业资源经济问题的研究可以追溯到几千年以前的古代。中国是世界上最古老的农业生产大国,勤劳智慧的中国人民在长期的生产实践中,积累了认识和利用农业资源的极其丰富的经验。例如,早在战国时期的文献中就有这样的记载:"不违农时,谷不可胜食也;数罟不入洿池,鱼鳖不可胜食也;斧斤以时入山林,材木不可胜用也。谷与鱼鳖不可胜食,材木不可胜用,是使民养生丧死无憾也。养生丧死无憾,王道之始也"①。"橘生淮南则为橘,生于淮北则为枳,叶徒相似,其实味不同。所以然者何?水土异也"②。6世纪中叶,北魏贾思勰的《齐民要术》一书,总结了系统的利用土地资源的经验,认为"地势有良薄,山泽有异宜。顺天时,量地利,则用力少而成功多。任情反道,劳而无获"③。上面援引的几段话,都精辟地讲到了农业资源合理利用的原理,可以说是揭示了我国劳动人民实践中带有规律性的东西,可惜在长期的封建统治下,这方面的经验没有发展成为系统的科学。

纵观世界历史的发展,围绕着人与自然的关系、人类对资源的认识和利用,也有一个逐步发展的过程。它凝聚于资源经济学的形成过程,大致可概括地分为三个阶段:

第一阶段,前资本主义社会,可追溯到亘古时代的漫长历史长河。这方面可稽诸史籍的主要是中国古代积累的经验,处于初始的研究阶段。

第二阶段,资本主义社会,进入对资源经济问题的系统科学的研究时期,逐步形成为一门独立的学科。这个时期,客观上是由于资本主义经济社会的发展,使人与自然、

① 杨伯峻:《孟子译注》,中华书局1984年版,第5页。
② 吴则虞编著:《晏子春秋集释(下卷)》,中华书局1962年版,第392页。
③ 缪启愉:《齐民要术校释》,农业出版社1982年版,第43页。

生产与资源环境的相互关系更为密切,以致成为经济社会发展中的一个特殊的矛盾;在主观上则由于人们掌握了先进的科学技术,提高了对自然资源的认识和利用能力。特别是由于马克思主义运用科学的辩证唯物论,对人与自然、人类生产与资源环境的关系,做了大量的系统分析研究,为资源经济学的形成奠定了理论和方法论的基础。同时,资产阶级经济学家也十分重视资源经济问题,并做了大量的研究,从而使资源经济研究成为一门有明确对象的科学。这一时期,人与自然矛盾的焦点,主要集中在土地问题上,所以先期产生了土地经济学。

在这个较长的学科形成与发展过程中,马克思主义的产生和发展,使资源经济的研究领域,从大趋势看,可以说形成了两个主要流派。

一派是马克思主义资源经济和土地问题的研究。开其先河的,是马克思的巨著《资本论》,在分析劳动过程与价值增殖过程问题时,批判地吸收和改造了古典经济学家的理论学说;对劳动力和土地资源做了大量系统的研究,建立了科学的劳动价值学说和地租理论。其次,是恩格斯在其名著《自然辩证法》中,对劳动在从猿到人转变过程中的作用,对劳动加土地构成一切物质财富的源泉的科学论断,及对土地资源开发利用中保护资源环境等问题做了深刻研究,提出了精湛的见解。继马、恩之后,当时仍然奉行马克思主义的考茨基,于 1899 年发表了《土地问题》(又名《农业问题》——全名是《论现代农业的倾向与社会民主党的农业政策》)。再就是列宁在十月革命前夕发表了一系列关于土地问题的重要论著,在我国曾编译为列宁《土地问题理论》上卷一书(人民出版社 1953 年版)。这些经典著作和专著,为资源经济学的形成和发展奠定了科学的理论基础,对我们研究农业资源经济问题,都是值得精读的历史文献。

另一流派,是指西方一些著名资产阶级经济学家对土地资源和土地经济的研究。其中应该提出的有:17 世纪的英国资产阶级古典学派创始人威廉·配第(W. Petty),18—19 世纪的英国古典学派著名代表人物李嘉图(D. Ricardo)及德国著名农业经济学家屠能(V. Thünen),再后有英国著名经济学家马歇尔(A. Marshall)等,都是资产阶级土地经济科学的奠基人。但是从一般经济学分离出来成为一门独立的资源经济学,则始于本世纪 20 年代美国伊利(R. T. Ely)和莫尔豪斯(E. W. Morehouse)合写的《土地经济学原理》(*Elements of Land Economics*)。其后,伊利又于 1940 年发表了《土地经济学》(*Land Economics*)。这两部著作被称为当代最早的土地经济学名著而风靡于西方各国,在本世纪 40 年代流传到我国,被采用为教材或教学参考书。这些著作对土地的定义继承了马歇尔的命题,认为"土地一词的涵义,就经济学的术语来讲,不仅限于土地的表面;它包括一切自然资源——森林、矿藏、水源等在内"[①]。资产阶级经济学家和土地经济学家认为土地是自然资源和自然力,这就为自然资源经济学的建立提供了统一的研究对象。

第三阶段,即近 40 年来,由土地经济学逐步开拓研究领域形成为多学科的资源经

---

① 见该书 1924 年英文版,第 6 页。

济学。在土地经济学建立和发展的同时,由于一些经济学家不断开拓研究新的领域,自然资源经济学和资源经济学相继出现。早在本世纪的 30 年代,哈罗德·霍德林(H.Hotelling)就发表了题为《可耗尽资源的经济学》(1931 年),提出了资源的保护和稀缺资源的分配问题,他认为经济学就是研究稀缺资源的利用与分配。随着有关自然资源和资源经济学著作的日见增多,西方许多国家的大学里相继建立了资源经济专业或开设专业课程。现在美、英等国对资源经济的研究,已日益成为研究其社会经济体系功能的核心。不少经济学家,如兰格(O.Lange)和罗宾斯(L.Robbins)甚至把资源的开发利用视为经济学的同义语。

近 20 年来,资源经济的研究又有深入广泛的发展,派生出了"生态经济学"和"环境经济学"等新学科。例如英国人考特尔(A.Cortrell)1978 年发表了《环境经济学》(Environmental Economics),在我国已有中文译本。同时西方国家关于生态经济和环境经济的论著日益增多。日本对国土经济的研究也有很大进展。

值得重视的是,近年来苏联对自然资源和生态环境的综合经济研究取得了重要成果。他们为适应生产发展对自然资源日益增长的需要,提出了"自然利用经济学"①,从生态经济的角度研究自然资源的有计划合理利用问题,特别是着重研究那些有限资源合理利用的原理和方法。这些都是资源经济学近年来的重要进展。

资源经济学的研究在我国本来有一定的基础,但由于几十年的忽视,作为一门学科在高等学校却中断了。近年来则受到了党和国家的充分重视,不仅出现了大量研究成果,而且据以推动了社会主义现代化建设。现在不仅有全国各级的资源调查和综合考察研究机构,还成立了全国性的资源、环境、生态的专业经济学会,广泛开展了国土经济、生态经济的研究,在研究对象和内容上把生态与经济,生产与资源、环境有机结合了起来。

综上所述,关于资源经济学研究的过程与进展可谓源远流长,由来已久。虽然直到现在,农业资源经济学还有待形成为一门独立的学科,但是作为已经建立的资源经济学、生态经济学和环境经济学的重要组成部分,新建一门农业资源经济学是有深厚基础和发展前景的。

三、农业资源经济学的对象、任务和内容

从上述资源经济学的产生和发展过程看,在资源经济的研究领域中早已开始了对农业资源的广泛研究,为开拓一门独立的农业资源经济学奠定了基础。但是要建立这样一门独立的学科,对它的研究对象、任务、内容和方法,都要进行新的探索。

我们首先认为,建立一门农业资源经济学是十分必要的,因为从事农业生产和农村经济工作,必须了解和研究农业生产中各种资源的合理开发利用问题。农业生产和实现农业现代化离不开资源。特别是,当前我国农业正面临着向大规模商品生产和现代化加速发展的新的历史时期,对资源的合理开发利用提出了更高的要求。我国宪法

---

① 如 1982 年 T.O.哈恰图洛夫院士发表了《自然利用经济学》一书。

中已把合理开发利用和保护农业资源改善生态环境列为一项基本国策。我国社会主义现代化的伟大实践日益迫切需要研究农业资源经济问题,加速培养专业干部。所以,建立一门具有我国特色的农业资源经济学,不能不说是社会主义实践的客观要求。

那么,要建立一门什么性质和对象的农业资源经济学科呢?我们知道,农业资源是由多层次、多因素组成的,是农业生态系统的一部分。对农业资源的研究涉及地学、生物学、生态学和社会经济、生态经济、农业经济以及农业技术科学等多学科的十分广阔的领域。而每门学科又是从本学科的角度规定它的研究对象的。确定研究对象就是确定这门学科所要研究的领域的特有矛盾及其规律,这是决定一门学科能否成为独立的学科的必要前提。农业资源经济学作为一门新的学科,必须有它特有的对象和研究领域。它既不同于一般的经济学、生态经济学和农业经济学,也不同于各种资源学;而是研究农业资源及其开发利用过程的相互关系,并阐明这种相互关系变化的客观规律,即农业利用中的资源经济规律。

我们研究农业资源经济学的基本目标,是要科学地认识和合理地开发利用农业资源,以提高其综合经济效益—生态经济效益和生态经济生产力,由于所涉及的最基本的、核心的问题是综合性的生态经济问题,所以可以认为,农业资源经济学主要是研究农业资源开发利用的生态经济问题的一门经济科学。

农业资源的开发利用是一项综合性工作,故不能只囿于单项学科的研究,而需要由自然技术学科和社会、经济学科协同进行研究。但是,作为一门独立学科,农业资源经济学不是自然技术科学,而是经济科学的一个分支。它并不深入研究自然、技术领域的内在规律,也不研究资源自然发生学、生态学和技术利用学;而是协调经济发展与资源利用的关系。它从经济学的角度应用自然、技术科学的有关成果。特别是,着重于运用生态经济系统的观点和理论,把自然生态和社会经济等因素的研究结合起来,探讨那些与农业生产和人类生存密切有关的各种自然资源和社会资源的基本特性,结构功能,生态经济评价,供求关系,合理分配、利用、治理、保护和管理等生态经济问题。因此,农业资源经济学在其科学性质上是属于生产力经济学的一门应用科学,但同时也研究有关的生产关系和上层建筑方面的问题。由于农业资源经济问题不仅涉及资源本身的条件和特性功能,还受到社会制度、资源权属、资源立法、资源环境政策和开发利用条件等社会因素的制约,因此尽管农业资源经济学是一门经济科学,但因具有高度综合性的特点,实际上又是介于自然经济、技术科学之间的边缘学科,或叫交叉学科。

农业资源经济学的任务,是要正确地认识资源环境,协调人与自然、经济社会发展与资源环境的关系,研究如何确定最合理而有效的资源开发利用、治理、保护和管理的途径,最大限度地发挥资源优势和潜力,使农业生产提供更多的优质产品,以满足社会再生产和人民生活的需要。农业资源经济学要揭示和阐明人与自然、经济社会发展与资源环境保护之间的内在必然联系,使生产发展与资源环境的永续利用得以正确结合。我们必须根据社会、生产和个人消费的变化,在发展社会生产和科学技术进步的过程中,谋求为满足社会需要而利用资源的经济规律,从而采取合理有效的资源战略和资源决策。上述任务,对于我们从事农业资源经济问题的研究,应该具有普遍的意义。但是具体到不同的社会制度和经济技术发展水平不同的国家,则往往有很大的差别。例如,资本主义国家的资源经济学,主要是研究人们对于不同类型资源的开发利用,采取什么样的原则和方法,以求得资源所有者和资源使用者的最大利润。它所依据的基本理论主要是微观经济学,即把资源视为一种商品、资本,运用市场机制和价格机制,来研究资源的最优化利用。而社会主义国家研究资源经济问题,追求的首先是宏观经济效益或综合效益,是有计划地合理开发利用资源,来发展社会生产,使生产力的发展与资源环境的保护同步进行。我国宪法总纲中就明确规定:"国家保障自然资源的合理利用,保护珍贵的动物和植物。禁止任何组织或个人用任何手段侵占或者破坏自然资源"①。"国家保护和改善生活环境和生态环境,防治污染和其他公害。国家组织和鼓励植树造林、保护林木"②。深入研究和具体贯彻这些基本国策,探讨其实现的途径,正是建立具有中国特色的农业资源经济学的基本任务。

按照上面指出的研究对象和任务,可以认为农业资源经济学的研究范围,应该包括至少四个主要方面:资源的综合考察评价,综合开发利用,综合治理改造,保护与管理。所谓综合考察评价,是要全面正确地认识各种农业资源的特性和结构功能,为资源合理开发利用、治理、保护和管理提供科学依据。所谓开发、利用,就是寻求和选择资源的最佳利用途径,以发挥资源优势和资源的最大结构功能,取得最大综合效益。所谓综合治理,是要采取综合性措施改造那些不利的资源环境条件,使之适合发展生产和改善生活的要求。所谓保护是要保护农业资源环境原来有利于农业生产和人类生活的状态,而保护资源环境就要加强对资源环境的立法和管理。治理、保护和管理,都是为了达到对资源的最佳开发利用。这四个方面,综合考察评价是前提和前期论证,资源的开发利用是最核心的主体部分,而治理、保护和管理则是资源合理开发利用的保证,因而它们是"四位一体",共同构成为本学科的科学体系。

与此相适应,并根据我国农业资源经济的现实问题,本学科应有下面三个部分的内容:

(1)总论:包括绪论,农业资源与农业生产的关系,农业资源经济学的基本原理,农业资源的综合考察和评价,农业资源的综合开发和利用,农业资源的保护和管理。

(2)各论:包括气候资源的开发利用,水资源的开发利用和管理,土地资源的开发利用和管理,森林资源的开发利用和管理,草资源的开发利用和管理,水产资源的开发利用和管理,农村能源及矿产资源的开发利用和管理,旅游资源的开发利用和管理,农村劳动力资源的开发利用和管理。

(3)农业资源开发利用战略:包括节约用地、用水、用能,以及保护耕地、森林、草地和淡水资源,合理开发利用农业自然资源战略;充分合理组织利用社会资源战略;合

---

① 《中华人民共和国宪法》,第一章第九条,1982年。

② 《中华人民共和国宪法》,第一章第二十六条,1982年。

理调整农村产业结构,建立合理的农、林、牧、副、渔各业比例关系,在保证粮食生产持续稳定增产的前提下,加快发展林业、牧业、渔业及农村第二、第三产业战略;以及梯度开发的区域战略。

上述内容,侧重于农业自然资源,而社会资源则重点集中于农村劳动力资源。因为"人靠自然界生活"(马克思),自然资源是人类赖以生存、社会得以发展的物质基础。经济发展对自然资源的需求是无限的,但自然资源的有限性是经济发展的基本约束条件。要协调人与自然之间的关系,不仅要充分、合理、有效地开发利用自然资源,同时又不能超越自然资源负荷与生态系统稳定机制所允许的限度。而要维护生态经济系统的动态平衡,促进生产力的持续发展,必须以保持自然资源合理利用和生态相对平衡为前提。这就使农业资源经济问题的研究,势必以自然资源为主要对象目标。由于农村第一、第二、第三产业综合发展的需要,农业自然资源的范围事实上已不仅局限于农业利用的范畴,还涉及例如能源、矿产资源以及介于自然资源和社会资源之间具有双重性质的旅游资源等多种资源。

四、农业资源经济学的基本方法

如上所述,农业资源经济学是研究人与自然、发展农业生产与资源环境的关系,揭示和阐明农业资源开发利用中生态经济规律的科学。由于农业是"自然环境—生物群体—人类社会"相互作用的生产综合体,农业资源的开发利用涉及自然生态、社会经济和技术诸因素,它们并非孤立地存在着,而相互构成为多层次的系统,如自然生态系统、经济系统和技术系统,三者又构成为一个整体的农业生产系统(即农业生态经济系统)。而且,发展农业生产必须科学地认识资源,合理开发利用、保护资源,改善生态环境,这些方面缺一不可,也构成为一个完整的体系。这就要求采用相应的系统科学的研究方法。农业资源经济的基本研究方法,就是马克思主义唯物辩证法和生态经济理论指导下的系统分析方法。

系统方法所提供的具体分析方法,有功能模拟方法、信息方法、反馈方法、模型化方法、最优化方法等,其基本特征是整体性、综合性和最优化。系统方法具体运用于农业资源经济的研究,主要是以下三个方面的分析方法:

1. 根据"整体功能大于部分功能之和"的原理,着眼于整体和全局,实行由整体到部分的分析方法

系统方法把整体作为研究对象,从整体与部分的必然联系中揭示系统的特征和规律,注意利用各要素之间的相互联系与作用,合理安排各要素的结合方式和组合序列,发挥各要素功能的优势,以提高整体结构功能,这对于研究农业资源的合理开发利用,具有普遍的重要适用性。

农业资源的多样性和多宜性,可以用于多种利用方式,发展不同的生产门类,但类似的资源条件,在利用方式和发展的产业结构上可以有很大不同,利用的效益则迥然有异。如能按照资源优势和作物特性,根据一定的经济目的,把发展生产与资源要素

适当地组合为合理的结合序列,就能导致资源和产业结构的整体功能发生质变,使资源综合利用的整体功能大于各要素单一利用功能的总和。例如,发展稻田养鱼、鱼塘多层次混养鱼类、桑基鱼塘,实行农牧结合等多种结合方式发展多种形式的生态农业,就是提高资源综合功能的重要途径。

为什么整体结构功能可以大于它的各组成要素功能的总和呢?这是因为系统中各要素作为整体的部分,在本质上已不同于它作为独立存在的物质;在系统中各要素所处的地位及其发挥的作用,不再是它独立存在时所具有的功能,而是同整体合一的功能。因此,就要在开发利用资源中应用系统分析方法,研究如何协调人与自然、发展生产与利用资源的关系,确立最佳利用方式和利用结构,以达到整体结构的最大功能。一般来说,分配和利用资源的目标,通常是多种的,比如要求生物产量高、质优,适应社会需要,经济效益高,有利于扩大再生产,能保护资源环境等。运用系统分析方法,不能只考虑某一个或几个目标,而应是多目标的统一,以求得最佳总体功能的终极目标。"从整体到部分"的系统分析方法,在分析顺序上与"由部分到整体"的分析综合方法截然不同,但各有所长,应结合运用,使之相互补充,相得益彰。

2. 根据系统结构的多层次及其相互联系的原理,采用综合分析方法

系统有内在与外在、横向与纵向、单项与多项、一维与多维等多种联系。一个系统的构成要素之间和各层次系统结构之间的必然联系,是事物存在和发展的规律,它们构成为一个有机的综合体。系统综合分析方法,就是从一个综合体的成分、结构、功能、相互结合方式、形成和演变过程等方面,进行综合的考察分析,以揭示整个系统的内在联系和运动规律。由于农业生产是自然生态、社会经济和技术多因素构成的生产综合体,是生态系统经济系统和技术系统的复合系统,它的内在因素之间的联系和与外部环境条件的联系错综复杂,但又不杂乱无章。它们之间客观上保持着相对的动态平衡,不仅保持生态平衡,而且要求经济上平衡。只有实现了相对的平衡,才会达到适度的量比和一定的结构功能。这就要求我们在开发利用农业资源中必须运用系统综合分析方法,去观察和协调生物与环境、生物与生物之间等多种平衡关系,以促进农业生态经济的良性循环。如果我们在开发利用资源中忽视了这些内在的必然联系的规律性,就要受到自然和经济规律的惩罚。

例如,在农业生产系统中,生物与环境之间,生物与生物之间,自然因素与社会因素之间,社会因素中社会、经济、技术因素之间都存在着各自的内在与外在联系。它们之间构成为多层次的系统,每个系统都具有一定的结合方式和各组成要素的量比关系。如果系统中一个要素或子系统发生大的变化,就会影响其他要素或系统的相应变化,甚至导致生态平衡和结构功能的变化。但是,农业生产在资源开发利用中总是要打破旧的生态平衡和结构功能,而引向新的平衡和功能。这里的关键问题要看资源的开发利用是否合理有效,如果用综合的观点和方法去协调各种要素和各个系统的关系,建立合理的结合方式,使各种要素的量比关系达到适度的配比,使各种资源得到综合利用,则不仅可以促进生产的发展,还会使资源得到保护而永续利用。相反,如果不

考虑资源分配与利用的综合平衡,一味盲目开荒造田,实行掠夺式开发利用,搞单一性生产,势必使一部分资源利用过度,其潜力日益衰退,而其他资源得不到充分利用,甚至导致生态平衡和经济平衡的巨大破坏,最终造成资源枯竭、废弃、生产力下降。

3. 根据最佳化目标,用最优化方法进行优化设计,为资源决策提供最优方案

研究资源经济的直接目标,是要解决如何最优利用资源问题。而应用系统科学的最优化方法,分析论证农业资源的合理开发利用,是实现这一理想目标的重要手段。所谓最优化方法,从广义上说,是采取一种特殊的方法、技术和进程,使一个决定或设计系统,尽可能有效和完善,并在提供选择的方案中确定一种最优的解答。应用最优化方法设计资源利用的最优方案,不仅要提供定性分析的理论依据,而且要有精确的定量分析,需要运用生产函数、线性规划等数学方法和定量分析工具。

运用最优化方法,一般须把握七个环节:

(1) 提出问题,确立资源经济的研究对象和目标;

(2) 调查研究,掌握当地资源优势和有关资源利用的市场信息,了解资源及其开发利用整体系统的组成要素及其相互间的联系;

(3) 对资源综合开发利用规划进行系统分析和科学预测,建立系统模型;

(4) 设计资源决策与方案,进行测算和模拟试验;

(5) 对各种资源设计方案进行复核鉴定和可行性研究,从中筛选择优;

(6) 对选定的资源开发利用优化方案付诸实施,通过实践检验,进行修订,使之臻于完善;

(7) 对修订后的资源开发利用优化方案,进行控制调节,实行最优管理,使达到最佳效益目标。

在这七个环节中,最关键的是建立若干个可供采用的系统模型,从中筛选出最优方案,使之定性化、定量化和最优化。系统模型是系统内在联系的本质反映,一般可有两种模型:一为框图模型,用以表示各生产要素之间、各子系统之间及其与整体系统之间的联系,是反映定性关系的,如采用网框状生态农业模型图以反映各生态型农业的内部构成、结合方式及其在资源利用中相互提供物质、能量和生存发展条件的模式;二为数学模型,则用以表示系统中各种生产资源和各层次之间的量比关系。

总之,根据最优化目标的要求,运用最优化方法对资源的开发利用进行最优化设计,通过定性、定量分析,做到模型化和最优化,是可以求得理想的最优决策和方案的。但是资源的开发利用涉及社会经济、技术条件和市场对产品需求等可变因素,如何保证充分发挥资源优势和经济的稳定发展,使整个农业生态经济系统趋于良性高效循环,并促进农业现代化的发展,这是一个极其复杂的问题。必须因时、因地、因条件制宜,从实际出发进行反复研究和实践,才能使资源开发利用的战略决策和规划方案,既优化又可行,不断趋于合理。

原文刊发于《自然资源学报》1987 年第 4 期

江苏海涂资源综合开发利用生态经济研究

曲福田　刘书楷

（南京农业大学农业资源经济与土地管理教研组）

提要：本文从生态经济学角度对江苏海涂资源综合开发利用的主要问题进行了系统的调查和研究，计有四个部分。第一部分对江苏海涂开发利用的生态、社会经济因素进行了较为全面的分析。第二部分针对长期海涂开发建立起来的生态经济系统运用系统分析的理论与方法进行评价。第三部分在系统评价和市场分析（预测）基础上进行系统的优化分析。最后对海涂开发整个生态经济系统的优化控制提出了一些对策和措施。

关键词：海涂；生态经济；开发与利用

Eco-Economic Studies on Multipurpose Exploitation and Utilization of The seabeach in Tiangsu Province

Qu Futian　Liu Shukai

(Section of Agricultural Resource Economics and Land Management，
Nanjing Agricultural University)

Abstract：A systematic investigation of the exploitation and utilization of seabeach resources is carried out from the viewpoint of eco-economics. Firstly，the advantages and disadvantages for the exploitation of seabeach are pointed out by the examination of the ecological and socio-economic conditions of the area. Following this，the benefits of the eco-economic system of seabeach are evaluated from microstructure to macrostructure. Based on the above，the optimization of the eco-economic system of seabeach is made，regarding the adjustments of the industry structure as the core. Finally，the auther suggests some countermeasures how to control optimally the eco-economic system of the seabeach in hopes of providing concerned departments with some useful information.

Key words：Seabeach；Eco-economic；Exploitation；Utilization

江苏是我国重要的沿海省份，有着广阔的海岸带和丰富的海涂资源。随着对外开放和新产业革命的深入，海岸带、海涂资源的合理开发利用具有重要的战略地位。但现有的关于海涂开发利用的报告材料大多属于基本情况的调查和资源自然属性的评价，而本文旨在研究资源及开发利用的经济评价，探讨沿海地区对外开放后海涂资源开发利用的方向和措施，为海涂开发利用提供生态经济学方面的依据。

一、江苏海涂开发利用生态、社会经济条件分析

江苏省海涂资源分布于南通、盐城、连云港三市所属的十三个沿海县、市。据1982年海涂资源综合考察资料,全省堤外海涂面积713万多亩,其中平均高潮线以上124.75万亩,平均高潮线以下有588.67万亩(其中岸滩398.41万亩,岸外辐射沙洲低潮时露滩面积190.26万亩),另有堤内可垦荒地142.75万亩。

江苏海涂资源,其生态条件具有以下特征:(1)光照条件充裕,气候条件可以满足一年两熟的要求;(2)土壤限制因子多,含盐量高,但部分岸段具有较好的调引淡水的条件;(3)海涂生物资源丰富,海滩总生物量达18万吨;(4)其他资源类型较多,除了有著名的盐业基地,海涂还有芦苇、旅游、能源和化工原料等资源种类;(5)海涂生态系统的稳定性差,自然灾害比较频繁。

江苏沿海地区主要社会经济条件的特征是:(1)经济地理位置优越,沿海地区实行对外开放,使海涂资源的开发赢得了资金、设备、技术、信息、市场等多方面的优势;(2)大范围的交通运输条件较为发达,以连云港为东端点的陇海线使沿海地区和内部腹地能够发生密切的经济交流和协作,连云港、南通港及附近的上海港是苏北沿海的贸易中心,但中部沿海缺乏港口,区内交通不发达,限制着资源的合理开发利用;(3)人口密度大,劳动力资源充足;(4)海涂开发虽有一定基础,但沿海地区农业现代化水平不高;(5)人口地区分布不平衡,人均海涂面积(不包括沙洲)和近期可围滩涂面积,南通为0.27亩和0.03亩,而盐城分别为0.92亩和0.47亩。

二、江苏海涂开发生态经济系统评价

苏北沿海地区对海涂资源进行了长期开发与利用,建国以来到1984年,共开垦荒地510万亩,新围海涂167万亩,建立起多种类型的生态经济系统。

(一)海涂开发生态经济系统的微观评价

在海涂众多的开发利用方式中,本文总结出具有地区和产业部门代表性的八种生态经济系统,借以对海涂开发系统进行微观评价。各种系统的主要经济效益见表1。

表1　海涂开发不同生态经济系统经济效益评价

系统类型	亩盈利(元)	劳均盈利(元)	百元成本盈利(元)	投资回收期(年)
农牧	88.98	363.35	40.70	5.3
林业	12.54	1 275.15	56.36	8.0
草牧(牛)	1.82	203.70	22.79	14.7
堤内水产	107.06	2 362.30	35.53	2.3
苇鱼	6.02	2 369.09	21.25	6.1
盐业	167.07	2 284.60	861.63	2.7
草牧(羊)	2.90	590.44	38.98	11.7

（续表）

系统类型	亩盈利(元)	劳均盈利(元)	百元成本盈利(元)	投资回收期(年)
贝类护养	24.60	5 676.92	141.38	0.4
贝类精养	242.11	1 405.80	356.62	3.8
藻类养殖	201.13	103.50	37.67	4.6

从生态效益评价结果看，林业有着重大的生态防护和改土效益，并对其他经济活动产生显著的经济效益。贝类养殖和堤外大米草种植对于许多生物资源的增殖有重要意义，苇鱼、草牧系统能熟化土壤。但晒盐对盐田周围农田生产破坏性较大，在贝类资源丰富的滩涂上种植大米草破坏贝类的生态环境。

总的来讲，水产养殖和盐业是开发的优势利用方向，但必须十分重视盐业的负外部生态影响。草牧、苇鱼、林业等系统，虽然经济上是可行的，并具有重大的生态效益，但仍属于粗放经营。

(二)海涂开发生态经济系统的宏观评价

1. 海涂开发生态经济系统的合理性

首先，对资源进行了一定程度的综合开发利用，目前，海涂地区不仅是重要的棉花、水产、盐业基地，而且还是江苏省芦苇生产和旅游业的主要分布区。其次，海涂开发的产业结构正在向合理的方向转变。表现为种植业结构以粮棉为主的状况正在调整；农业生产结构内部，在种植业稳定发展的同时，养殖业所占的比例越来越大；在整个产业结构内部，以加工业为主的新兴产业得到迅速发展，某些第三产业正在起步。

2. 海涂开发生态经济系统存在的主要问题

(1) 系统内部的诸生态关系不够协调。在人与环境的关系上，表现为局部海涂一开始从内地移民的数量与资源量不协调。在环境与绿色植物的关系上，表现为作物生态适宜性差。如东、东台两县垦区农田光能利用率比如东全县水平分别低48.3%和21.1%。在生态系统生产者和消费者、消费者与消费者之间关系上，表现为种群结构单一，食物链短。在生态系统的生产者、消费者与保护者之间关系上，表现为自然灾害频繁，系统稳定性差。1951—1981年，沿海共发生造成损失的台风34次，到1983年底，共有51座挡潮闸港口被淤积。

(2) 海涂资源利用不充分、不合理。1983年老海堤内待垦荒地有63.5万亩，已围未配套的滩地37.4万亩，适宜围垦的潮上带有87万亩，没有力量加以围垦。堤外30万亩大米草滩的载畜系数也只有5.6%。沿海适宜贝类养殖面积为170万亩，目前利用率仅为11.8%。同时，滩涂贝类资源粗放，开发利用过度。南通市主要贝类产区如东县新光养殖场和启东县天汾养殖场，1978—1983年资源增值率分别为-54.3%和-90%。资源衰退，资源利用的劳动生产率也成倍下降。

(3) 海涂开发产业结构现状不够合理。在农业生产结构内部，种植业的比例一般为70%~80%，而在种植业内部棉粮产值要占到50%~80%。从整个产业结构来看，许多地区第三产业还尚未起步，虽然有的地区已有发展，但其规模小，产值少。

以上原因致使系统功能水平不高。南通市垦区 1983 年平均亩产粮食 212 斤,棉花 44 斤,贝类亩采捕量 40 斤左右。大面积的苇渔场亩产鱼仅 12.8 斤,射阳种牛场和东台种畜场亩均净产值分别也只有 2.36 元和 4.95 元。海涂利用产出水平如此之低,实则是对资源的巨大浪费。

3. 海涂开发生态经济系统存在问题的原因分析

从主观因素来分析,传统的农垦方式在很大程度上限制了海涂资源综合开发利用。海涂开发的大部分移民来自内地的粮棉区,对于水产养殖,其他作物的种植等深感缺乏技术,风险性大。所以,资源开发从一开始就限制了生态经济系统结构的合理安排。从客观因素来分析,海涂开发系统不合理有以下几个主要原因:

(1) 系统外部经济投入不足。从宏观来看,国家投资有限。就南通市来看,1973—1983 年共投资于海涂 1 851 万元,平均每年为 168.29 万元,每亩滩涂只有 1.2 元,并且 1983 年比 1973 年投资额降低了 77.9%。从现有生态经济系统的集约化程度来看,表现为物质费用投入不足。通过东台县八里乡 1983 年棉花生产的截面资料建立的亩生产费用与棉花亩产之间的非线性经济计量模型,我们发现现有投入水平仅为最适水平的 50%,实际每亩纯收益比最适水平要低 35.84 元。

(2) 外部调控因素影响大。改革海涂开发的投资政策,由无偿拨款改为资金的有偿使用,投资单位和生产部门直接取得联系,这有利于资金利用效果的提高和节约资金。但也有不利的影响:一方面投资在地区之间相对分配不均;另一方面资金在产业之间分配也不合理。在投资方向上往往只顾经济效益,一些生态效益大,如植树造林、草场建设等项目得到的资金很少,如不注意,生态经济结构将会畸形发展。目前,价格政策对资源的综合利用还存在着许多不利之处。海带、紫菜等水产养殖品相对价格偏低,海涂利用中几种主要畜产品的价格不高,制约着沿海滩涂水产养殖和畜牧业的发展。

(3) 宏观控制机制不佳。主要表现在:① 管理体制混乱,多头领导,多头决策。② 某些经济管理方法落后于形势。"民办公助"助长了移民的依赖思想,同时加大了内地的经济负担。目前海涂利用农田承包责任制只包经济目标,忽视生态指标,造成土壤改良速度慢,返盐现象严重。另外技术系统薄弱,交通运输不便,信息不灵通,也是造成海涂开发生态经济系统不合理,尤其是产业结构不合理的重要原因。

三、江苏海涂开发生态经济系统的优化

从上述评价可以看出,江苏海涂开发生态经济系统在其结构功能上都存在不少问题,需要进行优化,而产业结构的调整是生态经济系统优化的核心问题。

(一)江苏海涂开发合理产业结构的调整方向

合理产业结构的调整方向,其根本依据是社会需求条件和资源组合条件在一定经济发展政策下的统一。就当前的产业结构调整,必须对现有的国内外市场作一分析和预测。

1. 国内市场条件分析

海涂开发的主要目的之一是为人民生活提供大量的生活消费品,尤其是食品。对城乡居民主要食物消费需求的变化趋势分析,本文采用了收入弹性的概念。利用1983年江苏省家计调查资料,建立了城乡居民收入水平对10种食品消费水平影响的19个经济计量模型,估计出每种食品的收入弹性(表2)。可以看出,牛羊肉、家禽、鱼虾、鲜奶富有弹性($\bar{d}>1$),而粮食、蔬菜、植物油则弹性较小($\bar{d}<1$),尤以粮食为显著,并且粗粮消费与收入增长呈负相关。

表2 江苏省1983年职工、农民家庭主要食物收入弹性估计

食物	职工家庭消费			农民家庭消费		
	收入弹性($\bar{d}$)	弹性判别	估计式 R^2	收入弹性($\bar{d}$)	弹性判别	估计式 R^2
细粮	0.25	<1	0.839	0.26	<1	0.710
粗粮	−0.16	<1	0.046	−0.43	<1	0.596
蔬菜	0.48	<1	0.655	0.63	<1	0.654
植物油	0.50	<1	0.967	0.17	<1	0.468
猪肉	0.77	<1	0.969	1.35	>1	0.923
牛羊肉	1.15	>1	0.804	1.19	>1	0.173
家禽	1.06	>1	0.849	1.07	>1	0.905
蛋类	1.01	>1	0.947	0.76	<1	0.942
鱼虾	1.01	>1	0.929	1.33	>1	0.955
鲜奶	1.06	>1	0.797	—		—

资料来源:江苏省统计局。

与海涂资源开发利用有关的还有其他社会经济需求,主要是制造、加工、合成、制取等行业的原料需要。目前就全国和江苏来说,芦苇市场都是供不应求。原盐在全国属于长线产品,江苏省由于连云港纯碱厂的建成其需求量将会猛增。另外,香料、药材、甜菜等特种经济作物随着国民经济的全面发展和加工业的崛起其需求量也会有一定幅度的增长。

2. 外贸市场条件分析

海涂开发利用主要的出口产品是水产品。本文根据江苏省水产品出口1970—1983年的资料建立了经济计量回归预测的一个总模型和四个子模型。预测结果表明,到1990年和2000年,海涂开发水产品出口总量将达到18 345吨和26 897吨,分别比1983年增长1.65倍和2.88倍。尤其是对虾、鳗鱼、文蛤及紫菜等产品更为突出,到2000年,这四项产品的出口量分别比1983年增长3.8、2.6、2.8和6.2倍。从其他产品的外贸市场分析来看,羊毛、山羊皮、薄荷油的收购量或出口量1983年比1980年分别下降了18.3％、14.2％和50.93％,而兔毛收购量增长22.93％。

以上分析可以看出,整个市场需求呈结构性升降。肉、蛋、禽、鱼虾、鲜奶、海盐、芦苇、兔毛和某些特种经济作物的需求量将会在长时期内保持较快的增长速度和维持较大的数量,粮油产品的需求处于相对稳定状态,而皮棉、蚕茧、薄荷油、羊毛、羊皮等产品,其需求量会在一定时期内维持现有水平或呈下降趋势。

江苏海涂开发产业结构合理调整的方向应是:着眼于商品经济的发展,尤其瞄准外贸市场的变化和需求特点,在有选择地适当规模地发展种植业的基础上,突出发展水产养殖、家畜(禽)养殖及其产品、饲(饵)料加工业,同时兼顾芦苇、原盐的生产,并以发展加工业作为产业结构调整的突破口,逐步实现按"贸工农"安排海涂开发利用产业结构的战略思想。

(二)江苏海涂开发产业结构的合理调整

1. 种植业结构的调整

(1)粮食生产。鉴于今后养殖业的发展和居民口粮的需要,现有粮田不应减少,应基本稳定。从比较成本原理来看,笔者并不主张粮食完全自给。今后应着重通过增加农田经济投入,按生态适宜性合理调整粮食布局,提高单产水平来增加粮食的总产量和供应量。(2)棉花生产。就全国来讲,棉花市场供过于求,但是南通、盐城沿海是江苏省的优质棉基地,棉花不仅可供上海、南通两市棉纺工业的需求,也出口到国外。因而考虑到该地区棉花质量好,需求量相对较大,棉花生产可基本维持现有规模,但要适当调整其布局,建立相对集中的通、盐优质棉基地。(3)其他作物生产。应逐步增加特种经济作物尤其是出口产品作物的占地比例,稳定湖桑面积,芦苇视适生面积和当地的社会经济条件适当扩大生产规模。

2. 农业内部结构的调整和安排

农业结构调整的重点是养殖业的强化和发展。(1)根据市场预测,2000年水产养殖面积要由现在的20万亩提高到100万亩以上。堤内荒地、新围滩地应加紧配套,挖池养鱼养虾。堤外养殖,应重点放在贝类、紫菜上,在2000年甚至更短时期内将全部的适养面积充分利用起来,并实行集约经营,提高单产。(2)发展海涂畜牧业,应加强草场资源的改建,增加已有耕地上饲料作物的占地比例。另外,要迅速改变现有的畜群结构,应以饲养家禽、奶牛等为主,适当发展菜牛、长毛兔、绵羊和山羊,积极发展水貂养殖,支援外贸出口。(3)目前林业生产是农业生产结构中的薄弱环节。今后要积极引导居民,在滩涂上尤其是在"四旁"大力植树造林;在一些人少地多、滩涂面积大的地区,应在现有的基础上适当扩大林业经营规模。在林种上要求经济林、用材林、薪炭林、防护林并举,在林木的经济生产周期上要求长中短结合。力争在短时期内使垦区的森林覆盖率达到15%以上。

3. 整个产业结构的合理调整

第一,迅速而有效地发展垦区的加工业,努力提高水产品尤其是对虾、紫菜等养殖品的加工工艺水平和加工质量;把肉、蛋、奶等食品由直接出售原始产品转移到加工上来;应特别重视饲(饵)料加工,改进配方技术。第二,十分重视盐业的发展。目前应提高现有的 130 万亩盐田的单产水平来增加原盐总产量。同时还应考虑在岸段较为稳定、气候条件适宜和海水条件允许的地区再扩大一定面积的盐田。需要指出的是,由于连云港纯碱厂的建成,沿海南部地区从北部调入原盐的数量将会明显减少,甚至无法调入。这样,使原来不太适宜发展盐业的南通市等缺盐地区也要考虑在已有盐田以外滩地上适当增加盐田面积,以满足本地区的需要。第三,积极发展交通运输业。加强基础设施的建设,扩大公路通车范围,加强水运航线的管理和保护,尽快改变现有垦区运输工具结构。积极创造条件开辟空中航线,并加强港口建设。第四,大力发展第三产业,特别是商业、服务业和旅游业。旅游业目前应加强旅游点本身以及道路、交通工具和其他服务性设施的建设。在短期内把沿海(主要是连云港地区)发展成具有较高接待能力的旅游基地。另外,应重视信息产业的发展和普及,积极创造条件,有步骤地建立和发展海洋开发性产业及其有关产业。

四、海涂开发生态经济系统的优化控制

针对海涂开发生态经济系统优化的主要任务以及进一步发展的限制性因素,今后的主要控制对策是:

1. 建立一个统一的宏观控制机构。对海涂开发利用实行统一管理,统一规划。

2. 调整和完善海涂开发政策,制定海涂开发有关的法规。

3. 正确运用价格、税收、信贷、投资等各种经济杠杆,协调海涂开发各发展的产业。

4. 加强海涂开发的技术系统,重视智力投资。

5. 加强海涂开发的信息系统和预测工作。

原文刊发于《南京农业大学学报》1986 年第 4 期

第三篇
生态经济研究

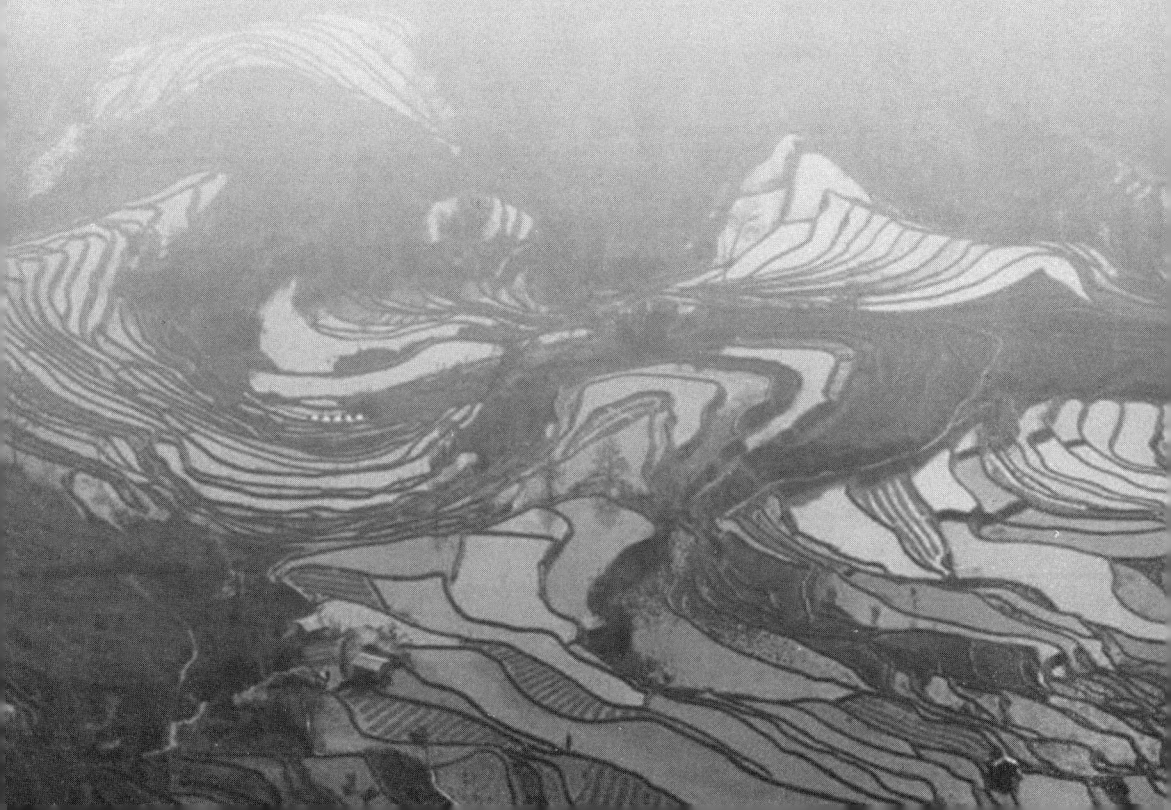

人口可持续发展理论与中国人口可持续发展

刘书楷

（南京农业大学土地管理学院）

　　人口问题是人类生存和发展的最根本问题和核心问题,也是当今人们研究可持续发展问题的起点和终点及其核心。人口问题不仅关系到一国经济社会的持续发展和长治久安,也会影响人类的生存环境安全及人与自然的和谐共处。因此要求人们必须有一个科学的人口观,正确处理人口和人口发展问题,并将它置于可持续发展理论与战略目标的优先和主体地位。

一、人口和人口问题的实质与内涵

　　笔者认为,人口问题的实质是人与自然的关系问题,研究人口和人口问题不应只就人口论人口,孤立研究人口问题,必须把人和人口视为人和人为因素的综合,而并非单因子的人和人口。把它纳入人与自然(人地)关系的二元性实质内涵的双重对应关系的整体系统,置于可持续发展的理论导向和战略目标之下,才能保证人口可持续发展和人口、资源、环境与经济、社会的总体可持续发展。只有这样的人口发展,才是人与自然和谐共处协调发展的人口可持续发展。

　　这里所谓的“人”的二元性,是指人有“自然的人”与“社会的人”的双重概念与内涵。作为自然的人,是大自然和生态环境的产物和要素;作为社会的人,是指人类社会和人类社会劳动。“人”的二元性,还表现为“人手”和“人口”,既是生产者,又是消费者。这两种人的二元性,必须相互适应、协调发展,才能促进和实现人类社会经济的全面的总体可持续发展。而“自然”,则是指自然界,包括自然资源的一切环境要素。然而人与人类社会一经产生,人与自然就构成为一个整体而密不可分了。从资源经济学的资源概念而论,资源的整体系统包括自然环境要素中的自然资源,也包括人为要素的社会资源。而从总体上说,人与自然的全部要素则包括自然资源和社会资源,都是生产要素或生产力要素,二者的结合形成为现实生产力,共同构成为一切财富之源;如果使二者相互分离,则任何资源或生产要素就脱离劳动(生产)过程而得不到利用,也就不会形成产品的生产,那么任何社会财富和人类社会的存在和社会经济的发展都将失去物质基础。所以,马克思认为:“劳动是财富之父,土地是财富之母”;“劳动并不是财富的唯一源泉,只有劳动和土地(即自然)结合起来才是一切财富的原始要素”。而劳动力是由人口中有人力(劳动力)的人口转化的。因而人口和人力资源中的劳动力和人才资源才是人口中的精华,要发挥人和人口在人与自然关系(人地关系)中的积极作用,主要靠掌握科技的人才。

然而,要使人与自然正确结合起来协调发展,就要充分发挥人在人与自然关系整体结构中的能动的主导的决定性作用,而不能一味寄希望于大自然的"恩赐"。因为,大自然在人与自然关系整体系统中只是客体(劳动对象和劳动资料),只能被动地为人类提供哺育者和庇护者的功能和基础作用,没有人和人类社会的开发利用、保护和管理,或者相反遭到人为的破坏,大自然就难以发挥其哺育和庇护人类的基础作用,反而会给人类以报复和惩罚,从而导致人与自然关系失调,最终障碍人类的生存和发展。

所以,马克思在论及劳动过程对人与自然关系的变革作用时,精辟地指出:劳动过程……"是为了人类的需要而占有自然物,是人和自然之间的物质变换……",即"一边是人及其劳动,另一边是自然界及其物质。"①马克思所说的人的劳动过程与自然界进行物质变换,是"制造使用价值的有目的活动"。之所以称之为"物质变换",则是指人类不只是向自然索取,更不是掠夺自然,而应是人与自然进行对等和协调的物质变换关系。就是恩格斯指出的,在这里"自然界为劳动提供材料,劳动把材料变为财富。"②

按照马克思人与自然物质变换的关系,可用下列图示表示:

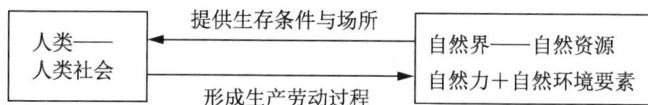

人与自然关系的结合图式

说明:劳动过程=物质变换过程(再生产的双向过程)。

以上图式表明,人类(人类社会)的生存和发展,只有而且必须首先最大限度地发挥人的主观能动作用,通过自身的劳动过程善待大自然,既保证了人与自然界进行对等和协调的物质变换,又使自然资源条件和环境质量得以不断完善,以实现人与自然的和谐共处,实现可持续发展。这才是可持续发展的实质所在的人口可持续发展的科学概念。

二、传统人口理论和人口生态经济理论的产生与评价

从上述人口和人口可持续发展的实质及其概念的论述中,可知人口和人口问题并非源于人和人口问题自身,而是源于人与自然关系(人地关系)中的由人和人口引起的问题。因此,人口理论和人口生态经济理论的产生及其学说流派的人口观从来都是与当时的人地关系(人与自然关系)联系在一起的。

人地关系和人与自然关系的研究,主要始于人口增长超越了土地资源的承载能力,并出现了对土地利用和占有问题以及保护和管理等问题之后才发生的。所以这些问题的产生,并非源于土地本身,归根结蒂则是由人口问题所引起的。是以随着历代

---

① 马克思:《资本论》第1卷;《马克思恩格斯全集》第23卷,人民出版社1972年版,第208~109页。
② 《马克思恩格斯选集》第3卷,人民出版社1972年版,第508页。

人口的不断增长,导致了人口、资源、环境与经济、社会发展的全球性结构危机,而人口问题成为矛盾的焦点和根源。

人地关系一词,始见于 17 世纪西方人文地理学对土地利用问题的研究,它实质上是反映人与自然界之间的构成与联系的。由于时代的不同和人们认识水平的差别,人地关系研究的主题和趋向,大体是早期从人类"依赖—适应—利用"自然界,向大自然索取食物以维持生存开始的;以后由于人口的增多,又出现了人口数量超过土地产品供应量的主要矛盾,再后则随着社会生产的发展,不断扩展到人与自然之间的有关丰富人类生活和生产的自然生态和社会经济的多种中介因素,而趋向与综合研究人与自然和人口与经济的协调发展问题。

据史料记载,我国古代自周以后即开始了对人地关系的研究,并相继提出了许多有科学价值的理论观点,如管仲《地员篇》有"地者政之本,辨于土而民可富"的因地制宜,并在《水地篇》指出"地者万物之本原,诸生之根苑也?"《礼记·大学篇》有"有土地斯有财"之说。孟轲有"天时不如地利,地利不如人和"的人定胜天论。荀况有"制天命而用之"的天人相关论。秦以后至北宋,我国还流传着"天人合一"说,所谓"天称父,地称母,人居中","天地生万物,也生人"。唐代刘禹锡有"天人交相胜,还相用"的人地相关论。及至公元 6 世纪北魏贾思勰《齐民要术》一书,对当时的土地利用经验做了更系统的总结,指出:"地势有良薄,山泽有异宜。顺天时,量地利,则用力少而成功多,任情反道,劳而无获"。这甚至已从生态经济理论的高度综论了土地自然资源的合理开发利用。

西方人地理论的两个最具有代表性的学说:一是以法国孟德斯鸠(Montesquieu,1775 年)为代表的"环境决定论"(Determinism),强调自然气候条件对人类的制约作用;二是 18 世纪末英国马尔萨斯(T. R. Malthus)的"人口论",强调人口增殖对社会发展的抑制作用。应予指出,马尔萨斯 1798 年发表的世界第一部《人口论》专著,强调人口与生活资料的关系,宣称人口增殖对社会发展有抑制作用,提出了"两个级数"的理论,即人口以几何级数率增加,生活资料只以算术级数率增加,故主张限制人口增殖。他的这一理论不仅在 18—19 世纪人口理论中居于统治地位,而且直至近现代仍为许多西方人口与经济学家所推崇,并被修正和发展为"新马尔萨斯主义"(new-Malthusianism)。

但是马尔萨斯人口论自 19 世纪中叶以后也有过一个衰退的时期。欧洲工业革命的兴起,工农业的高度发展,使生活资料的增长率超过了人口增长率,而英、法一些发达国家的人口反趋下降。因此,使当时的一些经济学家和人口学家逐步认识到人口不足和人口过剩,同样不利于经济的发展,因而强调人口与经济发展的协调发展,出现了"适度人口论",提倡发展"适度人口"。其代表人物有瑞典经济学家威克塞尔(J.G.K. Wichsel),英国经济学家坎南(E.Cannan),人口学家桑德斯(Carr Sunders),法国人口学家兰德里(A.Landry)等。"适度人口论"认为,"人口增长应与经济发展和技术进步相一致",要考虑工农业生产能力和供应能力;并认为"工农业生产都有一个'最大利益点'",而"适度人口"也就是使人口论不仅把人口与经济而且把人口规模与可能提供的资源状况紧密联系起来考虑,这对于认识、评价和合理开发利用资源具有某些参考价值,也是实现可持续发展的必要依据。

"适度人口论"提出的时代背景,正是马克思、恩格斯全力批判马尔萨斯人口论的时期,它标志着马尔萨斯人口论的衰落。

但及至二次世界大战后,在经济增长的同时人口也急剧增加,加上西方国家资源浪费、环境污染公害严重,20世纪70年代又出现了"石油危机",于是人口与自然资源及生态平衡的矛盾日益引起人们的关注,这时人口增长、工业发展导致自然资源枯竭的论调成为人口理论和经济理论界的主要议题。正是在这时,1972年美国学者斯彭格勒(J.J.Spengler)发表了世界第一部《人口经济学》专著。着重考察了人口增长与消费需求、自然资源与投资的关系。据他的测算,如果世界人口年增长2%,对食物的需求将增加3%,这将加重耕地、森林、淡水和能源的压力,加速非再生资源的枯竭。他还估计,当人口年增长率为1%时,需要增加储蓄和投资4%~5%,才能保持稳定的人口与财富的比例。《人口经济学》的建立,无疑为资源经济学和可持续利用资源的研究提供了一些有关人口分析的依据。

本世纪70年代以来,还出现了未来学的"悲观派"的理论观点,强调出现了"人口爆炸"对世界经济的负效果。

此外,还有当代经济学家萨缪尔森70年代末在其《经济学》教科书中对人口理论则提出了一个折衷观点,指出"马尔萨斯的人口理论包含了一部分真理,即对第三世界是完全适用的,必须控制人口增长,否则会出现'人口爆炸'。而对先进国家来说,则可以有一个适度的人口,即人口数量大小正好使最理想的分工得以实现。"这实际上是马尔萨斯的人口论与"适度人口论"的混合物。与此相应的,西方学者还针对经济发达国家人口控制和发展中国家"人口爆炸"的分析提出了一个所谓"人口推移模式"的理论,认为世界的人口消长是按照"多产多死→多产少死→少产少死"的人口发展规律进行的。此论指出,一般发展中国家目前仍处在由"多产多死→多产少死"的过渡阶段,而经济发达国家则处于"少产少死"的人口稳定阶段。这一理论显然舍弃了人口问题的社会制度原因,但在现象上还是基本符合实际情况。可以认为,从当今世界面临"人口—资源—环境—经济—社会"结构危机和挑战而言,控制人口是无可厚非的,并已成为联合国和包括我国在内的许多人口众多的国家的基本国策。

三、马克思主义人口论和人口经济理论

马克思主义人口论和人口经济理论是马克思、恩格斯在19世纪中、后年代批判马尔萨斯人口论的基础上产生和发展起来的,主要集中在1845—1846年马恩合著的《德意志意识形态》、1867年马克思《资本论》、1884年恩格斯《家庭私有制和国家的起源》三部著作,它不同于西方人口理论的基本点,是把人口与经济的关系放在整个社会经济中进行考察,提出了人口与经济协调发展的原理,从而科学地阐明了人口经济发展

的客观规律。其基本论点主要是：

1. 首先提出了"两种生产""两种关系""两个基础"的原理。所谓"两种生产"，即"物质资料生产和人口增殖两种生产并存"；所谓"两种关系"，即两种生产都包含"自然关系和社会关系"；所谓"两个基础"，即物质资料生产是人类经济社会发展的基础，人口生产则是人口发展和人口问题的基础，前者对经济社会发展起主导的决定性作用，而后者不是决定力量，但对经济社会发展有巨大影响作用。

2. 揭示了人口经济的发展规律，即人口生产与物质生产相适应的规律，也就是人口生产与物质生产相适应、协调发展的客观规律。这是超越社会制度的普遍规律。反之，如果人口生产与物质生产不相适应，不协调发展，则是产生人口问题的根源，就要出现人口相对过剩和失业问题。

3. 指出了社会生产方式对人口发展和人口经济的决定作用。指出资本主义相对人口过剩，是资本主义私有制和资本主义积累规律所决定的。

4. 认为人口发展只有相对的人口过剩，不存在人口绝对过剩。所谓相对过剩，是指人口生产对于物质生产而言。例如，古代的相对人口过剩是"人口压迫生产力"，即由于生产力不足造成人口过剩，人口过剩又反转成为生产力发展的障碍。资本主义的相对人口过剩，则是"生产力压迫人口"，即生产力的增长要求人口减少（如以机器或机械技术替代劳动力）。所以随着资本的增长和资本有机构成的提高、技术和管理的现代化，必然导致工人失业，也要求减少人口。

5. 预见到社会主义制度下人口发展必须与物质生产相适应，所以要实行计划生育、控制人口。

由此可见，马克思主义人口与人口经济理论的基本观点，是"两个生产"相适应和人口与生产资料（即生产资源）协调发展的观点。这表明了人口发展与总体可持续发展的必然要求和普遍规律。如果违背了人口生产与物质生产相互协调发展的这一客观规律，就必然导致人口与总体可持续发展的严重失调。因而解决人口经济问题的根本途径，就是依据人口经济协调发展规律，坚持人口生产与物质生产相适应，从而使人口与资源环境、人口与经济社会的结构比例趋于协调，以实现总体的可持续发展。

笔者认为，进一步研究和重新认识以上人口和人口生态经济的理论观点，对于完善和发展当今的人口可持续发展理论，实施人口可持续发展战略仍然是富有积极意义的。

四、人口可持续发展的理论内涵和中国人口可持续发展战略与对策

依据当今可持续发展的人与自然观的基本原理，人与自然的持续协调发展是人口与资源、人口与环境、人口与经济、人口与社会的全面协调发展。由于人在人与自然整体系统中的主体地位和主导作用，因此不能不首先要求人口的可持续发展，只有通过人口的持续发展协调人与自然界、人口与经济、社会等方面的关系，才能实现人与自然的全面持续协调发展。

这是由于人口可持续发展既是可持续发展整体系统的重要组成部分之一,而人口又是可持续发展的主导因素和动力,必须置于推动可持续发展总体的优先地位。但是人口的发展又不能孤立地进行,其持续发展有赖于一定的资源、环境、经济和社会条件及人口自身的可持续发展来支持才能实现。因此必须在实施我国人口可持续发展战略中,协调好以下人口与相关条件的关系:

(一)人口与资源的可持续发展

这里所谓的资源是指的自然资源,人口则主要是社会资源,它同自然资源一样是实现可持续发展的基本条件和制约因素,因为一切发展都离不开人与自然的物质变换。但就人口与自然资源的关系看,人类社会和人口的发展又离不开自然资源这个物质基础,所以人口与自然资源的可持续发展有赖于自然资源的支持。一般来说,人口与自然资源的关系主要表现在三个现实问题上:一是一国、一地区人均自然资源的短缺;二是资源的结构性短缺;三是人口与需求的增长对自然资源的压力。这样就会造成人口与自然资源关系的失调和矛盾,制约可持续发展。以我国人均自然资源与世界平均水平相比,我国人均耕地不足世界平均水平的 1/4,人均淡水资源仅相当于 1/4,人均森林仅为 1/9,人均草原不足 1/2,人均矿产资源仅 1/2;还有结构性的短缺和质量不高等问题。加上人口数量仍在增长而素质有待提高等,就给人口与资源的良性循环和可持续发展带来了沉重的压力。因此,必须树立人们对人口增长和资源稀缺的忧患意识,加强人口控制和合理利用资源。

(二)人口与环境的可持续发展

环境与自然资源和资源的开发利用是分不开的,人口与环境的可持续发展主要表现在两个方面:一是人类的生存和发展离不开一定的环境,环境质量对人口的数量、质量、分布有重要影响;二是人口数量、质量、结构和分布的变动又直接作用于环境,特别是人口数量的过度增长会引起环境的恶化,甚至危及人类的生存和发展。当今全球性可持续发展战略的提出主要就是针对环境问题的。特别是我国人口基数大、增长过快,又是经济高速增长的国家,人口对环境的压力更大。例如,我国由于土地的过度开发和保护不当,水土流失每年达 50 亿吨,占世界年流失量的 1/5;土地沙漠化的面积已占到国土面积的 17.6%;我国 500 多条江河多数已被污染,有些已不能饮用;大气和城市垃圾的污染已造成公害。这与庞大的人口数和人口素质不高对环境的影响是不可分的。

(三)人口与经济的可持续发展

人口与经济的协调发展,是实施总体可持续发展的物质基础和中心环节,而我国人口过剩,就业不足,经济仍然处于短缺阶段,导致和障碍了总体可持续发展。因此,必须解决以下几个主要矛盾:

1. 针对人口总量过多问题

实现总体人口与生活资料增长的协调与持续发展。由于我国人口过剩和粮食等生活资料不足将长期存在,必须将控制人口数量,提倡适度消费、大力发展农业生产三者结合起来,以逐步缓解人民基本生活问题。

2. 针对人口素质的问题

应实现人口质量与经济技术进步的可持续发展,加大控制人口数量的力度,努力提高人口质量,实施"科教兴国"战略,把"科教兴国"战略作为实现可持续发展战略的基础。

3. 针对我国人口结构"劳动力就业难"的问题

在控制人口数量基础上,实行产业结构和就业结构优化的可持续发展。包括:(1)实行以农业为主向以工商业为主,再向以第三产业为主的就业战略重点转移;(2)针对人口老龄化问题,组织老年人口就业自养保障,建立社养、家养、自养相结合的"三位一体"养老保障体系;(3)针对人口分布地区不均、城乡不均、产业分工不均等问题,调整人口地区布局、生产力布局,实现人口分布与产业结构、生产力布局的可持续发展。

(四)人口与社会的可持续发展

社会可持续发展涉及一定的生产过程和生产关系,存在于与之相联系的文化、政治、法律等上层建筑领域。主要有以下几方面的重要问题:

1. 实行公平分配和消除贫困

发展是实现可持续发展的前提,只有发展经济才能消除贫困,为实现公平分配创造条件。

2. 实行人口文化提高的可持续发展

实际发展表明,生育率与人口文化的高低适成反比,这是带有普遍规律的社会现象。因此,从人口学的角度看,就要实行复杂劳动是简单劳动的倍加这一按劳分配原则,以建立起相应的利益导向和机制。

3. 实行人口与改革的互动平衡

就我国而言,社会可持续发展的根本出路在于改革,改革的目的是促进发展,改革就要充分估计到人口因素和人的作用,并兼顾对人口生产的影响。例如,农村联产承包制的创新和改革、农业增产方式与土地规模经营的选择和推行,都关系到人口、劳动力的安排与需求,关系到兼顾公平与效率问题。又如,目前全国国有企业职工人数高达1.5亿人,《破产法》的颁布和实施,就应估量到因此而失业的职工数量的生活和再就业问题等,以利于控制人口、推动生产的发展,提高生活水平和精神文明建设,以收到良好的社会效益而促进社会的可持续发展。

从以上对人口与自然资源、环境、经济、社会四个方面的可持续发展关系的分析来看,对于像中国这样的发展中国家,可持续发展的前提和目的是发展,发展的主体和目标是发展经济、社会,而人口则是发展的主导因素和动力。根据中国的国情,走可持续发展之路是今后发展的必然选择,我国可持续发展的道路是在经济快速发展的同时,必须做到自然资源的合理开发利用与保护和环境保护相协调。根据国情和以上分析,中国可持续发展面临的战略问题是人口、资源、环境与发展三大挑战。

一是人口问题积重难返。中国自 20 世纪 50 年代开始工业化以后进入了人口倍增阶段，人口三大高峰相继来临，目前已接近 13 亿，比所有发达国家的总人口还多，而且仍在增长，人口就业压力持久，人口数量大、素质不高，人力资源开发面临着繁重的任务。

二是由于人口规模大，人均资源少。资源供需矛盾日趋尖锐。如上分析，我国人均主要资源，如耕地、水资源只分别占世界人均水平的 1/3、1/4；人均拥有矿产资源量不及世界人均占有量的 1/2，人均能源消费是世界人均水平的 40%，而且利用率低。加之，人口在 20～30 年内的持续增长，我国人均资源水平仍呈下降趋势，资源供需矛盾将更加加剧。

三是面临着生态破坏与环境污染的双重压力，自然灾害日益频繁。由于我国是低收入、技术水平不高的大国，在推进工业化过程中很难摆脱"先污染后治理""先破坏后建设"的传统模式，以致在发展初期就遇到了大规模的生态破坏和环境污染的双重压力，自然灾害日益频繁，如旷日持久的水土流失、沙漠化、林草植被破坏，水、土、大气污染和自然灾害的加剧等。

由于我国面临着人口、资源、环境三大可持续发展的问题和挑战，而矛盾的主要焦点又在于人口问题的积重难返，并严重制约着资源、环境和发展，因此严格控制人口数量，提高人口素质，开发人力资源，实施人口可持续发展战略，就成为现阶段及今后长期实施可持续发展战略的一个重点。这是因为，人口和人力资源不仅是经济社会发展的动力和决定性因素，也是合理有效和充分利用资源和环境要素的决定性因素，越是资源不足，越需要大力开发人力资源，使"人口生产"与"物质生产"相互适应，协调发展。其关键是发展科技、教育、提高人口和人力资源的素质，广拓就业门路，实现充分就业，振兴各业，广开财源，以促进经济社会可持续发展。

参考文献

[1] 张纯元主编：《人口经济学》，北京大学出版社 1983 年版。
[2] 刘书楷主编：《土地经济学》，中国农业出版社 1996 年版。
[3] 《中国 21 世纪议程——中国 21 世纪人口、环境与发展白皮书》，中国环境科学出版社 1994 年版。

原文刊发于：中国生态经济学会四届二次会议暨全国可持续发展研讨会论文集，1998 年 12 月

从生态经济系统观点论我国农业的长期
持续稳定协调发展

刘书楷

（南京农业大学农经与贸易学院）

"持续、稳定、协调"发展，是我国经济和农业发展的根本指导方针。农业的持续稳定协调发展，是国民经济持续稳定协调发展的基础。

农业作为国民经济发展的基础有其自身的特点，它是人类社会与自然界进行物质、能量转换的产业，涉及自然生态、社会经济和科学技术各个领域的多种制约因素。要使农业持续稳定发展，必须依据自然规律和经济规律，协调农业生产过程中自然、经济和社会三方面以反映农业与整个国民经济的多层关系，把农业逐步建设成为与之相适应的生态经济系统。基于这一看法，本文试图从生态经济理论的角度，对如何正确理解和贯彻执行农业持续稳定协调发展方针和战略加以初步探讨。

一、"持续、稳定、协调"发展，是我国新时期总结历史经验制定的发展战略方针

党的十一届三中全会以来，我国经济发展开始进入了新的历史时期。1988年我国人均国民生产总值约为497美元，越过了世界低收入水平300美元，正向世界中等收入水平1 700～1 800美元迈进，经济增长总量虽现居世界第9位，属于经济大国。但由于在经济发展上急于求成，强调速度，忽视效益，这导致了大起大落的明显波动，国民经济重大比例关系严重失调。加之，我国人多地少，是个资源约束型的经济落后大国，人口增长与耕地减少呈异向发展，农业资源有限，生态环境脆弱。1984年人均粮食395.5公斤，与世界公认的过关最低标准500公斤尚有差距。这是长期制约我国经济发展的因素。我国国情的特点决定了我国经济发展只能是渐进的过程，工农业的现代化要经过一个由长期积累和渐变进入质变的历史过程。只有坚持长期持续发展，把发展保持在合理的、适度的范围内，才能求得可能实现的最佳增长速度和最优生态、经济、社会效益，在保护生态环境的前提下，合理开发利用资源，促进农业生态经济系统的良性高效循环。

在我国，要逐步实现社会主义现代化，促进国民经济发展，必须实行发展国民经济"以农业为基础"的基本方针及相应的农业生产方针，充分发挥农业的基础作用。早在60年代，我国就制定了"以粮为纲，全面发展，多种经营"的农业生产方针，但由于执行的片面性，在一个相当长的时期曾造成了"以粮为纲"，单打一发展种植业的后果。及至1978—1979年《中共中央关于加快农业发展若干问题的决定》的正式颁布，由于吸取了一部分生态学家和经济学家提出发展社会主义大农业的积极建议，遂进一步明确

规定为"农林牧副渔同时并举"和"以粮为纲,全面发展,因地制宜,适当集中"的方针;随后,于1981年又改提为"决不放松粮食,积极开展多种经营"。经过几次改变提法,使我国农业发展的方向和道路逐步适应了实现农业现代化的要求,对改变单一抓粮食种植业的局面起了重要指导作用。但是,这一方针实际上只是用以指导农业生产布局的方针,它未能紧密结合基本国情,明确发展速度与效益的关系等问题;特别是,由于长期以来没有认真贯彻好"以农业为基础"的基本方针,最终还是导致农业发展滞后,工农业比例关系严重失调,造成了整个国民经济和农业发展的周期性波动。

针对现实存在的问题,1989年11月党的十三届五中全会通过的《关于进一步治理整顿和深化改革的决定》,在总结历史经验教训的基础上,更明确提出了切实加强农业基础,坚持长期持续稳定协调发展经济的方针。提出这一根本指导方针,并不是取代而是为了更好地贯彻执行"以农业为基础"的方针和现行的农业生产方针。它强调要从我国基本国情出发,摆正发展速度和保证效益的关系等关键环节,这对于长期保持我国经济和农业的健康发展具有重要战略意义。

二、"持续、稳定、协调"发展,是一个生态经济范畴,符合自然、经济、社会复合系统运行的规律与机理

就农业而言,农业生产是人类通过劳动运用经济、技术、社会资源与手段,同大自然进行物质变换的过程。在农业内部,经济再生产过程和自然再生产过程总是交织在一起的。农业机制的运行既受自然生态环境条件与自然资源和自然规律的制约,又受社会、经济、技术条件与社会资源和经济规律的支配。所谓农业持续稳定协调发展,指的是整个农业生态经济系统,而不是也不可能是某一个局部。因而,如何理解和贯彻执行"持续、稳定、协调"发展方针,不应只是囿于经济的角度,视为一个单纯的经济问题,而应从自然、经济、社会综合观点,视之为一个生态经济系统的建设问题。这是因为,农业的持续、稳定、协调发展,是相互联系、不可分割的辩证统一关系,它实质上是一个有序的和能形成为一定结构功能的生态经济系统。农业生态经济系统追求的整体功能目标,是在生产过程中保持系统的生态适宜性、经济合理性和系统外的社会价值的基础上,实现生态经济良性高效循环,不断地提高系统的生产力。为了实现这个功能目标,就要结合我国国情,在正确的指导方针下保持农业持续稳定协调发展。

所谓持续发展,是指生态经济系统生产力(含社会生产力和自然生产力,下同)是有阶段性的,但又是长期性、持久性的永续不衰的增长和发展。农业持续性,是指农业生态系统(或农业生态经济系统),在受到水、旱、病、虫等自然灾害及人为社会因素的震动和较大干扰时,维持自身生产力的能力。衡量持续性大小的指标可以有多种,以农业生态系统为例,如在遭受震动和干扰后,所表现的抗逆力、惯性、弹性、振幅和滞后性的不同程度等。而要维持系统的持续性就要追加物质、能量、技术、资金和劳动的投入,优化投入结构与形式,改善投入方法,增加控制力,以防止系统生产力在遭到破坏时陷于崩溃。持续性和持续发展,也是综合性的概念,目前西方一些生态学家和生态

经济学者所倡导的"持续性农业"(sustainable agriculture),其目标就是实现农业生态经济系统的稳定性、持续性和社会公正性(主要是要求商品和劳务分配均衡)等。这些无疑在我国社会主义条件下,更宜于实行。

所谓稳定发展,是指在坚持一定方向下,保持适当的发展速度,循序渐进,寻求系统生产力的长期性的、全面的、实质性的生态经济发展,力求减少周期波动幅度,避免大起大落。农业的稳定发展,是经济、政治和社会稳定的基础,也是整个社会经济持续稳定协调发展的主要关键之一。农业发展的稳定性,是指系统循环在受到环境条件(含自然、生物、经济和社会多种变量)的震动和干扰时,所表现的连续性生产力及系统应变能力。测定系统稳定性,可用一系列时间序列的指标和生产力的变动系数,来反映系统生产力的多种变化情况。例如,生产力可能持平,可能上升,或者下降。但从农业再生产中自然生态的发展规律看,只有在生物群落与一定的生态环境选择得合理并实现相对稳定的结合时,系统生产力才能保持最佳的适应稳定发展。

所谓协调发展,是指生态经济系统生产力诸因素的互补性、结构性及其发展的有序性、同步性与和谐性。农业的协调发展,要求制约农业生产的自然、经济、社会多因素按其一定的结构功能,呈现出相适、共生、互补、有序、同向、同步的发展,并力求弱化和消除其间的异向相斥和重大失调关系,在发展中保持多因素、多部门之间的相对均衡和合理的比例关系。农业的协调发展,可以表现为不同的层次,这主要包括:人类与自然的和谐,"人口—资源—环境"结构合理,经济社会与环境同步发展,农业资源配置与利用合理,产业结构与社会需求、食物结构、资源结构、技术结构相适应,并使体制政策配套,效益结构和利益分配结构合理等。

综上所述,农业的持续、稳定、协调发展诸环节,是相互联系、相互制约、不可分割的,必须置于发展系统生产力和农业生态经济系统运行机制的整体中,寻求其中的辩证统一关系。也可以这样认为:农业的持续、稳定、协调发展,应以持续发展为主体和中心目标,而稳定是前提,协调是关键。稳定、协调发展是从属于持续发展,并为其服务的。但要实现农业持续发展,必须首先稳定农业的基础地位,加强其基础作用,并在稳定发展中着力于在协调上下功夫。协调主要是正确处理整体与局部、局部与局部、综合与重点及近期与长远的关系。只有理顺各方面的关系,才能长期保持农业持续稳定协调发展。

三、我国农业持续稳定协调发展的主要标志及其实现途径

农业持续稳定协调发展的主要生态经济标志:一是农业资源环境的合理、有效和持续利用;二是农业生产结构的协调发展,农业基础作用的充分发挥;三是农业生产地区布局的合理化,农业区域经济的协调发展;四是实现农业生态经济系统的良性、高效循环和协调发展;五是取得了最佳生态、经济、社会效益,并使农业生态经济系统整体结构功能最大。

针对我国的国情及农业生产中的现实问题,我国农业实现长期持续稳定协调发展

的途径,主要应有以下几个方面:

(一)从国情出发,协调"人口—资源—环境"关系和人地关系

我国人口众多,农业自然资源有限,特别是水、土资源紧缺,人均耕地少,粮食需求大,农业发展必须首先解决 11 亿人口吃饭问题,但又深受资源约束,而且随着人口和经济社会的发展,难免导致给资源环境带来更大的压力。人口是重要的生态经济因素,又是生态经济系统中的一个子系统。人可以运用自然生态规律来利用自然资源,适应和改造生态环境,但又不能摆脱最终的自然束缚。人类既要直接、间接从自然摄取必要的有用物质和产品,同时又要使用和消费自然资源和环境,并把消费后的废弃物投入到自然界。人是生产者,又是消费者,人口规模对农产品的需求及对农业资源的利用与改变,始终制约农业的发展。而农业资源与环境及其利用的状况,又必然反作用于人类的生存和经济社会的发展。从发展趋势看,我国人口每年增长 1 500 万左右,而耕地却每年在减少几百万亩以上,农业、粮食和食物问题将是我国经济社会发展的最主要制约因素。据国外人口经济学家测算[①]:如果世界人口每年增加 2%,对食物的需求将增加 3%,同时就要占用和消费更多的耕地、森林、淡水和能源等。如果人口年增长率为 1%,需要增加储蓄和投资 4%～5%,才能保持稳定的人口与财富的比例。可见,要使我国农业得到持续稳定协调发展,首先要节制人口生育,从缓解人口、资源、环境矛盾和人地矛盾这一根本问题着手,逐步使人口生产同物质产品生产和生态环境再生产,保持同步协调发展。

又据中国科学院有关专家研究测算[②]:

从我国土地生产潜力来看,全国土地的可能最高人口承载量 15 亿～16 亿人口,并认为在相当长的时期内将处于临界状态。因此,关键是要控制人口,以保持人口与耕地的比例大体稳定在现有人均 1.5 亩的水平上。

由于人口、经济发展与资源、环境的矛盾,我国农业的发展还必须在利用自然资源和生态环境上,强调发展节地型和节水型农业,逐步加强集约型生态农业建设。

(二)依据"以农业为基础"发展国民经济的总方针和国家总体规划,调整工农业之间和农业内部各部门之间的比例关系及其增长速度比例,使之协调发展

"以农业为基础,工业为主导"历来是我国国民经济发展的总方针。但是长期以来,农业基础比较薄弱,而且国家在财政、投资、信贷、物资上向工业和城市建设实行倾斜,以致解放后 30 年我国农业与工业的增长比例在 1∶2.8 之间,1988 年更扩大到 1∶6.7,使工业的发展远远超过了农业的承受能力,造成工农业重大关系失衡,出现了农业发展滞缓,整个国民经济起伏波动。据国家计划部门和农业部及有关专家研究,一般认为,要使我国经济实现长期持续稳定协调发展,现阶段农业与工业的增长比例

---

① ［美］J.J.Spengler 测算。转见刘书楷等著《农业资源经济学》,西南财经大学出版社 1989 年版,第 26 页。

② 石玉林等:《我国土地资源利用的几个战略问题》,《自然资源学报》1989 年第 2 期。

应保持在 1∶2 左右为宜,并适度控制农业总产值年增长率,使之保持在 3%～4%,使工业总产值的适度年增长率保持在 10%～12%,使能源生产总量的适度年增长率保持在 4%～5%,使运输业产值的适度年增长率保持在 12%～13%①。

要想控制农业与工业的增长比例及其增长速度,就要使投入利用的资源变量、经济变量、技术因素等满足上述速度和比例关系的要求范围,据此制定符合"以农业为基础"的方针、政策和规划,并依据国民经济发展总方针和国家总体规划,制定相适应的农业和农村发展规划,以促使农业生产结构和农村产业结构的协调发展,充分发挥农业的基础作用。这样就可能在实施中长期规划中有利于保持农业与工业与国民经济各部门的合理比例和适度增长速度,使我国的农业和国民经济逐步走上长期持续稳定协调的轨道。

(三)依据生态经济学原则,在资源调查和评价基础上,制定农业区域生态经济区划与规划,搞好农业生产布局和区域开发,协调区域经济的发展

我国是社会主义国家,农业发展既要立足于本国的资源环境条件,又要服从国家总体规划并制定农业中长期规划,通过全面规划,把社会对农产品的需要与可能的资源条件结合起来。这就要依据生态与经济统一的原则对区域资源综合考察评价,查明地区优势和限制因素,制定农业区域生态经济与规划,分区、分类建立合理的生态经济模式,搞好农业生产布局和区域开发与治理。我国幅员辽阔,农业地域分异显著,需要在正确的区域政策和产业政策指导下,发挥地区优势,实行区域之间优势互补,使全国农业生产布局趋于合理,资源配置利用合理,并取得最大宏观综合效益。

在地区合理布局基础上,要进一步调整农业生产结构,处理好粮食生产与多种经营发展的关系。首先,要保持实际耕地面积在 20 亿亩左右,粮田不少于 17.6 亿亩,保证人均粮食 400 公斤,棉田 9 000 万亩,总产 9 000 万担左右,使主要农产品稳定增长;同时,又要积极发展林、牧、副、渔业和乡镇企业。并在农业区域开发和治理上正确处理综合开发与重点开发、综合治理与重点治理的关系,要把资金、物资、技术集中投在农、林、牧、副、渔各业和山、水、田(土)、林、路综合开发治理上,要优先选择潜力大、投资少、见效快、效益好的项目。近期国家已确定主要是抓好 14 大片的综合开发,重点治理改造约 10 亿亩中低产田。不论是综合开发治理,还是重点开发治理,均应依据生态经济原则,兼生态(环境)、经济效益与社会效益的统一。例如,在流域治理上,应把重点放在上中游水土流失严重的贫困山区,造林、种草,保持水土,改善生态环境,并适当开垦缓坡地;在平原农区,则应大兴水利,改革耕作制度,适当提高复种指数,寓生态建设于经济开发之中,发展集约型高产生态农业。

(四)依靠政策,增加投入,实行科技兴农

首先,是实行合理价格政策,消除工农产品价格剪刀差及农产品之间的不合理比

---

① 所用数据转见何康:《加强农业基础,保持国民经济持续稳定协调发展》,《人民日报》1989 年 11 月 24 日;赵涛等:《谈谈持续稳定协调发展》,《人民日报》1990 年 1 月 16 日、18 日。

价,稳定和保护农民务农种粮的积极性。这实质上就是系统生产力在受益之间的公正、均衡的分配,实现社会公正性,是保证农业持续稳定协调发展的根本因素。其次,是采取切实有效措施,调整投资、信贷、物资等结构,将资金、物资、技术、人才的投入向农业实行倾斜。其中,科学技术的广泛应用,在目前财力、物力紧缺条件下,往往起到节省资源、不增或少增成本,并能取得高产、宏效的作用。例如,培育良种,因地配方施肥,合理节水、用水,改进耕作、栽培方法,推行集约型生态农业等,一般均可起到优化资源利用,实现高产、优质、低耗、高效、增收之效。而且,科技的发展和增产潜力是永无止境的。再就是,应在稳定中深化改革,不断完善公有制及其经营规模与体制,从制度、政策上加强农业基础,保持国民经济和农业长期持续稳定协调发展。

原文刊发于《农业区划》1992 年第 8 期

生态环境特点的辩证关系

刘书楷　朱德明

（南京农业大学经贸学院）（苏州市农业区划办公室）

摘要：本文试图应用马列主义哲学的一般原理，对环境系统矛盾的对立面：非线性、非内在性、非规范性、非平衡性、非渐进性、非稳定性、非透明性、非确定性、非精确性等方面进行探讨。

关键词：马列主义哲学；环境系统；矛盾

The Dialectical Relations of Eco-environmental Characteristics

Liu Shukai　Zhu Deming

（Faculty of Agricultural Economy and Trade，Nanjing Agricultural University）

（Agriculture Division Officeof Suzhou City）

Abstract：The paper tries to use the basic principle of Marxism-Leninism philosophy to discuss the opposites being contradiction in environment system，which is notlinear，inner，standard，balance，advancing gradually，stable，opaque，definite，accurate.

Key words：Marxism-Leninism philosophy；Environment system；Contradiction

一、环境的非线性

环境问题一出现，人们就注意到环境各要素之间存在相互作用和影响，然而人们对这些相互关系的具体内容、传递方式和表现形式等问题的认识却始于简单的线性相互作用，用数学上的线性方程来刻画，比如环境系统的线性规划、环境投入产出模型等。

事实上环境领域内，更多地存在非线性相互作用，也就是说，环境本身是由众多要素全面联系着的有组织、非线性的动态系统，环境要素之间的相互作用并不是简单的类比叠加。若要素间相互配合与组合，按一定方式在大范围内协调运动，可产生 $1+1>2$ 的整体效应，从而使系统有新质出现或阻止系统向无序退化。目前我国正在实施的城市环境综合整治制度就是通过非线性相互作用使各个要素（子系统）之间产生协同作用和相干效应，来推动环境与经济的和谐发展。

故环境与经济实践中存在的这种大量的非线性相互作用，若仅以机械论为依据，以简单性为原则，以演绎推理为特征，仅考虑各要素的孤立作用与单独效应，并予以线性叠加，是难以解释和剖析现实环境不断增加着的复杂而多样的演化进程。

二、环境的非内在性

过去人们分析环境问题,仅从环境系统本身出发,就环境保护谈环境保护和自然资源利用,忽视社会经济系统、科学技术系统对环境的影响,忽视环境污染给外部的社会经济、人类文明带来的损害。外在性,环境问题就是一种外在性因素,是排污者对社会施加的外部不经济性,它是排污者把本来应该由其自身承担的责任由社会承担。这种"外部不经济性"在环境运行中表现出两个基本特征:(1)它们没有价格,不受市场机制的控制,使排污者失去资源约束,造成对环境的滥用,进而使环境资源在国民经济宏观核算体系中不能体现应有的"价格",使市场机制在调节环境资源利用时"失灵",偏离最优点移动;(2)它们强加在承担者身上而不管其是否同意,违反了社会公正原则,是对环境资源的主权者——人类权益的侵害,使这些损害的绝大部分给其他"局外人"直接承担了,造成"受害者负担"的不合理现象。因此环境污染问题就成为游离于市场而存在的外部因子,成为环境问题出现的根本痼疾所在。

三、环境的非规范性

传统环境科学偏重于规范现实,单纯进行规范分析,排斥环境运行作实证分析。毋庸置疑,规范性和实证性都是组成环境系统不可缺少的两个方面。环境保护需要有一定的价值判断、政治取向作为研究的出发点,提出我们环境保护的目的、目标、标准、制度,并检验各个主体是否达到或符合这些标准、规范。因此环境保护不能没有规范分析,但对社会主义环境运行来讲,实证性更为重要,因为环境保护的原则、制度、标准并不是我们研究问题的最终目的,清洁环境不是我们的唯一企求。我们的目的是用舒适的环境来满足广大人民日益增长的物质、文化需要。我们不能认为环境达到某级标准就万事大吉。而应当从现实的环境运动中,在全面研究和把握环境特点的基础上得出对自然环境图景和固有属性规律的认识,能动地指导环境建设、环境改造的实践,应当侧重考察系统运行的规律,为我所用。

四、环境的非平衡性

以前我们认识的环境只是一个在平衡状态下的稳定有序结构,是事物矛盾暂时的、相对的统一现象,然而环境中各个子系统实际上无一不是与周围环境有着相互联系、相互作用的开放系统,是一个非平衡系统。非平衡才是环境经常的、绝对的和普遍的范畴,这决定了我们认识环境,不能将其视作一个不随时间变化的平衡态和稳定态。而应该承认和利用不平衡性,并在不平衡中求平衡,只有这样环境系统才能进化发展。从人类改造自然环境的历史看,改变生态平衡固然有失败的结果,但并不乏成功的例证,这些过程都是打破原有的生态平衡,以非平衡作为过渡从而建设新的、更高级的生态平衡的过程,而且系统只有远离平衡态,才有可能通过系统开放,由涨落放大,经失稳突变,到达新的有序的稳定态。所以生态系统以及自然环境的生态结构之本质特征并不能归结为平衡,而是非平衡和平衡演替的对立统一。

五、环境的非渐进性

在人类社会的早期,由于人们使用工具简单,人类低下的生产力,构不成对环境的重大影响,因为虽然人类的生命活动在逐渐改变着环境,同是环境条件的改变也逐渐引起生物的形态结构、生态习性、空间分布格局和种群关系的变化,但这种扰动均可被系统吸纳、补偿或缓解,在这种情况下,环境变化是一个长期的、极其缓慢的过程,表现出一种渐进性。然而随着"三次浪潮"的到来,经济上采取了突进发展模式以后,特别是现代的环境问题,例如温室效益、臭氧层损耗和酸雨等,其影响范围,直至气候变暖、海平面上升、紫外线辐射增强,对人类社会、经济发展、人体健康、生物生态、环境变迁等产生强烈作用,并正以一种新的形态在发展。环境问题事前无明显症兆,却一触即发,难以防范,具有通向极限的突发性和突变性,持续时间也长。像博帕尔农药事故、三里岛事故以及切尔诺贝利核电站事故那样立即产生强烈的、致命的、不能被拖延和忽视的影响,产生致畸、致癌、致变的突变作用,这也是目前世界环境问题发生的一个主要特点。不过这些事故或环境发展又带有必然性,因为环境变迁在徐徐量变的过程中,也时时存在着一系列不稳定的序列,包含瞬时即变的因素,内部随时随地都有可能发生某种扰动,即所谓的涨落,一旦外来冲击超越自我调节,一旦位于临界阈值之上,随机涨落有可能使系统失稳,并导致系统内部机制或功能发生突变,因此环境系统蕴藏着区别于低层次系统的突现性,是量变与质变的统一。

六、环境的非稳定性

环境是永恒运动着的客观物质世界,这个复杂的自调系统中,生物与生物、生物与环境之间,通过物质和能量、信息与价值的交换和循环,相互影响,彼此制约,在较长时间内保持一致,呈现一种动态的稳定变化过程。然而,人作为自然环境的一员和全球生态系统的重要组成部分,活动具有目的性、能动性和创造性。人类的一切物质生产活动都是对自然界的改造,故不可避免地会对生态系统产生一定的影响,引起原有生态系统的组成、结构、功能、关系以及格局等诸方面的变化,可以说地球上自从有了人,就有了对原有环境系统的"干预""破坏",从而破坏原有稳定分布,导致不稳定性,就不断创造着新的人工生态系统,使环境的变迁,呈现从稳定到不稳定、又在不稳定的基础上形成新的稳定……这样一种循环的周期进化过程。因此我们仅分析常态和稳定态,贬低环境系统的变迁、冲突和竞争等非稳定性,是难以深刻分析运动着的环境经济运行系统,会导致理论与实践的偏差,使理论失去昔日光彩。

七、环境的非透明性

环境现象错综复杂,瞬息万变。众多的生态过程把人、动植物、微生物以及社会、经济技术、历史、文化联系在一起形成一个不断进化的生态系统,这些生态、经济与社会过程纵横交织、阡陌交通,人们难以把它们完整地描绘出来,也永远难以完全理解。如果我们直接从透明性来调节和组织环境保护活动,往往只能是事倍功半;相反若采用非透明性的黑箱辨识方法或灰色系统理论,就可以通过外部观测、模拟和试验,建立输入与输出信息之间的关系,就可以从功能行为相似或信息过程相同而又不能打开的系统或不可剖开的机体等复杂系统进行研究,去推断"黑箱""灰箱"的功能与特性,把握其变化规律,使其趋达最优环境经济目标。

八、环境的非确定性

环境的确定性认为:当系统接近平衡时,描述系统的方程是线性的,它只有一个解,故环境内的各种事物之间存在严格的因果制约性,只要知道其初始状态和运动方程,就可以准确地推演出未来任何时刻的状态,从而对事物发展趋向作出确定性的预测。但这种推演结果与环境经济实际运行状态并不一致,因为环境是一个典型的远离平衡态的耗散结构,在远离平衡时描述系统的方程是非线性的,可以表现不同类型的行为,特别是有人类"自由意志"的干预,具有产生迅速的、巨大干扰和骚动的潜在性,即使是短期内的发展进程,也不可能作出精确的预言和结论。

九、环境的非精确性

非精确性是相对于精确性量化而言的,后者假定环境之间的数量关系是精确的,可用一些确切的数量、价值、函数表达出来,而且日益完善的电子计算机、逻辑理论也正在环境科学研究中追求着这种自然属性的精确性。但是客观环境是永恒运动着的物质世界,系统的存在都是暂时的、相对的,加之环境不仅运行机制复杂,而且发展速率快,波动大,所以它所反映的信息量则有普遍的和绝对的模糊性和不精确性。由特质规定的事物和量的精确性也是暂时的、相对的,而量的模糊性则是普遍的、绝对的。何况用精确的量反映自然环境的规律性,只是分析研究的一种形式,随着哲学、自然科学性质的进一步被揭示,越来越多的环境现象和规律则要用非精确量才能得到更精确的表达。因为人类大脑对环境系统所进行的推理判断过程,正是使用了模糊的概念和方法,才使其具有巨大信息压缩力和推断灵活性,是在扬弃原来的猜测、幻想等范畴而产生的。

十、环境的非定性

在自然环境中,任何质的存在都是和一定的量相联系的。一般环境学侧重定性分析,轻视对环境作定量分析,使得环境科学无法回答环境实践中提出的一系列重大现实问题。环境各种元素间往往不是一种简单的因果关系,现实的环境运动呈现出复杂的函数关系,要把握环境这种质,就必须进行量的认识。

十一、结束语

笔者以上探讨并分析的环境特点,并非是否认环境的线性、平衡性等特点,而是为了更有利于我们深入探寻环境问题产生的根源和运行机制,思考控制我国环境污染的对策,以便走具有中国特色的环境保护道路,同时也是在考察目前认识环境特点弊端后作出的一种理性选择,表明环境科学研究的一种发展趋势,以及今后应该加以重视的问题,而且日益发达的环境实践也使这种趋势成为可能,成为现实,显示强大的生命力。当然认识了非线性等特点最终也不可能解决目前的一切环境问题并保持其永恒的繁荣;相反线性等特点却总是重要的,是认识前者的关键和基础所在,是环境科学创新和发展永不枯涸的源泉。最后也必须看到,这些特点并非孤立存在,而是相互联系、有机组配、网络叠加形成现实的生态环境系统。

原文刊发于《生态经济》1992 年第 6 期

生态经济效益协调发展的表征判断

张陆彪　刘书楷

（南京农业大学经贸学院）

摘要：本文引入协调系数这一新的范畴对生态经济评价方法论做了超前性探讨。其中重点研究了静态协调系数，并具体给出了不同生态经济效益组合类型协调系数的取值范围。文章认为，协调系数能够广泛用于不同地区、不同生态经济系统及其不同层次的生态、经济、社会效益协调统一的判断评价。

关键词：协调系数；均衡理论；生态经济效益；生态经济评价

Feature Determination on the Coordinative Development of Eco-economical Benefits

Zhang Lubiao　Liu Shukai

（Faculty of Agricultural Economy and Trade，Nanjing Agricultural University）

Abstract：Coordination coefficient is introduced to lead an exceed exploration of the methodology of eco-economical evaluation in this paper. And the static coordination coefficient is studied focuslly.

The number field of the coordination coefficient for evaluating different combination of eco-economical benefits are also given. Finally，it was concluded that the coordination coefficient could be widely used to evaluating the three benefits of different eco-economical systems and their different gradations in different regions.

目前对生态经济的评价研究多限于效益评价的范畴，对特性评价甚少。本文引入了协调系数的概念范畴，试图对生态效益、经济效益与社会效益的协调性判断问题做一尝试性探讨。

一、评价生态经济效益协调统一的理论依据

本文对生态效益、经济效益和社会效益之间的协调统一状况的评价是建立在以下理论基础之上的。

（一）社会主义生态经济效益理论

这一理论认为：生态经济系统运行发展中，必须兼顾生态效益、经济效益和社会效益三个方面，做到三者同步协调发展。其中，经济效益是主体，生态效益和社会效益是基础和保证。所谓效益协调，是指生态经济系统的生态效益、经济效益和社会效益之

间必须维持一定的同步性、比例性或均等性状态及趋势。

（二）社会主义生态经济均衡论

该理论认为：所谓均衡，是指在完全开放的条件下，作用于某生态经济系统的各种影响因素在一定时期内处于变动倾向为零的平衡状态，使得生态经济系统的生态效益、经济效益和社会效益的运动曲线相交于某一点。此点三大效益相等，称为效益均衡点或最佳结合点（见图1中P点），此时的效益组合称为均衡效益。当实现均衡效益时，复合生态经济效益最大。

生态经济效益理论和生态经济均衡理论是综合评价中进行协调统一判断分析的理论依据所在。效益理论具体指明了结合效益评价中必须包含生态、经济、社会效益三个方面，缺一不可，且必须重视三效益之间的协调。均衡理论则为进行综合评价中的协调统一分析提供了定量的判断标准。

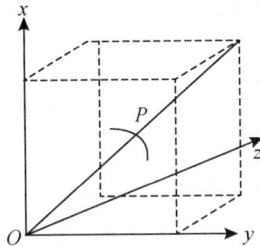

图1　效益均衡点示意图

图中：x—生态效益，y—经济效益，z—社会效益

这里，有必要弄清几个基本概念：① 复合生态经济效益和综合生态经济效益。复合生态经济效益是指生态经济系统的生态要素、经济要素和社会要素的合理组合与优化生态系统、经济系统和社会系统之间所产生的物质循环、能量转化及价值（社会价值）增殖效率的复合体（姜学民，1990）。具体用生态效益、经济效益与社会效益三者之积表示。综合评价法计算出的复合生态经济效益是无量纲的指数，称为复合生态经济效益指数。综合生态经济效益则是指生态经济系统所产生的物质循环，能量转化和价值（社会价值）增殖的综合体。具体用生态效益、经济效益及社会效益三者之和来表示。综合评价法计算出的效益值即为综合生态经济效益。它是一个无量纲的指数，又称之为综合生态经济效益指数。

复合生态经济效益所体现的是生态经济系统的效益交互协同状况及水平，而综合生态经济效益则反映出生态经济系统的整体功能效益组合状况及水平，见图2。因此，在指导各地生态农业发展中，应以综合生态经济效益最大为基本目标，并力求在此基础上实现复合生态经济效益达到最大。② 生态效益指数和生态效益综合评价指数。生态效益指数体现出评价前生态经济系统之生态效益的状态及水平，生态效益综合评价指数则反映综合评价中生态效益的地位及水平。两者关系为：生态效益综合评价指数＝生态效益指数×生态效益所占权重。经济效益指数和经济效益综合评价指数与社会效益指数和社会效益综合评价指数之间关系依此类推。

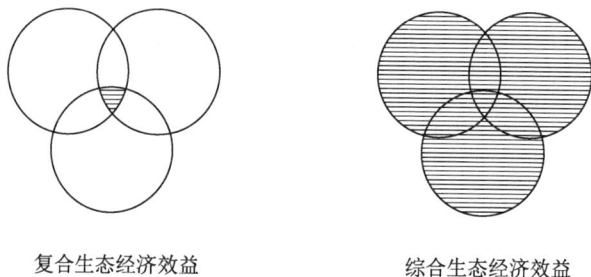

复合生态经济效益　　　　　　　　综合生态经济效益

图2　复合生态经济效益与综合生态经济效益对比图

二、协调系数的引入与解释：静态判断

依据生态经济效益理论和生态经济均衡理论,对生态经济发展中的效益协调统一判断标准有两种:一种为生态效益综合评价指数、经济效益综合评价指数及社会效益综合评价指数相等;另一种为三者之间维持某一比例关系。前种情况称为均衡协调状态,后种情况称为比例协调状态。具体到效益综合评价法,判定协调程度的标准只能是看三大效益综合评价指数是否相等;而对于生态、经济、社会效益的动态评价,则应包括其评价函数的均等协调或比例协调两种状态。

有必要强调指出的是,作为效益综合评价的次级指标体系,即作为诸效益指数主体的诸效益,必须满足以下条件:① 诸效益的综合构成综合评价的效益总体,必须是全部包容的情况。② 诸效益必须处于同一个等级或同一个层次。不同等级效益之间不能进行比较及其他各种判断。如不能把技术效益这一次级效益列入综合评价体系中与三大效益作为同一层次进行判断。两条件中不满足其中任何一条件,综合效益评价将失败,协调系数失效。

本文运用静态协调系数 λ' 来准确判断生态经济系统运行发展中生态效益、经济效益和社会效益的协调状况。公式为：

$$\lambda' = \frac{x_1 \cdot x_2 \cdot x_3}{\left[\sum (\alpha x_1 + \beta x_2 + \gamma x_3)\right]^3} \tag{1}$$

式中： $x_i(i=1,2,3)$ 表示生态效益、经济效益、社会效益综合评价指数; α、β、γ 分别表示生态效益、经济效益和社会效益在综合评价中所占的权重; $\sum (\alpha x_1 + \beta x_2 + \gamma x_3)$ 表示综合效益评价指数、它反映生态经济系统所处的总体水平。

因此, λ' 反映出在综合效益水平一定的条件下,为使复合生态经济效益最大,生态效益、经济效益和社会效益进行组合协调的数量程度。

但是,为了使最终计算出的协调系数 λ' 便于衡量,使其最大值为1,可把公式(1)

中分母综合效益指数用平均效益指数来替代,结果见式(2):

$$\lambda' = \frac{x_1 \cdot x_2 \cdot x_3}{\left[\dfrac{\sum(x_1 + x_2 + x_3)}{3}\right]^3}$$

$$= \frac{3^3 \cdot x_1 \cdot x_2 \cdot x_3}{\left(\sum x_i\right)^3}$$

$$= \frac{27 \cdot x_1 \cdot x_2 \cdot x_3}{\left(\sum x_i\right)^3}$$

$$(i = 1, 2, 3) \tag{2}$$

经过具体运算之后,可以发现,式(2)计算出的结果高度密集,层次性较差,为此,我们研究怎样使式(2)结果能得到比较满意的等级性问题,考虑是否可以在 λ' 之上加上一调整系数 K:

$$\lambda = (\lambda')^K = \left[\frac{27 \cdot x_1 \cdot x_2 \cdot x_3}{\left(\sum x_i\right)^3}\right]^K \tag{3}$$

调整过程中,结合对生态效益、经济效益和社会效益之间标准差的研究对比,我们初步认为,K 的取值应在 3～6 之间,通常取 4 即可。对比结果见表1。

表1　λ' 和 λ 值的对比 $(K=4)$

λ'	λ
0.880 1	0.60
0.914 7	0.70
0.945 7	0.80
0.974 0	0.90

但要使 λ' 大于 0.880 1,在标准差 σ 方面,一般应大约小于 0.19。也就是说,如果生态效益、经济效益及社会效益之间的标准差 σ 大于 0.19,则协调程度 λ 将小于 0.6。

运用公式(3),可使 λ 值取在 0—1 之间,最大值亦即最佳协调状态,并可使结果更直观清晰地表示出来。

依据目前对生态经济系统的判断标准,其生态效益、经济效益和社会效益综合评价指数的界定范围为:0.5～0.6 为初级效益水平,0.6～0.7 为中级效益水平,0.7～0.8 为良好效益水平,0.8～1.0 为优质效益水平(王元仲,1990)。同理,协调系数 λ 的界定范围为:0.6 以下为不协调状态,0.6～0.7 为中级协调状态,0.7～0.8 为良好协调状态,0.8 以上为优质协调状态。

三、效益及其协调类型判定:深层考察

考虑到不同生态经济系统及生态经济系统的不同发展阶段其生态经济效益综合

评价指数和协调系数会迥然相异,很难作出肯定和否定判断。我们认为,在具体对生态经济系统的效益协调统一状况进行判断时,必须遵循以下三条原则:

① 必须在追求综合生态经济效益均衡增加的前提下,不断提高协调程度;

② 必须追求较高的综合生态经济效益,而其中,经济效益的提高是核心;

③ 任何一种效益的绝对增加都不能以另一种效益的大幅度下降为替代。

按照效益协调发展原则,本文简单分为五种类型进行判定,见表 2 中 A、B、C、D、E、F、G 等七个区域。

表 2　生态经济效益协调统一判断类型表

类型 λ T	0.6 以下	0.6～0.7	0.7～0.8	0.8 以上
0.6 以下	G	F		
0.6～0.7	E		D	C
0.7～0.8				
0.8 以上			B	A

说明:表中 T 代表综合生态经济效益。

（一）效益及协调最佳型,表中 A 区所示。此类型要求不仅综合生态经济效益指数要达到 0.8 以上,而且协调系数也必须大于 0.8。这是人们所追求的理想发展状态水平。

（二）效益最佳,协调勉强型,表中 B 区所示。尽管生态经济系统的综合生态经济效益达到最佳水平(0.8 以上),但其效益协调系数却为 0.6～0.8,当属次佳型。

（三）效益勉强、协调最佳型,表中 C 区所示。此区效益协调程度优良(0.8 以上),只因其效益水平处于中低级(0.6～0.8),与现实生态经济系统目标相背离,故一般而言,属不宜区域。自然保护区和生态失调地区则属例外。

（四）效益及其协调勉强可行型,表中 D 区所示。综合生态经济效益指数(0.6～0.8)和协调系数(0.6～0.8),皆属中低级水平。

（五）效益及其协调失败型,表中 E、F、G 区所示。或是综合生态经济效益水平较高,但其效益协调水平极差;或是效益水平较差,协调程度较好;抑或二者皆差,终因其背离太大,急功近利,在现实生态经济发展中,当属失败。而 G 区则更是要极力避免的。

当然,作为一个非稳定态的生态经济系统,其运行发展中效益水平和其效益协调水平会依其结构功能机制的不断完善提高而有所变化,其中亦会有一定的规律。因此,通过对综合生态经济效益及其协调程度的综合判断分析,将有助于了解判断此生态经济系统究竟处于什么样的运行发展阶段之上。

现以江苏省大丰县滩涂生态农业 1988 年数据资料为例做一具体应用说明。综合评价法计算整理的结果为：生态效益、经济效益和社会效益综合评价指数分别为0.593 9、0.619 6、0.741 9，而运用专家咨询层次分析法计算出的权重分别为 0.303 5、0.555 4、0.141 1，因此，1988 年大丰县滩涂生态农业综合生态经济效益指数为0.629 1。依照效益协调系数公式(3)，得到 λ＝0.944 7。根据判断标准，大丰县滩涂生态农业效益水平尚处于中级水平，这主要是由于生态效益水平差造成的，而效益协调程度属优质水平从类型划分来看，属于效益勉强、协调最佳型。

四、结束语

效益协调系数 λ 和标准差 σ 都可对生态经济效益协调状况进行判断，但对比研究发现，本文给出的效益协调系数 λ 比标准差 σ 有明显优点，见表3。

表3　λ 判断与 σ 判断的对比

数据组	$\overline{x}$	σ	λ
0.726 3 0.765 7 0.514 3	0.668 8	0.110 4	0.836 1
0.626 3 0.665 7 0.414 3	0.568 8	0.110 4	0.776 8
0.526 3 0.565 7 0.314 3	0.468 8	0.110 4	0.681 0
0.426 3 0.465 7 0.214 3	0.368 8	0.110 4	0.518 0

另一方面，通过对公式(3)引入时间(t)进行改造，即得到可用于效益协调程度预测及对在一定协调程度要求下时间预测的动态协调函数 λ(t) 的判别公式(4)：

$$\lambda(t) = \left[\frac{27 \cdot x_1(t) \cdot x_2(t) \cdot x_3(t)}{\left[\sum x_{i(t)} \right]^3} \right]^K \quad (i = 1, 2, 3) \tag{4}$$

式中：$x_1(t)$，$x_2(t)$，$x_3(t)$ 分别是生态效益、经济效益和社会效益的时间函数，随时间(t)而变化。限于篇幅，本文对其具体应用问题不加研究。

现阶段，在多数情况下使用的是静态评价，这不仅仅是因为评价的生态经济指标多为静态指标，还因为对生态经济评价的理论及方法仍需深入研究。因此，本文给出的静态协调系数 λ 还只能说是对效益协调性判断所做的方法上的一种尝试。

参考文献

［1］刘书楷:《关于生态农业评价及应用研究的几个基本问题》,《生态经济》1990 年第 2 期。

［2］张陆彪:《效益理论和效益可能性曲线与生态农业评价》,《农业现代化研究》1990 年第 1 期。

［3］陈国阶:《"三大效益"统一协调的定量评价》,《中国环境科学》1990 年第 4 期。

［4］王元仲等:《生态农业评价指标体系及评价方法研究》,《农业环境保护》1990 年第 4 期。

［5］姜学民:《生态经济效益原理再探》,《生态经济》1990 年第 1 期。

原文刊发于《生态经济》1992 年第 3 期

改善我国农业生态环境的必由之路——集约经营

刘书楷　朱德明

（南京农业大学经贸学院）

提要: 从粗放经营向集约经营的转变是现代生态经济发展的要求和应遵循的一般规律。目前,我国农业生产总体上仍处于粗放状态;从我国农业资源的人均占有、生态环境恶化以及农业资源使用浪费的现状看,我国比其他任何国家、任何时候都更需要走农业集约化道路。以产值、数量、速度为导向的农业粗放经营是我国农业经济发展滞缓、农业生态环境恶化的主因。实现我国农业由粗放经营向集约经营转变是改善我国农业生态环境问题的必由之路。

一、我国比其他任何国家、任何时候都更需要走农业集约经营的道路

我国幅员辽阔,地大物博,拥有耕地绝对量名列世界第四,水资源总量居世界第六位。可是人均占有资源量远远低于世界水平,人均实际耕地仅 1.5 亩,远低于世界平均数 5.5 亩;人均占有水资源量仅约 2 600 m^3,为世界人均的 25%,居第 88 位。我国在 80 年代初期,就已有 100 多个城市日缺水 1 200 多万吨……更重要的是,我国农业资源还存在着资源质量不高、分布不匀、后备不足、先天脆弱、易于失衡、开发难度大等令人担忧的问题。

另一方面,由于对农业资源长期不合理的开发和利用,在我国已存在严重的农业生态环境问题,如水土流失、耕地锐减、草原退化、土地沙化、森林覆盖率下降、物种减少、土地侵蚀污染、水源短缺、地面沉降、气候异常、灾害增多等等,这些信息表明我国农业资源已临近传统耕作方式的生产开发极限,承载能力接近临界状态。

然而,一个具有讽刺意味的反差表明:我国的资源利用却是奢侈和浪费型的,浪费严重,效益低得惊人,集中表现在四个"30%~40%",即化肥利用率为 30%~40%,灌溉水分利用率 30%~40%,农业科技成果的转化率 30%~40%,农业劳力剩余时间 30%~40%,使我国本已十分稀缺的宝贵资源又遭到浪费。

今天,我们正处在一个十字路口:显然,放弃掠夺,遵循自然秩序,适度消费,使人口再生产、自然再生产与经济再生产平衡协调,走集约经营之路才是我们应当选择的必由之路。

二、粗放经营:我国农业经济发展滞缓与生态环境恶化的深层危机

农业资源利用粗放,轻视集约经营,这是上述生态症结的病根所在,因为粗放经营

在本质上有以下弊端：

（一）轻视农业资源的优化配置和空间布局，造成布局象牙交错

资源实行强制替代，以致吃得多、吸得少、排得多。生态环境关系失调是其物流、能流渠道不畅通，产投比失控等诸方面失调的结果。一方面输入的物质经加工生产后只有少数及时地转化为最终产品，绝大部分以产品、半成品形式滞留或积压在系统内，导致生态平衡的失调，或者以废弃物、有害物形式遗留或积聚于周围环境，加速资源的短缺和环境污染，另一方面，人们在开发利用中，投入的物能往往不多，而取走的物质产品却很多，造成资源枯竭、植被破坏、危害加剧。

（二）轻视农村产业的选择与合理调整

由于追求经济目标，经济迅速增长型的农村产业成为选择的重点对象，而轻视这些产业可能对农村生态环境产生的危害。如太湖地区发展的某些乡镇工业并非依据本地的资源优势、技术力量、环境容量等具体情况，而是急功近利，只讲赚钱，不顾环境效益。在吴江某镇 $1 km^2$ 的面积内出现 61 家企业，22 根烟囱，32 个废水排放口，65 处有毒气体排放点，10 多处噪声源的污染景况。"大跃进"期间全国一哄而起的小造纸、小冶炼、小建材、小土焦、小印染的"五小"遍地开花，小而全的工矿企业蜂拥而至，污染严重的乡镇工业盲目发展，奠定了我国环境污染的基本格局。

（三）轻视科学技术的规范和选择，延缓科技进步的过程

我国文明的基本特征是农业文明。但是迄今为止广大农村仍使用简陋的工具从事农耕工作，使用手工工具搞饭吃的局面，科技不可能放在适当的位置。因为落后粗放技术要求容易获取，投资起点低，人员素质低，这逼使农民不得不大量索取自然资源来满足其生存与发展。建国以来，由于对荒地资源缺乏系统调查研究和规划设计，垦荒建设没有明确的技术规范，形成沙漠化土地 $11\,735\ km^2$，占现代沙漠化土地总面积的 23.3％；由于不合理的灌溉，有灌无排以及农业技术粗放，三北地区盐渍化土地达到 1 亿亩；用现代抽水工具抽取地下水造成地下漏斗或海水倒灌；"以粮为纲"、围湖造田等单一开荒，忽视综合开发治理，结果在 30 年变迁中，湖泊减少了 500 多个，淡水储量减少了 15％，导致水土流失，库渠淤积，工程报废……形成了今日生态破坏的基本格局。

（四）轻视效益的提高

生产发展不以提高农业资源利用效率、改善利用结构为前提，而是"高消耗、重消费"。通过外延扩张，以投入增量谋取发展增量，靠数量取胜。靠"广种薄收"，必然造成资源浪费，经济过热，投资膨胀，导致更大范围的生态破坏和环境污染。目前"水荒"在逼近，正视了现实，人们也不是优先考虑各种节流挖潜工程，而是仍将目光更多地放在新辟水源上，事实上这是一条不恰当的治标之路。据国外研究，世界各国的农业灌溉效率只要提高 10％（我国目前农业用水占全国用水量的 88％，利用率为 30％～40％），就能节省出足可供应全球居民用水的水量。[1]

（五）轻视对污染防治项目和消除项目的投资

环境投入短缺，随时间的推移而积重难返，投入的"边际成本"不断提高，造成农业环境系统过度利用以至恶性循环。据估算，建国以来我国的环境欠账多达 445 亿元；"六五"期间我国用于环境保护的总投资才 170 亿元，约占同期国民收入的 0.67％，这同国际通用的发展中国家要求的环境保护投资应占"GNP 1％～2％"的阈值相比，显然明显偏低。

（六）轻视对公众环境意识的普及与提高

在文盲、半文盲充斥全国人口 1/4 的国家内，个体生态意识转化为全社会性的生态意识的过程相当缓慢。民众环境意识漠然置之，将农业资源视为取之不尽、用之不竭的"天外财富"，任何有利于环境发展的措施注定要萎缩。这将大大增加我们在执行环境保护政策时的难度与交易成本；同时国民环境意识低下，伴随而来的必然是人口的急剧增长。

总之，"在我国，因布局不当，城市功能分区有欠缺，生产技术落后，资源转化效率低等而产生的环境问题占有很大比重"。[2]"我国出现的环境污染和生态危机 30％～50％是由管理不善引起的，发展中国家由于这方面的问题造成的环境污染与破坏不会少于 50％"。故长期以来，我国实行的这种以数量增长为中心的速度型农业粗放经营发展战略，在农业生产过程中往往易演化为偏重资源投入和产值、排斥科技革新、扩大外延等"粗放症"，它像一把"双刃剑"，一边是降低农业经济效益，另一边是资源严重浪费又造成农业环境污染的蔓延；而且这种以产值、数量、速度为导向的农业粗放经营模式造成的生态恶果，也无法依靠增加环境保护投资和加强环保法制所能弥补与根除。因为这种发展方式不变，治理环境便意味着正向地耗费更多的环境保护投入，意味着农业部门、环境部门和执法部门普遍而无休止地摩擦，最后往往以财力不足和法不责众而难以持之以恒，从而使生态环境更趋恶化。因此，要谋求环境与经济的和谐发展，必须来一个全局性的、根本性的转变，那就是改变传统的粗放经营方式，代之以"质量、品种、效益"为目标导向的集约经营。

三、集约经营的转变：科技＋质量＋品种＋效益

农业粗放经营向集约经营转变应该以依靠科技进步，改善生态环境质量，调整环境保护产业结构和产品结构，提高环境经济效益为总体思路。实现我国农业从粗放经营到集约经营的转变，不仅具有较大的生态潜力和经济潜力，而且从"粗放经营"转变着手，才能更快地走出农业低谷，解决农业生态环境问题，为此必须从转变的紧迫性和艰苦性出发。

首先，从战略的高度，加强对实现我国农业从粗放经营向集约经营转变的认识，因势利导，积极推进，注重实效，提高集约经营转变的质量。我们应当继续深化改革，切实抓好转变中的管理工作，寻求向集约经营转变的动力，以此带动农村经济发展和改

善农村生态环境质量。

其次,多开辟从粗放经营向集约经营转变的通道。开辟新途径,就要增产适销对路的环境产品。提高产品的技术档次和技术含量,改变环境保护产业起步晚、品种少、质量差、新产品开发慢、远不能适应防治污染、保护生态需要的状况。我们不能认为中国人多地少,经济实力薄弱,就不可能实现集约经营的转变。向集约经营转化是多角度、多层次、多形式的,而且在"非最佳状态"实行集约经营也是有可能的。土地密集、资金密集只是集约经营的几种形式,还有技术密集、劳动密集、意识密集、知识密集等许多方式。随着社会经济的进步,发展这些方面的集约经营是农业发展的一条基本规律。

最后,要相对弱化农业投入需求扩张意识,以科技进步为先导,讲究内部经济效益,实现内涵扩大再生产的优化道路。集约经营意味着提高效益,意味着提高整个农村环境经济发展的质量与后劲。因此按照环境治理和预防环境破坏的要求,合理流动和重组资源存量比新增投入更为重要,更具有现实性。故应在提高环境经济效益、改善利用结构上下功夫,从提高效益中求发展,在提高效益中求节约,在提高效益中求速度,而不能依靠扩大环境经济投入规模,通过外延扩张,铺新摊子,上新项目,以投入增量谋取发展增量,更不能依靠降低经济发展速度或人民生活水平来增加投入水平。

参考文献

[1] 李金昌:《建立一个节水型社会》,《经济纵横》1988 年第 1 期。

[2] 曲格平:《城市环境综合整治是现代化建设的紧迫任务》,《中国环境报》1990 年 12 月
    22 日。

原文刊发于《农业现代化研究》1992 年第 1 期

论我国生态农业今后十年的发展方向和任务

刘书楷

（南京农业大学经贸学院）

提要:本文从农业机制的内在本质关系和特点出发,分析了生态农业的基本内涵和客观本质,提出了今后十年生态农业的发展方向和基本任务:一、进一步优化和完善生态农业机制,发挥其先进模式的示范推广作用;二、要在资源调查和农业区划的基础上,划分农业生态经济区,制定生态农业发展规划;三、应以优化农业资源配置和合理利用为中心,搞好区域综合开发和综合发展规划,协调我国经济、社会发展与资源、环境的矛盾;四、从地区实际出发,切实实行农、林、牧、渔、乡镇企业协调发展,优化农业和农村产业结构,建立良性、高效生态经济模式,提高生态农业的结构功能;五、强化宏观管理,采取配套措施,积极推动生态农业健康发展。

一、问题的提出

生态农业自 80 年代以来在我国农村广泛兴起,已历经十年。这一新生事物从无到有,从小到大,从少到多逐步地成长壮大,证明了其存在和进一步发展的客观必然性。生态农业的实践为提高我国农业的综合生产力和综合效益,引导农民致富,实现有中国特色的社会主义农业现代化开辟了一条新的途径。但是,生态农业在我国毕竟是新生事物,人们对它缺乏共识的统一基础;还由于我国幅员辽阔,各地农村自然资源状况和社会经济条件相差甚远,生态农业的试点实践效果和评价不一;还由于理论研究与实践探索之间仍存在一段距离,因此,有必要从农业机制的内在本质关系和特点出发,结合当今农业发展趋向对生态农业的基本内涵和客观本质做一科学的探寻,以求得大家的共识,并从中进一步明确今后十年生态农业的发展方向和基本任务。

二、对生态农业基本内涵和客观本质的探寻

就农业机制的内在本质关系和特点来说,农业机制明显地受着自然再生产过程的制约,农业再生产过程是经济再生产过程与自然再生产过程结合的对立统一体,这两个过程是统一的但又是矛盾的。经济再生产过程即经济系统,受社会、经济、技术因素多变性的影响及经济规律的制约,其系统运行机制呈不断发展和增长型,其对自然资源和环境要素的要求是无限的;而自然再生产过程即生态系统,其系统的生产力和资源更新能力、增殖能力是有限的和给定的,因而其系统运行机制是稳定型的,它要求系统在发展中保持相对动态平衡,从而限制着经济发展对自然资源和环境要素的无限要

求与利用。这表明,增长型机制的经济系统对自然资源和环境条件需求的无限性与稳定型机制的生态系统中资源和环境的有限性、给定性的矛盾,构成了农业生态经济系统整体的基本矛盾。生态农业旨在协调这一基本矛盾,优化生态与经济关系的运行机制,并强化和完善资源、环境的转化机制,把发展农业生产与保护资源环境统一起来,以保证农业生产的持久发展。

因此,生态农业的实质就在于它是一个有序的和能形成为一个实现生态、经济良性、高效循环的生态经济系统,以保持农业持续、稳定、协调发展,不断提高系统生产力。其深层的基本内涵表现为农业的持续、稳定、协调发展。这三者是相互联系、相互制约、不可分割的,持续发展是主体和目标,稳定是前提和基础,协调是保证和关键,稳定、协调是为了持续发展。

三、生态农业今后十年的发展方向和基本任务

生态农业的本质特征和发展规律规定了我国生态农业今后的发展方向,即:在促进我国农业社会主义现代化前提下,逐步实现农业长期持续稳定协调发展,不断提高农业生产水平和农民生活水平。其主要标志:一是农业资源环境的合理、有效、持续利用和保护;二是农业生产结构的协调发展,农业基础作用的充分发挥;三是农业生产布局的合理化,农业区域经济的协调发展;四是农业生态经济系统的良性、高效循环,具有最佳农业整体结构机能。为配合国家的"八五"发展规划和到 2000 年的国民经济发展总目标,我国生态农业今后十年的发展方向和任务至少应包括以下几方面:

(一)进一步优化和完善生态农业机制,发挥其增产示范作用,以全面提高农业综合生产力和综合效益,引导农民致富,促进农业持续稳定发展,这是保证我国生态农业持久发展的必由之路。

(二)要在资源调查和农业区划基础上,划分农业生态经济区,制定生态农业发展规划。现在我国已有较详细的农业资源调查与区划的基本资料,有了农业自然生态区划(如侯学煜教授曾将全国划分为 14 个一级自然生态区)和综合农业区划(中国农业区划委员会编写组将全国划分为 10 个一级农业区)。前者是按自然因素和生态规律划分的,后者则兼顾了自然因素和社会经济条件。但已有的自然生态区划和农业综合区划还不是农业生态经济区划。农业生态经济区划是一种功能区划,主要是反映区域生态经济关系及其结构功能的类似性和差异性的,它应是生态农业发展规划的基础。在目前尚无农业生态经济分区时,可侧重从区际、区内生态经济关系、商品经济关系和流域联系,在上述区划基础上加以调整划分。例如,江西省目前提出的"山(区)、江(河)、湖(鄱阳湖)综合治理规划",就是在类似农业生态经济区划的基础上制定的。全国和各地区都可按照每条江河的上、中、下流域划分区域生态经济系统,按流域系统分区、分类规划布局、建设生态农业。按流域进行生态农业发展规划,一般来说,开始治理的顺序和重点应由上游而下游,先治山后治水,在山区广植林草、保持水土、保护森林、矿产资源,而中下游有大面积土地、水面资源,则具有发展农、渔业和乡镇企业的经

济优势。这就为分区、分类发展生态农业指明了方向和任务。

农业生态经济区划依据区域资源条件和区域生态经济系统特征划分农业区,分区确定生态农业的发展方向和模式及其关键措施,这是生态农业发展规划必要的一项前期工作。生态农业发展规划的基本任务,是要综合开发和最大限度地合理利用资源与环境要素,建立一个适应该地区特点和区域优势的农业生态经济系统。为此,需要对已有的生态农业试点加以综合评价,通过一定的反映资源开发利用和反映生态经济系统结构功能效益的评价指标体系,从中筛选和优化一批能代表一定地区和类型发展方向的农业生态经济模式,并在尚未开展生态农业试点的地区,示范和推广。

当然,生态农业区域规划应尽量与农业区域总体规划和整个国民经济总体规划相衔接,并纳入这些相关的高层次规划。

(三)应以优化农业资源配置和合理利用为中心,搞好区域综合开发和综合发展规划,协调我国经济、社会发展与资源、环境的矛盾。我国人均水、土、林资源紧缺,资源、环境压力大,人口、资源、环境矛盾十分突出,因此,生态农业发展规划的任务,是要寻求缓解这些矛盾的途径和方案,而其核心的问题,是如何合理开发利用农业资源。

农业资源的合理开发利用涉及经济社会及资源环境的相互关系。其利用方向、目标、规模、方式和利用结构,必须建立在高层次的综合评价的基础上。分析各种资源的保证程度和承载能力,以及资源系统的整体特征、潜在价值和开发条件,明确哪些是优势资源或限制性劣势资源;然后,根据社会和市场对资源产品需求趋势,把与社会需求相一致的并具有较大开发效益的优势资源作为当地资源开发利用的主要方向和重点,而对于非重点优势资源和相对劣势资源,则应在保证重点资源开发的前提下结合进行相应的开发利用。农业资源一般具有多宜性和多用性的特点,把各种可利用资源理成一个资源系统进行优化配置和综合开发,对于促进农业和农村产业的综合发展,提高系统综合生产力和综合效益是十分有利的。

保护自然资源、保护生态环境是合理开发利用农业资源的一项重要内容,也是协调农业持续稳定发展的重要任务之一。因此,必须把保护资源环境纳入资源开发利用之中,边开发利用边治理保护,在开发利用中保护,在治理保护中利用。

根据我国农业自然资源丰富多样、人均占有量少,利用不充分、不合理、潜力大的特点和问题,在农业资源开发利用规划中应着重采取以下的战略:(1)首先要严格制止掠夺性经营,保护自然资源,改善生态环境;(2)实行集约经营,增加投入,改善水、肥条件,发展以生物技术为主体的综合技术,提高土地和各种自然资源的生产率;(3)实行综合经营,提高农业资源的利用率和综合效益;(4)针对农村能源十分紧缺及其对农业生产、人民生活及生态环境的影响,应把开发新能源、节约合理利用能源,作为一项战略重点。

(四)从地区实际出发,切实实行农、林、牧、渔和乡镇企业协调发展,优化农业和农村产业结构,建立良性高效生态经济模式,提高生态农业的结构功能。生态农业包括了以农业为主体的农村产业的各部门,要建立各业在资源和产品上的循环和利用系统，发展第一、第二、第三产业，多次增加产品和价值，同时又能避免自身的污染，改善生态环境。

一般来说，分区、分类型的最佳生态农业模式都是在资源最优配置和合理利用的基础上形成的，但它们不是一成不变的，必须随着条件和需要的动态变化趋势，对其结构比例和发展规模与速度，加以相应的必要调控，使之趋于协调发展，才能取得最佳结构效益。从生态农业发展的宏观角度说，农业生态经济系统的合理化，要求农、林、牧、渔业全面发展，种、养、加相结合，产、供、销一体化，结合发展相应的乡镇企业，并把各业有机结合起来，实行全面协调发展，才能促使整个农业趋于良性、高效循环，不断提高农业的综合生产力和综合效益。但是，从一地或一个微观生产单位说，要建立上述完整的综合性模式并不是都能做到的，这要根据具体情况区别对待，采取一业为主，多种经营的模式。

近年来，我国一些地区利用各种生物的生物学特性及其在生产过程中的空间差、时间差，搞立体种植和层养、混养的立体养殖方法，建立起多物共生、多层次搭配、多梯级循环的生态系统，形成山地、水田、旱地、果园、菜地、庭院等各种类型的立体结构模式，这是行之有效的最佳生态农业模式。这种立体的生态经济模式，对发展节地、节水型农业，利用多种自然资源，充分利用劳动力有重要战略意义。还有些地区，通过双层经营体制和社会化服务体系，扩大经营范围和规模，实行种、养、加结合，产、供、销一体化综合经营，更为发展商品经济和农业的现代化开辟了广阔的前景。

（五）强化宏观管理，采取配套措施，积极推动生态农业健康发展。当前，我国生态农业的发展正处在由试点实验向示范推广过渡的阶段，各地的生态农业建设取得了很大成绩，也显示了应有的作用，但发展还不平衡。为促使其进一步沿着规范化的轨道发展，关键是要加强宏观管理，以积极扶植和引导。这就需要采取以下的相应措施：第一，实行统一规划，合理布局，在近期制定出农业生态经济区划和生态农业区域规划，以便为分区、分类确定生态农业的基点及其发展方向、任务、模式和关键措施提供依据。第二，组织和培训专业队伍，深入已有的试点单位和基地，总结经验，以指导面的发展。第三，在"三依靠"上，把重点置于扶持生态农业，这不仅因生态农业是新生事物，更重要的是生态农业必须兼顾自然生态和社会经济的协调发展，它需要把先进的技术和更多的人力、物力、财力用于修复和改善生产条件及保护资源环境，而难以短期内取得相应的经济补偿。因此，只有实行相应的扶持措施，加强宏观管理，才能使生态农业在促进农业的长期持续、稳定、协调发展中最大限度地发挥作用。

原文刊发于《农业现代化研究》1991 年第 4 期

生态农业系统特性评价指标体系研究

张陆彪　刘书楷

（南京农业大学经贸学院）

摘要：立足对特性评价理论和效益评价理论的分析对比，本文首先阐明生态农业系统主要特性（生产力、稳定性、持续性和公正性）的概念及内容，其次对衡量不同特性状况的具体指标体系进行了探索性研究。文章最后阐述了生态农业系统特性评价研究的作用及意义，并指出必须加强此项研究的紧迫性。

迄今为止，国内外学者对生态农业的评价大致可分为两大派：一派为"效益派"。主张从生态、经济和社会三效益角度进行综合效益评价；另一派为"特性派"。主张从系统特性出发，对生态农业系统结构及功能状况进行评价。其理论基础为：生态农业系统的特性并非系统单个组分的性质，也不是系统结构或系统功能的一个侧面。作为整个系统特性的表现属性，它们是系统结构和功能交互作用的结果或基本表现，系统特性完全可以反映出系统的结构和功能状况水平。

作为一个系统，生态农业的系统特性在效益评价理论中并不能得到具体的、明确的反映。所以对系统特性评价的研究很有必要。

本文试从生态农业系统所公认的、最基本的四个特性——生产力、稳定性、持续性和公正性出发，探究生态农业特性评价指标体系。

一、生产力评价指标组

生产力是指生态农业系统在一定时间、空间、数量、质量等量纲条件下，单位资源投入所获得的价值产品的产出。它体现在系统的投入产出效果上。这里，价值产品不仅是指产品的产量，它还包括就业的增加、舒适、美学价值，抑或是有助于社会福利、心理健康、精神快乐的范围颇广的某种产品。尽管人们也注重并试图增加这些产品的产出，然而人们对这些产品却难以衡量。

生产力的衡量指标甚多，这是因为生产力的多重量纲性所致，不同的量纲在反映产品的不同功能方面有不同的用途（见表1）。生产力的多重量纲性要求：（1）只有给产量之量纲单位以显含限定，比较评价不同生态农业系统的产量才有意义；（2）只有用单位投入的产量来表达，生产力指标才有意义。如在人口密度高的地区，人均占有土地少，劳动投入密集，单位土地生产力较高，但单位劳动生产力却低；而在人口密度低的地区，情况则恰恰相反。因此，没有任何一个指标能独立地反映生产力状况。一般而言，生产力评价指标有如下几个：

（1）劳动生产力；

（2）作物光能利用率；

（3）系统能量产投比。依生产等级的不同，又可分为第一性、第二性及生物产品深度加工的能量产投比。具体：

$$R_i = Q_i / I_i \quad (i = 1, 2, 3)$$

式中：Q_i 为系统能量输出，I_i 为外加辅助能量输入；

（4）土地生产力；

（5）资金生产力，它等于系统净产值与总投资之比；

（6）综合生产力，它等于能量产投比与资金产投比之积。

表1　生产力多重量纲性的某些主要来源

量纲	投入
生物量	劳动
食物营养价值	土地、物质
能量	能量
货币价值	资金

二、稳定性评价指标组

稳定性是指在受到自然环境条件和社会环境条件发生繁杂的变动（如降雨量的变化、周期性虫害、价格波动等）和进行正常循环而引起较小的干扰力时，生态农业系统生产力的连续状况。它说明生态农业系统产量的可靠性及恒定性，也是系统自组织、自调节、自适应等特性的集中反映。

稳定性包含三方面内容：一是外界环境条件的变化不会对系统生产力产生影响或影响较小；二是受外界环境条件扰动，系统生产力有所变动，但一旦扰动消除，系统生产力能自行恢复先前的状态或水平；三是系统向自动发生的总趋势演化，生产力自动地趋向某一更加稳定状态而因而呈现稳定比。

稳定性评价指标有：

（1）系统产出扰动度（O'）

$$O' = \frac{\sum |T - T_i|}{nT}$$

式中：n 为计算期年数；T_i 为计算期内第 i 年产出量；T 为计算期内平均年产出量。

（2）系统输入扰动度（I'）

$$I' = \frac{\sum |C - C_i|}{nC}$$

式中:n 为计算期年数;C 为计算期平均输入量;C_i 为计算期内第 i 年输入量。

（3）系统产值优势度（C）：

$$C = \sum_{i=1}^{\infty} (n_i/N)^2$$

式中:n_i 为第 i 子系统产值（量）;N 为系统总产值（量）;∞ 为系统子系统个数。C 越小,说明系统结构趋于平衡,趋于合理。

（4）稳定性综合指数（S）

$$S = -\sum_{i=1}^{\infty} (P_i/\ln P_i) ; (P_i = n_i/N)$$

式中:P_i 为第 i 子系统产值优势度;N 为系统总产值;n_i 为第 i 子系统产值;∞ 为系统子系统个数。S 值越大,表明系统稳定性越强。

（5）系统产值离异度（σ）

$$\sigma = \frac{1}{\infty} \sqrt{\omega \sum P_i^2 - 1} ; (P_i = n_i/N)$$

式中:P_i 为第 i 子系统产值优势度;n_i 为第 i 子系统产值（量）;N 为系统总产值（量）;∞ 为系统子系统个数;σ 越小,系统结构越趋向合理,稳定性增加。

从以上指标中可以看出,我们对生态农业系统稳定性的评价,倾向于对稳定性的第三方面含义的评价,即:在我国现有条件下,应看系统向自动发生的总趋势演化或某一更加稳定状态的趋向过程中,生产力的稳定化程度。这是符合系统论和控制论原理的。

三、持续性评价指标组

持续性是指生态农业系统受到外界较大干扰力时维持自身生产力的能力。干扰可能由应力引起,如盐碱、有毒、侵蚀、市场需求下降等;也可能为震动所致,如一场罕见的水灾或旱灾,投入物价格的急速上涨等。

可供衡量持续性大小的指标很多,如惯性、抵抗力、弹性、振幅、滞后性、韧性等。具体可用以下指标进行评价:

（1）系统受容度（C）：

$$C = B/K$$

式中:B 为系统生物量;K 为系统生物容纳量。

（2）系统产值振动度（D）：

$$D = \frac{\max P - \min P}{\overline{P}}$$

式中:P 为系统年产值（量）;$\overline{P}$ 计算期平均年产值（量）。

（3）收入弹性系数（f）：

$$f = \frac{\Delta R}{R} \bigg/ \frac{\Delta C}{C}$$

式中:R 为现期收入;C 为现期成本;Δ 为现期与基期之差;$f > 1$,表示效益提高;$f = 1$,表示效益不变;$f < 1$,表示效益下降。f 值越大,持续性越好。

（4）交叉替代结构弹性(Ec)：

$$Ec = \frac{Qx_2 - Qx_1}{Qx_1} \bigg/ \frac{Py_2 - Py_1}{Py_1};$$

式中:Qx_1 为结构组分 x 的期初量;Qx_2 为结构组分 x 的期末量;Py_1 为结构组分 y 的期初量;Py_2 为结构组分 y 的期末量;Ec 越大,表示组分间互联性（或互补性）越强,持续性越好。

（5）输出弹性系数(Es)：

$$Es = \frac{Q_2 - Q_1}{Q_1} \bigg/ \frac{P_2 - P_1}{P_1};$$

式中:Q_1 为期初输出量;Q_2 为期末输出量;P_1 为期初价格;P_2 为期末价格。Es 越大,持续性越好。

然而,不可否认,在对持续性指标进行具体量化上,至今仍有不少的困难。

四、公正性评价指标组

公正性是指生态农业系统的生产力依据需要在受益者之间进行分配的均衡性。一般而言,公正性反映系统所生产的总商品量（或总劳务量）的分配情况,但另外,它还包括投入（土地、资金或技术信息）的机会这一方面。受益者可以是一个农户、村民,或是一个省、市的人,这要依据生态农业系统评价的界限范围而定。

我们虽然很难用一个纯粹准确的概念去定义公正性,也难以用反映不同价值判断的指标确定其大小。但仍然可以对其进行判断、衡量和评价。具体指标如下：

（1）基尼系数(G)。反映商品、收入等分配的公平化（均衡）程度。公式为：

$$G = 2 \left[\sum_{i=1}^{n} \left(\frac{i}{n} \cdot \frac{x_i}{\sum x_i} \right) \right] - \frac{n+1}{n}$$

式中:x_i 为第 i 受益者的人均收入;n 为受益者个数。

（2）产值（产量）均衡度(D_1)：

$$D_1 = 1 - \frac{\sum |Y - Y_1|}{nY}$$

式中:Y 为系统总体单位面积产值（量）;Y_i 为系统第 i 小区单位面积产值（量）;n 为小区总数。D_1 越大,表明生态农业系统越公正。

（3）受益均衡度（D_2）：

$$D_2 = 1 - \frac{\sum |W - W_i|}{nW}$$

式中：W 为全系统人均收入；W_i 为第 i 可统计小区人均收入；n 为小区总数。D_2 越大，受益越公正。

（4）系统结构均衡度（II）：

$$\mathrm{II} = \frac{1}{1 + \sqrt{\frac{1}{n-1} \sum (N_i - 1)^2}} \qquad \left(N_i = \frac{m_i/C_i}{m/c} \right)$$

式中：C_i 为第 i 子系统投入或输出；C 为系统投入（劳动、资金、土地）或系统输出（产量、产值）；N_i 为单项均衡判别值；m 为系统净产值；m_i 为第 i 子系统净产值；n 为子系统个数。

在具体对一现实的、特定的生态农业系统公正性进行评价时，还要据具体情况制定出一些具体指标。如在化肥"双轨制"存在的情况下，评价一生态农业系统投入的公正性，就可增加反映平价化肥占总施肥量的公正性指标（投入均衡度 D_3）。

$$D_3 = 1 - \frac{\sum |T - T_i|}{nT}$$

式中：T 为系统由受益者平均获得平价化肥量；T_i 为第 i 受益者平均获得平价化肥量；n 为受益者个数。显然，D_3 越大，表明化肥投入的公正性越高。

以上是对生态农业系统进行特性评价的指标体系。加强对生态农业系统之特征的认识，不仅可以深化对生态农业本质特征的认识，帮助了解和评价生态农业系统的高效良性循环状态，而且可以服务于我国目前生态农业建设与完善的科学决策，以使生态农业这一现代农业的替代组织形式在我国能够持续、稳定、高效、协调地向前发展。

参考文献

[1] 卞有生：《民营生态农业系统的价值流分析》，《中国环境科学》1987 年第 3 期。

[2] 罗必良：《生态农业若干系统属性解析初步》，《河北农业生态》1988 年第 3 期。

[3] Marten, G. G. (1988) Productivity, Stability, Sustainability, Equity, Autonomy—Properties for the Agroeco-system Assessment. Agricultural System, 26.

[4] Conway, G. R. (1987). The Properties of Agroeco-system. Agricultural System, 24：95～117.

原文刊发于《生态经济》1991 年第 5 期

苏南太湖区域水环境生态经济评价研究

朱德明　刘书楷

（江苏省环境科学研究所）（南京农业大学经贸学院）

摘要：水环境作为一种稀缺资源和环境的基本要素，在区域经济发展中起着重要作用。本文根据苏南太湖水环境特点，在分析其在区域经济发展中存在的生态症结基础上，结合生态经济评价的基本原则，采用主成分分析方法（PCA），对太湖区域水环境质量进行了生态经济评价。最后提出了一些适合于本地区自然水环境特点，有利于水环境与区域经济和谐发展的战略性措施。

关键词：太湖；水环境；生态经济

Eco-economic Evaluation on Taihu Regional Water Environment in South Jiangsu

Zhu Deming　Liu Shukai

(The Institute of Environmental Science of Jiangsu Province)

(Economics and Trade College，Nanjing Agricultural University)

Abstract：Water environment，an important scarcity resource and a primilinary environmente lement，takes an active part in economical development. Taihu regional water environmental quality is evaluated by PCA(Principal Component Analysis)，according to the characters of South Jiangsu Taihu water environment and the main ecological problems in regional economical development，based on economic evaluation principles. Strategical conter measures fitting for character of Taihu natural water environment and harmonizing development between water environment and regional economics are also put forward.

Key words：Taihu；water environment；eco-economy

太湖地区是我国沿海经济发达地区之一，在江苏省乃至全国国民经济中起着举足轻重的作用。近几十年来，随着人口的骤增，经济的腾飞，乡镇企业的崛起，城镇化的加速，激化了这一地区已有的水环境与区域经济发展的矛盾。目前水环境已成为制约太湖区域经济发展和环境状态的一大限制性因素。因此，分析太湖水环境特点，寻找区域经济发展中的水环境症结，探讨保护和改善水环境的措施，不仅在目前，而且在今后都显得十分迫切和重要。

一、苏南太湖水环境特点

（一）水环境类型复杂多样

境内主要水系有长江、太湖和京杭大运河苏南段。湖泊除了著名的太湖、阳澄湖之外，尚分布 60 个千亩以上的湖泊。此外在广阔的平原内还有河流、外荡河滨、内塘及水库等各种水体类型。

（二）气候温和湿润，雨量充沛

东部季风气候是支配本区水文状况的主要因素。年平均气温约 15～16 ℃。年平均降水量约 1 000～1 400 mm，但分布极不平衡，夏季(6～8 月)降水量最多，占年降水总量的 35％～40％；年际分布不匀，有时出现连续几年枯水期或丰水期。枯水年或正常年际久旱不雨，高温、少雨持续时间长会使局部区域水环境产生黑臭等现象。

（三）水面面积比重大，水资源丰富

本区河网稠密，湖荡广布，水面面积达 912.9 万亩，占全区土地总面积的 28.5％，水面多以湖群分布，这些河湖沟渠成为构成该地区水资源优势的条件之一。据统计，仅 60 个千亩以上的较大湖泊蓄水量约 $63 \times 10^8 \text{m}^3$。上述条件一方面为通航、工农业生产、城镇居民生活用水提供了丰富的水源，另一方面也为稀释该地区废水，提高水环境容量提供可能。

（四）地势平衍低洼

太湖古称泽国，其基本特征是四周高仰，中部低洼，构成一个大碟型洼地。由于地势较为平坦，造成河流流向不定，如无锡至苏州 42 km 内，水位落差仅 38 cm，水力坡降仅为 1/15 万；加上河网纵横互通，容易引起污染物的推移扩散，从而增加了对太湖水环境污染控制的复杂性。

（五）向外排水不畅

太湖地区东临大海，北依长江，地势过低，而江海潮位又相对较高，潮差较小。例如作为太湖主要出道的吴淞口，一般高潮位 4 m 左右，低潮位仅 1 m 左右，当吴江水位 4 m 时，仅高出吴淞口平均潮位 1.5 m 左右。故出水河港水平流缓，宣泄不畅，并随着沧桑变迁，出水河港不断减少，造成污水在区内随水左右流荡，不易迁移到远处去，增加了水环境污染治理的困难。

二、经济发展中太湖区域水环境的主要症结

（一）水环境严重污染

本地区虽有丰富的水资源，但由于工农业生产、城镇居民、农药与化肥、交通运输、旅游等污染源的污水未经处理就大量排入区内水环境；同时太湖地区又位于长江、京杭大运河的下游，易从区外通过水体流动等转嫁污染途径携来过境污染物；加上苏南太湖水环境本身的特点，使本区水体普遍遭到严重的污染。以江南运河为例，有 2/3 的河段达不到地面三级水的标准。每年累计出现一个月以上黑臭的河段有 45 km。

（二）水环境生态平衡失调

人口密集、经济密集、乡镇密集对水环境造成很大的压力和冲击。从表1可知，近年来，这个势头仍很迅猛，使水环境问题变得更加严峻和难以防范。

表1　苏南太湖、江苏省、全国部分环境经济指标比较（1987年）

类别	太湖四市	江苏省	太湖同江苏全省比较	全国	太湖同全国比较
土地总面积（万 km²）	2.13	10.16	占21%	960	占0.02%
人口密度（人/km²）	707	619	高0.14倍	112	高5.3倍
经济密度（元/km²）	3 982 904	1 729 273	高1.3倍	192～520	高19.6倍
人均耕地（亩/人）	0.91	1.08	低0.2倍	1.5	低0.6倍
森林覆盖率（%）	6.2	4.3	高0.44倍	12	低0.93倍
乡镇企业密度（个/km²）	2.09	1.23	高0.7倍	0.16	高12倍
乡镇密度（个/km²）	159	235	低0.47倍	—	—
废水排放密度（吨/km²）	45 554	27 909	高6.6倍	3 635.4	高11.5倍

注：资料来源为江苏统计年鉴（1988年）、全国统计年鉴（1988年）。

围湖造田，填河废塘，致使水环境恶化，水功能失调。以太湖为例，仅1969—1974年5年内太湖就被围垦20万亩，由于大量围垦，东太湖的出口河道也由1949年前的84条减至现在的十几条。在城市建设中，为节省用地，进行了大面积的填河，无锡市解放以来填河41条，约25.5 km，水塘全填没。由于区内河流、湖泊面积的减少，加剧了泥沙淤积，使得原来起排水、排污、稀释与蓄泄功能的水环境失去了对城市、乡村生态的调节作用，影响了工农业生产、航行、养殖的全面发展及防洪、抗涝工作的开展。

地下水超负荷开采，引起地面严重下沉。本地区地下水资源丰富，加上水温低，水质好，开采方便，成本低，致使各工厂、企事业单位竞相开采，导致地下水资源"赤字"。仅苏锡常三市每年地下水开采量就达4亿多吨，形成了以三市为中心区域的水位下降，其范围以水位降落10 m计，则达5 000 km²。由于大面积的水位下降，造成含水砂性土层及黏性土层的压缩，产生严重的地面沉降。无锡市城区仅3年时间就下沉39 mm，最大沉降量达1 000 mm，常州市和苏州市的最大沉降量分别达750 mm和1 000 mm。由于严重的地面沉降引起的生态后果已有不同程度的反映，据三市不完全统计，单因地面沉降造成的市区地面积水一项，直接造成经济损失达一千多万元。

严重污染的河水源源进入太湖，于是在水温适当的季节，导致大片太湖湖面密布各种藻类。据监测，太湖3.6万公顷水域中已有近1/10出现富养化现象，1988年10月，藻类覆盖面积几乎达西太湖湖面的一半，约1 000 km²，一年间仅有3个月左右没有或很少有藻类生长。

三、太湖区域水环境质量生态经济评价

太湖水环境生态经济评价的对象是水环境——围绕于人类与经济发展的河流、湖

泊、沼泽、水库、冰川、海洋及地下水等"地表贮水体"的集合。从当前的实际情况看，人们更关心的和迫切追求的是改善水环境，维持生态平衡以及水环境资源的合理利用和再生。因为传统的社会发展模式是以经济发展为社会奋斗目标，以牺牲环境质量、延期环境消费、轻视环境保护为代价，达到强制发展的目的。所以对太湖水环境质量生态经济评价应高度重视水环境与区域经济发展的协调性，注重太湖水环境的长期宏观经济效益、生态效益和社会效益。

根据区域水环境质量生态经济评价的原则、指标体系和方法，结合太湖水环境的特点，本文选择 1987 年的观测数据，应用 PCA 分析方法对其分等定级，评价结果见表 2。

表 2　太湖水环境质量生态经济评价

市、县	水环境质量评价因子系数值 Fi^*	水环境质量等级	市、县	水环境质量评价因子系数值 Fi^*	水环境质量等级
无锡市区	4.22	五级	张家港市	3.77	四级
江阴市	1.69	二级	太仓县	1.69	二级
无锡县	3.51	四级	昆山县	1.58	二级
宜兴市	1.97	二级	吴县	2.05	三级
常州市区	5.29	五级	吴江县	2.88	三级
武进县	3.06	四级	镇江市区	3.47	四级
金坛县	1.16	二级	丹徒县	1.96	二级
溧阳县	0.70	一级	丹阳县	1.47	二级
苏州市区	4.37	五级	句容县	1.35	二级
常熟市	2.75	三级	扬中县	0.96	一级

* $Fi<1$，一级，水环境质量较好；$1<Fi<2$，二级，水环境质量尚好；$2<Fi<3$，三级，水环境质量稍差；$3<Fi<4$，四级，水环境质量较差；$Fi>4$，五级，水环境质量差。

四、太湖区域经济与水环境和谐发展的对策

太湖地区属于经济发展中地区，大规模的经济建设正在进行，这就为我们协调区域经济与环境和谐发展，实现经济效益、社会效益和生态效益的统一，提供了极有利的条件。针对太湖区域水环境的具体情况，笔者认为须确立以下四项对策。

（一）降低污染物发生量

加强资源和废弃物的综合利用。环境问题同资源的综合利用程度密切相关。由于资源未能综合利用，一方面必然要从环境中索取更多的资源，以致超越自然增长量。造成资源的退化和枯竭；另一方面，大量的资源又随污染物进入环境，使废弃物超过了环境的净化能力。而且"生产排泄物会在同一产业部门或另一产业部门再转化为新的生产要素"（马克思，《资本论》，第 3 卷，第 95 页）。因此，目前对水环境的综合利用，应从提高工业用水重复利用率和循环用水率，合理调整用水结构，兴建中水道系统等三方面实行新的管理措施。

改革、调整现有产业结构。目前要采取经济调整和环境治理相结合的综合调整方法,限制那些产品产量供过于求,产品质量差,资源能耗高,运输量大,污染严重的产业(如冶金、化工等),利用有限的资源发展那些高、精、尖、轻,消耗低,无污染或少污染,经济效益好的产业(如轻纺、丝绸、电子仪表等)。同时也必须注意那些经济规模小,造成污染不甚明显,但潜在污染作用较强的部门(特别是乡镇企业)。当然合理地调整产业结构也应包含清除污染产业部门的兴起,实行环境保护事业产业化。

表3　常州市产业结构调整对污染发生量年递增率的影响

指标		1983—1990 年污染发生量年递增率(%)	1983—1995 年污染发生量年递增率(%)	1983—2000 年污染发生量年递增率(%)
COD*	行业结构,技术水平均不变	10.3	9.2	8.8
	行业结构变,技术水平不变	8.3	8.6	7.6
酚	行业结构,技术水平均不变	10.3	9.2	8.8
	行业结构变,技术水平不变	6.1	7.9	7.3

* COD 为化学需氧量。

资料来源:苏南太湖主要城市水污染综合防治对策。

(二)提高水环境容量

环境问题具有鲜明的地域性。合理布局生产力可以使现有已经发挥效益的那部分水环境不再因各种开发活动而遭到破坏;同时又能合理地将某些重点污染部门或产品向水环境承载能力较强或尚未发挥净化效益的地区转移(如具有丰富径流的长江等)。

经 PCA 分析可知,水资源总量、淡水水面面积是影响太湖区域水环境质量的两个最重要的限制因子(其影响贡献分别为 34.0%和 15.0%)。但是,在土地极其珍贵,人地矛盾异常突出的苏南,通过开挖河道来增大淡水面积的途径不现实。故可根据太湖流域河流的水文地质条件,发挥本地区水利设施、水资源的优势,通过长江引水等工程来提水增大流量、流速,更换水体,以提高水环境稀释自净能力。从经济上看,节省的投资和取得的效益也十分可观(表4)。

表4　常州市水环境污染治理方案比较

方案	1986—2000 年单位 BOD 处理费用(元/吨 BOD)	费用总额占 15 年间工业总产值总和的比重(%)
1. 长江引水	136	—
2. 污水分区集中处理	701	0.224
3. 污水集中经二级处理排江	692	0.204
4. 污水集中经一级处理排江	376	0.122

资料来源:同表3。

（三）合理组建人工处理系统

对水环境污染进行根本性或接近根本性的治理，在理论上已经实现。当前亟须解决和落实的关键问题是资金短缺。按无锡市古运河综合整治规划估算，平均每年约需治理资金 7 000 万元，而以无锡市目前之力，每年靠征收的超标排污费和集中企事业单位 7%的更新改造资金仅能筹措 2 000 万元，犹如杯水车薪。因此，尽管本地区国民生产总值逐年递增，但要筹集一笔足以根治水环境污染的资金还很困难。所以太湖地区一方面应采取多种形式、多种渠道动员全社会来筹集环境污染治理基金，如山东济南市天桥区教委中学教师黎晓波倡议，用 10%的工资参加环保基金会，是一条可行的途径；另一方面应在因地制宜、经济合理、技术可行的基础上，以有限的资金，采用高效的工艺，来处理更多的污染物。

（四）采取相应的合理政策

本地区出现的水环境污染和水危机原因在于，有些现行的政策使人们产生一种水环境、水资源丰富的错觉，故形成目前利用水环境效率低、污染严重的结果。因此要从根本上改变这种状况，在于从观念、研究内容、运行机制、执行程序、制定主体、调节手段等方面对原环境政策进行调整、更新和创新。

（撰稿过程中，得到江苏省环保局胡荣梅局长，经贸学院刘崧生、王万茂教授，潘文珠副教授及葛吉琦、曲福田、高波等同志的指导和协助，特此致谢）

参考文献

［1］胡荣梅著:《2000 年江苏环境预测及对策研究》,江苏科技出版社 1987 年版。

［2］吴楚材等:《苏南太湖地区城市发展的生态问题》,《地理科学》1983 年第 3 期。

［3］《苏南运河污染严重许多河段出现黑臭》,《光明日报》1988 年 8 月 24 日。

［4］沈炳康:《来自太湖的污染报告》,《中国环境报》1989 年 6 月 20 日。

［5］朱德明:《区域水环境质量生态经济评价的原则、指标体系和方法探讨》,《农村生态环境》1989 年第 2 期。

［6］《古运河的清流哪儿去了?》,《中国环境报》1988 年 11 月 17 日。

［7］刘书楷、曲福田、朱德明:《我国环境政策几个问题的思考》,《环境导报》1989 年 4 月 25 日。

原文刊发于《南京农业大学学报》1990 年第 3 期

关于生态农业评价及应用研究的几个基本问题

刘书楷

（南京农业大学）

生态农业评价是生态农业价值观的基础，也是构建和完善生态农业理论体系及指导生态农业建设实践的科学依据。没有对生态农业的科学评价，就无从建立合理的生态农业体系，做出生态农业建设的科学决策。

在当今世界农业日趋现代化的过程中，生态农业作为一种现代农业形态，正在蓬勃兴起，方兴未艾。生态农业评价及应用研究，正在起着推进生态农业理论科学化，提高生态农业的价值功能及社会可接受性的重要作用。

但是，生态农业评价及应用研究涉及许多不确定性因素，也面临不少亟待进一步研究的复杂问题。现就几个先导性的理论问题略谈几点粗浅看法。

一、生态农业评价及应用研究与生态农业整体研究的关系

依据系统论观点，生态农业评价及应用研究，应置于生态农业整体研究之中，以免"只见树木不见森林"。生态农业评价及应用研究虽是一个复杂的重大研究课题，但相对于生态农业理论和实践研究的整体来说它是其中的局部。生态农业理论与实践研究的全部内容和过程，是一个科学程序，包括对现实不同层次农业生态经济系统的综合考察、评价与选优，以及在此基础上对原有系统的改造，优化方案的设计、规划、实验与调控等系列环节。其中，考察评价和选优，是依据生态经济原理对现存传统农业精华中多种生态经济系统功能的鉴定、筛选和分析论证；而对选优系统的改造及优化方案的设计、规划、实验和调控，则是把生态经济学原理应用于生态农业建设的实践过程，即生态农业建设。前者是对客观的认识，后者是对客观的改造。

由此可见，生态农业评价及应用研究是生态农业理论与实践研究的前期基础工作，是为生态农业理论与实践研究服务的。其目的是要科学地做好生态农业的评价工作，为生态农业理论研究的深化和完善，为生态农业实践成果的推广和应用提供科学依据。

二、生态农业评价对象（评价点）选择的标准：理论标准与现实标准

进行生态农业评价，首先要选择评价对象（点）。一般来说，生态农业评价须以特定的农业生态经济系统为正对象（点），并选择类似条件和类型的非生态农业为副对象（点），以揭示生态农业的特性和价值功能，为改造非生态农业提供方向。这就要求对评价对象的选择要有严格的科学标准，以作为区分生态农业与非生态农业的界限标志。

首先,评价对象的选择要有科学的理论标准,使生态农业在概念和特征上有明确的质的规定,以区别于非生态农业。否则,将使评价成果含糊不清而难以应用,并无法作出确定性的设计和论证。

那么究竟什么是生态农业评价对象选择的理论标准呢?

首选应对生态农业有一个基本的概念,所谓生态农业是指生态经济良性高效循环的集约型农业。应该说,我国生态农业建设所要求的不只是从生态上或从经济上,而是从自然生态和社会经济的总体上,推进农业的发展。因此可以说我国生态农业有两个基本特点:一是强调组建和协调整体系统,要求系统总体功能最大,实现生态(环境)效益、经济(技术)效益和社会效益统一,达到最佳综合效益;二是,重视对多因素、多层次系统的综合与协调,使系统稳定、有序、和谐发展。所以,生态经济协调发展机制的是否建立和完善,应是区别生态农业与非生态农业的主要标志,也是生态农业评价对象选择的理论标准。

其次,评价对象的选择要有多种现实标准,即生态农业类型。这是由于生态农业是在现实传统农业基础上建立的设计性的现代农业体系,它是对传统农业的改造和扬弃,并有一个发育的过程,因而其表现形式是多种多样的,在某些领域和程度上不可能完全达到生态农业的理论标准。因而衡量生态农业和选择生态农业评价对象的标准应该适应多种情况,从而选用多种生态农业模式。一般来说,当前我国生态农业的模式可有两种分类:

第一种是一般的分类。可按生态经济系统的产业和产品的性状分为四种类型:

(1)初级生产型。即以种植业或林草等绿色植物为主要产品的类型。

(2)初级生产与次级生产相结合的生产型。即以种植、养殖为主,使初级产品经过转化、生产出畜、禽和鱼类等次级产品,包括放牧、饲养、养殖等生产。

(3)综合利用型。即具有多级产品,种、养、加结合。自成系列的生态农业模式。其特点是结构较为完整,有较高稳产结构功能,物能循环良性高效,资源得到充分利用。

(4)分层次、环节利用型。即非完整的局部性生态农业,但具有相对独立性而自成循环,仍有一定的综合特性。如各种基、塘结合系统等。

第二种是为适应商品经济发展需要的分类。可按生态经济系统的封闭式开放程度分为三种类型:

(1)封闭型生态农业。即主要立足于当地资源条件。只向系统内投入能量取得产品,而不从外部补充产品投入,也无废物输出处理,是自我循环完整的生态农业体系。除自身开放因素不足外,一般绿色植物型和综合利用型生态农业多属此类。

(2)开放型生态农业。即系统中投入与产出、物能循环与经济循环自身因素和自供自理能力不够完整或由于经济开放需要,要求利用系统外资源与市场,从外部补充产品资源和处理产品、副产品等。这种类型多为开放性的,专业化程度高、生产规模大、生产集中的工厂化、企业化商品生产,如经济发达区、大城市郊区的机械化养殖场及多种外向型产业。

（3）半开放半封闭型生态农业。是介于开放型和封闭型之间的一种类型，较为适用于一般商品经济发展地区，但也常因生态农业的结构性质和功能及所要求的条件等因素而各有不同。

以上列举的只是我国现实存在的生态农业类型，它们基本上要求符合生态农业的理论标准，但仍有一个发育完善的过程，因而处于动态的发展状态。按此现实标准所选择的生态农业评价对象（评价点），作出生态农业与非生态农业价值功能的对比评价，然后进行优化处理和分类储存，对指导全国各地生态农业建设实践，将具有巨大的科学价值。

三、生态农业评价及其应用的基本原则、范围目标与指标体系

（一）评价及其成果应用的几项基本原则

1. 生态经济原则

进行生态农业评价及其成果应用，必须具有强烈鲜明的生态经济意识，坚持遵循生态经济原则。从生态农业理论来看，生态经济原则就是整体系统性原则。

由于农业生产是人类利用自然物和自然力的生产活动，既是自然生物生产，又是社会经济生产，它是在"自然环境—农业生物—人类社会"这个系统整体中进行的。因而，农业生产的过程是经济生产过程和自然生产过程相互交织的生产及再生产过程，农业生产是自然生态、社会经济和技术诸因素的综合系统。从而，农业生产的发展必须遵循自然生态规律和社会经济规律（含技术规律），以提高自然生产率和劳动生产率。农业生产的这些本质特点，是生态农业理论和实践研究的基本依据。生态农业评价及其成果的应用，也必须把制约农业生产发展的自然生态、社会经济和技术诸因素的有机结合作为一个整体，以之为出发点和立足点，依据生态经济规律和生态经济原则，对评价对象的整体系统及其组成因素的结构功能进行全面分析。

2. 综合协调和谐发展原则

生态农业是建立在科学的人工生态系统基础上的农业体系。生态农业评价就是要评价生态农业体系的内在机制是否健全及其运行功能的优劣，对之进行分析估价，以判定其科学性、合理性、可行性及其综合效益。

依据上述生态经济整体系统原则，生态农业评价的主要着眼点是看系统的总体功能，要求总体功能最大，总体功能大于局部功能之和。但是，总体功能不能离开局部与其组成因素的功能；要使总体功能最大，关键在善于组织协调系统与外在环境条件的关系。例如，协调了自然生态与社会经济技术系统的关系，就能持久合理地利用资源，实现系统的生态经济良性高效循环，使经济社会发展与生态环境保护和谐一致，获得最佳生态经济效益和社会效益。生态农业评价及应用研究就是要揭示和分析评价有关综合协调的措施及达到协调和谐发展的效果。

3. 生产力稳定持续发展原则

广义的生产力包括自然生产力和社会生产力。由自然资源及其组合优越而产生的生产力,属于前者;而由人们附加于自然物和自然力所投入劳动(含物质技术、管理与人力)的产出效果,属于后者。由此,生产力又可分为生态生产力和经济生产力,二者的结合就是生态经济生产力。生态农业评价及应用研究,既应看到自然生态生产力和社会经济生产力,更应重视生态经济生产力。从发展生产力角度说,生态农业的主要目的是发展生态经济生产力,即综合生产力。

从广义和综合观点评价生态农业的生产力,就不是只看一时、一地、一物生产过程中投入产出的经济效果。它要求生产力的发展不仅是经济的发展或生态的发展,而是生态经济的发展。依据这一原则,生态农业评价就要考虑系统的动态性变化及其发展趋势,不仅要做现状评价,还要做预测评价测度系统的缓冲力、受容力和趋稳性。此外,还应适当扩大评价对象规模,从大量数据中观测其发展规律。

4. 有利于生产商品化、社会化和现代化原则

生态农业评价及应用对评价对象的考察分析还要重视其社会效益。当前我国农业的发展正在由半自给性经济向商品经济、由传统农业向现代化农业过渡,适应和推动两个过渡是生态农业建设的最大社会效益。因此有必要建立和遵循这一原则来评定评价对象的长短和价值。

5. 微观布局与宏观规划协调原则

生态农业建设应在资源利用方向和产业结构与布局等战略部署上,力求与国家制定的宏观生产布局和区域规划保持协调一致,以保证自身的健康稳定发展。

(二)生态农业评价及应用研究的范围和目标

1. 评价及应用的范围

由于农业生产系统是生态系统、经济系统和技术系统的复合系统,即生态经济系统。因此,生态农业评价的范围是:生态系统、经济系统和技术系统以及生态经济整体系统外的环境条件。

(1)生态系统评价。主要是就生物与环境的关系评价生物所要求的环境条件和自然资源的适应性,以及环境与资源的生产力和承载力:包括评价农业四大自然资源土地、水、生物、气候及农村能源合理利用、保护的效应,以及生物系统的生态结构。

(2)经济系统及其构成因素评价。经济系统是建立于农业经济再生产过程基础上的,经济再生产过程是生产力(经济社会生产力)与生产关系(生产资料所有制的总和)的结合,包括生产、加工、运输、销售、分配、消费这一完整系统。经济系统的运转。主要是指生产过程中物能投入、产品及其价值产出,以及交换过程中的贮藏、交换和资金循环(价值流、财流)。

(3)技术系统评价。广义的技术,包括针对生产特点采取的技术方法与手段(为保证和协调生产发展采取的管理措施)。前者可称为"硬技术",后者则称为"软技术",

二者综合构成为技术系统。在农业生产中,技术系统能促使农业经济系统与农业生态系统进行一系列物能变换,健全农业生态经济系统机制,提高生态经济生产力。技术的正确运用,可使资源配比和利用趋于合理,优化生产过程和产业结构,实现高水平的物能动态循环。在不违背自然生态规律和经济规律的前提下,通过栽培、饲养、抚育、繁殖、加工等劳动过程,技术的应用会促进自然物质、自然力转化为人们需要的各种农产品,并能改变和提高再生产过程的结构功能。但如忽视或一味追求经济目的,滥用技术手段,则会带来严重的生态经济问题。

至于系统外的评价,主要是指系统对外在环境和社会的反馈效应,一般应以适应和满足其需求的程度作为评价的准绳。

2. 评价要求的目标生态农业评价及应用的目标,应依据评价原则从评价范围中来确定

系统的组成因素和基础是资源,各种资源的集合是资源系统,因此系统评价的目标范围还应结合资源组合与利用进行。

按照上述考虑,评价目标必然是多元的和综合的。

从农业生态系统看,生物资源及其要求的自然环境条件是制约因素和基础。生物的繁衍和发展需要一定的现实资源与环境,并依据生态规律进行。因此评价目标应指向自然资源条件的保证程度及自然适宜性,评定其生态效益。

从农业经济系统看,制约因素除自然生态的基础外,直接受社会资源的影响,资源的利用又形成为各种产业,产业经济的发展则依据社会经济规律进行。因而要求评价目标指向各项物质技术投入所需耗费人力、物力、资金的价值量,与产出所得产品的价值量相比,以评定其经济上的合理性、可行性及其经济效益。

从农业技术系统看,其主要制约因素是现有的技术条件、技术水平及所采取的技术措施等。评价的目标主要应是技术的可能性、可行性和合理性。农业资源的开发、利用、治理、保护以及产业的开发。常要采用多种技术,如生物技术与机械技术、有机技术与无机技术、高科技技术与实用技术等,这些技术措施和技术结构的选择是否得当,要从上述评价目标加以确定。

应当指出,上述分项评价目标不是孤立的,而是相互制约的。一般说来,自然生成条件的可能性、技术经济上的可行性和合理性是互为因果的,生态效益、经济效益、技术效益从根本上说也是一致的。当然它们之间也有矛盾的一面,因而需要通过调控使之趋于统一。

至于系统外评价的目标,则应集中针对系统与环境条件、系统与社会需求、系统内资源利用、生产布局与国家宏观生产布局和区域规划的协调一致,从而评定其社会的可接受性和社会效益。一般言之,社会的可接受性和社会效益与系统的生态效益和经济、技术效益也是互为因果,相互制约的。

总之,生态农业评价及其应用不仅要求最佳多元目标,而且强调实现上述生态效益、经济效益、技术效益和社会效益等多目标的最佳统一,以达到最大综合效益。实现

了多元目标的最大综合效益,也就实现了生态经济的最佳平衡和良性高效循环,提高了生态经济系统的生产力,并有利于推进农业现代化和农村经济的发展,改善农村生态环境,使发展与环境和谐一致。

(三) 生态农业评价的指标体系

关于农业和生态农业评价的指标体系,国内外已多有论述,这里只就评价指标如何系列化问题略加分析。

生态农业评价是对农业生态经济系统的总体评价,其指标体系应能全面正确地反映评价的多层次目标、综合目标以及内在的有机联系。因此,评价指标体系的设置,应尽可能完整、系统、科学和可行,并便于定性和量度。按农业生态经济系统的三层次,把系统的结构功能(效应)置于各个系统,以保持系统结构功能的衔接。

生态农业评价指标体系:

Ⅰ. 生态系统结构功能及效应指标

(1) 光、热、水资源保证程度及利用率

(2) 土地结构与肥力及利用率

(3) 生物资源结构及利用率(含农、林、牧、渔)

(4) 生物种群土地结构功能

(5) 生物种群环境结构功能

(6) 农村能源结构及利用率

(7) 人口土地结构功能

(8) 自然资源综合生产率(有用成果/资源投入量)

(9) 自然资源更新系数(资源再生量/资源消耗量)

(10) 自然资源利用综合效率(资源生产率×资源更新系数)

Ⅱ. 经济系统结构功能及效应指标

(1) 土地利用结构与土地生产率

(2) 劳动力结构与劳动生产率

(3) 资金投放结构与投资利用率

(4) 产业结构与产品价值比例

(5) 各业及总价值产出—投入比例

(6) 资金利润率

(7) 成本利润率

(8) 投资总收益率

Ⅲ. 技术系统结构功能及效应指标

(1) 良种结构与良种率及增产率

(2) 机械工具结构与利用率及增产率

(3) 有机肥与化肥结构及增产率

(4) 生物防治与化学防治结构及效应

（5）各层次技术措施效益对比率

Ⅳ．系统外环境社会效应指标

（1）林、草覆盖率与完好率

（2）水利设施利用率与完好率

（3）水土保持率或水土流失率

（4）各类生态环境恶化面积比例

（5）无污染或受污染农产品百分率

（6）农产品商品率

（7）人均主要农产品产量

（8）单位土地面积人口承载量

Ⅴ．生态经济结构功能及综合效益指标

此类指标应反映系统的结构功能及其运行全过程中的综合效益（即生态效益、经济效益、技术效益和社会效益的综合），这就应围绕实现生态经济两个良性高效循环及发展与环境和谐一致的中心去探索，其解决途径：一是，在Ⅰ、Ⅱ、Ⅲ、Ⅳ指标评定的基础上，把各项成果置于整体中以统一量纲或元量纲（率）为统一尺度，然后适当分配权重，通过加权分析求出反映生态经济系统的整体综合效益。二是，在尚未设置具体的综合指标前，可采用变通的、间接的过渡性指标作为替代指标。只要扩展经济指标反映的时空跨度，使之成为稳定性的宏观综合经济效益指标，就可以正确反映生态经济综合效益。例如，上述Ⅱ各项指标采用"常年"的时间概念，如常年土地生产率、常年劳动生产率、常年投入产出率等。这是因为，如果没有生态（环境）效益、技术效益和社会效益，就不会有稳定的常年（至少三、五年）经济效益。三是，以自然生态的可能性、受容力和适宜性为度，并保持环境和社会利益不受损害为前提，依据技术经济效益的大小为衡量综合效益的准绳；即在此生态（环境）和社会效益的限度内，追求技术经济效益最大，因为这样，技术经济效益愈大，系统的整体价值就愈大。

四、生态农业评价的方法与程序

生态农业评价的方法可以从不同的角度进行多种选择，但从评价的系统性、综合性特点说，最理想的基本方法应是系统工程的评价计量法。

要进行评价及应用决策，首先要有一个科学的价值观，价值观念是系统工程的一个基本观念。它的含义不仅限于评定系统的经济价值。而且包含着系统对外界环境因素影响的社会价值，由于生态农业体系一般是多因素和多层次系统构成的，其内在和外在的结构功能可能产生多种效益、正效益或负效益、对评价因子的现实生产力与潜在价值及变化进行统一度量、估价和预测。而系统工程在评价计量上的"价值方法论子框"为我们提供了一个十分适用的科学方法。此法构建了由价值观念确定系统价值因素及其潜在价值、通过统一度量，以评定价值的评价序列和图式。据以在整体上、分层次上从系统的性能成本、可靠性、时间性和适应性等方面确立生态农业结构的整体系统目标,识别各目标因素的价值。从而确定它与整体系统价值的关系,最终综合得出整体系统的价值,如整体系统的结构功能和效益的价值量最大,就表明其生态经济系统最优、推广应用价值最大。

运用系统工程评价方法,一般要求立足于从整体出发,强调整体系统的综合效益与整体价值。但是由于生态农业评价因子、评价范围的目标繁多,综合评价必须从各层次系统(子系统)的组成因素逐项进行,逐级综合,最后实行整体综合,因此要求评价按阶段分步展开,我们上面提出的三层次系统、整体系统和系统外的评价程序,就是分阶段评价法,采用分段、逐项评价,通常又要先行定性再作定量,使定量适度。

同样,实行现状评价和预测评价时,也宜采取先评价分析现状,后评价其未来趋势并在定性评价基础上进行定量。

原文刊发于《生态经济》1990 年第 5 期

试论用系统论和系统方法研究生态农业问题

刘书楷

（南京农业大学农经系）

提要：生态农业是现代农业发展中不可忽视的必然产物。本文认为：要使农业增强后劲，持续稳定增产，必须依据生态经济规律，建立一种高效良性循环的集约型生态农业体系，采取相应的生态经济学和系统论的理论方法，用以指导生态农业的研究与实践。本文提出的基本理论方法是：依据整体功能最大原理，进行由整体到局部的分析，依据系统结构原理综合分析，以最佳化目标评价筛选和优化，使优化设计方案定性化、定量化、优化和模型化。

当前，我国农村正面临着深化改革，增强农业后劲的新形势。改革要进一步运用正确的产业政策和新的科学技术与方法。作者认为，从我国农业发展受人多地少、工业基础薄弱和资金短缺等长期性的制约因素来考虑，有计划、有步骤地大规模开发和建设生态农业，依靠科学技术进步，走一条增产节约型和集约经营型农业现代化道路，不断提高农业生产力，是挖掘农业增产潜力的最优战略选择之一。

要使我国生态农业的建设和发展，建立在正确的决策和科学化基础上，首先一个问题要有正确的理论和方法。近年来，我国一些富有远见的农业生态经济学家，曾倡议用系统工程的理论指导生态农业的实践，这是十分正确的。我也认为，指导生态农业研究和实践的基本理论，主要是生态学、经济学和生态经济学的理论原则，其方法论，则主要是以唯物辩证法为基础的系统论和系统方法或系统工程的理论方法。生态农业的实践研究必须依据和综合运用这一配套的理论和方法，以促进生态农业建设的健康发展。本文就有关方法论的几个基本问题作一些初步探讨。

一、研究生态农业问题，指导生态农业实践，必须采用相适应的系统论和系统方法

生态农业是一种具有客观实体和设计性的人工生态系统，它是自然、经济与技术三大生产要素和自然生态系统、经济系统与技术系统三者的复合系统。系统论和系统分析方法作为一种自然科学、技术科学和社会经济科学等多种学科通用的综合性研究方法，特别适应于生态农业研究的高度综合性特点。用它可以探索其系统中各种相关因素与极为复杂的内在和外在联系及其发展规律，并联系各方面的专家综合运用多学科的成果，密集多种学科知识与智力，集中研究生态农业建设中高难度的综合性问题，为生态农业的评价、选优、设计与进一步优化，提出方案、规划、决策、战略和方法等。

特别是，在我国土地资源、水资源和肥源、能源日趋紧缺的情况下，要使农业持续

增产,生产成本下降,又要增强农业后劲,实现稳定均衡地协调发展,其根本出路是要依靠科学技术,使投入产出相对增多,并使生产的发展与生态环境协调一致。因而更需要用系统论和系统分析方法指导生态农业研究和实践。

二、运用系统论和系统方法研究生态农业,应确立的几个基本理论观点和具体方法

系统论和系统方法要求从系统的观点出发,着重从整体与局部、局部与局部、整体与外在环境的相互联系和相互作用中,有机地、综合地考察对象,即把整体作为确定目标的出发点,以达到最优化的目标。其基本特征是整体性、综合性和最优化。系统论和系统方法在生态农业研究中,首先应该获得应用的,主要是以下三个方面的基本理论观点和具体方法:

(一)根据"整体功能 ＞ 局部功能之和"的原理,着眼于整体和全局,实行由整体到局部的系统分析方法

系统分析方法在生态农业研究中的应用,要把生态农业作为一个有机整体的复合系统,从整体与局部的必然联系中研究生态农业体系的自然生态、技术经济因素和自然生态、农业经济和农业技术各子系统的联系与矛盾,揭示各自的特征和相互联系与发展规律,注意利用各生产资源和系统之间的依存关系与作用,合理安排它们的结合方式和组合序列。生态农业系统是生态系统、经济系统和技术系统的交叉与结合,它们之间的基本关系是输入和输出的关系。例如,整个农业生态系统,是由绿色植物、草食动物和肉食动物三级组成的,三者之间通过"食物链"体现的物质、能量转化流程,形成为一个金字塔形的有序的"锥形结构",体现了多层次系统之间、产品之间内在联系的规律性。一般来说,没有第一级生产,就没有第二级生产,而且其间客观上存在着一定的必然结合的数量关系和按比例平衡发展的规律。这就是农业生产必然要以粮食、种植业为基础,必须按种、养、加为序,实行多种经营、综合发展的客观依据。

从系统的观点看,生态农业系统是一种农业生态经济系统,即农业生产系统,其主体和基础是农业生态系统。农业生态系统是生物系统与环境系统的统一体,以生物为主体要求与之相应的资源环境条件,环境系统通过对生物群体输出来影响和制约生物的再生产;生物群体则通过对环境系统的物质、能量的输出,对环境起反馈作用。从而使物质和能量不断地在生物群体和环境之间进行转化循环。这种生态循环又决定着经济循环,成为生态农业进行生产的基础。由此可见,生态农业生产的运转从根本上说,主要取决于农业资源和资源的生产力;农业资源合理开发利用,归根结蒂制约着生态农业的建设。所以,要提高生态农业的整体结构功能,必须发挥各种农业资源和农业生态系统结构功能的优势。例如,依据农业资源的多样性、适宜性、多用性和资源优势与作物的特性,按照一定的经济目的,把发展生产与资源要素适当地组合为合理的结合序列,就能引致资源和产业的整体结构功能发生质变,并大于各生产资源的单一利用功能相加的总和。如综合利用型生态农业,在生产组合上把种植、养殖、加工等各

级产品组成系列,因其结构有序而完整,能使农业资源得到充分合理有效地利用,就能使总体的结构功能达到最大综合效益。

为什么整体结构功能可以大于它的局部功能相加之和呢?这是因为系统中各要素作为整体的一部分,在质上已不同于它作为独立存在的物质;在系统中各要素所处的地位和发挥的作用,也不再是它独立存在时所具有的功能,而是同整体合一的功能。因此,在生态农业的开发和建设中应用系统论和系统分析方法,就要研究如何协调人与自然、发展生产与利用资源的关系,确立最佳的生态农业模式和产业结构,以求其整体结构的最大功能。一般来说,生态农业的建立在配合与利用资源及设计生态经济模型的可供选择的目标上,通常是多种但又需加以协调的。比如要求生物产量高、质优,适应社会需要、适销对路,兼顾生态经济效益和社会效益,以利于扩大再生产,又能保护好农业资源,改善生态环境。所以应从整体和全局出发,协调整体与局部的关系,实行农业多部门全面综合发展,使农业和农村经济的发展经常保持与生态环境相协调,相互促进、相得益彰,以达到总体结构功能最佳的终极目标。

(二)根据系统结构的多层次及其相互联系的原理,采用综合分析方法

生态农业体系的整体系统性和结构的多层次有序性及其间的输入和输出关系,不仅要求从整体观点出发采用系统分析方法,而且要求有综合观点采用综合分析方法,以揭示生态农业体系的内在规律。众所周知,生态农业系统中存在着内在与外在、横向与纵向、单项与多项、一维与多维等多种联系,它们构成为大小不一的综合体。系统综合分析方法,就是从一个综合体的成分、结构、功能、相互结合方式、形成和演变过程等方面,进行综合的考察分析,以揭示整个系统的内在联系和运动规律。生态农业作为一个自然生态、技术经济多因素构成的生产综合体,其内在因素之间的联系和外部环境条件的联系是错综复杂的,这就要求在生态农业研究中必须运用综合分析方法,去观察和协调生物与环境、生物与生物、系统与系统之间以及生态与经济之间的多种平衡关系,以促进生态经济的良性高效循环。

当然,农业资源的开发利用和生产的发展,总是要突破旧的生态平衡和结构功能,引向新的平衡和结构功能。问题要看资源的开发利用是否合理、生态结构与经济结构之间是否相互协调。如果用综合的观点和方法去协调各种生产资源和各种产业部门与产品的关系,建立合理的水、土、肥或农、林、牧等合理的结合方式,使其量比关系达到适度的配比,使各种资源得到多次综合利用,则不仅可以促进多种生产的全面综合发展,还会使资源得以合理利用和保护而常用不衰。

(三)根据最佳化目标,对原有生态农业体系进行评价选优,用最优化方法实行优化设计,为建立和完善生态农业模型提供最优方案

开发和建设生态农业的直接目标,是为了最优利用农业资源,建立一个良性高效的农业生态经济系统。运用系统论和系统分析的最优化方法,是实现这一理想目标的重要手段。生态农业模型不是凭空产生的,而是从当地的生产资源条件和地区优势,结合社会对农产品的需求,因地制宜按照生态适宜性、经济合理性和技术可能性,在评价原有产业生态系统的基础上选优改造的,因此首先要有一个科学的价值观和评价方法。价值观念是系统工程的一个基本观念,它的含义不仅限于评定系统的经济价值,而且包含着系统对外界环境因素影响作用的社会价值。由于生态农业体系一般是多因素和多层次系统构成的,其内在和外在的结构功能和影响作用,可能产生多种效益、正效益和负效益,要求统筹兼顾,权衡得失利弊,对评价因素和潜在价值进行统一度量和估价。而系统工程在评价计量上的"价值方法论子框",则提供了一个适用的科学方法。

按评价序列,要求在整体上、分层次上从结构系统的性能、成本、可靠性、时间性和适应性等方面确立生态农业结构的整体系统目标,识别各目标因素的价值,从而确定各目标因素价值与整体系统价值的关系,求出整体系统的价值。而整体的结构功能的价值量最大就是优选对象的依据。

通过评价进行筛选后,就要用最优化方法进行优化设计。应用最优化方法设计生态农业系统的最优方案,不仅要提供定性分析的理论依据,而且要有精确的定量分析,需要运用生产函数、线性规划等数学方法和定量分析工具。从数学意义上说,最优化是指在某些约束条件下,使某函数得到极大值或极小值。如果决策者是生产等经营者或为其服务者,通常以量、产值、利润极大值,以成本、牺牲最小值为最优化目标。对消费者来说,往往追求的是产品使用价值和有用效果最大化目标。而作为一个指导生态农业实践的宏观管理的决策者,就应兼顾生产者和消费者的利益,把宏观经济效益、生态(环境)效益和社会效益置于首位,正确处理宏观与微观、当前与长远和三个效益的关系,以最大综合效益为总目标。运用最优化方法研究生态农业的优选和优化,关键是建立若干个可供采用的系统模型,从中筛选出最优方案,使之定性化、定量化和最优化,并确定其最宜实施区位(即定位)。

系统模型是系统内在联系的本质反映,一般可有两种模型:

① 框图模型　用以表示生态农业系统中各生产要素之间、各子系统之间及其整体系统之间的联系,这是反映定性关系的。例如,采用网框状生态农业模型图,以反映各生态农业模型的内部结构、结合方式及其相互提供物质、能量和共存、共生、发展条件的模型。

② 数学模型　用以表示生态农业系统各要素、各子系统之间的多层次量比关系。

总之,根据最优化目标的要求,运用最优化方法对生态农业进行最优化设计,通过定向、定性、定量和定位分析,做到模型化和规范化,是可以求得理想的最优决策和方案的。但是生态农业的建设还涉及社会、经济、技术条件及市场对产品需求等可变因素,如何保证充分发挥资源优势和经济的稳定发展,使整个农业生态经济系统趋于良性高效循环,促进农业现代化的发展,这是一个极其复杂的问题,必须因时、因地、因条件制宜,从实际和需要出发,进行宏观和微观相结合的分区、分类研究,作出生态农业区划与区域规划,才能为生态农业的大规模发展提供科学的宏观决策和依据。

原文刊发于《农业现代化研究》1988 年第 4 期

生态农业建设若干理论与政策问题

曲福田　刘崧生　刘书楷

（南京农业大学）

生态农业的兴起，引起了我国学术界和农业生产部门的极大关注和兴趣。经过几年来的讨论，对于生态农业的概念取得了较为一致的看法。然而，生态农业的理论体系还处于完善之中，对有些问题存在着不同的认识，有的问题也未引起应有的重视，这在某种程度上影响着生态农业建设的进程和成效。本文试图就以下四个理论与政策问题做一探讨。

一、生态农业的边界与地位

生态农业的边界与地位，不仅是一个理论问题，也是一个重要的实践问题。在理论上需要搞清生态农业的领域，在实践上，需要确定生态农业建设的大致范围和要求。而生态农业的地位，在某种程度上受其边界的影响，边界越大，生态农业包括的内容越多，在整个农村经济发展中的比重和地位就越大和越重要，边界越小，生态农业所包括的内容就少，在整个农村经济发展中的比重和地位就越小和不甚重要。目前，对于生态农业的边界，存在着模糊的认识。有的认为，生态农业包括种植业和养殖业两大产业，因为种、养两业构成了一个较为完整的农业生态系统。有的同志认为生态农业的范围，不仅包括种植业和养殖业，而且还包括乡镇企业，也有的同志认为，生态农业应是一个广泛的概念，涉及农村经济的各个领域，不仅包括种植业、养殖业和乡镇企业，而且还包括农村商业、交通运输、科学技术、文化教育等产业或行业，因为这些问题都与农业生态问题有关，都应纳入生态农业体系之中。由于对生态农业边界的认识不一，对其地位的认识也就产生了相应的差别。有的认为，生态农业为我国农业现代化的实现提供了全面、系统的指导思想，有的认为，中国农业现代化就是生态农业和农业系统工程的交合，也有一部分同志认为，生态农业建设包括整个农村经济的发展，是摆脱农村贫困的希望，这一观点还把到本世纪末达到"小康生活水平"这一目标寄托于生态农业。上述认识，正在和将会给生态农业建设产生重大的影响。

我们认为，生态农业有其客观的边界。这种边界的划分不是按传统的部门或产业分类为标准，而是按照生态农业本身的规律加以科学的划分。这种规律就是指生态农业中各种产业、部门或环节之间存在的内在的有机联系。生态农业实质上是一个良性循环的农业生态经济系统，人们进行生态农业的建设，就是通过种种途径，对这个系统进行调控，以期达到一定的社会经济目的。因而，生态农业的边界就是生态经济系统的边界。

　　根据农业生态经济理论,任何属于生态农业范围的部门或产业,必须与其他产业共同构成农业生态经济系统的结构和功能,而物质流、能量流和价值流则是构成农业生态经济系统结构和功能的物质内容。农业生产的过程,就是生态经济系统物质流、能量流和价值流的融合过程,亦即通过系统内部物质与能量的交换和循环以及价值的流动而实现的。既然物质流、能量流和价值流是构成农业生态经济系统结构和功能的物质内容,那么,其系统(生态农业)的边界也就有了客观的划分标志,这就是:判断一个部门、一种产业、一个企业是否是生态农业的范围,主要分析它的运动过程是否加入了农业生态经济系统的物质流、能量流和价值流之中。假如是这样,那么它就是生态系统的一个组成要素,服从于生态经济系统规律,从而成为生态农业建设的一个环节。

　　基于以上划分,我们认为,当前农村经济中种植业、养殖业和与种、养业有密切联系的工业(主要是农产品加工)以及它们的废物综合利用(如沼气)应是生态农业的主要结构因素和设计环节,而与种、养业没有关系或关系不大的其他乡镇工业(如机械制造、电镀工业等)一般不属生态农业的范围,农村中的第三产业更不构成生态农业的基本内容。种植业—养殖业—农产品加工业—废物综合利用之间,通过物质流、能量流和价值流共处于一个循环链上,并服从于同一的生态经济系统规律,因而这些要素有可能按照统一的要求组合成结构协调的生态农业体系。

　　当然,生态农业的边界划分并不是一成不变的。由于情况错综复杂,联系千丝万缕,很可能某一部门或产业在甲地区是生态农业的范畴,而在乙地区不一定就是这样。

　　如此划分生态农业的边界,会不会人为割裂农村经济中存在着各种生态经济关系,而使生态农业陷于一个孤立、封闭的系统呢?回答是否定的。农村经济中的生态农业不是一个孤立的系统,而是与其他经济活动存在着各种各样的联系,受诸如乡镇工业以及文化、科技、教育等众多因素的制约与影响,同时,这些因素也同样受生态农业建设的约束和作用。而且,由于这些因素只是系统运行的外部环境条件,它们按其内在规律的差别而组成与生态农业并行的各种系统,因而它们与生态农业系统的相互结合,构成了具有丰富内容的农村经济系统。在这里,系统的层次性得以充分体现。更重要的是,生态农业边界的划分,并未把它与其他有联系的经济活动分裂开来,而是将它们分别放在不同的系统中,在不同层次上给予充分考虑。这便于把握生态农业建设需要的外部条件和可能受到的外部干扰(如污染)等。

　　尽管生态农业对于持久发展农业生产、保护和改善农村生态环境具有重要意义,但生态农业仍仅仅是农村经济系统当中的一个子系统。在农村经济系统中,除了生态农业系统,还有诸如乡镇工业、商业服务业、交通运输业、文化教育事业等众多的系统。所以,我们既不能认为生态农业就是农业现代化,更不能认为生态农业建设能够概括丰富多彩的农村经济发展实践。在当前和今后的农村经济发展中,单纯依靠生态农业使农民生活达到"小康水平"也值得怀疑。目前,生态农业在欠发达地区发展较快,而在发达地区发展缓慢这一现象则可以提供这方面的例证。由此可见,客观认识生态农业在农村经济中的地位和作用,并采取相应的政策措施,才能在加快生态农业建设的同时,求得与其他经济活动相互协调发展,促进整个农村经济的繁荣。

二、生态农业建设模式的确定

生态农业的建设模式,是指生态农业建设要达到的功能类型和结构形式。具体地讲,就是生产什么,采取何种方式生产的问题。生态农业的模式直接决定着生态农业的设计和各要素的组合,决定着生态农业发展的方向。

我们认为,生态农业模式的确定,其根本依据是外部社会需求状况与内部生态资源条件的统一。任何一个系统都是更大系统的一个子系统,它生存和发展必须服从于大系统的运行和发展。满足于大系统对其特定功能的要求,否则将失去存在的外部环境条件。而系统生存和发展的另一个条件是它自身具有特定的结构和功能,其内部的结构和功能受组成因素的特点所决定而区别于其他系统。系统就是通过其特点功能来适应更大系统运行和发展的要求而使自身得以生存和发展的。因而,一个系统的功能与结构要受外部条件和内部因素双重制约。生态农业作为农村社会经济的一个子系统,同样受两个方面因素影响:

1. 系统内部自然生态资源、社会经济资源的组合状况以及生态平衡的要求

生态农业建设的过程是生态资源的合理、充分开发利用过程,所以,生态资源的种类、数量、质量、分布状况以及可开发利用程度等对于生态农业的结构和功能起着一种基础的作用,生态农业建设的模式必须从现有各种资源可能用途和可能组合中去选择和确定,而且这些可能用途和组合必须符合生态平衡的要求。

2. 系统外部社会经济条件的要求

外部社会经济条件包括社会需求结构及其变化和经济发展政策及其变化等。生态经济系统要生存和发展,就必须在现有各项政策的指导下,按照人们生活和社会经济的需求结构以及发展的趋势来确定其结构和功能类型。否则,就无法与其他系统之间保持协调关系。在这里,突出的问题是市场问题。在商品经济日益发达的条件下,生态农业建设的模式,不仅要因地制宜,而且还要因“市”制宜,把市场系统与生态经济系统密切地结合起来,使生产的产品在价值上得到实现。因而,其模式的确定不仅要考虑到当地生态资源的状况,而且还要考虑到产品销路问题。这一点,对于把生态农业建设纳入农村商品经济的轨道具有特别重要的意义。

三、生态农业建设规模与农村双层经营体制

生态农业建设的规模是一个与当前农村经济体制改革直接有关的问题。当前,以户为单位的生态农业建设(生态户)已在理论界引起了广泛的重视,在生态农业的实践中也取得了普遍的成就。“生态农业户”是以农户为独立经营单位,从各户的实际情况出发,按生态经济原理进行农业综合经营,以形成良性循环的生态经济系统的家庭农业经营形式。“生态户”在生态农业建设中的地位和作用取决于两个方面。首先,由当前农村经营体制所决定。农村双层经营制使家庭成为一个最基层的生产单位,因而也

就是农业生态经济系统的基本单位,这样农户也就成为农业生态经济系统的直接调控管理的决策者。所以,在这种经营体制下,生态农业必须以家庭(户)为基本建设单位。这样,不仅使得生态农业建设落实到实处,而且与农民的切身利益挂起钩,充分调动农民进行生态农业建设的积极性。其次,生态户与当前生态农业的建设阶段也是相适应的。当前,生态农业处在起步阶段,生态经济系统空间小,纳入系统有序化中的资源种类和数量不多,系统结构较为简单,食物链、生产链都较短,功能也不太齐全。此阶段的生态农业系统易于评价(诊断)、设计、优化和实施,也便于系统运行进程中的调控。可见,生态农业这一发展阶段的特征比较适合于家庭(户)经营。除此之外,从我国生态农业的建设程序来看,也必须从大处着眼,从小处着手,先把生态户的建设搞好,积蓄经验和创造条件,以便为在更大范围内建设生态农业打好基础。所以,生态户在我国生态农业建设中具有重要的地位和作用。

然而,生态农业建设的目标和发展方向是建立一个较为完整的生态经济系统。生态农业进一步发展,将使生态农业的空间范围不断扩大,生产门类不断增加,物质、能量和价值循环流量加粗加速,这些都将增加生态经济系统调控的困难性。所以,在这种情况下,就应当重新评价生态户在生态农业建设中的作用。可以说,尽管农户目前是我国农村经济基本的生产单位,但它的规模过小,相应地,生态农业系统边界也小,生产门类单一,结构简单,投入能量不足,从而使生态农业构成因素的协同性、效益的综合性难以充分发挥,生态农业本来应有的效益难以完全实现。所以,单纯依靠单打一的生产和一家一户的组织形式,不会使生态农业向更高水平发展。

我们认为,充分发挥"统分结合"中"统"的作用,是解决上述生态农业发展与生态户规模偏小之间矛盾的有效途径。生态农业建设中有许多生产环节要按照生态经济规律联合起来,进行协同生产,这些都可以由统一经营来加以协调和组织。另外,"统"的作用不仅能使各种农户的生产经营活动纳入生态经济系统之内,而且还能解决生态农业建设所面临的农户无法解决的问题。例如,统一经营那些能提供建设生态农业的基础条件,诸如水利工程、资源的综合治理工程,生产原料的采购;产品的销售等;统一经营那些经济效益不高,农户不愿经营,而生态农业又无法缺少的环节,如植树造林等。所以,通过双层经营中的"统"的层次,会使生态农业体系更加完善,生产水平进一步提高。因而,随着条件的日益成熟,统的层次不断提高,就可以建设层次不同的生态农业模式,如生态村、生态乡,乃至生态县等。不过,这里讲的"统"字,更多的是按生态经济规律的要求进行统一设计,统一规划和统一实施,使生态农业在更大层次上得以发展。因而,在目前双层经营的"统"中,应当赋予它生态经济原则这一新的内容。

生态经济资源地域组合不同的特点所决定的生态经济区域的边界和行政区界并非完全一致,而生态农业建设则必须对一定区域内的生态经济进行综合、全面和整体的系统开发,所以生态农业建设必须考虑到区域性的要求。过去,由于我们对区域资源状况和区域生态系统认识不足,对资源的地域性、系统性和综合性重视不够,在开发利用时过多考虑行政区划的要求,对区域资源的开发缺乏应有的协调,致使生态资源遭到破坏,农业生产水平很难提高。因而,区域生态农业的建设应在今后的发展中占有重要的地位,即注意基于生态经济资源条件组合的地域性特点而建立起良性循环的农业生态经济系统。区域生态农业由于重视资源条件的综合性和系统性,所以能够较好地解决诸如湖、泊、河等共享生态资源的开发利用问题。当然,区域生态农业的建设必须有相应的组织措施加以保证。地区性合作经济组织,应当充分考虑到区域生态农业的要求。区域生态农业的发展能促进地区性合作组织的完善和稳定,地区性合作组织又能保证区域性生态农业的健康发展。

四、生态农业建设的经济政策

生态农业系统是农村社会经济系统的一个子系统,这一更高层次的社会经济系统构成生态农业建设的外部环境。生态农业系统对这些外部环境的适应和外部环境对生态农业的作用和影响,使得生态农业与各个社会经济系统联结起来。这里所讲的外部环境主要是讲一系列与生态农业建设有关的社会、政治、经济条件或政策措施,如市场、流通条件、生产组织,价格、信贷、税收、投资政策等。这些条件或政策属于生态农业的控制系统,调控着生态农业系统的结构、功能和发展趋势。因而,研究经济政策对生态农业建设的影响有十分重要的意义和作用。目前,对生态农业建设影响较大的有以下几种政策:

(一)承包政策

即指以家庭为基础的联产承包政策。目前它在两个方面影响着生态农业的建设:首先是承包目标或项目上,只重视产量指标,而忽视生态效益指标,如只追求粮食产量,而忽视土壤改良,只重视提高货币收益,而忽视生态环境的保护,只重视提高资源利用率,而忽视资源更新和管理等,结果使得生态农业建设的目标——生态经济综合效益难以实现。其次是农民决策明显的短期化。由于以往政策稳定性差,农民决策周期只有几年甚至一年,这给生态农业建设带来了很大的影响。生态进程是一种较为缓慢的过程,这决定了生态农业建设是一个周期较长的农业工程。即使生态经济系统形成,也必须保证其结构和功能的相对稳定性,如此,才能形成较高的生态经济生产力。所以,对于生态农业建设,较长的承包期是一个不可缺少的重要保证条件。正因为如此,今后应在承包政策的内容和周期上充分体现生态农业建设的要求,把生态效益指标贯彻到承包内容中去。

(二)农产品价格政策

生态农业与商品生产密切联系。生态农业建设的方向、模式都要受市场价格的影响。产品的价格越稳定,相应的生态经济系统结构、功能越稳定,功能效率越高。假如产品的价格过高,会引起生态资源的过度开发和利用,导致对生态系统的严重破坏。假如价格过低,尽管保护了资源,却浪费了许多可供利用的资源,也不符合生态农业建设的目标。所以,农产品价格水平的确定,既要考虑到其本身的价值、国民经济建设的要求,又要考虑到农民的经济收入水平的提高,同时也要考虑到生态经济系统的建设和稳定以及生态资源的合理开发利用与保护。因而,对于那些具有重大生态效益,或本身价值不大,但其对生态农业影响较大的产品,可适当提高收购价格,对于那些社会需要量大,而资源里少且易被破坏的产品,其收购价格可适当进行控制。

(三) 农业投资和信贷政策

生态农业系统是一种耗散结构,必须与外界进行大量的能量物质交换,以有利于生态经济有序结构的形成。生态农业的建设(尤其是在初期)必须进行大量投入才能使杂乱的各种生态资源条件转化成有序的农产品。近年对农业的投资政策(尤其是开发性投资)进行了改革,由无偿拨款改为资金的有偿使用,确实有利于资金利用效果的提高和节约资金,但对生态农业建设也产生了一些不良影响:一方面,落后地区的生态农业建设效益处于生产函数的第一阶段,控资数量相等但其效果比发达地区差,所以,这种投资政策不利于地区间的平衡发展,尤其不能解决贫困地区生态、经济的恶性循环问题。另一方面,不利于生态农业结构的合理有序化。由于投资方向往往只考虑经济效益的大小,一些生态效益很大或生态农业建设不可缺少的环节,如植树造林、草场建设等却缺乏投资,往往形成生态农业结构不合理。所以,投资、信贷政策应该从有利于生态农业的建设、农村经济的稳定全面发展出发,将生态农业建设的目标作为确定投资方向的依据之一。这里,关键的问题是应将生态效益和一些项目的间接效益纳入投资分析的决策圈之中,或者在项目分析过程中,进行完全的效益——成本(生态与经济两个方面)分析。这样的投资政策才符合农业生态经济综合效益目标,有利于生态农业的建设。当然,这本身就需要国家对投资单位或建设单位进行补贴性投资。

(四) 其他政策

如税收政策,流通政策等,对生态农业建设的影响也很大。生态农业建设的一些项目,投资多、周期长、收益低,在税收上应给予优惠,对一些生态效益很大的项目,也可免税或进行必要的补贴,切实制定好农产品的流通政策,扩大流通领域,采取多渠道流通的政策,保证生态农业市场体系的正常和稳定。

原文刊发于《农村经济与社会》1988年第1期

江苏省吴江县农业生态经济系统评价与优化研究

诸葛真　刘书楷

（南京农业大学农业资源经济与土地管理教研组）

提要：本文从生态经济学角度提出了江苏省吴江县农业发展的主要问题。首先，指出影响吴江县农业生态经济系统的有利与不利因素；其次，对几种主要类型的农业生态经济系统进行结构评价与功能评价；第三，提出通过调整农村部门与区域产业结构来优化农业生态经济系统。吴江县今后农业应注重发展商品经济，并重点发展蚕桑业、水产（畜、禽）养殖业和饲料、食品加工业。文中还对县级范围农业生态经济系统的评价、优化方法作了分析。

关键词：吴江县；农业生态经济系统；结构；评价；优化

Studies on Evaluation and Optimization of Agricultural Economic System in Wujiang County of Jiangsu Province

Zhu Ge Zhen　Liu Shukai

(Section of Agricultural Resource Economics and
Land Management，Nanjing Agricultural University)

Abstract：This study reveals the main problems of agricultural development in Wujiang County of Jiangsu Province from the viewpoint of ecolomics.

First, the advantages and disadvantages for the agro-ecolomic system is pointed out. Following this, the structure and function evaluation of several current types of the agro-ecolomic systems is carried out. Then, the optimization of the agro-ecolomic system is made, regarding the adjustment of the rural department and regional industry Wujiang structure as the core. The author proposes that the agricultural development in County should be focused on commodity production, the priority should be given to the development of silk-worm, aquatic product breeding, live stock breeding, poultry raising, food and forage industry.

In addition, the methods of analysis, evaluation and optimization of the agro-ecolomic system in the county level are also studied in this paper.

Key words：Agro-ecolomic system；Structure；Evaluation；optimization；Wujiang County of Jiangsu Province

　　迄今存在的一切生产活动，往往注重于眼前直接经济效益的取得，而忽视长远间接的生态效益。农业生态经济的研究，正是以重视被忽视的生态效益为起点的。

近年来,经济理论界在这方面作了大量研究。但是,对生态县的建设与理论研究尚处于萌芽阶段。生态县是指利用生态经济规律和机理进行设计、建设、经营建成的县。建设生态县的主要目的,就是获得在一定条件下的最高的系统生产力和最好的综合效益。本文以江苏省吴江县为例进行了研究。

江苏省吴江县地处太湖之滨,开垦历史悠久,种植业和养殖业历来相当发达。近几年,吴江农村处于日益工业化的进程中,但稳固的种植业与发达的养殖业对整个农业生态系统的稳定起了不可低估的作用。系统的开放必将带来一些不稳定的因素,如国际市场农产品需求的变化,与沿海地区各大城市雄厚的技术资金力量的竞争,本地乡镇工业的发展造成农田、水域生态系统的污染,有机与无机肥比例失调导致农田生态恶化,地力下降,农副产品加工业、运销业落后带来的系统附加价值低廉,地域内人们过分强调眼前的经济利益而忽视长远的智力投资与根本的生态效益,等等。这些因素均严重阻碍和破坏了系统内部各因素之间以及内外部系统之间的协调、平衡,因此,迫切需要建立一个高效率、多循环、多次增殖的生态、社会、经济总体协同效益最佳的农业生态经济系统。本文试图对这样一个系统进行分析、评价和优化设计。

一、吴江县农业生态经济系统影响诸因素的分析

(一)农业生态条件与自然资源概况

1. 全县肥力较高土壤占耕地面积的 27%,一般土壤占 42%,较贫瘠土壤占 21%;

2. 光、热、水气候资源丰富;

3. 雨涝和寒潮是影响农业生产的限制因素;

4. 土地资源中耕地、水面所占比例大,有利于种养业发展,但后备资源甚少;

5. 物种繁多,宜于多种经营。

(二)社会经济条件与农村经济发展

1. 县内以平望镇为中心,交通网络四通八达,小城镇星罗棋布;

2. 劳动力资源丰富,能工巧匠多,但文盲率较高;

3. 种植业与养殖业相当发达,有利于系统的经济增值;

4. 乡镇工业迅速发展,但由此引起的空气、水体污染破坏了自然景观,影响了农作物生长。农产品深加工极为薄弱,食品加工业亟待开发。

二、吴江县各类农业生态经济系统的综合评价

由于自然条件和社会经济条件的差异,吴江县农业在长期的生产实践中形成了多种类型的生态经济系统,主要有:(1)农田种植业系统;(2)粮、桑、牧、鱼、工系统;(3)桑基鱼塘系统;(4)稻鱼共生、稻鱼轮作系统。

要使现有的农业生态经济系统,趋于更合理和有效,有必要对其现状进行科学评价,分析系统的结构、功能和动态特征,找出成功典型和存在问题,为系统的优化及控制提供可靠的依据。

（一）以粮、油、绿、饲生产为主，农牧结合的农田种植业系统评价

农田种植业是吴江县农业生产最主要的组成部分，其种植面积占全县耕地面积的93.28％，主要结构类型有：(1)粮、油、绿、饲系统；(2)粮食经济作物套夹种系统。

该系统的主要特点为：(1)种植业内部注重土壤的改良。(2)经济结构中种植业比重仍占重要地位，1985年占25.40％。(3)农牧密切配合，使农田投入做到有机与无机结合。农田种植业系统的光能利用率为1.095％，在全国属高产水平，但经济效益比较低。因此，发展稻田套夹种，推广免耕麦（或少耕）。综合利用作物秸秆，搞好农副产品的循环利用及适当柑桔生产均是提高农田种植业系统生态经济效益的有利途径。

农田生态系统具有的食物链较短、品种简单而产量较高的农作物种群结构，以保持较高的净第一性生产力，也正由于这些，使得系统的稳定性较低，容易受旱、涝、风、病、虫等灾害的干扰。因此，为维持农田生态系统有较长时间的净高生产力，就必须变单一的农田生态系统为较丰富的农林牧副渔生态系统，这是增强其系统稳定性的重要途径。吴江县的农村已在这方面迈出了可喜的步伐。

（二）粮、桑、牧、渔、工系统评价

吴江县西南部12个乡的农业生态经济系统大多属此类型，其中以桃源乡为最典型，其主要生态经济关系见框图。该系统主要结构特点为：(1)重视种植业，尤其是粮食生产的基础作用。(2)桑园是农副工全面发展的纽带。(3)鱼塘实行立体化生产，促进了农牧渔综合发展。(4)工业的发展为这一系统资金投入的主要保障。(5)农副工各产业协调发展，系统内各要素间协同力大，农村产业结构比较合理。

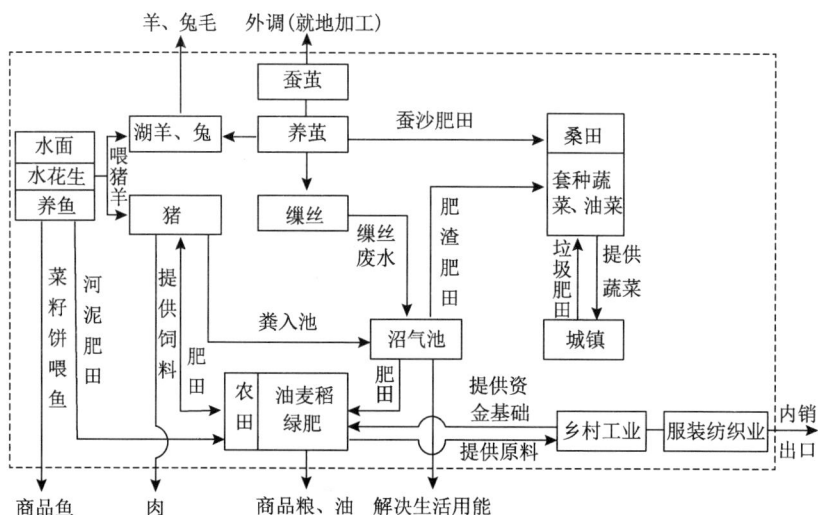

图1　粮、桑、牧、渔、工生态经济流程框图

粮、桑、牧、渔、工系统具有很高的社会、经济效益，为社会提供了大量的丝绸产品、鱼产品、畜产品，是今后生态农业的发展方向。

综上所述,粮、桑、牧、渔、工结构合理地利用了各自的自然资源,协调了各业之间的比例关系,大大提高了农业生态系统的总体功能,具有多层次、多组合,又有整体性和相关性的优点,实现了经济效益与社会生态效益的结合,在人多地少的太湖流域具有很强的生命力。但在生产发展过程中出现了不少问题,尤其是种植业、养殖业与加工业的衔接问题及乡镇工业的发展所带来的负外部生态效益,这些均有待进一步完善、优化。

（三）以养鱼为中心的桑基鱼塘系统评价

这是水面体系与旱地体系立体生产的有机结合鱼塘里养鱼,鱼池埂栽桑、种菜以及塘边养猪,猪粪肥水,池泥肥田。以鱼池为中心,形成鱼、桑、牧、菜等多链条的良性循环体系。这种生态组合在吴江县农村比比皆是。

该系统的结构特点主要表现为:(1) 系统的组成要素多,结构比较复杂,有利于系统的稳定;(2) 以鱼塘的立体结构为中心,桑、牧、渔相结合。

桑基鱼塘系统具有较高的生态经济效益,但现有系统内各要素欠协调,资源利用不充分。种桑、养蚕、养鱼是相互促进的生态结构,但生产实践中真正形成一个完整的复合生态系统的并不多,大都缺乏缫丝业。吴江县农村虽有不少缫丝厂,但其废水都未得到综合利用。因此,建议在桑基鱼塘系统中建立缫丝厂,蚕蛹和缫丝废水完全输入池塘,以形成一个生产结构严密的物质循环利用系统。

（四）"稻鱼共生、稻鱼轮作"系统评价（略）

吴江县四种不同类型农业生态经济系统的生态、社会、经济效益比较分析见表。为准确反映系统内各因素的变动与联系,以提出适合吴江县农业生产发展的农业生态经济优化模型,还有必要对系统进行定向定量分析,实行优化控制。

吴江县不同类型农业生态经济系统总体效益比较分析表

系统类型	主要经济效益指标						主要生态效益与社会效益		
	土地生产率		劳动生产率		资金生产率	投资回收期	正生态效益	负外部生态效益	社会效益
	亩均收入(元)	亩纯收入(元)	劳均收入(元)	劳均纯收入(元)	百元费用纯收入	(年)			
农田种植业系统	533.00	292.80	306.81	158.28	117.19	1.03	光能利用率达1.095%,农田能量产出投入比3.681	导致环境污染	平均每年为城镇提供3亿多斤粮食,5 000万斤油菜籽
粮桑牧渔工系统	1 577.33	883.30	3 576.76	1 999.31	127.27	0.78	防护农田,培肥土壤		提供大量丝绸产品、畜产品、鱼产品
稻鱼共生系统	432.52	323.65	470.62	368.29	359.89	0.28	除草、灭虫、松土、保肥		提供大量鱼种
稻鱼轮作系统	1 061.48	777.25	732.33	529.22	260.54	0.38			提供大量鱼种

注:桑基鱼塘系统因缺乏统计数字,故未列入表内计算。

三、吴江县农业生态经济系统的总体优化

（一）农村产业结构的合理调整

1. 农村部门产业结构的调整

农业内部结构的调整其重点在粮食向动物性食品的转化。养殖业需大力发展，水产养殖业经济效益显著，并具有广阔的外贸内销市场和有利的养殖场所，在短期内应得到迅速的发展，使之成为吴江县的主要产业。此外，应大力提高畜牧业生产在农业生产结构中的比重。农村产业结构的合理调整，总的来说，是要求生态、经济、社会效益达到最佳组合。必须做到：农业生产适应外贸的需求；大力发展以农产品加工业为主的食品工业和饲料工业，尽快建立食品、饲料工业基地，进行系列化生产；在农业、工业稳固发展的基础上，发展与之相适应的商业、运输业，建筑业等多项目的服务业。

2. 农村区域产业结构的调整

农业生产的自然地理环境条件分异规律和千百年来人类活动干预的结果，在不同区域以及同一区域内的不同地区，生态经济系统的结构与功能都有差异。其表现形式就是：不同区域对外部作用机制具有不同的缓冲与抗衡能力；相等的物质、能量、价值投入会有不同的生态、经济、社会效益。根据农业生态经济分区的环境自然本底状况一致，人口、环境、生物的协调性，生态经济评价的时间阶段性的基本原则，并考虑到今后商品经济发展的趋势，我们将吴江县分为三个农业区。针对各农业区的实际情况，提出不同的调整目标和发展模式。

（1）西南部低山农业区。今后产业调整的方向是努力完善粮、桑、牧、鱼、工生态经济系统，实行农、林、牧、副、渔、农、工、商综合经营。

（2）东北部平田农业区。今后产业的调整方向是增肥改土，大力发展粮食生产，同时以鱼塘为中心，完善桑基鱼塘，实行综合养鱼。建立一个以粮为主，农、牧、渔结合，农、林、牧、副、渔全面发展的农业区。

（3）中部过渡农业区。今后产业的调整方向是大力发展果树生产，恢复历史上享有盛名的"吴江蟠桃""平望无核铜盆柿"以及适当发展柑桔生产和与之相应的食品工业。

通过产业结构的区域性调整，使之形成资源开发利用充分合理、商品生产率高、经过多次增殖的多功能、高效率的农业生态经济系统。

（二）农业生态经济系统的优化

对吴江县农业生态经济系统作了定性、定向分析以后，我们又进行了定量研究。采用 M—340S 大型机，用线性规划的优化模拟方法，对该县的农、林、牧、副、渔各业进行优化模拟设计，以求通过合理调整系统内部的各组成要素，使系统达到整体协同最佳效益。模拟设计主要过程以及计算结果评价如下：

1. 优化方案的评价

（1）经检验，34 个变量值均满足了各种约束条件，并使吴江县农、林、牧、副、渔五

业的净收益达到最大值。

（2）优化方案的农、林、牧、副、渔五业结构及畜禽内部结构基本趋于合理。规划方案具有较高的生态、经济、社会总体效益。

通过分析模型松弛变量值，发现近期规划方案已经充分利用了吴江县现有的耕地和可养殖水面，而且种植业与林、牧、副、渔劳力均剩余，今后的主攻方向是努力提高现有土地单位面积的产量，并开发利用一些围荡田，大力发展农副产品的加工业和商、运、建、服行业，实行剩余劳力的转移。

2. 灵敏度分析

分析结果表明：粮食的供需对方案是十分敏感的，每年只要减少 2.68 亿斤粮食或增加 6.90 亿斤粮食，均会使方案的最优基发生变化。因此，稳定粮食生产，是实现"贸工农"型产业结构的重要保证，也是生态农业建成与否的关键。

参考文献

[1] 恩格斯：《自然辩证法》，于光远等编译，人民出版社 1984 年版。

[2] 刘书楷：《农业自然资源经济学导论》(内部版)1984 年印。

[3] 马湘泳等：《太湖平原地区不同土地类型农村产业结构之研究》(内部版)1984 年印。

[4] 费孝通：《小城镇大问题》，江苏人民出版社 1983 年版。

[5] (英)艾伦·科特雷尔：《环境经济学》，科学出版社 1983 年版。

[6] (英)英吉尼·奥德：《生态学基础》，人民教育出版社 1984 年版。

[7] 邓英淘、何维凌：《动态经济系统的调节与演化》，四川人民出版社 1985 年版。

[8] 山西农村发展研究中心：《农业能量投入产出效果的分析》(内部版)1983 年印。

[9] 河北农业大学农业经济学系：《用线性规划方法搞好县级农业发展总体规划》(内部版) 1984 年印。

[10] Land Utilization, 1951, Theory and Practice Edited by Kam Bahadur Mandal.

原文刊发于《南京农业大学学报》1987 年第 2 期

从生态经济观点论生态农业的开发和建设

刘书楷

（南京农业大学农经系）

提要：本文应用生态经济学原理，探讨生态农业的开发和建设。认为生态农业具有客观性和设计性，是一种科学的人工生态系统；应依据生态农业的综合性、整体性特点，运用生态学、生态经济学和系统工程的理论与方法，在现有区域生态农业体系基础上进行选优、模拟和优化。强调围绕农业中两个再生产过程的交结，加强农业生产综合体与农业生态经济整体系统的联系；加强定性与定量、定向与定位的综合分析研究，为生态农业的实践和指导区域农业经济的发展提供科学依据。

一、生态农业的整体综合性特点

生态农业的综合性特点是生态农业的基本特点。从生态经济学的观点看，生态农业的客观实体是一种人工生态系统——农业生态经济系统。农业生产既是自然生物生产，又是社会经济生产。农业生产是在"自然环境——农业生物——人类社会"这个系统性整体中进行的，它是一个复合大系统。按照马克思关于农业生产是经济再生产与自然再生产交织的命题：

农业生产过程⊃农业经济再生产过程×农业自然再生产过程。

（⊃代表集合，×代表交织，下同）

经济再生产过程，是生产力（含劳动产品、劳动力等）和生产关系的结合，包括生产、加工、运输、销售、分配、消费这一完整系统。它要求不断地扩大经济再生产，提高劳动的社会生产率，因而必然受社会经济规律的支配。

自然再生产过程，又称自然生物再生产过程，是动植物繁衍及其与自然界进行物质和能量相互转换等自然现象的再生产过程。其中，存在着包括种植业和林业的第一性绿色植物生产，及在此基础上的第二、第三性等多级生产。它们之间形成为有序和相互依赖的内在联系规律，具有一定的结构功能，又保持着一定的数量比例关系。这种多级营养结构为农林牧副渔业的全面发展及其产业结构比例提供了基础和规模要求。

农业的经济再生产过程和自然再生产过程相互交织不可分割，自然再生产是农业生产的基础，但只有它并不能构成农业生产。作为农业还有赖于人为因素与自然、生物因素的结合，要依据社会、经济、技术条件，通过人的社会生产劳动对自然、生物的干预，按照一定的经济目的，结合自然再生产过程，适应、利用和改造自然环境。通过栽培、饲养、抚育、繁殖、加工等劳动过程,促进自然物质和自然力转化为人类需要的各种农产品。而且,人为因素(含经济物、能与技术、管理等)的投入,在不违背自然生态规律的前提下,可以改变自然再生产过程的结构功能。例如,在第一、第二性生产之间增加饲料加工业,以提高第一性生产产品的利用率和转化率等等。可见,自然再生产过程必须与经济再生产过程结合起来,才能构成完整的农业再生产过程,也只有这两个再生产过程得到正确的结合,才能提高农业的生产力。

由于农业生产的过程是两个相互交织的再生产过程,因此涉及自然、生态和社会、经济、技术等多种因素,这就构成了农业生产综合体:

农业生产综合体⊃自然生态因素×社会经济因素×技术因素。

从而,农业生产的发展必须遵循自然生态规律和社会经济规律:

农业生产规律⊃自然生态规律×社会经济规律。

以上(1)、(2)、(3)式展示了农业生产的整体性和综合性的这一根本特点,这正是生态农业的基本特点。我们进行生态农业的开发和建设,必须从经济技术与自然生态结合的整体,依据其整体系统的综合性特点,加强综合研究和综合系统分析。

二、依据生态农业的基本特点,运用生态经济原理,加强综合研究

依据生态农业整体系统的综合性特点,针对当前开发性研究的要求,至少应进行以下四方面的研究:

(一) 生态农业系统组成的综合研究

从生态经济和系统工程的观点看,任何一种生态农业形式无不是一种系统,我们在选建和设计生态农业时,首先要确定其系统组成,以判定其结构功能。凡是生态农业都自成为一定的农业生产体系,并具有一定的结构功能,如果其结构和运转合理,就能使农业生产的自然因素和社会因素及生态、经济和社会效益达到最佳组合,按照既定的经济目的保持生产的不断发展。生态农业的系统构成,既不同于自然生态系统,也不同于经济系统,其组成内容包括:生态系统、经济系统和技术系统三个子系统。即:农业生产系统⊃农业生态系统×农业经济系统×农业技术系统。

再细分,农业生态系统又包括生物与环境两个子系统。农业经济系统,则包括生产过程的物能投入和产品(商品)产出,及交换过程中的贮藏、运转、交换及资金循环(财流)的货币周转。农业技术系统(含技术与管理),包括有生态农业的设计规划与实施管理、系统组成部分的组织协调、新技术的选用与改进和生态经济的鉴定与评价等。

上述生态农业组成内容,是理论设计的一般模式。具体的生态农业模式及其组成项目、结构功能等,须以一般模式对照评定;但因其赖以形成的条件和经济目的的不同,实际上是多样的,应该加以具体的确定。

(二) 生态农业类型的划分与确定

生态农业既是复合的生态经济系统,其类型的划分和评定,就要同时考虑自然因素和社会因素及其组合的状况,而不能以偏概全。生态农业类型是多种多样的,划分

的方法不一,一般可依据其产品的性质和状况,或按其系统的封闭性或开放性进行不同的分类。

依据生态农业的产品分类,可划分为:第一性生产型生态农业;第一、第二性生产相结合的生产型生态农业及综合利用型生态农业。前两种类型限于种、养业生产,后一类型是一种多级产品,种、养、加相结合的生产,其组成较为完整,有稳定高产的结构功能,能使资源得到充分利用,但要求投入多,并具备多种相应的社会经济技术条件和较高的生产力水平,管理也较为复杂。

按生态农业体系的相对独立性,可划分为开放型、封闭型和半开放半封闭三个类型。开放型生态农业,是指其系统中投入与产出、物能循环和经济循环的自在因素和自供自理能力不完整,需要利用系统外资源;或从外部补足产品,或需利用外在场所处理产品或副产品等。这种类型多为专业化程度高、生产规模大、生产集中的工厂化,商品化生产,如城郊区的机械化养殖场等。封闭型生态农业体系,是指主要立足于当地资源条件,只需向系统内投入能量,取得产品,不需从外部补充产品的投入,也无废物输出处理,自我循环完整的生态农业体系。而半开放半封闭型生态农业体系,是介于开放型和封闭型之间的一种类型。这种分类较为适用于经济发达地区,但也因生态农业的结构性质和功能及所需条件而不同。

(三)生态农业的模拟设计和模型

生态农业体系的模拟设计和模型的确定,应依据生态农业体系各组成部分的联系网络,从实际出发,进行多种设计和划分。但从生态经济学原理考虑,一般不外两种模拟,两种模型:一是综合利用型生态农业模型;一是分层次、分环节利用型生态农业模型。综合利用型模型,是从农业生态经济系统的整体系统考虑的,它由生态系统、经济系统和技术系统所构成,是用以综合反映生态农业整体系统的运转过程和内在联系的。从设计构思来说,生态农业整体系统的运转过程是由三个子系统综合作用形成的。它所需的基本能源是太阳能,加上所需水、气、营养物质,来自自然生态系统,再通过经济、技术系统开发补充部分的物质、能量,如生产资源和技术等物、能,以扩大投入。财流,即资金流或货币流和信息流,则是在经济再生产过程中,随着产品和商品的流转,结合自然再生产过程而循环运转的。为了不断扩大再生产,要求不断地增加物质、能量和资金、技术的投入。一般来说,只有多投入才能多产出,但是通过设计提高模型的结构功能,也可以大大提高物能的利用率和转化率。

分层次利用模型,即:分项模型。它不是完整的生态农业体系,而只是其中的一个局部,但具有相对独立性,而自成循环。此类生态农业模型没有像综合模型那样的完整循环系统,但具有不同程度的综合特性。我国珠江、长江三角洲的"桑基鱼塘"结构模型就是典型范例。

上述综合模型和分项模型,可供从事生态农业模拟设计具体模型的参考。在进行模型设计中,要根据当地资源条件和产品需要对具体模型加以选定。一般说,第一性生产,特别是粮食生产是各项生产和综合性生产的必要基础,应首先予以考虑。

（四）生态农业的实验研究

目前我国生态农业试点在有关部门组织部署下,已在全国各地相继展开,方兴未艾。生态农业试点工作是一项综合性和区域性很强的工作,如何组织好多部门、多学科的协作,紧密联系当地农业生产发展的实际和特点,明确发展方向,通过试点积累经验,以点带面,取得宏观效益,还有许多工作要做。首先在学科配套上,应尽快加强经济学科和生态经济学科的力量。生态农业的开发和建设,是从经济再生产过程开始的,从明确经济目的到经济效益目标的经济再生产过程,是贯穿生态农业体系的一条主线和主要子系统。没有经济方面的研究是偏颇的,也无从综合,这就违背了生态农业的基本特性,必然导致以偏概全的谬误。当然,没有生态科学、技术科学和系统工程科学的配合,同样也不行。要解决生态农业的发展方向和区域性问题,就要结合农业资源调查和农业区域规划工作,生态农业的方向和结构不能脱离区域资源条件和区域经济的发展方向,还要适应农业生产专业化、商品化和社会化的发展,不能追求"小而全""大而全"。否则,就起不到以点带面试验推广的作用。此外,还要加强对区域生态农业体系现有基础的综合评价和定性、定量分析,为进行选优、开发、建设、优化和实施决策提出科学依据。

三、生态农业开发和建设的效益目标

（一）三个效益目标

生态农业的开发和建设,自始至终都应具体运用生态经济学的理论观点为指导,遵循生态经济规律,用以分析生态经济系统的结构功能及其调节控制和优化的途径。这就要求在指导生态农业开发和建设的目标上,必须同时提高农业的自然生产力和社会生产力及生态经济效益,以取得生态农业体系的最佳总体结构功能。

生态农业的开发和建设要以提高经济效益为中心。但这并不意味着只是追求经济效益,更不是靠牺牲环境资源来发展生产,而是要在保证最佳综合效益的前提下提高经济效益。生态农业追求的经济效益,主要体现在三个方面:第一,食物链与加工链各环节上物能的利用率和转化率。例如,对耕作、种植方式的改进,提高了农业资源的利用率,通过对农副产品的多层次循环利用,生产出更多的商品产品;搞好农产品深度加工,可以多次增值;再就是,由于选定适宜品种和生产项目,可以提高对生物产品的利用率和转化率等。由此可以进行多种分析对比,予以经济评价。一般说,只要社会和市场需求不受限制,则应以食物链和加工链上的经济效益最大的环节作出最优选择。第二,对系统的总体结构功能,要依据系统中系列产品所体现的综合经济效益的大小加以抉择。第三,对生态效益、社会效益的经济价值进行测定。如农田防护林带对护卫农田产生的增产效果,森林对净化大气、调节气候、保护水土、涵养水源、保护物种等带来的经济效益,环境保护与综合治理的经济效益等。

生态农业的开发和建设,尤其要重视提高生态(环境)效益。生态农业追求的生态效益目标,主要有以下几方面:第一,要符合生态平衡规律,并按其适应程度评定其效

益的大小,可以认为,最符合生态平衡规律的生态效益,是最基本的生态效益。但提高生态效益的生态平衡,不是自然生态平衡,而是与社会需要、社会经济效益相协调一致的生态平衡。如一块可垦荒地,从自然生态平衡说,任其荒芜是听任自然生态平衡,用以作为林地、牧地或耕地,附加人工调控后可以成为不同利用方式的人工生态平衡,也可能因人为破坏而失去平衡,在选择利用方向时,就要结合社会需要和经济效益及自身的生态效益作出决策。第二,要有利于保持稳定的生态系统,恢复衰退的生态系统,保持和增进生态系统的良好功能,使生态农业体系得以持续发展。例如,为了保持区域生态系统的稳定,对于森林、湖泊要加以保护,对于水土流失土地和过度利用的牧地应采取措施,促使其恢复。第三,在生态农业设计中,应遵循生态学原理和生态规律,如物种的生态习性、能量的单向流动与能量转换效率、养分的循环、物种多样性与系统稳定性、生态系统的动态变化规律等,以决定生态农业的不同类型和不同层次的平衡模式。

生态效益不仅体现在物与环境、生物与生物之间是否适应和协调及其程度的大小,直接表现为生物产量及自然景观;而且反映人与自然的关系是否协调和和谐,直接体现为美学价值,供人类精神生活所享用,如国家公园和旅游点的设施等。所以,提高生态效益对于发展生产、美化生活、改善环境都具有重要意义,它是提高经济效益和社会效益的前提与基础,并对二者起着制约作用。

社会效益是指生产经营活动所产生的社会影响和效益,即系统边界以外的正效益或负效益。目前常指生产经营活动对满足社会需要的程度,满足社会需要的程度越大,社会效益就越大;反之,社会效益就小,甚至没有社会效益。在农业向大规模商品经济发展的条件下,产品的市场需求和社会需要在很大程度上决定着生产发展的方向和社会经济效益的大小。社会需要可以细分为国家需要、地方需要、出口需要和系统自身需要,也可分为生产需要和消费需要。我们开发和建设生态农业,必须遵循社会需要与地区优势相结合——即需要与可能相结合的原则,来确定生态农业的发展方向、模式及其结构和功能。

综上所述,生态农业的开发和建设为了农业的持续发展,必须以增进生态效益、经济效益和社会效益为目标。从根本上说,这三个效益是同向和一致的,也是相互联系、相互促进、相互渗透的。没有生态效益这个根本效益,就没有持久的经济效益;没有经济效益这个中心效益,生态效益失去了经济目的和动力,就会缺乏经济物质和能量的投入,不能持续提高效益水平,这样的生态效益对生产和生活都会失去其存在意义。但是,由于它们受制约的条件和规律各不相同,各自遵循自己的发展规律各行其是,如果安排不当,又会发生异向的相互矛盾。例如,生态平衡了,但产品不适应社会需要,或价格上不合理,就会导致三个效益的矛盾;即使安排得当,要同时实现三个效益的最大值,也往往难以做到。因此,生态农业的效益目标并不要求同时取得三个效益的最大值,也不要求不同层次结构的绝对生态平衡,而是致力于三个效益在最优生态农业模式中的相互协调和最优组合,以求得其总体结构功能的最佳效益。而依据“整体功能＞局部功能之和"即"非加和原则",这个最佳效益的终极目标是可以达到的。

(二) 两个良性高效循环

开发生态农业,关键在于实现农业的两个良性高效循环,提高农业生产力。生态农业体系是一种生态经济系统,其基本功能是实行生态循环和经济循环,二者的交互作用即生态经济循环。只有同时实现了这两个良性高效循环,并使二者合理结合和统一,才能提高生态经济系统的生产力,取得最佳综合效益。

那么怎样同时实现这两个良性高效循环,使二者协调地结合和统一呢? 我认为最基本的一点,是要在弄清生态循环和经济循环的共性与个性的基础上,找到它们的结合部和互补点。一般说,共性构成为结合部,而个性是互补因素。从两个循环的共性来说,主要有三个方面:第一,它们都有一个平衡的共性,要求生态系统和经济系统的循环,在结构性质上协调平衡,在组合数量上互成比例。第二,二者在再生产过程中共有一个输入(投入)和输出(产出)的联系网络,要求物、能等量交换原则。第三,生态系统、经济系统的循环共寓于农业生产整体系统之中,二者在客观上是相互结合、不可分割的,经济循环以生态循环为基础而运转,经济平衡也以生态平衡为基础;同时,生态循环、生态平衡又制约经济循环、经济平衡,没有后者,前者就失去方向和动力。因此必须掌握这两个循环机制的运转规律,采取相适应的对策和措施,使它们相互融合、互补而趋于协调一致。总之,要使生态、经济循环正确结合、协调发展,才能最终提高生态农业生产力,达到最佳综合效益的总目标。

原文刊发于《农业现代化研究》1987 年第 2 期

森林间接经济效益的计量与评价

曲福田　刘书楷

（南京农业大学农业经济系）

提要：森林间接经济效益的计量与评价一直是国内外有关学者十分关注而又难以解决的问题。本文就这一论题从理论方法和实践应用两方面做了初步的探讨，森林间接经济效益客观上有其计量与评价的价值基础。通过对间接效益的表现形式分析来看，经济学中相关替代法适合于森林间接经济效益的计量与评价。文章以江苏省海涂森林生态系统为样点，运用相关替代法对森林间接效益进行了经济计量与评价。结果表明，森林经营不仅在经济上可行，而且总体经济效益显著高于同类地区的农田经营，同时还表明，森林间接经济效益价值量大于其直接经济效益的价值量。这些结论都在很大程度上揭示了林业发展的趋势。

森林作为生态系统的核心其总体效能越来越被人们所重视。森林不仅可以提供大量的林副产品，更重要的是能产生较高的生态效益和社会效益。但长期以来，人们对于森林的功能效益评价只是以森林提供的主要经济产品如木材、果实等的价值为标准。这掩盖了森林对社会产生的生态效益和社会效益，从而不利于我国林业的发展，也不利于整个生态系统的良性循环，因而有必要应用适当的理论和方法对森林的综合效益进行评价。尤其注意对其生态效益和社会效益的经济计量，即用货币形式尽可能科学地表现、度量森林生态效益和社会效益及其大小。这无疑在我国是一个新的难度较大的研究领域。本文从理论和实践两方面对这一问题做一尝试。

一、森林间接经济效益计量方法的探讨

森林生态系统的效能大体可分为两大类：森林的直接经济效益和森林的间接经济效益。直接经济效益是指林副经济产品的价值，这些效益往往以实物形态表现出来，并存在着相应的市场（即可以直接用价值表现，有社会公认的价格）；而间接经济效益则是指森林在林产品生产的同时所提供的有益的影响和作用，包括生态效益和社会效益。这些效益往往没有实物形态，也不存在相应的市场，更没有社会所公认的交换价格。例如，到目前为止，还没有出现出卖森林的农田防护效益的现象。

对森林综合效益进行经济计量与评价就是计量森林各种生态效益、经济效益、社会效益和为之而付出的成本费用的价值量，用社会统一的指标——货币来衡量森林生态系统效益的大小。对于直接的经济效益和成本是明显的，由于这些效益是以实物形式存在，并且具有相应的市场价格，因而森林直接经济效益和成本量可以由这些效益

成本的实物量和相应的单位市场价格来计量,这是比较容易做到的。但对于森林的间接经济效益,由于它们既没有实物形式,也没有市场价格,所以一下子很难用货币指标加以反映。

森林的间接效益本身并不表现为直接的经济价值,但它会为受其影响的其他经济活动和人们生活带来良好的效益,这种效益就是森林间接经济效益的具体体现,并且具有价值,因为森林间接效益作用的结果能使其他经济活动产生出一定的经济价值。这种经济价值的存在为森林间接经济效益的货币计量提供了客观基础,即我们可以把这种经济价值作为间接经济效益的近似经济替代物,用其大小来估计间接经济效益的价值量。森林间接经济效益对受其影响的其他经济活动带来的效益大致有三个方面:1. 可以使经济生产量增加。如森林能够调节农田小气候,受其影响的农田产量比一般农田产量要高。2. 可以节省劳动(包括活劳动和物化劳动)的耗费。如由于森林能保持水土,可以减少下游水库的维修工作量。3. 可以减轻经济生产和人们生活的某些损失。如受森林保护的农田和居民点,在遭受某些自然灾害后其损失的程度比没有森林保护的要小。森林间接经济效益以上三个方面的作用结果可以分别用货币表现为经济产品收益的增加量、成本费用的节省量和经济损失的减少量,那么我们就可以以这三种价值量作为森林相应间接经济效益的近似经济替代物,以此来计算森林间接经济效益的价值,因而森林间接经济效益计量和评价的方法实质上是相关代替法。

由于森林间接经济效益的表现形式不一样,其发挥功效的结果也不同,所以全面合理评价计量森林的间接经济效益必须将其划分为几大类,按每一类的特点来选择不同的计量依据(或利用产品收益增加量或利用成本费用节省量或利用经济损失减少量)的估算各类间接经济效益的价值量。

由于森林的直接和间接经济效益每年都要发生,同时随着林龄的不同,其效益、成本费用大小也有差别。因而评价森林直接和间接经济效益一般应按林产品计算的林木生产周期作为评价的期限。而在一个生产周期内,森林效益在不同时点上表现为不同的价值量。由于客观上存在着时间价值的概念(即未来一定数量的货币值在价值上比现在同一数量的货币值小,这主要是由于资金利润率和人们的正时间偏好率存在的原因)。那么,一个周期内森林效益(成本)价值量应采用贴现或复利原理,折算成同一时点的货币价值量,以便于比较。

假如我们要评价森林未来发生的效益,就要进行贴现,其计算公式:

$$PV = \sum_{t=1}^{n} \frac{R_t}{(1+r)^t}$$

假如我们要评价森林已有的效益,就应进行复利计算,其公式为:

$$PV = \sum_{t=1}^{n-1} R_t (1+r)^{n-t}$$

其中:PV 为某一效益(成本)总现值;n 为评价的期限(年);t 为年份;r 为贴现(或复

利)系数;R_t 为 t 年的效益(成本)价值额。

各种效益、成本的现值相加就是森林在一个评价周期内直接和间接经济效益与成本的总价值量。除此以外,我们要计算森林效益的净现值和效益成本率。净现值就是效益现值和成本现值之差。净现值大于零,表现森林经营是可行的。效益成本率是效益现值与成本现值的比,它是表现森林效益大小的相对数,如大于1,表明森林经营是可行的,小于1则表明森林经营是无利可图的。有了净现值和效益成本率,我们也可以在不同的森林经营区,以及森林经营与其他土地利用方式之间进行效益的比较,从而确定出森林经营真正的效益。

二、海涂刺槐林综合经济效益的计量与评价

植树造林是沿海滩涂开发利用的一种重要方式。海涂森林综合效益的评价是目前海涂综合开发利用研究中的重要课题,它对于合理开发海涂资源,建立稳定、高效的海涂开发利用生态经济系统具有重大意义。海涂森林多种功能效益见图1。

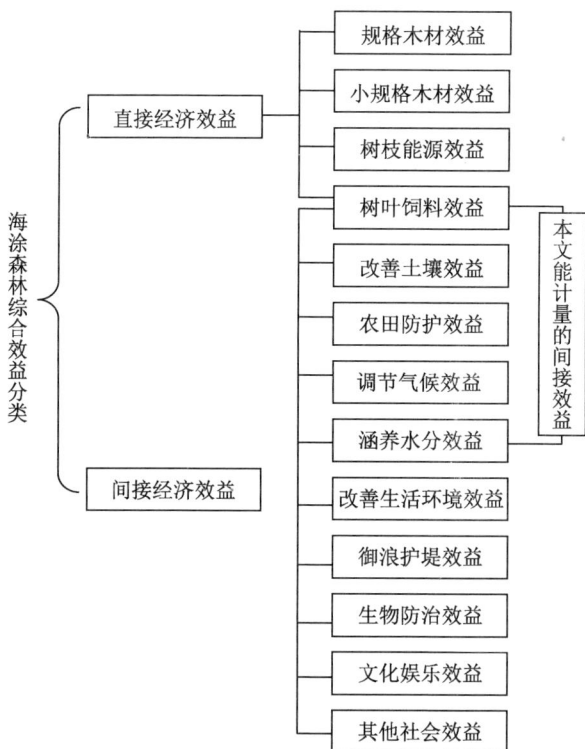

图1　森林的效益分类示意图

本文选择江苏省东台县林场的刺槐林作为评价对象。同时,以基本条件相同的方强农场和新洋农场的农田经营作为对比来对海涂开发森林综合经济效益进行计量评价。

东台县林场位于东台县已围滩涂,有 2.14 万亩刺槐林,1965 年栽植。林木外边是潮间带,里边是广大的农田。目前刺槐林已达采伐树龄,部分已经采伐。本文评价分析中某些参数的选择是:参考银行利息水平,把年利率 γ 定为 4%,复利期为 1965—1984 年,现值年份为 1984 年。由于这里是对已经发生的经济活动进行评价,所以在计算价值量时应用复利原理。

(一)森林间接经济效益的计量与评价

1. 森林改土效益的经济计量

组成森林的木本植物是多年生植物,随着森林枯落物的积累、腐烂和固氮根瘤不断固定游离氮,以及树木保持水土防止大量养分被冲走,增加了林地土壤肥力,据 1982 年土壤普查资料,林场比农场土壤多含水解氮 67.307 ppm,速效磷 1.37 ppm,折合每亩多含纯氮 10.09 kg,P_2O_5 0.15 kg,按一般的化肥施用耗损率计算,森林改土效果相当于增施了 1 064.03 t 尿素,67.52 t 过磷酸钙。那么这些肥料的价值就可作为森林改土效益的经济替代物。

按植树 2 年后土壤开始得到改良,2.14 万亩森林土壤增施尿素 62.59 t 和过磷酸钙 3.97 t,按尿素 560 元/t 和过磷酸钙 174 元/t 计算,其价值分别为 35 050.40 元和 691.06 元。从 1967—1984 年 17 年间,森林改土效益经济价值的现值:

$$PV_1 = 35\,050.40 \sum_{t=3}^{19} (1+0.04)^{20-t} + 691.06 \sum_{t=3}^{19} (1+0.04)^{20-t}$$
$$= 880\,863.02(元)$$

另外,森林土壤还比农场多含 41 210 t 有机质,未予折算。

2. 森林农田防护效益经济计量

在遇到台风、冰雹等气候灾害的时候,森林对其周围的农田有着重大的防护作用,在沿海尤为显著。从苏北沿海防护林效益测报资料看,台风袭击后受森林保护的农田比空旷地棉花和粮食分别少减产 35.9% 和 20.5%。另外,森林还有防雹效益,自植刺槐林以来,林场及附近地区未遭雹灾。因而,我们可以以此作为计算森林农田防护效益经济价值量的依据。刺槐林的防护范围按一般为林带高的 15~20 倍计算,为 9 174 亩,主要是八里乡农田。根据八里乡、林场以及附近地区所遇台风、冰雹年份和相应的粮棉产量计算,1969—1984 年出现的 8 次台风和 3 次冰雹由于森林的防护作用少减产棉花 503 522 kg,粮食 3 531 655 kg,总现值 $PV_{21} = 4\,419\,939.78(元)$。

森林除了能使农田免受或减轻自然灾害所带来的损失外,在正常年份,也会使受其影响的农田局部小气候得到改善,表现为土壤温度升高,空气湿度增大,风速减小等,这给农田作物提供了良好的生态条件。据当地报测,正常年景,受森林防护的粮食作物、棉花比空旷地分别增产 13.5% 和 30.9%,按森林内的耕地和对外部农田的有效作用面积共 5 625 亩计算,1965—1984 年正常年份内,由于森林调节农田气候的作用共增产粮食 1 218.6 t,棉花 141.45 t,其现值为 $PV_{22}=998\ 734.26$(元)。那么,森林农田防护效益的总现值为 $PV_2=5\ 418\ 674.04$ 元。

3. 森林涵养水分效益经济计量

据测定,滩涂上每亩森林能贮水 35 m³,那么整个刺槐林相当于 $74.9\times10^4\,\mathrm{m}^3$ 的小水库。虽然土壤贮水不像水库贮水那样可按照人们需要放水和蓄水,但海涂土壤水分的多少对土壤理化状况很有影响。对于涵养水分效益,一般的计量方法是按水利投资的 40% 算作影子价格。那么从郁闭算起,刺槐林涵养水分效益的现值为 $PV_3=453\ 232.65$(元)。(一般投资定额为每立方米蓄水 0.84 元)。

4. 森林对生活环境影响效益的经济计量

森林益鸟多,病虫害生物防治好,农药使用量比农场少,加上森林净化空气、生活环境优美等,所以林场职工的健康状况优于农场。据统计,林场每个人每年的医疗费要比农场少 11 元,因而东台县林场每年就节约 4 851 元的医疗费支出。由于缺乏其他的可靠资料,我们可以此作为 2.14 万亩森林改善生活环境效益的经济价值量,其现值(按森林郁闭后计算):

$$PV_4=4\ 851\sum_{t=4}^{19}(1+0.04)^{20-t}$$
$$=110\ 103.15(元)$$

5. 森林的饲料效益经济计量

树叶是畜牧业的饲料,刺槐树郁闭后,除去落地腐烂归还土壤的,每年每亩实际约有 100 kg 树叶可作为牛、羊、猪等家畜的饲料。以粗饲料的市场价格(0.10 元/kg)作为计算森林饲料效益的影子价格,每年 2.14 万亩森林饲料效益价值为 21.4 万元,从森林郁闭后算起,其现值总计:

$$PV_5=214\ 000\times\sum_{t=5}^{19}(1+0.04)^{20-t}$$
$$=4\ 456\ 336(元)$$

那么森林的主要间接经济效益的总现值:

$$PV_1=\sum_{t=1}^{5}PV_t=11\ 319\ 208.86(元)$$

除此之外,还有许多其他的间接效益如御浪护堤、病虫害的生物防治等由于种种原因目前未能进行经济计量。

(二)森林直接经济效益计量与评价

1. 能源效益计量

森林郁闭后,1~2 年即可进行间伐修枝,所得的树枝可作燃料。林场间伐修枝一般每三年一次,平均每次每亩可获 100~150 kg 树枝,树枝收获量一般按森林生产率不断提高。1972—1984 年林场共获得 11 884.2 t 可用于烧柴的树枝,那么能源效益的现值总计：

$$PV_6 = 1\ 423\ 088.32(元)(燃料价格\ 0.10\ 元\ /kg)$$

2. 间伐小径木材价值计量

刺槐林在生长过程中要进行间伐，以有利于林木的迅速生长。刺槐林一般从郁闭后三、四年间伐，每四年一次，间伐强度一般在 5～10％，1972—1984 年刺槐林间伐小径木材 8 316.23 m^3，其现值：$PV_7 = 877\ 980.50(元)(小径木材价格\ 85\ 元/m^3)$。

3. 已伐木材价值计量

从 1978—1984 年，林场平均每年伐成材木材 700 m^3，按 170 元/m^3 计，7 年共伐木材 4 900 m^3，其现值为 $PV_8 = 977\ 585.00(元)$。

4. 活立木价值计量

1984 年底，刺槐林蓄积量 $4.28 \times 10^4\ m^3$，均已成材，按 170 元/m^3 计，现值 $PV_9 = 7\ 170\ 600(元)$。

那么，森林的直接经济效益总现值：

$$PV_{II} = \sum_{t=1}^{9} PV_t = 10\ 449\ 253.82(元)$$

（三）森林综合经济效益的成本分析

从东台县林场建场到现在，用在刺槐林上的所有投资和成本费用复利现值总额为：

$$PV_{III} = 2\ 502\ 070.97(元)$$

（四）森林的直接经济效益计量评价的结论

由以上计量所得，2.14 万亩刺槐林 1965—1984 年直接和间接经济效益现值（PV）为 21 768 460.68 元，净现值（NPV）为 19 266 389.71 元，效益成本率为 8.70。刺槐林的主要指标水平以及与同时期农场指标水平比较见下表。

森林经济效益与农场经营效益比较表

单位		亩均净产值（元）	效益成本率
东台县林场	综合经济效益	900.30	8.70
	直接经济效益	371.36	4.18
新洋农场		−12.79	0.95
方强农场		−301.95	0.86

资料来源：东台县林场、新洋农场、方强农场。

从表中的比较分析我们可以得出以结论：(1) 滩涂植树的净现值大于零，效益成本率大于1，因而在经济上是可行的；(2) 森林的综合效益要比同样条件下的农场高得多，仅就森林的直接经济效益与农场经营经济效益相比也是如此；(3) 森林的间接经济效益的价值量占综合效益价值量的 52％，也就是说森林间接经济效益的价值量要大于其直接经济效益价值量,森林经营所能实现的经济价值不到森林综合效益价值量的一半。

一般来说,森林的间接经济效益价值量要大大超过其直接的经济效益,但由于森林的所有功能不可能都在沿海地区发挥出来,同时林场的林木相对集中,生态效益有效作用的范围不大,因而所计算的间接经济效益价值量偏小。

三、结语

应该承认,本文森林间接经济效益的经济计量方法也存在着某些缺陷。主要因为:一方面目前森林的许多间接经济效益还找不到近似的经济替代物;另一方面是由于受现有科技水平等因素的限制,某些森林间接经济效益的价值其经济替代物选择上存在着一定的缺陷。但就现有的可利用资料,我们对主要间接经济效益进行了探索性的经济计量评价,从而很大程度上说明了森林间接效益的经济意义及其森林的综合效益,比较客观地反映了林业发展的大体趋势。

森林的间接经济效益实际上是一种共享资源。由于它本身并没有所有权,受益的单位或个人并没有因为得到森林的好处而向森林所有者或经营者支付费用,因而,林业经营所能实现的收益仅是森林综合效益的一部分。所以森林往往由国家或集体进行大规模的营造。

原文刊发于《农村生态环境》1987年第4期

第四篇
农业区划与农村发展

论我国农业和农村经济的两个转变

刘书楷

（南京农业大学）

一、我国经济实行两个转变的实质及对农村经济发展的意义

中共中央十四届五中全会《关于制订国民经济和社会发展"九五"计划和 2010 年远景目标的建议》明确指出，要实现"九五"时期和 2010 年的奋斗目标，关键是实现两个具有全局意义的根本性转变：一是经济体制从传统的计划经济体制向社会主义市场经济体制转变；二是经济增长方式从粗放型向集约型转变。这是经济发展战略的重大调整，也是实现经济社会可持续发展战略的长期性重大举措。其实质是继续加大力度，深化改革，以改革为动力促进可持续性发展。

要实现我国经济社会的两个转变，必须以经济建设为中心，切实把农业放在发展经济的首位，调动农民的积极性。国家要在政策上、投资上、科技教育上向农业倾斜，努力改善农业生产条件，提高农业的综合生产力，巩固和加强农业的基础地位，确保粮食等农产品的有效供给。

十多年的改革开放，我国农业在改革和发展中已经取得了空前的令人瞩目的成就。但也应看到，目前农村市场集中的程度还很低，农业经营规模狭小，限制了农业的市场化和现代化，加之国家对农业投入的相对下降和对农业的支持和保护不力，造成农业比较效益低下，致使自 1985 年以来粮食和农产品总量增长滞后，结构失衡。以 1993 年与 1985 年相比，农村非农产业总产值增长 9.6 倍，而农业总产值只增长 2 倍，农业产值占国内生产总值的比重由 29.8％下降到 21.9％；同期相比，全国除肉、禽、鱼、果等有增长外，粮食总产量只增长 20.4％，1987 年以后一直徘徊在 4.4 亿吨左右，棉花总产量则减少 8.8％。由于农业生产水平低，1993 年我国历史上粮食产量的最高年份的人均产量只有 343.7 公斤，比世界人均谷物产量 358 公斤低 4.3％，比国际上公认的人均粮食 500 公斤的安全线还低约 1/3，只及美国人均谷物 1 386 公斤的 1/4。[①] 问题还在于我国人均粮食占有量目前只维持在甚至低于 80 年代前期的水平。农产品生产水平低的集中表现是农业劳动生产率低，目前发达国家农业人口和农业劳动力一般只占总人口、总劳动力的 2％～5％，不超过 10％；农业对国民生产总值的贡献也接近这一比例。而我国则以 80％人口和 60％劳动力，提供 20％多一点的国民生产总值。而

---

① 据《中国农村统计年鉴 1994》有关资料计算。

且,我国农业技术水平低而提高不快,对农业的投入及其报酬率下降,农民收入增长缓慢,农业的比较效益是经济部门中最低的。总之,我国农业在整个国民经济中是发展滞后的产业,它严重制约和阻碍了整个国家经济的持续、快速、健康发展。

分析我国农业发展之所以滞后,使我们从另一角度看到农业和农村经济在经济体制和经济增长方式上严重存在着不适应生产力发展的障碍及人口、资源和环境等根本制约因素,从而强化我们对农业和农村经济两个转变的客观必要性和重大现实意义的自觉意识。为此,笔者认为当前有两个最基本的问题有待进一步研究:一是如何认识和实现这两个转变;二是怎样正确处理两个转变中发展与资源利用、环境保护问题。

二、实现农业和农村经济两个转变的要求及其内涵

(一)关于农业和农村经济体制的根本转变

我国的经济体制改革,是从农村开始的,已经在全国农村实行的以家庭联产承包为主的责任制取得了历史性的成功,基本完成了农业社会主义改革与发展的"第一个飞跃"。但是,随着农业和农村经济发展和改革出现的各种矛盾和问题,统分结合的双层经营体制还要不断加以完善和提高,并为不断提高农户承包经营的水平提供有力的服务和支持。这是一项艰巨的任务和复杂的过程,为此必须继续深化农村改革。目前亟应提到日程上的主要有以下几项:

1. 继续深化农村产权制度改革和创新

一个理想的产权制度应该是兼顾公平与效率,以利于发展社会生产力。我们已经建立的集体土地以农户承包为主的责任制和统分结合的双层经营体制,是符合这一基本要求的,但目前在集体土地所有权和使用权分离基础上,产权主体和产权体系不完备,产权关系不明晰,土地不动产难于进入市场,稳定了所有权,但没有搞活使用权,交易成本高,产权主体之间利益不协调。因此应根据市场经济体制的要求,实行产权多元化,明确各产权主体的法人及其责、权、利关系,并依法协调其关系,以维护产权的整体利益。

2. 在坚持和完善已有经营体制的基础上,根据有条件、农民自愿的原则,积极引导农民发展适度规模经营

实行规模经营的主要目标,是求得规模经济效益,使同等产量的平均成本最低。而目前我国的农业经营体制多以农户经营为主,双层经营体制和社会化服务体系尚不完备,农户的经营规模狭小、分散,农产品商品率低,不能适应大市场的要求;传统的小农生产方式,难以容纳先进的大型机械和高新技术,阻碍了农业现代化。所以邓小平同志把发展适度规模经营喻为我国农业改革的"第二个飞跃",旨在使我国农业经营体制通过发展适度规模经营,更加适应社会主义市场经济体制和农业现代化的要求。

3. 推进农业产业化

"农业产业化"一词,是借用的西方外来语"industrialization"。其意是使传统农业"工业化""商业化",即现代化和市场化(或企业化)。所以农业产业化的实质是指发展

现代化、市场化农业产业。目前在西方发达国家,现代农业产业的基本特征是科技含量高,土地三率(即生产率、劳动生产率和商品率)高,产、供、销一体化程度高,企业化经营程度高,综合经济效益高,所获利润不低于非农产业。所有这些,对我国发展社会主义农业,很有借鉴价值;与我国当前各地推行的"农户＋合作社""农户＋公司"等形式,以发展龙头产业带动贸、工、农一体化等的做法,也不无相通之处。实践证明,把农业生产与产品加工、运销、综合利用结合起来,形成"产业链",农业的综合效益和比较利益并不低。可见,实行农业产业化对提高农业的自我维持与发展能力是十分重要的。

4. 加强国家对农村市场体系的培育和建设

实行农业计划经济体制向市场经济体制转变,除加强农业自身经济体制改革与建设外,国家政府部门应重视对农村市场体系的建设,其中包括农产品交易市场和农业生产资料、资金、土地和劳动力市场等。只有作为农产品和农业生产资料交易载体的市场机制建立和完善了,才能使生产、加工、运销和流通各环节衔接,使生产者和消费者都受益。为此还需要政府管好市场,稳定市场,增强市场调节能力和配置资源的功能。

5. 要建立健全国家对农业的支持和保护体系

农业生产周期长,自然风险和市场风险均较大,自我维持和自我发展能力较为脆弱,加上目前我国农业现代化和产业化、市场化程度不高,以致农业综合效益和比较效益低,农业发展滞后。这就需要加强对农业的支持和保护。今后国家还要进一步从财政、金融、科技和政策上予以大力支持,逐步建立起有中国特色、强大的农业支持和保护体系,使之制度化、法律化。

此外,还应积极引导和扶持农民的社会组织,如建设农民协会、农会等,以加强农民的政治、文化、教育、科技素养,发挥农民发展农业和农村经济的主动性及自持能力。

(二)关于农业和农村经济增产方式的根本转变

实行经济增产方式由粗放型向集约型转变,是对自然资源进行有效配置、利用和经营方式的转变,它不同于经济体制的转变,又是在一定的经济体制的导向和基础上与经济体制的转变结合进行的。这对农业也不例外。

经营方式的形成和发展,首先开始于农业。在传统农业经济学上一向把农业经营方式区分为粗放经营和集约经营两种形式,并认为由粗放经营向集约经营转变是农业经营方式发展的必然趋势。所谓粗放经营(extensive farming),又称粗放耕作,是指在单位面积上投入少量的劳动和资本;集约经营(intensive farming),又称集约耕作,是指在单位面积上投入多量的劳动和资本。这主要是依据投入产出效果原理,即"等量投入等量产出"原则而言的。其实,在我国古代早已有"广种薄收"和"精耕细作"之说,则寓意更为确切。

集约经营作为一种农业经营学的理论,首创于19世纪初,由德国早期著名农业经营经济学家泰厄(A. Thaer, 1752—1828)提出。他称集约农业是"合理的农业",指出当时欧洲推行的"轮作制"农业与过去的"三圃式"农业相比是较为集约的合理农业,其意向与我们现在实行农业增产方式由粗放型向集约型转变是一致的。其理论意义,主要是看到并强调了对土地资源利用实行增量投入,以求得合理的耕作和产出率。但他的这一理论以及后来形成的传统农业经济学的农业集约化经营理论,大都只是注意到土地的利用,而甚少致力于其他领域的稀缺自然资源利用;而且主要考虑的是经济效益,甚少注意到生态环境因素,也很少研究经营方式的选择所应依据的客观条件。因此,我国农业增产方式转变,还应强调以下两点:

1. 怎样依据我国国情来选择一个理想的集约型农业增产方式

选择一个合理的集约型的农业经营方式,应依据国情和实际客观条件。选择集约型农业经营并不意味着立即排斥和扬弃有条件存在的合理的粗放型经营,也不是无条件、无限地要求越集约越好,那不仅是做不到的,而且将会带来对资源环境的破坏。应该承认,有合理的集约,也有合理的粗放,并积极创造条件由粗放型向集约型经营转变。在选择合理的集约型经营方式上,必须把握住集约经营的适合度问题。这取决于两个方面:一是取决于一国一地区的人地比例、稀缺自然资源和供求关系。我国人均耕地只有世界平均水平的 1/3,人均水资源只有世界平均水平的 1/4,其他自然资源也较少,在人口增加、农业增产中,靠大量增加自然资源的投入是不可能的,根本出路是提高自然资源的综合利用率和综合效益。二是取决于我们怎样选择自然资源集约利用和经营的合理集约度。所谓合理的集约投入,既要使增量投入能为土地、自然资源所承受,而不致流入浪费,又能保证高产、优质、高效,才能成为适度、适量的集约。这就是说,合理的集约度和集约经营方式实质上是一个生态经济概念,既要经济上适度、适量,又要生态上适度、适量。所以,我国的集约型农业增产和经营方式的最佳模式是生态农业模式。

2. 如何实现我国农业和农村经济增产方式由粗放型向集约型转变

从现实总体上看,我国一方面人均自然资源十分紧缺,另一方面农业经营仍处于粗放型经营状态,对稀缺珍贵自然资源浪费严重。例如,我国农业灌溉用水的利用率不到 40%,化肥有效利用率只有 30%,远低于发达国家,加上资金、技术投入少,劳动力素质低,单位土地面积的农业产量和农业劳动生产率均较发达国家低。特别是,我国农业增产中,科技含量只占 30%,而世界上许多国家一般已达 50%~80%,这表明农业增产中实行"科教兴农"的重要性。由此可见,我国农业增产方式由粗放型向集约型的根本转变不仅是提高投入产出比的问题,而且是有关实现农业现代化的大问题。

三、农业和农村经济两个转变中的发展与资源、环境

我国于 1994 年由国务院通过的《中国 21 世纪议程——中国 21 世纪人口、环境与发展白皮书》明确提出:"人类认识到通过高消耗追求经济数量增长和先污染后治理的传统发展模式已不再适应当今和未来发展的要求,而必须寻求一条人口、经济、社会、环境和资源相互协调的既能满足当代人的需要而又不对满足后代人需求的能力构成

危害的持续发展的道路。"①接着,1995 年提出的两个根本性转变,正是实现我国可持续发展战略的关键措施。应该说实行两个转变的目标是实现可持续发展,但怎样通过实行两个转变实现可持续发展战略,同样是艰巨的任务和复杂的问题。这主要是两个方面的问题:一是我国目前还处于两个转变的初始阶段,现代社会主义市场经济还没有发育成熟,经济增长方式也还处于以粗放型为主的时期,而人口多、人均资源少、经济社会快速发展对资源、环境的巨大压力一时难以缓解;二是两个转变所涉及的领域主要是经济、社会的发展,而相应的资源、环境问题亟待深入探索。

从整体上研究和解决发展与环境问题所涉及的面广、问题多。除人口问题外,从宏观角度围绕两个转变来看,应着重对以下几个方面加以解决:

1. 首先应普及和强化人们的"资源意识"和"环境意识",协调好发展与资源、环境的关系。从长期和总体上看,经济社会发展是人类社会与自然界进行物质交换的过程,人口、资源、环境都是实现可持续发展的基本条件,缺一不可,应该相互协调,而不应相互排斥。但是处理不好也会出现矛盾。因此,要以经济建设为中心,把合理利用资源、保护环境寓于发展之中,并放在首要位置,加强发展和建设规划中的环境规划与评价,是实现可持续发展战略和两个根本转变的出发点,尤其是农业增产方式的转变至为重要。

2. 两个转变中农业增产与资源、环境的关系。农业和农村经济实行两个转变除正确处理自身发展与资源、环境的关系外,还要考虑到农业的外围产业的协调发展和外在宏观环境条件的改善。就此而言,对农业最有重大影响意义的莫过于发展林业、加强水利建设、做好土地保护、治理沙漠和整治国土等。这实际上是改善农业的外在环境。① 林业是发展农业的保障。森林是地球上最大的生态系统,发展林业不仅能根本改善农业和农村生态环境,而且能保障粮食和农业稳产、高产和持续增产。开展植树造林能有效地防止和减轻各种自然灾害,减缓水土流失,防风固沙。防止土地沙化,保持土壤肥力,保障水利设施长期发挥效能,保证粮食产量普遍增长;利用我国69％国土的山区,造林种果,发展木本粮食等并综合开发利用,对农业增产和农民增收意义十分重大。② 水利是农业的命脉和经济社会发展的不可替代的基本条件,也是资源、环境的最基本要素。加强水利基础设施建设,扩大灌溉面积,治理水土流失,改善农业生态条件,从除害兴利两方面提高对农业发展的保障能力。坚持开源节流相结合,合理开发、综合利用水资源,推广节水技术,加强水资源管理,防止江、河、湖、海水环境污染,有利于从各方面解决我国水资源不足的矛盾。③ 保护土地资源,合理开发利用与整治国土,是农业发展的基础,也是立国之本。我国人均耕地紧缺,节约合理集约用地是农业增产方式转变的主要内容。按照江泽民同志所说,"保护耕地就是保护我们的生命线,不仅农业用地,办工厂、盖房子都要注意节约用地,要为子孙着想,珍惜

---

① 1994 年 3 月国务院通过《中国 21 世纪议程——中国 21 世纪人口、环境与发展白皮书》,中国环境科学出版社,1994 年 5 月。

每一寸土地。存得方寸地,留与子孙耕"。这就是我国的土地资源可持续利用战略。因此要求加强土地管理,实行耕地总量动态平衡,力求做到"人增地不减""用中国的地养中国的人"。④ 实行农业增产方式的转变,要大力推行生态农业模式。我国人均耕地资源、人均水资源紧缺,要实行由粗放型经营向集约型经营转变是国情决定的,但必须十分注意节约,合理有效地利用资源,既要高产、高质、高效又要低耗,这就要坚持生态与经济协调发展,即自然生态环境与经济社会协调发展,科学地,适度、适量地增加投入,并使投入结构合理,形成最佳集约型可持续发展模式。这种农业增产方式,不能只是一种理想目标模式,而必须是可行性和可操作性强的现实的生态农业模式。

此外,还应加强对城市污染的防治。目前我国农业除有自身污染外,70～80％的污染源来自非农业和城市工业污染,而且后者有向农村扩展的趋势,因而必须加强整治城市工业、乡镇企业的环境污染,实行废弃物资源化利用。

3. 强化国家对农业的投入,改善投入结构,并重视对资源和环境保护与治理的投入。实行农业和农村经济增产方式由粗放型向集约型转变,首先要求对农业增加投入,改变过去"只用不养""重用轻养""广种薄收",甚至掠夺式的经营方式。实行多投入的集约化经营不仅是增加劳动、资金、机械设备,更重要的是实行"科学种田",发展科技,提高农业增产报酬中的科技含量,实现农业现代化。据国家有关部门测算,在政策基本稳定的前提下,在农业增产方式转变中,"九五"时期全国新增 400 亿公斤粮食,基本要依靠科技进步来解决,这不仅是十分必要的,而且是可能做到的。从我国现有几项主要技术措施的潜力来看,粮食单产的增加,良种的作用约占 30％;化肥利用率从目前的 30％提高到 40％以上,可增产 8％～15％;推广节水灌溉技术,可提高水的利用率 40％以上,从而可大大增加灌溉面积,提高产量;采用现有技术防治病、虫、草、鼠害,可减少粮食损失 10％左右;实行精量播种可节约用种量 20％,等等。① 由此可见,增加科技投入的增产潜力是很大的,依靠"科教兴农"发展科技第一生产力的综合生产能力和综合效益将是不可估量的。但是必须指出,从可持续发展战略而言,一切经济包括农业在内的增长方式,不仅是为了增产,而且包括发展与资源、环境改善的综合内涵,即一切对增产的投入中除了直接用于发展生产外,还必须包括对资源、环境的保护、整治与管理的具体内容。必须明确发展中的生产成本用于资源、环境的保护、整治和管理上的费用,同样应按照"等价原则"实行补偿和价值增值循环。因此一切投入,包括科技投入,如果只是看到了科技用于增产的效益,而忽视了它对生态环境保护的功能和作用,要长期实现可持续增产和发展则是不可能的。

原文刊发于《中国农村经济》1996 年第 10 期

---

① 中共中央办公厅调查室等:《依靠科技推动粮食增产》,《人民日报》1996 年 7 月 17 日。

试论持续发展战略在农业上的应用

刘书楷　张陆彪

（南京农业大学经贸学院）

现今世界农业的发展已经越出传统农业与现代农业的组织形式,进入了持续农业的发展时期。无论是在发达国家,还是发展中国家,无论是社会主义国家还是资本主义国家,迫于资源环境问题以及农产品需求的增长对农业供给造成的越来越大的压力,不得不反思传统的农业发展战略与农业政策,追求农业长期发展的持续性。

一、持续发展战略介评

持续发展战略不是农业部门发展到一定阶段之后的产物。持续发展战略的根本主张是协调人与自然、经济发展与环境保护之间的关系,实行资源环境的持续性管理,满足世世代代人类生产与生活的需求。农业持续发展问题的提出只是持续发展战略在农业部门中的应用。主要内容可归纳为五个方面:

（一）持续发展战略认为,地球整个生物圈构成了人类经济增长的极限。尽管国家或地区之间可以通过贸易、援助等形式改变地球各种资源分布对本国经济发展的限制,但总体而言,地球上资源是有限度的,尤其是不可再生性资源。就某一国家来说,其各种资源的数量与质量虽然不直接必然约束本国经济的发展（如日本）,但全球性资源短缺必然制约各个国家经济发展的速度。另外,持续发展战略还提出了环境吸收容量极限及技术在强化经济发展中的能力极限及两个范畴。而人类活动对环境所造成的污染能力构成了经济增长（或发展）的最终极限。

（二）科学技术进步能促进经济发展,改善人们生活,但科学技术并不能解决因追求经济发展而导致的任何经济问题（如温室效应,海面上升）,更不能解决人类无法预测、无法避免的资源生态环境问题（如大型水利工程设施所诱发的地震）。持续发展战略认为,科学技术不一定能完全或彻底导致人类生活的真正长期改善。人们不应单纯追求高产技术（或称为经济增长型技术）,而应追求"适用技术",它不对生态环境构成危害,能够满足人们对经济发展与自然生态环境的双向需求。

（三）持续发展的社会应该追求再分配上的公平性。这里,不仅包括机会与权利在同代人之间的横向公平,最大限度地提高最贫困地区人民的生活水平,更重要的是,要实现当代人与未来各代人之间的纵向公平。这是传统经济发展战略与持续发展战略的根本区别之一。持续发展战略要求人们在考虑自身需求与消费满足的同时,也要对未来各代人的需求消费担负起历史的责任。

（四）控制人口增长,而对人力资源开发充满信心。发展中国家普遍存在的人口迅速增长已经对自然环境产生了巨大的生态压力,尤其是贫穷落后地区已经成为一种恶性循环。持续发展战略认为,政策应该考虑照顾最不利地区(如少数民族地区)和低收入地区,在控制人口增长的同时,把重点放在提高人们的教育水平上,从而改善人力资源的质量。

(五) 重视遗传资源的保护,反对环境冒险。遗传资源是保证人类赖以生存的生态系统杂异性的物质基础。生物多样性的减少一方面带来了人类难以预计的生态环境问题;另一方面也影响到经济的持续发展,物种保护实质是反对人类进行环境冒险。

此外,持续发展战略还涉及文化、道德、伦理等诸多方面的内容,它改变了发展这一范畴本身单纯的经济属性,而扩展到生态、经济与社会三个方面,追求一种生态经济社会整体和谐的综合发展。持续发展主张的发展模式是尽可能减少(或挽回)构成生产和人类生存基础的资源环境的退化与破坏,旨在长期改善人类生活质量。持续发展是一个不断变革的过程,其中资源开发、投资引导及技术进步导向与体制改革均须和谐同步进行。

从对持续发展战略的内涵的简要介绍中可以看出,它至少在四个方面改变了人类经济发展的传统思想概念:① 改变了传统的单程式增长型经济发展理论,把发展的内涵扩大到分配的公平、教育水平的提高、营养健康状况的改善以及人均纯收入的增加等诸多内容;② 使人们传统的公众观念发生了实质性变化,从以前的"征服和掠夺"自然变成了与自然界"合作与共处";③ 改变了传统的价值观念和效益观念,把其内涵扩大到生态、经济与社会效益三部分;④ 把生态环境对经济发展的促进或限制作用现实地体现在其中;把生态环境优化与改善作为经济增长(或发展)的一种新的源泉和动力。因此,持续发展战略无疑对世界各国的经济发展具有重要而深远的意义。

二、农业持续发展的机制与源泉

持续发展战略的内涵与传统经济发展战略的本质区别在于追求经济发展的持续性,即持续发展是在保护资源环境的前提下,追求经济发展的连续性与稳定性。而保证人类及经济的生存与运行是保证连续性的根本前提,这又取决于生态资本存量的大小及稳定性程度。

生态资本存量是指保证人类、经济生存的客观资源环境物质载体,其本身的内涵范围依不同的经济对象而有所差别。如在农业部门,农业生态资本具体包含有农业环境资本与农业生物资本。农业环境资本又分为土地生态资本、水生态资本及气候生态资本三类;农业生物资本包含有农业可再生生态资本(如林业、渔业资源的可再生量)与种质生态资本。农业生态资本存量这一概念强调的农业自然资源(及环境)的质量变化及再生量变化,与农业自然资源的总量范畴并不等同。尤其是在林业及渔业部门,生态资本所指的仅是林业资源、渔业资源的可再生量部分。再生是不断增大,即生态资本存量增加。传统的经济发展战略之所以不能长期稳定持续进行,就在于它是以牺牲环境保护换取经济发展。但传统农业注重用养结合,循环利用,尽管技术状况不变,投入要素不变,生态资本存量的非减性才使传统农业长期维持下来。

农业发展持续性实质是生态持续性与经济持续性的统一。生态持续性是经济持续性的基础,也是农业发展持续性的基础,经济持续性则是人们追求的直接目标。生态持续性依赖于生态资本存量的变动情况,经济持续性则以经济资本的表征来反映。生态持续性是生态经济系统自身的自我维持性与约束性相统一的结果。自我维持性强调生态经济系统自身的再生能力、组织能力、调节能力,它使系统遇到外部干扰的条件下能维持系统的正常运行。约束性则指自然生态过程中一些破坏过程对生态经济系统运行发展产生约束效应。自我维持性使得生态资本量保持不减少而约束性则降低生态资本存量。生态持续性取决于系统自我维持机制与约束机制的平衡问题。如果自我维持机制大于约束机制,则生态资本存量能实现非减性,保证农业的持续发展;反之,生态资本存量逐渐减少,生态持续性丧失。

另一方面,经济持续性实质又是技术进步机制与投入机制相互作用的结果。技术进步机制使得经济效率提高,从而带动经济的发展;投入机制则使总量产出增加,从而增大经济资本量。技术进步机制与投入机制一起决定着经济系统的功能状况,决定着经济的持续性程度。总之,农业持续性内部的制约关系可用下图来表示。

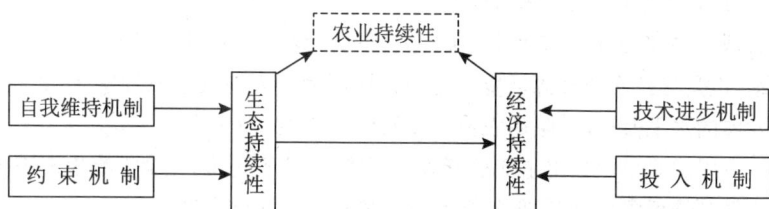

农业持续性的内部制约关系图

实现农业持续发展的源泉是什么?传统的农业经济理论认为,农业经济增长(或发展)的源泉包括农业技术进步与农业投入两个方面。通过上文分析,农业增长(或发展)的源泉还应包含有生态资本存量的非减性,它既是构成农业持续发展的前提条件,也是构成农业持续发展的源泉之一。从而,传统的农业发展模式就要修改为:

$$Y = f(E, S, I)$$

其中,Y 表示产出,E 表示生态资本存量,S 表示农业技术进步,I 表示农业投入,f 表示一种函数关系。

当然,应该承认,对农业持续发展的模型如何加以定量化仍有待于今后探索研究。

三、实现农业持续发展的对策

追求农业发展的持续性已成为当今世界各国农业发展规划与政策中一项最基本的准则。农业持续发展自身丰富的内涵告诉人们,为把持续发展战略体现在农业发展规划之中,仅仅在投资评估中加入一个环境因素变量是远远不够的,需要具备一整套的制度体系、组织体系及投入体系。

首先,是需要建立主管环境政策的部门机构,与政府行政机构的有关部门采取一致行动,共同负责保护和改善农业生态环境。农业资源环境的政策应具有一定的稳定性与连续性,与其他农业政策能够协调起来,不仅使农业发展过程中的农业生态环境问题得到保护与解决,而且保证农业经济发展应有的速度与水平。从农民角度来讲,则需要具有与本国国情相适应的农业经营制度,尤其是适宜的土地制度。通过政策引导与法律约束来实现农业生产中对资源环境的保护。

其次,从农业组织形式上看,农业发展要走持续农业的道路。持续农业充分吸收了传统农业、有机农业在保护资源、保护环境方面的精华,运用适用的技术手段方法,适量的现代生产要素投入,做到在农业发展中经济发展与环境保护相协调,从而能够既满足人口日益增长的生活需要与生产需求,又同时保证农业发展的持续性。

第三,从投入体系上看,国家应把农业投入的重点一方面放在生态资本存量的扩大方面,如大型水利工程设施、农业基本建设设施以及大型森林植被防护工程;一方面放在人力资本的提高方面,抓好农村与农业教育,不断提高农民的文化素质,改善人力资源的质量;再者就是用于农业技术创新,不断增加农业科研投资,加强农业技术推广,研究出适合各地情况的"适用技术"。

最后,坚决控制人口过速增长,维持人口的持续性。人口过速增长不仅是农业的核心问题,也是导致农业资源环境退化的直接诱因。人地关系愈加紧张,直接影响农业经济发展的水平及速度,阻碍农业持续发展的实现。

持续发展战略虽然提出了保护资源与环境,但绝不是说,完全没有生态破坏,而只是把它降低到最低限度,使其保持在恢复环境进程的容许限度之内。

原文刊发于《农业区划》1993 年第 6 期

农业持续发展与农业技术选择

刘书楷　夏太寿

（南京农业大学经贸学院）（江苏省科技情报研究所）

一、农业持续发展的思路

国家统计局《关于1991年国民经济和社会发展的统计公报》中指出："全年农业总产值8 008亿元，比上年增长3％……但农产品流通体制还不完善，农业发展不稳定问题依然存在"。这说明农业生产虽有较大增长，但其发展具有不稳定性。农业发展的不稳定性与生态环境基础脆弱密切相关。正如十三届八中全会的"决定"所指出："人口增长过快和耕地减少的趋势尚未有效控制。农业投入不足，物质技术基础薄弱，综合生产能力不高，抗御自然灾害的能力不强"。我国农业发展之所以会同时呈现农业经济增长与生态环境恶化两种态势，其主要原因是：长期以来，在发展农业生产时，没有处理好农业经济增长与生态环境保护之间的关系。

农业经济与生态环境是组成农业生态经济系统的两个因子，它们既相互促进，又相互制约，是对立的统一。保护好生态环境可以促进生态系统的良性循环，使自然资源的再生能力大于农业经济增长对自然资源的需求。而生态环境受到污染和破坏后，不仅会造成巨大的经济损失、制约农业经济的发展，而且会导致自然资源衰竭，威胁人们的身体健康。同样，农业经济增长既可以促进农业生态循环再生，也可以导致生态环境质量下降。关键是能否协调好农业经济增长与生态环境保护之间的辩证关系。

以牺牲生态环境来取得经济指标不断增长，是传统经济发展战略的核心。传统经济发展战略正在走向深渊。在人类面临人口、资源、环境之间矛盾日益尖锐形势下，持续发展的思想和理论越发受到人们的注视。随着持续发展理论在农业实践上的应用，人们对农业持续发展的认识逐步深入。农业持续发展是指在保护好生态环境的前提下，采用技术手段，合理地利用土地资源、生物资源、水资源、气候资源等，以确保当代人类及其后代对自然资源和农产品的需求不断得到满足的发展。农业持续发展既是一种新型农业发展的战略，又是一种农业发展的目标。

农业持续发展作为一种新型农业发展战略，不同于以往那种置自然资源和生态环境后果于不顾，片面追求农业经济指标增长的传统发展战略，而是要求农业经济增长和农村社会进步必须同自然资源和生态环境的保护相协调，在满足当代人需要的同时，不危及后代人满足其需要的能力。农业持续发展是国民经济和社会事业持续发展的基础。

农业持续发展作为一种目标,具有稳定上升性、动态平衡性、结构协调性,具体包括:(1)稳定增长的农业生产率;(2)稳定提高的土壤肥力;(3)农业自然资源的合理利用和持续利用;(4)农业生产结构合理,农林牧副渔协调发展;(5)农业生产地区布局合理,农业区域经济协调发展;(6)人口增长与农业经济发展和农业生态环境相协调;(7)生态效益、经济效益和社会效益有机结合的综合效益稳步提高。

二、技术的正负效应

科学技术已成为现代农业建设的强大推动力,农业问题最终要靠科学技术来解决,但不是所有的科学技术都对农业发展有利,即使同一科学技术在农业上应用也会有促进和抑制两方面作用:促进生态良性循环、经济高效增长、科学长足进步、社会稳定发展的影响,称为技术的正效应;而抑制生态、经济、科技、社会协调发展的影响,称为技术的负效应。

解放以来,我国先后在40多种农作物中培育出400多个优良品种,大幅度地提高了产量。以杂交水稻为例,仅1980—1990年累计推广种植14亿亩,增产粮食达700多亿公斤。在推广应用科学配方施肥技术、饲养技术、植物生长调节剂、农业生物制剂等方面,也取得了显著的节耗增产效果。如推广测土施肥技术,使化肥利用率提高了20%左右,各种作物平均增产20%以上;采用科学饲养技术,每头猪可节省饲料约25公斤,全国每年约节省饲料粮50亿公斤。据专家们预测,全国若能在一两年内推广应用广西农学院博白兽药厂莫以贤最新研制的"515"畜禽营养精和"310"猪百乐添加剂及其生产技术,全国每年可节约粮食450～480亿公斤,人均肉食可增加1～2倍。

众多科技成果的广泛推广应用,在促进农业经济极大增长的同时,也带来了日益严重的农村生态环境污染。例如,在农业上推广的地膜覆盖栽培技术是1978年从日本引进的。多年的生产实践表明,这是一项早熟高产的栽培技术措施,其适应范围广、增产幅度大,深受农民欢迎。截至1990年7月,全国累计推广面积约1.8亿亩,在80多种作物上推广应用,投入农用膜类约90多万吨。随着地膜覆盖栽培技术的普及推广,污染问题也随之而来。塑料地膜是高分子碳氢化合物,很难分解消失,遗留在土壤中的地膜,会形成许多大小不等的隔离层,破坏土壤的理化性状,使土壤受到污染。化肥、农药的大量作用,也加重了农田、河水、农产品的污染。由此可见,技术的正负效应是客观存在的,问题的关键是选择应用什么样的技术及其技术体系,才能强化其正效应,削弱其负效应。

三、技术选择的依据

在进行技术选择时,要考虑本国、本区域的自然生态、社会经济和科学技术的现状及其农业发展规划目标;自然生态演替规律、社会经济运行规律和农业技术发展规律;党和国家的农业政策、技术政策、环保政策等。具体来讲,技术选择的依据是看其是否有利于:

（一）改善农业技术构成

高新技术逐步取代陈旧技术是技术发展的必然趋势。要用生物技术、核辐射技术、遥感技术、电子计算机技术等高新技术加快替代陈旧落后的技术，以更快的步伐提高我国农业技术构成。

（二）促进农业结构优化

科学技术在农业上的应用必然会带来农业技术结构、劳动投入结构、农业产品结构、农业产值结构的变化。技术选择要注意农、林、牧、副、渔业技术的相互协调，并通过产业技术的合理选择，促进农业产品结构的调整，推动农业产业结构的优化。在推广应用农作物优良品种和农作物高产集约化综合配套技术的同时，还要大力推广应用畜禽、水产新品种，饲料资源开发利用和养殖技术，农产品贮运、加工技术，林业工程技术等。

（三）提高土地资源利用率

我国土地资源，特别是耕地相对不足和未能充分利用的问题同时并存，严重制约着农业持续发展。各地应根据本地农业资源利用现状及其潜力，选择应用先进适用技术，充分合理地利用土地资源，避免土地的浪费。因地制宜，有选择、有重点地推广应用中低产田的改良和利用技术、海涂的综合开发利用技术、水面荡滩的综合开发利用技术、荒山综合治理与综合利用技术。

（四）提高土地生产率

在我国人多地少、耕地尤为稀缺的情况下，提高单位面积产量，显得特别重要。在土地资源有效供给数量不足的条件下，提高农作物产量主要靠走集约化经营的道路。为此，在增加农业投入、改善生产条件的同时，必须采用持续增长的轮作—耕作—栽培农作制度及其综合配套技术、农机与农艺的规范化技术、土壤培肥管理和平衡施肥技术、病虫草害控制技术等。

（五）提高农业劳动生产率

农业劳动生产率的提高，无疑是我国农业科技进步的一个基本目标，因为只有提高农业劳动生产率，才能逐步改变传统的自给半自给的农业生产方式，促进农业剩余劳动力向非农产业转移，改善农村经济结构，缩小城乡差别、工农差别，创建发达的农业和富裕的农村。

（六）确保农产品供给

我国拥有11亿多人口，确保农产品特别是粮食的供给，不仅是工农业持续发展的急需，也是满足城乡居民基本生活需要的保证。因此，它是事关经济建设、人民生活和社会发展的一项重要指标。确保农产品供给，不仅指农产品数量上的满足需求，而且指农产品质量上、种类上和时间上的满足需求。这就要有高产、优质、抗病的优良品种，高效、低耗的生产技术，节能节耗、高附加值的贮藏、运输、加工技术为其后盾。

（七）增加农民收入

推广应用那些投资少、见效快、效益高，确实能给农民带来经济实惠的科学技术成果,会调动农民应用科技成果的积极性,促使农业科技成果顺利、高效地转化为农业生产力。

(八) 保护农业生态环境

农业生态环境的保护,必须同合理开发和有效利用资源,发展多种经营紧密结合起来。为此,要大力推广高产、高效、节能的栽培技术,高效、低毒、广谱、无公害的农药,测土适时、适量施肥技术,综合防治病虫草害技术,农业资源多层次循环利用技术,不同农区轮作、耕作制以及粮、饲、经、肥的合理结构和布局等。

总之,各地要根据本地实际情况,选择推广那些可带来较高生态经济综合效益的先进适用技术。以农药品种为例:一是应尽快普及、推广、应用的技术,如敌敌畏、甲胺、粉锈宁、呋喃丹等农药品种;二是需要加以限制的技术,如杀虫脒、除草脒等。这些技术已不能适应当今农村经济的发展,应逐步淘汰,但由于历史原因和地区的局限性,还不能立即淘汰,允许它在一定的时间、空间内保留,让其逐步消失;三是必须立即淘汰的技术,如六六六、滴滴涕、敌枯双等。这些技术的应用会加剧生态环境的恶化,社会效益、经济效益也不佳,应禁止使用。

原文刊发于《农业区划》1993年第5期

区域农业生态经济规划的基本理论问题①

张周莱　刘书楷　曲福田　夏太寿

（南京农业大学经贸学院,南京,210014）

提要:本文对区域农业生态经济规划的特征、基本原则、基本内容等从理论上进行了探讨,并且提出了具体编制方法及程序,对制定区域农业生态经济规划具有非常重要的指导意义。

区域农业生态经济规划是对一个区域(行政区域或流域)的农业生态经济系统长期发展运行的战略部署。其主要内容包括区域农业生态经济长期发展的方向、目标(指标)、结构特性以及农业经济建设与环境保护的途径与措施。主要目的则在于有效地开发农业资源、合理组合农业生产力及其产业与布局结构,协调好农业生产过程中生态经济关系,取得最佳的生态经济效益。

区域农业生态经济规划是农业持续稳定协调发展必须研究的重大理论问题。农村经济增长中主要生态经济问题的产生与生态关系的恶化,不能不说与没有一个科学可行的农业生态经济规划有较大的关系;另一方面,我国已进行了将近 10 年的生态农业实践,生态经济建设已发展到了由试点、总结到规划、推广阶段,但尚没有建立一套切实可行的区域农业生态经济规划及其体系,所以,如何制定区域农业生态经济规划具有非常重要的意义,本文仅从理论上对区域农业生态经济规划体系加以探讨。

一、区域农业生态经济规划的特征

正确认识区域生态经济规划的特征,是制定区域生态经济规划的前提。从区域农业生态经济规划的目的、内容及农业生态经济系统的特点分析,区域农业生态经济规划的特征表现为以下几个方面:

(一)综合性　从规划的对象来看,它是区域内的生态环境因素、社会经济因素和技术因素综合作用而形成的农业地域综合体;从研究方法来看,它运用多学科的知识与方法对区域农业进行多因素、多层次、多方位的综合研究。因而,比其他任何农业规划都具有更明显的综合性。

(二)协调性　区域农业生态经济规划的协调性主要表现在:经济效益、生态效益和社会效益的协调;农业生态经济组合结构关系的协调;农业生态经济地域结构(即农业生产的地域分布结构)关系的协调;农业资源开发利用与农业生态环境保护之间的协调等。

---

① 此文是国家教委博士基金课题"区域生态农业规划理论与方法研究"研究报告之一。该课题由刘书楷教授主持。

（三）战略性　区域农业生态经济规划研究的是一个区域农业长远发展的战略问题，是一个高度概括的农业生态经济总体战略构想。因此，要用整体、综合、宏观的观念来研究农业总体的地域差异、结构模式、总体布局和战略方向、重点、措施等，正确地描绘出一个区域农业生态经济发展的战略蓝图，为指导区域农业发展的重大战略决策提供科学依据。

（四）地区性　由于各区域自然条件、经济条件和社会基础的地域性差异，使得区域农业生态经济规划中的战略布局、方向、重点和战略步骤等也必然具有自己鲜明的地方特点。

（五）实践性　区域农业生态经济规划作为一个农业发展的总体战略，是为特定区域领导部门进行宏观决策服务的，具有强烈的实践性。

二、区域农业生态经济规划的基本原则

区域农业生态经济规划是一项涉及面广，十分复杂的系统工程。在研究和制定过程中，应当遵循农业生态经济规律及适应农业发展的趋势。具体应遵循以下几个基本原则：

（一）整体系统性原则　区域农业生态经济规划的对象是多因素、多层次、多结构、多功能的农业地域综合体，其组成要素之间是相互依存、相互制约的有机整体，区域农业生态经济规划必须服从于这些特性。整体系统原则具体又包括以下两个方面的内容：

1. 整体与局部相互协调原则　整体功能大于局部功能之和的原理和局部薄弱环节限制整体功能的规律，要求人们在进行农业生态经济规划时，要着眼整体功能最大，同时又不忽视局部功能的研究。

2. 系统与环境协调发展原则　这个原则的理论依据是系统输入与输出间动态平衡的保持与打破不断转化的规律。根据这个原则，要求在农业生态经济规划时考虑到：生物与环境相适应；开发和保护资源相结合；人口增长与农业经济发展和农业生态环境相协调；生态、经济和社会效益的统一。

（二）结构性原则　结构决定功能。农业生态经济结构的状况如何，不仅直接关系到农业资源的合理利用和农业的发展，而且对整个社会经济结构的合理化有着重大的影响。农业生态经济结构性原则表现为：

1. 农业生产结构与资源组合状况及优势相协调原则　农业生产结构是农业资源利用的体现和方向，只有使农业生产结构与资源优势相协调，才能充分合理利用资源，并使资源优势顺利地转化为产品优势，最终转化为经济优势。

2. 农业生产结构分层次优化原则　农业生产结构包括多个层次（农业生产结构、种植业结构、粮食作物结构等）。在调整、优化农业生产结构时，必须从多层次的总体上通盘考虑，以便使各层次结构都得到优化。

（三）区域性原则　区域性原则就是根据当地的自然、经济、社会、技术等条件和

特点以及在更高层区域所处的地位以及主要生态经济关系,经过综合分析论证,确定自己的农业发展方向、主导行业、生态经济结构与模式,协调生态经济关系的措施,以便扬长避短,发挥优势。区域农业经济发挥优势包括两个方面的意思:一是区间的发挥优势,实际是区间的合理分工;二是区域范围内的各个小区域发挥自己的优势。

(四)商品经济原则　随着农村生产力的发展,社会分工日益深化,新的产业部门不断涌现。一方面区域与各地区、部门之间的相互依赖性大大加强;另一方面与区域外的经济联系日益频繁。技术、劳动力、资金、产品的横向交流日益发展。因此,在编制区域农业生态经济规划时,必须面向国内外市场,大力发展商品经济。

(五)技术进步原则　技术进步与生产要素创新,是经济发展的充分必要条件,也是生态农业发展的活力源泉。通过技术进步与生产要素创新,解决生态经济建设与发展中的生态问题、经济问题及生态经济问题,保持一个区域农业持续、稳定、协调地发展。

三、区域农业生态经济规划的基本内容

区域农业生态经济规划的主要内容为:

(一)区域农业资源及生态经济状况调查与评价

区域资源状况是农业生态经济系统建设与运行的基础。农业生态经济规划的首要内容是对本区域内的农业资源状况及主要的生态经济关系进行调查与评价。从区域农业生态经济规划要求来看,农业资源调查与评价的主要内容包括:(1)对主要农业资源的种类、分布数量、质量特征与开发利用潜力进行调查与评价;(2)评价各种资源条件与农业生产的关系以及各种自然资源条件对农业生产的适宜性和限制性;(3)综合分析各种资源条件在地域上组合状况及对农业生产的有利和不利影响,尤其是对区域优势资源及劣势资源条件作出判断;(4)区域内主要生态经济问题类型、产生的原因、现状及发展趋势;(5)对区域发展的社会经济条件进行分析,包括区域内的人口、劳动力、技术水平、交通状况以及区域外的政策、市场等状况;(6)农业资源开发利用现状及主要问题分析。

(二)区域农业生态经济规划的目标选择

区域农业生态经济规划目标是指规划期内区域农业、经济、生态环境和社会方面所要达到的目的指标。区域农业生态经济规划目标一定程度上也是国家或省市农业规划目标在区域内的具体化。确定区域农业生态经济规划目标的基本依据是:(1)党的各项农业政策、方针和国家、省区规划期内的农业规划目标;(2)当地的自然生态、社会经济和科学技术的现状;(3)区域外部条件,尤其是市场需求及社会经济发展趋势;(4)规划期内相关的有利条件和不利条件的变化预测;(5)农业自然生态规律和社会经济规律。特别指出的是区域农业生态经济规划目标的选择应以农业经济目标为中心,与社会、科技、生态目标相结合。

(三)区域农业生态经济结构的优化

区域农业生态经济结构是由区域农业生态结构、农业技术结构和农业经济结构组

成的复杂多维结构。其主体结构是农业经济部门结构,即农、林、牧、渔、农产品加工相结合的结构。农业生态经济结构的基础结构是农业植物结构。这一结构对整个农业生态经济结构乃至整个国民经济结构的平衡关系极大。设计区域农业生态经济结构规划方案,除了要分析区域农业生态经济结构的历史和现状变动的情况以外,还要把握影响农业生态经济结构变动的主要因素:(1)当地的自然资源条件及其利用的深度与广度,这是决定区域农业生态经济结构的基础。(2)市场需求的变动。市场的需要是产业部门得以存在和发展的基本条件。(3)科学技术进步。科学技术的进步和变化在各个产业部门之间是不平衡的,这就造成了各个产业部门在生产效率和发展速度上的差别。(4)投资政策的影响。(5)能源、原材料供应。(6)交通的发展。(7)政策和体制等等。由于影响区域农业生态经济结构因素的复杂性和变化性,在编制结构方案时,要研究其灵活性,设计出有内在弹性的农业生态经济结构。所谓农业生态经济结构的弹性,就是指各地区在自己某种产品的区内外要求变化时,安排农业生态经济结构时要有一定的灵活性。

(四)区域农业生态经济分区与规划布局

区域农业生态经济分区的理论基础,是区域农业生态经济系统的地域差异性、区内相似性和发展阶段性。地域差异性是农业生态经济区域的空间表现形式;而发展阶段性则是它的时间表现形式。农业生态经济区域是空间和时间的统一体。

区域农业生态经济分区的依据是:(1)农业生态经济状况(自然环境本底状况、生物结构状况、产业结构状况、经济条件、人口状况、生产力水平)同类相聚原则;(2)同一区域内各单元农业生态经济建设与发展方向一致性原则;(3)保持相应级别行政区界的完整性原则;(4)农业生态经济评价的时间阶段性原则。

农业生态经济分区的指标设计必须满足全面性、科学性、可行性、适用性和完整性原则。区域农业生态经济分区指标体系包括:(1)农业生态经济本底指标,有:地形地貌类型指标、土地类型及利用状况指标、森林覆盖率、人口密度、科技文化水平指标、人均产量、人均收入、人均纯收入、人均耕地、劳均耕地、劳均资产、农产品商品率等;(2)农业生态经济平衡指标,有:土地种养平衡指标、系统抗灾害能力指标、植被覆盖率及均衡度指标、物质元素协调指标、用地结构与产出结构协调指标、能量产投比合理指标;(3)农业生态经济效益指标,有:土地生产率、劳动生产率、资金利润率、成本利润率、投资总收益率、综合利用率指标、综合防治率指标、农业环境治理指标、经济产投比等。

农业生态经济的布局规划是把种植业、林业、畜牧业、渔业、农副产品加工业等生产部门,以及各业内部的各种生产门类,在种类和数量上的地区安排,是它们在不同地区的空间分布。只有这样,才能把区域农业生态经济的部门规划与区域规划有机地结合为一体,从而使规划目标在部门上和空间地域上都能得到落实。

(五)重点农业生态经济建设项目和重点区域开发建设规划

区域农业生态经济规划中,包含着许多重大的生态经济建设项目,如水土保持、植树造林、兴建沼气、土壤改良与农田基本建设及大中型水利工程等。这些项目对于实现规划目标具有举足轻重的作用,同时每个重大项目也可单独加以研究与分析。因此,长期规划中,应对一些重大项目进行规划,其主要内容是:(1)根据区域规划目标与区域条件特征提出规划期内开发重点建设的项目及其规模;(2)对提出的项目从生态效益、经济效益与社会效益综合角度进行可行性研究;(3)制定出项目实施的程序、途径与措施。同样的,区域生态经济规划中也应研究那些生态资源地位重要或发展潜力较大或者生态经济关系恶化的重点区域,提出其规划设想。

(六)区域农业生态经济规划的对策与措施

根据规划目标的要求和生态经济现状与存在的问题,提出与规划和重点项目建设相适应的对策与措施。通常包括经济措施、行政措施与法律措施。这里,政府的生态经济政策调整尤为重要。

四、区域农业生态经济规划的编制方法与程序

(一)编制方法

区域农业生态经济规划的编制方法分为传统方法和现代方法两类。传统方法是指在不断总结实践经验的基础上,主要通过定性分析,辅以定量分析和计算,这种方法在规划中仍被广泛使用,其主要种类有:

1. 综合平衡法　综合平衡法是区域农业生态经济规划的基本方法。综合平衡法应用于区域农业生态经济规划,就是要使一个区域农业再生产的各方面、各部门、各环节、各区域之间保持适当的比例,以求得需要和可能相平衡。综合平衡法的应用,贯穿于规划编制过程的始终要进行反复的平衡核算,才能最终将规划方案确定下来。区域农业生态经济规划中的综合平衡工作大体上包括两个方面:一方面是合理安排农业生态经济各组成部分的比例关系,如种养加(农、林、牧、渔、加工)之间的比例及各业内部的比例,农业积累和消费、生产和建设等的比例关系;另一方面是人力、财力、物力的平衡关系,做好资源可能与需要之间的平衡。规划中运用综合平衡法,常用的形式是编制一系列平衡表,如土地及各生态资源利用平衡表,农业人口、劳动力平衡表,农副产品平衡表、农用资金收支平衡表等。

2. 调查研究法　通过各种调查可以获取大量的第一手材料和信息,以便摸清区域农业实情,从而更好地为进行规划服务。调查研究的具体方法很多,如重点调查、抽样调查、蹲点调查、家计调查、函询调查、座谈会调查、普查以及民意测验等等。

3. 指标测算法　这类目标确定的传统方法有:定额法、比例法、比较法、系数法、动态趋势法、典型推算法、因素分析法、主要产品产量法、目标推算法等等,以经验、逻辑推断和初等数学方法为主。

现代方法通常指的是系统方法。系统方法是指在系统理论提供的整体性原则、结构化原则、协调性原则、最优化原则等的指导下,对生态经济系统发展运行进行分析和研究的方法和程序,是运用系统科学的原理对农业系统与环境之间的关系,农业系统内部各系统及组成要素之间的关系进行调查和研究,以求得合理的农业生产结构。其

目的在于建立高效的农业生态经济系统,即以最少的投入,最大限度地利用资源,获得最佳的生态经济效益。

(二)区域农业生态经济规划的编制程序

编制程序是指规划编制的整个过程,我们认为规划过程一般可分为如下几步:

第一步,队伍建设阶段 组建有领导干部、各类专业技术人员参加的强有力的规划队伍,是顺利完成编制任务的组织保证。规划队伍应是一个多层次、多学科、多方面的人才组合。它包括党政主要领导同志和决策人员,这是规划队伍的最高层次,将负责决策,协调和指挥。中间层次是政府职能机构人员和专家顾问组,下一层次由各类专业技术骨干等组成。

第二步,调查研究阶段 调查研究就是通过多种途径广泛地收集与区域农业生态经济规划的编制有关的历史、现状以及发展趋势的信息资料和数据,相互比较核实进行数据加工处理。其主要内容包括:(1)自然资源方面的调查研究。如自然地形、地貌、土壤、气候、降水、动植物的数量、分布和种类等。(2)社会经济方面的调查研究。如农业人口、户数、劳动力、土地利用状况、基础设施、市场和资金来源等。(3)区外有关的经济发展状况。如国民经济发展状况,相邻区和邻近中心城市的发展状况。(4)有关的成果资料。如综合农业区划,以及种植业、林业、牧业、渔业、水利等各专业区划资料,有关学者、专家和实际工作者关于本区农业生态经济的研究报告等。

第三步,分析评价阶段 在调查研究基础上,对全区自然、社会、经济条件进行生态经济评价,并通过区际之间的比较研究,找出自己的有利条件和不利因素,认清自己的优势和劣势,并对今后的农业发展趋势和潜力作出科学的预测。

第四步,确定目标阶段 即在一定的环境条件下,明确所要达到的结果,要根据全区的农业资源、人力、物力、财力和社会、市场需要及预测发展趋势来确定。目标要定得既先进可靠又切实可行。由于规划对象的复杂性和预测的近似性,任何高明的决策者和执行者都不可能同时完满地实现全部目标,因此,确定目标应依不同的层次提出不同的需求,即进行目标分解,并区分主次、缓急,确定取舍原则和指明约束条件。

第五步,设计方案阶段 目标确定后,就要为实现目标寻找各种解决方案。即拟定实现目标的途径、方法、措施步骤。规划要多个,要有排斥性,否则,既无从优化,也无从选择。

第六步,方案评价阶段 对已设计的方案进行综合评价。评价的主要内容:(1)自然资源利用与保护评价;(2)生态环境评价;(3)技术评价(采用的农业技术先进性、可靠性、适用性等);(4)经济评价;(5)社会评价;(6)风险性评价。

第七步,方案选优阶段 在综合评价的基础上,决策者根据方案分析、评价、论证的结果,作出科学的决策,选择最佳方案。

第八步,方案实施阶段 对于入选的方案,将在实践中实施运行。为了使规划方案顺利实施,要认真制定好方案实施计划并定期检查实施情况。

原文刊发于《农业现代化研究》1992年第2期

持续发展
——农业现代化的主题

张陆彪　刘书楷

（南京农业大学经贸学院）

提要：本文从生态经济角度出发，对持续发展的目标和生态经济标准进行了论述。指出农业现代化必须在立足生态现代化的基础上，实现经济增长的同时，切实保护好资源环境。为此，文章认为，现阶段必须注意进行观念的变革，在政策调控方面努力把握好经济增长与环境保护的协调。

世界各国农业发展历史表明，经济发展中必须重视生态环境保护和资源管理。这是一条客观规律。目前，无论是资本主义国家和社会主义国家，无论是发达国家和发展中国家，经济学家、规划专家和工程师们都在谋求改变传统的资源利用模式，把环境保护这一优先事项放在相当的地位来考虑。这不仅仅是为了目前自身的利益，更重要的是为了实现经济的持续协调发展。

一、生态经济：和谐与冲突

著名生态学家 E.P.奥德姆所著的《生态学基础》一书中明确指出："为了满足自己的直接需要，人类比其他任何生物，更多地企图改变物理环境；但是在改变环境的过程中，人类对自己生存所必需的生物成员的破坏性，甚至毁灭性影响，也越来越增加。""无论人类的技术怎样高超，对于自然环境的依赖性仍然保留着"。并指出："至今，人类是过分忙于'征服'自然，而很少考虑到去调节由于人类在生态系统中的双重作用……而产生的矛盾。"这段论述揭示出：（1）经济发展与生态环境是有矛盾的；（2）技术创新不能绝对排除人类经济活动对生态环境的依赖与破坏；（3）经济发展必须与生态环境结合起来。随着生态学的不断完善发展，对生态学的理解逐步演变成其"要义在于在人与自然之间、社会与环境之间维持必要而可行的和谐关系。"

生态经济学认为，生态与经济之间既有矛盾的一面又有和谐统一的另一面。从某种特定意义上说，生态与经济的协调必须有一个前提，即要减少生产的资源投入，减少投入的结构性变化，从而导致减少预期的对自然环境有害的生态结构性变化。

人们在经济活动中，原料（或投入，如化肥，农药）经加工转化为产品，是人们直接利用自然界的阳光、土壤、空气、水等资源环境进行生产，而自然环境却为经济生产所产生的废弃物、排放物所污染。自然界在生产转化过程中始终处于被动地位：它提供了基本的生产条件，最后却得到的是生产过程的废弃物。因此，构成生产过程三要素—土地、劳动和资本之一的土地资源，连同其生态环境，成为用于经济活动中的生产性资源。而土地资源本身是一个生态系统,其承受能力有限,内部各组分之间的共生互助关系相对微弱。一旦生态平衡破坏,必将引起"生态循环的线性化",即天然物种减少,生态系统健康下降,生态共生互助关系遭受破坏,结果环境日益恶化,自然生态环境的吸收能力日益下降。

由此可以看出,生态与经济之间的矛盾冲突可归结为两项基本原则之间不可调和的对立:生态是以"稳定"为原则,这是生态系统永续的前提条件;而经济以"增长"为原则,这是经济系统的内在逻辑。具体到经济原则与生态原则能否实现最终协调,在什么层次上,何种程度,以何种方式取得协调,还是困扰生态经济学界及实际决策部门的一大难题。

二、持续发展:目标与标准

持续发展这一概念最初源于二次世界大战前后。大战前,人们(尤其是进步保护运动人士)已对自然资源和环境两大问题表示关注,不过,他们重视的是如何从技术角度有效开发自然资源。战争为"新""旧"自然资源和环境的价值观念大致划分了界限。大战之后,人们的重点不断移向自然资源的美学价值和舒适价值,追求户外娱乐,继之转向自然资源保护问题。直到最近,人们才更加重视自然资源作为人类生产和生活的健康而稳定的生态背景这一作用。在60年代,联合国正式启用持续发展这一术语,之后被联合国各组织机构(如世界环境与发展委员会)广泛采用,来指导和制定环境政策、农业发展政策和经济发展政策,鼓励控制污染的低投入农业系统、降低地球变暖的政策以及保护热带雨林。其宗旨是经济发展必须兼顾自然资源保护和维持环境质量。

至今,人们对持续发展的理解差异甚大。具体说来,可大致分为两派:一派认为,持续发展即是在环境限制条件下对经济增长(用国民总产值衡量)的追求。可描述成两个阶段,第一阶段是把生态学原则与环境伦理学结合起来构建适用于发展政策的若干"规范",第二阶段是在这些规范范围内追求经济的最大化。这一派观点被许多经济学家和某些环境学家所接受。有人则称之为保守主义观点。另一派认为,富裕不等于富有,在生产投入产出中对自然界只能尊重,不能剥削。持续发展意味着充足(enoughness),即经济增长率的大幅度下降,至少对发达国家如此。有人称之为保护主义观点。尽管两派观点对立,但仍存在以下共识:① 生物圈构成经济增长的极限;② 科学技术不一定能完全或彻底导致人类生活的改善;③ 反对环境冒险;④ 提供再分配的公正及平等伦理;⑤ 关注人口增长,并对人力资本智慧开发充满信心;⑥ 延续物种,保护环境和少数民族文化等。

总之,持续发展并不要求以保护自然的原始状态为首要目标,其根本主张是减少构成人类生产和生活的环境资源的退化及破坏,旨在人类生活质量的长期改善。实质上,持续发展本身是一个变革的过程,而其中资源开发、技术创新和环境保护均须和谐进行。具体来讲,持续发展要求的目标包括以下七点:① 对自然环境有根本的促进作用;② 评估对地球限量资源的要求;③ 寻求当地可更新替代资源;④ 促使居住在环境退化条件下人们生活水平的提高;⑤ 鼓励自给自足;⑥ 保护物种,免遭有毒物质及其他侵害;⑦ 尊重所有生命的尊严及内在价值。这些目标中既有生态目标,又有经济目标,还有社会目标。为此,在对经济的持续发展作出评价决断时,必须遵照生态、经济和社会三方面统一的标准。

就生态标准而言,必须符合:任何生产技术和经济活动均应保护环境,保证生态系统更新;必须保护生态的供应补给,在生态系统的输入和产出中维持一定的流量等级和节律。就经济标准而言,必须保证生产力不致下降,维护经济增长与资源利用的协调。就社会标准而言,则应实现独立的科研教育制度,民主制度,资源再分配制度,法律制度。综合起来,持续发展必须满足三条标准:

(1) 不能使一群体致富而另一群体贫困。以日益不平等为特征的经济发展模式从生物自然角度或许是持续的,但从社会角度来讲,就必须对低收入社会群体实行长期的强制政治控制;

(2) 不能损害生态经济系统的多样性和生产力,以及主要的生态经济过程及生命系统;

(3) 不断扩大自主适应的各种可能性。生态经济系统的持续性再也不能仅仅局限于生产力的提高或自给自足。在技术变革、经济迅速发展及信息传播加速的情况下,改善或提高该系统的自主适应能力将显然愈益重要。

三、生态现代化:观念与政策

持续发展是一个生态经济范畴的综合概念,反映出人们对生态系统与社会经济系统,对人类与自然的关系的认识与态度都上升到了崭新的台阶。反思农业现代化的理论,即:农业现代化包括物质装备现代化、科学技术现代化、经济现代化与管理现代化诸方面内容,其中核心内容是用现代化工业武装农业,实现机械化(含电气化)、化学化、水利化和良种化,可以清楚地看出,这一现代化理论仅仅注重经济发展的一方面,而对于资源管理与环境保护丝毫不能反映。它正是西方发达资本主义国家的现代化道路,也正是使发达国家今日陷于困境的理论根据。

当然,一个国家政府应以经济发展为中心,但这并不意味着对保护环境,保护资源的绝对排弃。生态经济理论揭示出,一味追求短时期的高速经济发展(或增长),而不顾生态环境,最终必走西方发达资本主义国家的弯路,重蹈覆辙。许多国家的经济发展历史也反映出这一点。

因此,在实现现代化过程中,必须注重经济发展与环境保护的协调,必须走一条集二者于一体的生态现代化道路。所谓生态现代化,是指致力于防止环境污染,技术创新和产业结构改革,以求实现生态上健全的产业发展,它依赖于清洁技术,资源回收利用,以及可更新资源,协调产业与财政、能源、运输和环境政策各个领域。生态现代化这一概念的涉及范围较广,旨在实现经济与生态之间的协调,从而保证经济发展能够持续、稳定、高效地运行。它实质是与持续发展相一致的。

与此相适应,在经济、社会观念的某些方面,必须进行相应的变革。这些观念包括:价值观、效益观、收益成本分析、外部性等。

1. 价值观

依照马克思主义价值论,价值是由凝结在商品中的必要劳动时间所决定的,即劳动价值理论。在分析环境污染、水土流失问题时,不能不注意到,迫于自然规律和生态经济规律,商品价值仅用投入的劳动来计量似乎有些片面。原有的价值观念又在很大程度上是经济价值的范畴。因而,对价值观念的理解应当拓宽,包括生态价值、经济价值和社会价值三部分。只有这样,才能完整准确地把握价值这一范畴。

2. 效益观

传统经济学理论对效益只限定在经济效益范围内进行研究。理论偏差导致经济建设的严重失误,给国家的生态环境、经济发展造成了不可弥补的损失。"以粮为纲"指导方针背后便意味着无数森林的盲目砍伐,水土流失的大面积发生。目前生态经济理论关于综合生态经济效益,其中又具体分为生态效益、经济效益和社会效益的观点正是经济发展中的巨大代价换来的。

3. 收益成本分析

不能局限于对直接成本直接收益的计量和分析,不能局限于对货币成本货币收益的计量与分析,更不能局限于静态的、短暂的收益成本分析。

4. 外部性

传统经济理论是以间接影响代替外部性这一范畴的。在农业经济实现持续发展迈向生态现代化的过程中,外部性的内涵应扩展到技术的、工艺的、政治的、金钱的(经济的)、所有制的、可耗尽的、不可耗尽的、积极的、消极的等多个方面进行理解。对外部性的解法又必须通过生态与经济的协调,体制改革,技术创新等措施。在政策调控方面,则需做好以下五方面的工作:

1. 资源再配置

自然资源的分布极不均匀,土地资源、水资源、森林资源等地区间、行业间差异显著。比较利益原则又使得资源集中于某一部分人或行业手中,造成资源的一方闲置和另一方稀缺同时并存这种不合理的现象发生。为此,国家要通过宏观调整资源再配置政策,促进资源的地区间、行业间流动,不断提高资源利用效率,并同时做到资源环境的保护。

2. 保护环境

对目前实行的排污收费制度的弊端要有清醒的认识。考虑到环境问题的外部性,应把排污收费制度与直接管理方法结合起来,利用社会主义公有制计划经济这一机制杠杆控制污染排放,保护生态环境。

3. 产权制度

社会主义计划经济不应否认产权的存在,只不过产权的主体在不同制度下不同罢了。通过产权制度的建立,可以有效地控制各产权单位的经济活动,用经济杠杆和法律措施监督和调节经济发展与环境保护之间的关系。

4. 体制

对因市场失败而造成的生态环境问题,可加强集体所有权的领导,消除企业间因外部因素造成的损失。而对于经济发展方向及措施的调节,则可在坚持计划经济的前提下,充分发挥市场的资源配置功能与刺激功能,从而促进经济迅速发展。

5. 人口控制

人口的生活需求对生态环境的破坏在水土流失地区等生态恶化地区造成的影响决不次于经济发展对环境的破坏。目前,必须在一方面抓紧抓好计划生育的同时,不断提高人口质量,以适应经济发展对人口素质的要求。对技术革新的问题,则应以大力推广普及适用型技术为重点,不能急于求成。

四、结束语

对农业经济发展道路及农业现代化理论所做的生态经济分析是有重要意义的。不仅指出了经济发展与环境保护维持良好的协调状态是实现持续发展的根本。而且,对传统的农业现代化理论进行改造,赋以生态经济内容,从而,农业现代化必须首先是生态现代化,其中,持续发展又是生态现代化的主题。生态农业建设也正是基于这种趋势和要求而产生的,其基本特性——循环、持续、高效——反映出了持续发展的宗旨。

参考文献

[1] 西奥多·W.舒尔茨:《改造传统农业》,商务印书馆 1987 年版。

[2] 刘巽浩:《中国农业现代化与精久农业》,《农业现代化研究》1990 年第 1 期。

[3] 吉尔贝托·C.加洛潘等:《关于全球性贫困——持久发展和环境问题的理论研究方法》,《国际社会科学杂志》1990 年第 3 期。

[4] Sandra S. Batie. 1939. Sustainable Development:Challenges to the Profession of Agricultural Economics. American Journal of Agricultural Economics,pp1083~1095.

[5] Caniel W. Bromley. 1986. Natural Resource Economics:Policy Problems and Contemporary Analysis, Kluwer—Nijhoff Publishing, pp37~68.

原文刊发于《农业现代化研究》1991 年第 5 期

县域农业生态经济规划理论体系的构建

刘书楷　夏太寿

（南京农业大学）（江苏省科技情报所）

县域农业生态经济系统发展的内在机制，要求人们对县域内外的农业生态经济要素（生态、技术、经济和社会要素）进行系统分析、评价、调控，以便对县域农业资源进行合理地开发利用，从而达到县域农业生态经济结构合理化和农业生态经济功能最优化。县域农业生态经济规划理论体系的结构内容可析解为以下几个组成部分：(1) 区域分工合作论；(2) 区域科技进步论；(3) 功能结构协调论；(4) 社会调控论；(5) 集约经营论；(6) 综合发展论；(7) 资源利用论。

一、区域分工合作论

县域是县级行政所管辖的范围，是一个特定的区域。区域分工合作的理论认为，社会劳动随着生产力的不断发展必然伴随着社会劳动分工。分工和合作是相互依存的，分工是合作的前提条件，合作是分工得以实现的保障，社会劳动地域分工必然导致相关区域建立经济合作关系。区域经济合作可以变分散的局部地区的优势为叠加的综合经济优势，形成一种新的社会生产力—协作生产力。

运用区域分工合作理论来指导县域农业生态经济规划，就要分析该县在全省或全国范围内农业生产地域分工中的地位和作用，剖析其县内的农业生产地域分工，从而揭示其县内外的经济联系、县域农业经济结构和农业经济地理特征，寻找充分利用各县的社会劳动的自然力，搞好农业生产力的合理布局和提高农业生态经济效益的县域农业发展战略。

二、区域科技进步论

科技进步对于区域农业经济发展来说是至关重要的。从动态角度看，各国农业发展历史已经表明，科技进步在农业增长中的作用越来越大。从输入要素看，区域农业系统的输入主要有资源、物质、资金、政策、劳动和技术等要素。这些要素紧密结合，共同促进区域农业生产的发展。但是，由于我国土地资源的短缺性、物质和资金的有限性、农村经济政策的微调性和真正投入到农业生产上的劳动力数量基本不变且素质有所下降的现实性，决定了我国区域农业生产的发展，今后主要依靠科技进步。

科技进步一方面对区域农业经济发展有重要作用，另一方面又具有明显的区域性。其表现：

从科技进步的传播来看，发达地区传播技术的费用可能很低，而且速度快，而在不发达地区,技术的传播则相当困难,而且速度慢。

从科技成果应用看,其应用范围有一定的限制。由于农业本身具有区域性的特点,从而决定了农业科技成果应用的区域性,即各种农业科技成果,只有在特定的区域内采用,才会取得高效益,而超过了这个区域去应用,就会产生低效益或无效。

科技进步的区域性,决定了各地区技术选择上的差异性。研究技术选择必须回答四个问题,即优先研究开发的是什么技术? 优先推广应用的是什么技术? 应该限制的是什么技术? 必须淘汰的是什么技术? 同样一项技术,在不同地区,其选择也有可能是不同的,有的地区会优先开发它,有的地区会优先推广它,有的地区会限制它,也有的地区会淘汰它。

三、功能结构协调论

人们一般只强调结构决定功能,有好的结构,就有好的功能,而忽视功能对结构的反作用。功能的变化会反作用于结构并引起结构的变化。如近几年管理机构的变化(咨询、信息、协调等机构的新生与一些老机构的缩减),就是由管理职能的变化引起的。因此,只有树立功能结构相互协调的观点,在坚持结构决定功能的同时,不忽视功能对结构的反作用,才会深刻地剖析县域农业生态经济系统的功能与结构,以便求得县域农业生态经济系统的稳定协调发展。

四、社会调控论

社会调控,就是人们在遵循社会经济规律的同时,按照自然生态规律的要求,去开发利用多种生态资源,以保证生态经济的持续发展。在进行县域农业生态经济规划时,社会调控实质上就是通过运用疏导性的政策、计划、方针,强制性的法律、税收、罚款、行政命令,启发教育式的宣传,价格、信贷等经济杠杆和技术等手段对人类自身(个人和组织)行为的调控(主要以控制人口数量、提高人口素质和优化政府职能为重点),以保证县域农业生态经济良性循环这个期望状态的顺利实现。

五、集约经营论

农业资源的有限性与人口增长对农副产品需求不断增加的矛盾,使农业集约化经营成为必然,而科学技术的进步,为农业集约化发展提供了现实可能。农业经营集约化的类型有三种,即劳动集约、资金集约和智力集约。三种集约经营形式具有层次性、等级性。劳动集约是科技水平处于较低阶段出现的低级集约方式,具有过渡性。随着科技水平的提高,劳动集约就会逐步过渡到资金集约。智力集约是科技水平处于较高阶段出现的高级集约方式。运用集约经营理论指导县域农业生态经济规划,首先要认识到县域农业经营集约化是必然趋势;其次,在农业集约化的发展过程中,不但要依靠劳动集约或资金集约,而且更要注重智力集约。

六、综合发展论

农业发展综合化是农业的生态、经济、技术三系统及其组成成分之间的物质、能量和信息交换的必然趋势。这种必然趋势要求人们把农业的这三个系统及其组成成分之间的相互作用当作一个有机的整体来认识和管理。但为了分析的方便,可以将农业发展综合化分为农业生态系统综合化、农业经济系统综合化和农业技术系统综合化。

(一)农业生态系统综合化。农业生态系统综合化是指运用生态学的原理和系统科学的方法,将多种生态经济资源合理配置,求得生态经济综合生产力的持续发展。按农业部门划分,农业生态综合化的种类有:农林综合系统、农牧综合系统、农林牧综合系统和水域综合系统等。

(二)农业经济系统综合化。专业性、地区性合作经济组织和多种经营服务公司等服务组织体系的涌现以及劳务市场、技术市场、资金市场等农村新型市场的兴起,是农业经济系统综合化的标志。

(三)农业技术系统综合化。农业技术系统综合化是指在农业发展中,综合运用各种农业技术体系和各门学科的过程。

七、资源利用论

农业资源是农业生产的必要条件,是人类赖以生存,并从中获取生活资料和生产资料的基本源泉,是农业再生产得以发展的不可缺少的物质基础。因此,要求农业生产持续稳定的发展,就得对农业资源进行开发利用。农业资源包括农业自然资源和农业生产中的社会资源(主要是劳动力资源)。本文主要谈到的是农业自然资源利用理论。

对农业自然资源进行利用,首先要认清其基本特征。农业自然资源具有五大基本特征:① 系统整体性。农业自然资源是多因素、多层次、多结构、多功能结合的自然综合体,是一个多元系统组合的自然生态系统。② 地域差异性。农业自然资源的数量、质量的分布及其组合具有明显的地区差异。③ 动态平衡性。各种农业自然资源及其组合而成的自然生态系统,是一个从旧的平衡到打破平衡再到新的平衡不断演替发展的动态平衡系统。④ 有限性与无限性。农业自然资源的存在数量和能利用量是有限的,但其生产潜力和再生能力是无限的。⑤ 多功能和多用性。

人们对自然资源的利用应遵循一些基本原则:

(一)对长流资源实行充分利用原则

长流资源是指那些受人类影响极小,而其总的供应量基本不变的资源。如太阳能、风能、水能、潮汐能、空气、降雨、温热等资源。这些资源不加以充分利用,就会自由散失,导致资源白白浪费。

(二)对可再生资源实行永续利用原则

可再生资源包括所有能生长和繁殖的生命有机体。如森林、牧草、野生动植物、鱼类、农副产品等。这些资源有自然生长和再生增殖的过程。这些资源的更新率取决于自然环境和其自身繁殖能力。实行永续利用原则，就可以保证自然环境的有序演替和资源的再生增殖。

（三）对不可再生资源实行节约利用原则

这类资源经过开发利用，其数量随利用次数而递减，并且已利用耗费的部分不能再生。因此，一定要节约、高效利用这类资源。这类资源有煤、石油、天然气、金属矿物等。

（四）综合利用原则

农业资源的多宜性和多用性是综合利用的客观基础；人们对农产品需求的多样性和产品所获得的利润是综合利用的动力源泉。只有坚持综合利用原则，才能充分利用资源，使废物资源化，实现资源的循环增值，满足人们日益增长的物质利益和精神文化需求。

（五）有偿利用原则

资源合理利用的经济尺度是以最少的投入换得最大的产出。在资源短缺已成为经济发展约束条件的我国，资源无偿使用只会造成资源进一步的浪费。只有实行资源有偿利用原则，才能减少浪费、降低成本、提高效益。

（六）保护环境原则

环境是人类生存和发展的根基，是人类进行生活和生产的物质源泉。环境是最大的资源，而自然资源就是环境组成的一个部分。人类与环境之间通过社会生产而相互联结成一个有机整体——"人类—环境"系统。人在这个系统中起着主宰作用的同时，还不同程度地受制于环境的反馈作用。人类如果一味从环境资源中索取，就会造成资源衰退和环境恶化，从而反过来对人类进行惩罚。因此，人类只有在开发利用资源时，保护好资源，保护好环境，才会求得人与环境的整体系统协调发展。

上述七种理论是相互联系、相互补充的，彼此共同构成一个完整的县域农业生态经济规划理论体系。用以指导县域农业生态经济规划的实践。

原文刊发于《农业区划》1991年第8期

谈县域农业生态经济规划的方法

刘书楷　夏太寿

（南京农业大学）（江苏省科技情报研究所）

一、县域农业生态经济规划的编制方法

县域农业生态经济系统是一个复杂的巨系统，关于其规划的编制方法很多，本文分传统方法和现代方法两类加以阐述。

1. 传统方法

传统方法是以经验的、直接的主观判断为主，以运用初等数学为辅，通过人与人直接对话的方式来编制规划的方法，它主要包括综合平衡法、调查研究法和指标测算法。

① 综合平衡法。综合平衡法是县域农业生态经济规划的基本方法。综合平衡就是要使一个县农业再生产的各方面、各部门、各环节、各区域之间保持适当的比例，以求得需要和可能相平衡，进行反复的平衡核算，最终将规划方案确定下来。规划中运用综合平衡法，常用的形式是编制一系列平衡表，如土地利用平衡表，农业人口、劳动力平衡表，农副产品平衡表，农用资金收支平衡表等。

② 调查研究法。通过各种调查可以获取大量的第一手材料和活信息，以便摸清县域农业实情，从而更好地为进行规划服务。调查研究的具体方法很多，如函件调查、电信调查、综合性调查、专题性调查、全面调查、重点调查、典型调查、抽样调查、报表调查等。

③ 指标测算法。县域农业生态经济规划是一个县未来农业生态经济发展的蓝图，是对未来目标的规划设计。规划目标研究的传统方法有：定额法、比例法、比较法、系数法、动态趋势法、典型推算法、因素分析法、主要产品产量法、目标推算法等等。

2. 现代方法

现代方法是运用高等数学和电子计算机工具，通过人与机对话的方式来编制规划的方法，它主要包括系统方法和模型方法。

（1）系统方法

系统方法是指在系统理论提供的整体性原则、层次性原则、结构化原则、功能化原则、开放性原则、协调性原则、中心化原则和最优化原则等的指导下，对确定客体（作为系统）进行分析和研究的方式的程序的一种明确表示。县域农业生态经济规划研究中的系统分析方法，是运用系统科学的原理对农业系统与环境之间的关系，农业系统内部各子系统及组成要素之间的关系进行调查和研究。以求得合理的农业生产结构，其

目的在于建立高效的农业生态经济系统,以最少的投入,最大限度地利用资源,获得最佳的生态经济效益。

(2)模型方法

县域农业生态经济规划中常用的理论模型有两类:

① 数学模型。运用较多的是经济数学模型。经济数学模型是反映经济内容的数学公式或公式体系(用数学符号表示的函数式,方程组),是对客观经济过程中数量依存关系的数学描述。经济系统中的数量关系是复杂的,因而经济数学模型也必须是多种多样的。县域农业生态经济规划中常用到的经济数学模型有:投入产出模型体系。另外,还有运用系统控制理论而建立的系统动力学模型等等。

② 图解模型。常用的图解模型有框图、直方图、结构图和流程图。

二、县域农业生态经济规划的方法论原则

县域农业生态经济规划工作,是一项庞大而又复杂的系统工程,运用的方法特别多,基本的方法论原则有:

(1)实体分析与模型分析相结合。模型分析是通过用适当的数学方程、图像甚至物理形式来简明地反映县域农业生态经济实体系统的一种方法。模型分析已成为县域农业生态经济规划研究必不可少的一种方法。但是,模型本身毕竟不是实体系统,它是客观实体系统的反映象。由于客观实体系统的复杂性和人们认识的局限性,人们所构建的模型总是不太科学或不太令人满意;即使所构建的模型相当科学或相当令人满意,也会因客观实体系统的变动性,造成原来的模型与变动了的实体系统不相符。因此,还要不断地进行实体分析,取得真实可靠的数据,来修改和完善模型。实体分析是模型分析的基础和补充,模型分析是实体分析的提高和抽象,所以,在研究县域农业生态经济规划时,要坚持实体分析与模型分析相结合的原则。

(2)定性分析与定量分析相结合。定性分析是对县域农业生态经济系统各组成要素的基本特征和发展方向的分析。定量分析是对县域农业生态经济系统各组成因素的分布范围、数量和比例关系的分析。县域农业生态经济系统是性质和数量的辩证统一体。仅有定性分析,就会缺乏精确性和深刻性;仅有定量分析,就会缺乏必要的前提和基础。因此,只有将定性分析与定量分析紧密结合,才能得出正确结论。

(3)规范分析与实证分析相结合。实证分析是研究县域农业生态经济系统是怎样的问题。规范分析是研究应该怎样行动的问题。作为县域农业生态经济规划方案的编制,不仅要描述、解释已经观察到的县域农业生态经济现象,并据以预测未来可能发生的情况,而且要为县级人民政府提供为实现其规划目标所应采取的切实可行的行动方针和政策措施。缺乏实证分析,规划只会是"纸上画画";缺乏规范分析,规划只能是"墙上挂挂"。只有两者紧密结合,才会使县域农业生态经济规划得到实施运行。

(4)宏观分析与微观分析相结合。宏观分析是对县域农业生态经济系统总体的结构、功能和效益进行分析,带有整体性、全面性和抽象性。微观分析是对县域内一个

具体的农业生态经济系统个体进行深入细致的分析,带有局部性、典型性和具体性。宏观分析的对象——整体,是由微观分析的对象——个体有机构成的,宏观分析离不开微观分析。所以,只有两者密切结合,才会全面地、准确地反映县域农业生态经济发展的规律。

(5)静态分析与动态分析相结合。静态分析是对县域农业生态经济系统处于特定时点上的结构、功能和效益水平的分析。它反映系统生产能力的高低,并可与外县农业系统进行横向比较分析。动态分析是对县域农业生产经济系统随时间变化而变化的情况的分析。动态分析可以研究过去某一时期内系统运行的情况和演替;也可以研究未来某一个时期内系统运行的发展趋势。它反映了系统的稳定性和运行规律。只有把横向可比性强的静态分析方法与纵向可比性强的动态分析方法很好地结合起来,才能完整地、正确地反映出县域农业生态经济系统的状态和过程。静态分析与动态分析相结合要求把现状与历史、当前与长远有机结合起来,加以分析。

(6)单项分析与综合分析相结合。单项分析是对县域农业生态经济系统的某个组成因素、某个方面或某个专题等进行研究。综合分析是把各个因素、各个方面和各个专题等放在县域农业生态经济系统整体中去研究,找出它们之间内在的本质的联系。单项分析和综合分析相结合,以综合分析为主。

(7)主导因素分析与非主导因素分析相结合。主导因素分析是对组成县域农业生态经济系统的诸多因素中,能反映其基本特征,并将起决定性作用的因素的分析。非主导因素分析是对系统发展不起决定性作用的因素的分析。主导因素和非主导因素是相比较而言的,在一定的条件下,它们可以相互转化。在进行主导因素分析时,不要忽视对非主导因素的分析,但又不要面面俱到地分析一切非主导因素。因此,在进行县域农业生态经济规划研究时,要坚持以主导因素分析为主的主导因素分析与非主导因素分析相结合的原则。

(8)结构分析与功能分析相结合。结构和功能是系统中相互依存、相互制约而不可分割的一对范畴。如果只对具体系统进行结构分析,那么就难以理解"同构异功"的现象。因此,只有把功能分析与结构分析相结合,才能真正揭示结构与功能的复杂关系(同构同功、同构异功、异构同功、异构异功),从而揭示系统的本质特征。

(9)系统分析与环境分析相结合。这里的系统分析是指对县域农业生态经济系统的结构、功能和效益进行分析。环境分析是指对县域农业生态经济系统外的、而对该系统发生较大作用的环境因素进行分析。县域农业生态经济系统是一个开放系统,该系统与其环境之间相互渗透、相互联系,不断进行物质、能量与信息的交换。如果不进行环境分析,而一味编制县域农业生态经济系统规划,结果会使系统与环境格格不入,农业经济难以持续发展。

(10)传统方法与现代方法相结合。传统方法的严密性、规范性和科学性较差,不能胜任复杂因素的分析,但它灵活性较强,并易于掌握,所以,在规划工作中仍被广泛使用。现代方法科学性强,可以弥补传统方法之不足,但要人们普遍掌握这些方法,却需要很长时间。因此,要将传统方法与现代方法结合起来使用,互相取长补短。

三、县域农业生态经济规划的编制程序

一般来讲,县域农业生态经济规划的编制经过如下阶段:(1)组建班子阶段。县域农业生态经济规划内容复杂,涉及面广,科学性强,组建有领导干部、各类专业技术人员参加的强有力的规划班子(规划办公室和研究机构),是顺利完成编制任务的组织保证。(2)调查研究阶段。调查研究就是通过多种途径广泛收集与县域农业生态经济规划的编制有关的历史、现状以及发展趋势的信息资料和数据,相互比较核实,进行数据加工处理。(3)弄清问题阶段。在调查研究的基础上,对全县自然、社会、经济条件进行生态经济评价,并通过县际之间的比较研究,找出自己的有利条件和不利因素,认清自己的优势和劣势、潜力和问题。(4)确定目标阶段。所谓确定目标是在一定的环境条件下,明确所企求达到的结果,包括后果、时间和责任的确定。(5)设计方案阶段。目标确定后,就要为实现目标寻找各种解决方案。即拟定实现目标的途径、方法、措施、时间、步骤和责任。(6)方案评价阶段。对已设计方案的利弊和条件进行农业生态经济综合评价。(7)方案选优阶段。在综合评价的基础上,初步提出有分析、有比较的几种不同方案。决策者根据方案分析、评价、论证的结果,作出科学的决策,选择最佳方案。(8)方案实施阶段。对于入选的方案,将在实践中实施运行。

以上各个阶段相互联系、相互制约,构成完整的县域农业生态经济规划编制的过程。它是一个多阶段多循环的动态发展过程,随着时间的进展,而不断完善和提高(见下图)。

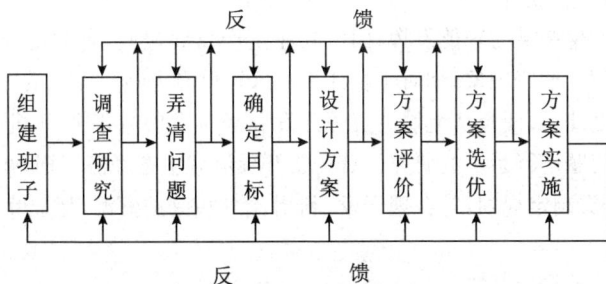

县域农业生态经济规划的编制程序图

原文刊发于《生态经济》1991年第8期

长江流域农业生态经济区划的初步探讨

刘书楷

（南京农业大学）

一、长江流域生态经济状况

长江是我国的第一大河,流域面积达 180 余万平方公里,约占全国土地面积的 1/5。人口约 3.52 亿,约占全国人口的 1/3;有近 4 亿亩耕地,约占全国耕地面积的 1/4。全流域自然气候条件十分优越,农业资源丰富,开发历史悠久,经济文化发达。80 年代初,全流域农业总产值占全国农业总产值 34.9％,其中,种植业占 34.5％,林业占 33.4％,牧业占 38％,渔业占 27.8％。全流域主要农产品产量占全国相应产品产量的比重为:粮食占 40％以上,棉花占 37.4％,油料占 32.5％,蚕茧、茶叶占 50％左右。长江流域以其优越的资源条件和富饶的物产,加上工业发达和地理位置的重要,因而对我国经济的腾飞具有举足轻重的作用。

但是,长江流域的资源开发和经济发展还存在不少生态经济问题。如流域内部水土流失较为严重,农业生产结构失调,特别是广大亚热带山区资源开发利用还不够合理充分,使优越的农业自然资源遭到了程度不同的破坏、闲置和浪费。林地、草山、草坡、草原、水域的生产潜力未能发挥,山区农业生产发展缓慢,有的至今仍然是我国的"贫困落后地区"。这些现象,相对于长江流域这块世界上独一无二的"亚热带宝地"是极不相称的。因此,要使长江流域的资源开发和经济发展趋于合理,很有必要对其存在的生态经济问题进行系统的研究。首先要开展流域生态经济区划,并在此基础上因地制宜分区、分类制定规划,为合理开发、利用、治理、保护资源,建立良好的生态经济系统提供依据。

二、长江流域农业生态经济区划的特点

长江流域农业生态经济区划,是以长江干支流水系网络分布为特定地区范围的区域性农业生态经济总体综合区划。它应以长江上、中、下游 180 万平方公里这一特定区域作为最高层次的总体系统,据以进行全流域的宏观综合研究和分区、分级、分类的多层次综合研究。其研究范围,可以是单因素、单项的,也可以是综合性的,可以是对某种资源、某种产业和某一地区的,也可以是相对的多种配套系统和相对广域的,可以是总体的宏观综合研究,也可以是局部的微观研究。但都要从全流域的总体来研究,把各项研究作为总体结构中的一个部分。而研究的重点和主题则是总体的综合,即以

资源结构、产业结构与地区生产布局为核心内容。长江流域的区划对象,既然是水系网络分布形成的区域生态经济系统,各项研究内容就要相应从水系的上游、中游和下游之间、山区与平原、盆地之间的特殊生态经济关系着眼,揭示存在问题,谋求对策,以体现流域农业生态经济总体综合区划的特点。

此外,由于长江流域横贯我国中部,以其优越的自然经济条件和较为发达的经济文化,其自身的发展在很大程度上制约着我国整个社会经济的发展。这就要求对长江流域生态经济区划的研究,除考虑其总体结构功能及其分区结构功能外,还要重视其系统外的研究,把整个流域的生态经济系统作为一个开放型的系统。这也是长江流域生态经济区划的又一重要特点。

三、长江流域农业生态经济区划的依据原则

农业生态经济区划必须依据的基本规律,主要是生态经济规律和农业地域分异分布规律,是二者的有机综合。生态经济系统特别是农业生态经济系统及其结构功能具有显著的地域性,其空间分布千差万别。因此,作为一项大流域区划,长江流域农业生态经济区划同样必须遵循生态经济系统结构功能的地域分异分布规律,以反映农业生产的地域性。这一基本规律,具体反映在农业生态经济区划上,其基本原则依据,首要的就是:区内相似性和区间差异性原则。以归纳其相似性,区别其差异性。

从长江流域农业生态经济总体综合区划来说,因所着重考虑的是各种生态经济因素和多层生态经济系统结构功能的综合,其分区的依据原则,一般可具体为以下三条:

1. 发展农业和农村经济在环境条件、资源结构(含结构性质、资源优势与潜力)及资源开发利用中的生态经济问题、合理利用方向与途径等方面的区内相似性和区间差异性;

2. 已形成的农村产业结构在基本特征、生态经济效益、存在问题和合理调整的结构布局的方向与关键措施等方面的区内相似性和区间差异性;

3. 流域上、中、下游之间及其内部山丘区与平原、盆地之间生态经济关系与矛盾和生态农业建设对策等方面的区内相似性与区间差异性。

按照上述原则对各种资源因素、产业部门和地区分布进行分类划区,就可以分别划出各类不同的农业生态经济区,例如各种农业资源生态经济区、农业部门(专业)生态经济区和农业生态经济总体综合区等。

区划的目的是为发展国民经济和发展农业服务。为了使区划研究成果便于落实到地区与生产部门,并加以实施,在进行上述分区时,还要考虑保持一定行政区界的完整性原则。

四、区划的分级系统及依据指标

长江流域地域广阔,跨居我国西、中、东三大地带,区内上、中、下游生态经济条件和生态经济系统结构功能地域差异很大。为了因地制宜进行分区、分类指导农业和农

村经济的发展,依据上述分区原则,划分区级的主要指标,可按上、中、下游划分为一级区、二级区和三级区。具体如下:

长江上游一级区。是指长江源头经川西宜宾东至鄂西宜昌的川江及其上游流域。其中,西北部长江源头区域,地处青藏高原,海拔高度大多在3 000～4 000米左右,以高寒为主要特征,这些地区大都以放牧业为主,经济文化落后。而自川西山地东至鄂西宜昌,则包括北自秦岭大巴山,南至川、滇和湘、鄂西部山地,及其间的四川盆地在内的川江干支流域金沙江、岷江、嘉陵江、沱江、涪江和乌江汇流在这里。区内有我国最大的内陆盆地之一,四周有高山环绕,地貌、气候自然条件较为特殊,海拔高度在1 000米以上。气候基本属于亚热带湿润气候型,对农业的综合发展十分有利。农业和经济发展的地区很不平衡,山区较贫困落后,平原盆地则比较富裕。上游区的共同特点是高原和高大山地面积大,山间盆地面积亦大,海拔高、且差别大,干支流水力资源蕴藏量极为丰富,地处我国三大战略地带的西部地带,经济发展水平不高。

长江中游一级区。是指长江干流自宜昌流经鄂、湘、赣、皖及其间各支流的流域地区。本区除高大山地外,一般海拔高度多在1 000米以下。境内有广阔的南方亚热带山地、丘陵,又有开阔的平原,气候温热湿润,宜于农、林、牧、渔业全面综合发展。地理位置适中,地处我国三大战略地带的中部地带,农业生产和经济文化发展一般属于中等水平。

长江下游一级区。这是长江流域人口密集、经济文化最发达的地区。其中长江三角洲又是长江"黄金水道"的"金三角",是物产富饶、文物荟萃的宝地,堪称为我国东部经济发达地带的一颗明珠。

长江流域农业生态经济区划二级区可按上、中、下游三个一级区,再分为若干个二级区。划分二级区的指标依据,主要应是一级区内的地貌结构、资源环境结构、产业结构(即生态经济系统的组合和类型)等。据此对一级区可具体划分出以下n个二级区。

长江上游二级区。(1)青藏高原长江源头区。包括玉树、甘孜、阿坝、甘南各州。(2)川滇高原山地区。包括川西山地、云南北部高原山地。(3)四川盆地区。包括成都平原、川中丘陵、川东丘陵低山。(4)川、鄂、湘边境山地区。包括四川万县、涪陵、湖北宜昌、恩施,湘西山地和黔北山地。(5)秦巴山区。包括川、甘、陕、鄂、豫边境山地及山间盆地。

长江中游二级区。(1)长江中游平原区。包括湖北江汉平原、湖南洞庭湖平原和江西都阳湖平原。(2)豫、鄂、皖低山平原区。包括横贯三省边境的桐柏、大别山地、江淮丘陵、鄂东北山丘区和豫南、皖中平原。(3)江南丘陵山地区。包括湘中、东部,鄂东南、赣西、中东,皖南和浙西山地。(4)浙、闽丘陵山地区。包括浙江东南部和福建大半部丘陵山地。(5)南岭丘陵山地区。包括赣、粤、桂三省、区边境南岭丘陵山地。

长江下游二级区。长江下游平原丘陵区。包括安徽沿江平原、长江三角洲和杭嘉湖平原、浙江宁绍平原和江淮丘陵及三省边境的部分丘陵岗地。

长江流域农业生态经济区划三级区,即以县级行政区为单元的分区。大流域生态经济系统是由小流域或二级区所组成。而在小流域、小区域之内,农业生态经济系统及其结构功能,在一县之内往往也存在着地区差异。特别是山区、生态环境条件和农业生态经济结构类型仍较复杂。为了更好地分区、分类指导农业和农村经济的发展,更有必要进行县级农业生态经济区划。但县级区划不宜打破乡行政界限,至于平原区地域差异不大的,如果不必进行县级区划,则须在一、二级区划中保留县行政区界的完整。

五、长江流域农业生态经济区分区综合研究的主要问题和对策

我们进行生态经济区划的基本任务,一是要在资源调查和评价基础上,划分各级生态经济区;二是对各级分区综合研究,以揭示各分区存在的主要生态经济问题,制定区域开发的方向和对策。由于目前对长江流域生态经济区划及其分区的研究,尚未深入广泛地开展,分区等级和各分区的定名还在设计之中,因此对各级区的生态经济问题和分区发展方向与途径问题也只能做一些粗浅的初步探讨。

(一)关于一级区的主要生态经济问题及其对策

我们认为,一级区存在的主要生态经济关系和问题,从宏观来说,一是上、中、下游之间的生态经济矛盾,二是各区内部山区与平原、盆地(含河谷)之间的矛盾。而上、中、下游之间和区内高原、山区与平原、盆地、河谷之间的主要生态经济关系和生态经济问题,往往是由水土关系和水土流失问题所导致的。所以,这种关系的主要方面和矛盾的主导因素是上游和山区。如果上游和山区的森林、植被严重破坏,必将造成严重的水土流失,不仅造成上游和山区林、牧业衰退,而且必贻患于中下游和平原、盆地。例如,1981年四川盆地西北部的岷江、沱江、涪江、嘉陵江中上游出现的大范围特大暴雨洪灾造成的巨大损失,原因除不利的气候因素外,主要是上游山区毁林开荒和水利失修的后果。针对这些问题,要增强长江流域上游一级区农业生态经济系统的总体结构功能,必须把全国三大林区之一的四川林区的林业和盆地水利建设恢复起来,以改善日趋恶化的生态环境。

长江流域开发和整治的另一关键问题和对策,则是水资源的开发利用。特别是对上中游水利资源的开发,应充分利用长江干支流的落差,积极进行水力发电和综合利用。例如,葛洲坝三峡工程的扩建,以特大输电能力供应中、下游工、农业生产和生活等各项用电,将会极大地增进整个长江流域生态经济系统的良性高效运转。再就是充分发挥长江流域水资源丰富的一大优势,可抽调一部分水量支援相邻的华北、京、津缺水地区,为整个国民经济服务。

长江流域农业生态经济一级区的建设,在农业资源和产业开发方面,具有全流域和全国性的任务,除重点开发山区,治山、治水、发展林业和水利、水电事业外,主要是进一步加强上游四川盆地、中游两湖平原与江西鄱阳湖平原等以及下游长江三角洲、杭嘉湖平原与皖中平原的综合农业基地建设。这些地区一向是我国农业发达、生产水平较高的具有全国意义的商品粮、棉、油、麻、丝、茶、果、猪、禽、蛋、鱼生产基地。巩固和发展这些生产基地,不仅能增强整个长江流域生态经济系统的总体结构功能,而且能扩大支援全国对各种农产品的需求。

总之,从生态经济系统观点看,对长江流域的开发和整治,要从上游和山区着手。

在上中游应从以治山、治水和保持水土、改善生态环境为根本,大力发展林业、牧业,保护和扩大林、草覆被率,同时整治河道、湖、库,发展水利和水电、航运事业,并加强农业综合基地建设,发展商品性集约经营型生态农业。通过上述流域性关键措施,把上、中、下游之间和山区、平原之间以至本流域系统与全国之间的生态经济关系协调起来,有望使长江流域农业生态经济系统的总体结构功能得到稳定增长。

(二)关于二级区的主要生态经济问题及其对策

二级生态经济区大体有两大类:一是高原、山丘区,二是盆地、平原区。这样,各二级区在这些方面仍然存在着较明显的区内相似性和区间差异性。由此而形成的环境条件、资源结构、产业结构及区域生态经济问题与对策,在各区之间也是互不相同的。下面就 11 个二级区简述如下:

1. 青藏高原长江源头区

本区自然气候条件以高寒为主要特征,高原草场广阔,以牧业为主,因气温低,农作物与林木难以生长,只有高原东部边缘山地分布有较大面积的天然森林。其间海拔较低,气温条件较好的河谷,可发展耐寒粮食作物。由于自然气候条件严峻,农业生态系统脆弱,生态经济循环单调迟缓,生态经济效率很低。加上经济技术条件的限制,目前仍应以适应利用资源为主,尽量发挥水土条件的潜力,提高牧业、林业和粮食的生产水平。

2. 川滇高原山地区

本区虽为高大山区和高原,盆地和冲积平坝分布也较广,温热、雨量条件和水土条件一般较好,对农业多部门发展有利,而高原起伏和缓,土层较厚,草场广阔,对发展农、林、牧业均较适宜。但目前林业资源破坏严重,草场利用很不充分,农田水利失修。亟应大力发展林业,改善生态环境,进一步搞好草场建设,发展畜牧业,积极兴修水利,改良低产田土,提高农业产量。

3. 四川盆地

本区四周环山,内部地势相对低平,主要为岷、沱、涪、嘉冲积平原。盆中有丘陵,气候条件为中亚热带,宜农宜林,农作物年可二至三熟,农业生产基础较好,农业增产潜力大。本区农业上存在的主要问题是降水季节分布不均,降水强度大。在山丘起伏较大区,土层较薄、森林覆盖率低,水土在暴雨时极易流失。而春、夏、伏旱时常发生,加之耕作仍不精细,单产水平仍不算高。因此,要大力发展山丘区造林和盆地水利建设,改革耕作制度,提高农业单产水平,积极发展养殖业,把本区建设成为长江上游区强大的农业生产基地。

4. 川、鄂、湘、黔边境山地

本区位于长江三峡北岸以南的川东南、鄂西南、黔东、湘西山区,是长江中游平原丘陵向云贵高原山地过渡的地带。本区山多平地少,旱地陡坡多、土层薄,荒山草坡多,林业、畜牧业生产有一定基础,是我国重要的以杉木为主的用材林和木本油料产区。今后应大力建设林业基地,保护和合理利用森林资源,大力开发利用荒山草坡和水面,发展养殖业。农业因多陡坡旱地,水土极易流失,单产很低,不宜扩耕。关键是兴修水利,加强小流域治理,改造低产田,提高农作物单产,争取实现粮食自给。

5. 秦巴山区

地处秦岭、大巴山地及其间的汉水上游谷地,是四川盆地的北部屏障。区内山多坡陡,耕地少而分散,垦殖指数只约9％,其中30％以上为旱地,且坡度较大。本区地处暖温带向北亚热带过渡地带,植物资源种属丰富,南北品类荟集,河谷、丘陵、盆地物产甚多。秦岭山地,神农架及白龙江保有较大面积天然林,无林草坡和林间迹地牧草繁茂。但因长期片面强调种植业,毁林开荒、乱砍滥伐现象严重,而耕地单产水平却很低。本区发展农业的方向和主要途径,首先应是治山、治水,合理调整生态经济结构,建设和发展林业、畜牧业生产基地及自然保护区;种植业的发展应制止滥垦陡坡、广种薄收,大力改善水、土条件,着力提高单产水平,并改善交通条件,发展林、副、畜产品加工业和农产品贸易,促进山区经济发展。

6. 长江中游平原区

本区处于长江中游两岸鄂、湘、赣的交接部,由江汉、洞庭、鄱阳三大平原构成,属长江中游干支流冲积、淤积平原,地势低平,耕地集中连片,土层深厚,有机质含量高,适于农作物生长。其耕地中水田占64％左右,为我国南方水稻主要产区之一;地面稍高处,适于植棉,又是我国主要棉产区之一。本区河湖众多,水网密布,适宜发展淡水养殖,是我国内陆淡水水面最广的水产基地。又因亚热带气候条件优越,本区不仅是鄂、湘、赣三省的主要农耕地区,也是全国最重要的粮、棉、水产基地之一。农产品产量和商品率高,增产潜力大。但本区地势低洼,长江汛期洪灾威胁很大,特别是由于长江干支流上游水土流失严重,每年有1亿立方米泥沙沉入湖中,大片水面沦为沙滩,西洞庭湖已变为农场,洪湖已有名无实。半个世纪以来长江洪水入洞庭湖的流量减少48％,加上人为围垦,入湖洪道和湖库萎缩,正逐渐失去调洪作用。这就加大了洪水为患的威胁,也严重影响了农业生产的发展。因此应结合上游治山、治水和三峡工程,按照"江湖两利,以泄为主、蓄泄水域兼筹"的方针,以谋解决的对策。与此相应的,要坚决制止盲目围湖开垦,保护和合理利用,大力发展水产养殖业。在种植业上,要合理用地养地,实行集约经营,以提高单产和商品率。

7. 鄂、豫、皖低山平原区

本区位于伏牛山—淮河—桐柏山—大别山一线山区及其南北两侧丘陵岗地分布地区,属暖温带向亚热带过渡的北缘,具有显著的过渡性气候特征,可发展多种农、林产品,盛产粮、棉、芝麻、花生、烤烟、茶叶和柞蚕、板栗、油桐及用材林木。但长期以来,森林遭到严重破坏,草木稀疏,水土流失严重。又因降水变率大,丘陵山区缺乏蓄水工程,水旱灾害频繁,严重影响农业生产。本区农业发展方向是:农林并重,控制水土流失,因地制宜发展粮、棉、油料和亚热带经济林与用材林,结合发展养殖业和农产品加工业。因而需着重加强丘陵山区林业建设,保护植被,开展水土保持,并发展水利,改良土壤,改善农业生产条件和改革耕作制度,提高复种指数,发掘增产潜力。

8. 江南丘陵山地区

本区位于长江中游平原以南、南岭山地以北,雪峰山脉以东,武夷山、仙霞岭以西,地域广阔。是我国最重要的亚热带丘陵山区,生物资源丰富且生长迅速,土地生产潜力大。历来为我国柑橘、茶叶和油茶的主产区,也是我国南方林业的重要生产基地之一。但亚热带丘陵山地生态系统既有优越性,也有其脆弱性,土地肥力积累快,分解也快,特别是裸露丘陵山地,土壤养分更易于分解和流失。因而长期以来,由于重农轻林,森林连遭破坏,水土大量流失,引起水旱灾害增多,已直接危害农、林、水利事业,使经济收入降低,山区人民生活贫困。本区虽人多田少,但人均耕地仍有 1.1 亩,因此今后农业生产发展的方向和途径,是实行林、农并重,即在山丘区大力发展林业,保护和扩大森林资源,恢复生态平衡,同时要在河谷盆地宜农地区,兴修水利,改良红壤,积极发展粮食生产。从而,把本区逐步建成为我国南方的经济林和速生用材林基地,并做到粮食自给有余。

9. 浙、闽丘陵山地区

本区东面临海,西至仙霞岭、武夷山脉,是我国东南沿海经济开放地区的山区。境内人多、耕地少、山多,地貌类型多样,丘陵山地占土地总面积的 85% 以上,宜于林业发展,森林覆盖率是全国最高地区之一;山间广布河谷盆地,沿海有平原,宜于种植业发展,是当地主要粮产区。此外,还盛产各种名茶、柑橘、毛竹和油茶。本区存在的生态经济问题,主要是林业采伐量大大超出生长量,森林资源遭到严重破坏,森林覆盖率急剧下降,导致了严重的水土流失,也危及了农业和水利建设,山丘区有大量"冷浸田",影响产量,亟待改良。本区农业的方向应是:山丘区以林为主,沿海平原和河谷盆地以种植业为主,实行林农结合,发展多种经营。主要措施和对策,首先是坚决制止乱砍滥伐,保护林业资源,着重发展用材林,建成为南方林业重要生产基地之一。大力提高茶、橘等经济特产的专业化和商品化程度,使之成为我国茶、橘的主要出口基地。同时决不放松粮食生产,做到区内自给有余。

10. 南岭丘陵山地区

南岭五岭跨桂、粤、湘、赣四省区边境,位于向南亚热带过渡带上。山多田少,耕地分散,山丘面积占 80%,为低山丘陵所组成,宜林地多,山间盆地、河谷和坡地上,分布着农耕地,因气候温润,有较深厚的红、黄壤,宜于水稻等作物生长。经济作物有烤烟、甘蔗、蚕桑等。本区农业生产的突出问题是:山地河谷陡坡开垦、广种薄收、森林遭到破坏,又由于乱砍滥伐,使山区生态环境趋于恶化,加重了水土流失,又危害了农田。今后应采取的主要对策是,首先要贯彻山区以林业为主的方针,充分发挥亚热带山区的优势,把本区建成为我国南方的主要用材林和林特产品基地之一。还要加强河谷盆地和缓坡地的治水改土设施,积极发展粮食生产,以促进农业与林业的协调发展,提高农业生态经济系统的总体结构功能。

11. 长江下游平原丘陵区

本区位于江淮下游,地跨苏、浙、皖三省和上海市,有土地面积 15 万平方公里,耕地约 8 800 万亩,农业人口近 74 万,人均耕地只有一亩多,是我国人口最稠密、经济最发达的地区,也是我国农业生产水平最高的主要农产品商品基地之一。粮、棉、蚕茧、黄红麻、生猪、淡水鱼产量均居全国前列,而增产潜力仍然很大。区内以平原为主,耕地占平原土地总面积的70%。土、水、肥、光照资源丰富,劳动力充裕,社会、经济、技术条件优越,农业综合发展和集约经营程度较高。本区农业生产的不利因素是,受季风气候影响,水、热资源时空分布不匀,变率较大,水旱、低温、台风、冰雹、干热风等气象灾害比较频繁,限制了多熟制和某些喜温作物的发展和农业的稳产高产,再就是人多地少,垦殖指数高,土地后备资源少,主要依靠提高单产、生产成本较高,影响了农民经济收入的增加,农业生产结构上林业比重小,起不到协调整体结构功能的作用,本区有3 000多万亩淡水水面和一定数量的沿海滩涂,资源的开发利用尚不充分。今后应扩大农业生产领域,大力发展山丘区林业,并发展农田林网、沿海防护林和四旁绿化,充分开发利用水域和海涂,保护和增殖水产资源,继续加强农田水利基本建设,提高耕作精度水平。此外,由于本区大、中城市密集和乡镇工业发达,极易造成对农业的污染,应采取有效措施加以防治,以保持良好的生态环境。

（三）关于三级区的主要生态经济问题及其对策

长江流域农业生态经济区划的三级区——县级区,是整个流域一、二级区划的基础和基本环节。如果说一、二级区划是从宏观上反映区域农业生态经济系统总体结构功能的地域分异的话,那么县级区划则是从微观上的反映。一个县内部当然在农业生产上、在农业生态经济系统结构功能上也有地域上的分异,例如一县之内可以划分为几个片,但它反映的主要是这个县境内小区或小流域的地域差异,是"大同中的小异",例如微地貌、小气候、土壤、土地利用结构、产业结构与布局及集约程度和经济水平上的相对差别。因而,县内的生态关系、生态经济关系和生态经济矛盾,也主要是由上述差别及其相互制约关系而产生的。这就要据以进行分区、分类的综合研究,以揭示其生物与环境、自然生态与社会经济的关系是否协调,从而判定其结构功能。所以,我们认为,县级农业生态经济问题的综合研究,集中到一点,即应主要研究生态农业类型的分区评价和建设。生态农业类型是多种多样的,大体说来,可以按其产品的状况分为初级性生产型生态农业;初级与次级性产业相结合的生产型生态农业和具有多级产品、种养加结合、自成系列的生态农业模式,还可以按生态农业体系的相对自立性划分为开放型、封闭型和半开放半封闭型三类。对每一种类的生态农业模式要结合其分布地区的资源环境结构、经济技术结构的是否协调,对其结构功能进行生态经济评价,明确其生态经济关系和存在的生态经济问题,据以采取相应的对策。

长江流域拥有1 000多个县、市,要进行全面研究目前还不具备条件,但仍可通过选点和试点工作,加强对全流域县级生态农业的开发和建设。当然,省、市级、二级区以至全流域都有必要从不同等级的区域范围来研究生态农业和建设生态农业,但都要以县级为基础,并落实到基层。

原文刊发于《中国农村经济》1988年第7期

加强综合性研究　开拓农村经济发展的新局面

刘书楷

（南京农业大学农业经济教研室）

提要：本文针对我国农业发展面临的新形势，运用生态经济理论，阐明农业和农业科学的整体性、综合性特点。提出发展农业和农村经济，要以生态效益、社会效益为前提，以增进经济效益为中心，达到多元效益目标统一的最优化综合效益。尤其要促使农业生态系统和农业经济系统正确结合，加强自然、技术、社会、经济的综合性研究，明确生态经济为研究重点，使生物有机体与环境条件、发展生产与合理利用和保护资源同步协调，实现农业的良性生态循环和良性经济循环，以加快农业由自给半自给经济向大规模商品生产、由传统农业向现代农业转化。

Strengthening the Comprehensive Study of Rural Economy to Open up Broad Prospects for Its Development

Liu Shukai

Abstract：Through a detailed analysis of the new situation in rural areas，the author raised three viewpoints on this subject as follows：

（1）The essentiality of agriculture consists in the integration of many factors, such as nature，technology, and social economy.

（2）Agricultural development should be focused on the increase of economic benefit which is to be coincident with ecological and social benefit.

（3）The development of agriculture relies on the correct policy and advanced science and technology；thus good ecological and economic circulation in agriculture can be realized.

党的十一届三中全会以来，我国农业发展一靠政策，二靠科学，取得了前所未有的好形势。我国农村正处在由自给半自给经济向大规模商品生产发展、传统农业向现代农业发展的历史性转变之中。为了适应和推进形势的发展，我们必须重新认识农业和农业科学，加强综合性研究，提高农业生产经营的综合效益，开拓农村经济发展的新局面。

一、农业和农业科学的综合，实质上是农业自然再生产与农业经济再生产的有机结合

农业生产从根本上说，是人类同自然界和生物界打交道的经济活动，是人类通过

社会生产劳动,利用自然环境提供的条件和资源,促进和控制生物体的生命活动过程,以取得符合人类生活需要的产品。农业是人类社会赖以生存和发展的基础。

农业生产是自然、技术和社会经济三大因素的自然生产综合体。它又有三个方面的要素在互相起作用:一是自然环境和自然资源,二是生物有机体,三是人的生产劳动。生物有机体即农业生产的主要对象动植物、微生物,要使生物有机体转化为人类需要的产品,生物本身有一个生长、发育、繁殖,进行新陈代谢和遗传变异的过程。

农业自然再生产过程是多层次的。植物是第一性生产,广义的植物性生产(包括种植业、森林、牧草、藻类、水生植物生产等)是农业生产的基础;然后是第二层次,即植物有机体的生长繁殖为动物的生长繁殖提供条件,草食动物是初级消费者,又是二级生产者;第三个层次,即肉食动物利用草食动物为食料的再生产过程,肉食动物是次级消费者,又是三级生产者;再加上微生物的活动,把动植物的残体分解为植物可以吸收的养分,这又是一个层次。农业生产的自然再生产必须通过以上多层次的循环运转,才能构成万物自然繁衍生息的全部过程。这是广义农业的客观基础,也是农林牧副渔业全面发展的客观要求。

自然再生产过程是构成农业生产的基础,它本身形成一个循环运转的系统。但是,只有自然再生产并不能构成农业生产,只能为农业生产提供自然基础。作为农业,还有赖于人为因素与自然、生物因素的结合,依靠社会经济技术条件,通过人的社会生产劳动对自然、生物的干预,按照一定的经济目标,结合农业的自然再生产过程,适应、利用和改造自然资源与环境,通过栽培、饲养、抚育、繁殖、加工等劳动过程,促进自然物质和自然力转化为人类需要的各种产品。因而,农业生产的经济再生产过程与自然再生产过程相互联系,构成完整的农业再生产过程。

所以,马克思在分析农业再生产时指出:"经济的再生产过程不管它的特殊的社会性质如何,在这个部门(农业)内,总是同一个自然的再生产过程交织在一起。"[①]

农业的经济再生产过程直接制约于社会经济技术条件,随着人类社会经济的进步和生产力水平的提高,它有一个由简单到复杂的发展过程,一般包括生产、加工、运输、销售、分配、消费的完整系统。在我国农业向现代化和大规模商品性生产发展中,农业生产和农村经济的发展必然趋向于这种多层次的综合,这是毋庸置疑的。

从农业的本质来看,农业生产是自然、技术和社会经济多因素的综合,是多层次自然再生产过程与多层次经济再生产过程的统一。农业生产和农村经济的发展,既受自然生态规律的支配,又受经济规律的制约;既要提高劳动的社会生产率,又要提高劳动的自然生产率。马克思指出:"农业劳动的生产率是和自然条件联系在一起的,并且由于自然条件的生产率不同,同量劳动会体现出较多或较少的产品或使用价值。"[②]要提高农业的两个生产率,就应讲求最佳生态效益和社会经济效益。农业的多因素、多层

---

① 《马克思恩格斯全集》第 24 卷,第 398～399 页。
② 《资本论》第三卷,第 922 页。

次综合体,是自然生态和社会经济有机结合不可分割的整体。因此,对待农业切忌片面性,必须统筹兼顾、全面发展、综合经营。

我们从事农业和农村经济工作,不仅要全面正确地认识农业,而且要按照农业的本质、整体性和综合性去理解农业科学,开拓农业生产科学研究的领域。首先,要确认科学技术是生产力,发展农业和农村经济必须依靠科学,大力进行智力、技术开发,这是发展农业生产和农村经济的最根本的重要战略措施。其次,也要看到农业科学知识来源于实践,要为农业生产服务。农业科学的基本任务是要研究、探索、揭示、阐明和应用自然规律、经济规律,为农业生产和农村经济的发展,为合理开发利用、保护自然资源和改善生态环境提供科学依据。再次,要从农业整体上全面理解农业科学的范围,不能认为农业科学只是农业自然技术科学,还应包括农业经济、经营管理、农事学①和农村社会学等。农业科学应该是自然技术科学和经济社会科学相互结合、相互渗透的综合性科学,包含相应的多种分支学科。从其学科分工来说,农业自然技术科学应侧重研究如何提高农业的自然生产率,提高技术效果和生态效益;农业经济社会科学则主要研究如何提高农业劳动生产率,提高经济效益和社会效益。当然,这种分工不能各自为政,相互脱节,而必须相互衔接,相互结合。

二、发展农业和农村经济,要以提高经济效益为中心,把经济效益与生态效益、社会效益统一起来,达到最佳综合效益

发展农业和建设农村,要树立明确的目标。我们的总目标,应集中在"三个效益""三个目的",即要增进经济效益、生态效益和社会效益,以实现一个发达的农业、富裕的农村和良好的环境。

党和国家提出,我国社会主义经济建设要以提高经济效益为中心。对农业和农村发展来说,不大力提高经济效益,要加快农业翻番和两个转化是不可能的,提高经济效益,无疑是建设富裕农村的中心环节。但是,也要防止一味追求经济效益,靠牺牲环境和资源来取得增产。而必须在保证最佳综合效益的前提下,提高经济效益,这就要综合研究农业生产经营的经济效益、生态效益和社会效益。

农业生产经营的经济效益,和其他物质生产部门一样,是经济效果和经济利益的辩证统一。经济效益不等同于经济效果(本质上与经济效果是一致的),经济效果是反映投入产出关系的,要求生产同量的有用效果,最大限度地节约劳动耗费,或者用同量的劳动耗费能够生产尽可能多的有用效果。但是,经济效果只是对生产经营成果的客观评价,就发展农业和农村经济的要求来说,如果只考虑生产成果的大小是不够的,应该全面地考虑到整个经营成果及其收益的大小,经济效益是在取得经济效果的基础上人们所获得的经济利益。经济效果的提高是增加经济效益的前提,而现实的经济利益又是追求经济效果和经济效益的动力。经济利益与经济效果有时也会有矛盾,但只要

---

① 农事学,最先由我国著名科学家钱学森和张沁文提出。

正确处理国家、集体、个人三者关系,就可以使二者达到相辅相成的辩证统一。这在资本主义私有制社会往往是做不到的。提高经济效益是社会主义生产经营的内在规律,也是加快社会主义农业和农村经济的客观要求。

农业生态系统是根据人类特定要求而建立起来的一种人工生态系统。在这个庞大而复杂的生态系统中,生物与环境、生物与生物之间进行着多层次的生产、消费、分解的能量和物质转换过程,构成了生态系统的相对动态平衡。生态平衡通常包括三个方面,即结构上的平衡、功能上的平衡以及输出与输入物质在数量上的平衡。在农业生产过程中,必须使整个农业生态系统各组成部分的结构、功能及输出与输入物质的数量,经常处于一种相互适宜、相互协调的平衡之中。保持相对稳定的动态平衡关系,才能保证农业生产的正常进行。如果这种生态平衡遭到破坏,而且导致自然环境的恶化,整个农业生态系统的物能转换就受到阻碍,从而使生物产量下降,生产力衰退,整个农业生产就会遭到严重损失。所以,保持农业生态的相对稳定的动态平衡,是指导和发展农业生产必须遵守的自然规律,这也是衡量农业生态效益的基本法则。农业生态效益的大小,首先和主要在于它是否符合生态平衡规律,及其适应程度的大小。可以认为,最符合生态平衡规律的生态效益是最基本的生态效益。

生态效益是人们在生产中按照生态平衡规律,使自然界的生物系统对人类的生产、生活和环境条件所产生的有益的或有利的结果,农业生产中讲求生态效益的目标和根本标志,就是要依照生态平衡规律指导和发展农业生产,协调人与自然的关系,正确合理地开发利用农业自然资源,保护和增进其生产能力,使之永续利用。建立合理的农业生产结构,提高物质、能量的利用率和转化率,促进农业生态系统的良性循环,使经济发展与保护资源和改善环境同步进行,以利于农业和农村经济持续发展。农业生态效益可以表现在农业生产结构的整体或一个部门、一种产品上,也可以表现在一个地区的整体或一个地方、一个区域上,它可以表现在当时,也可以表现在长远的未来,因而是关系到人类的最根本的效益,是经济效益和社会效益的基础。

至于社会效益,对农业生产来说,是指农业的生产经营活动所产生的社会影响和效益。它包括局部利益与整体利益、眼前利益与长远利益关系问题。生态效益、经济效益和社会效益三者是相互渗透的,生态效益和宏观经济效益,实际上也是一种社会效益。通常所说的社会效益,则主要指一切生产经营活动对满足社会需要的程度。社会效益在一切经济活动中是普遍存在的,但只有在社会主义条件下才会受到人们的最大重视,并能最大限度地得到最佳效益。社会主义基本经济规律和国民经济有计划按比例发展规律,要求一切生产经营活动都必须把满足社会的计划需要放在首位。发展农业和农村经济的规划设想和实践,都要遵循社会需要与地区优势相结合的原则,以求得最佳社会效益。

由于农业生产是自然、技术、社会、经济诸因素的结合,是自然再生产过程与经济再生产过程的结合,是自然生态系统、技术系统和经济系统的结合,是劳动的社会生产率和自然生产率的结合。因此,农业和农村经济发展所要求的效益必然是多目标的综合。

农业生产经营的多目标效益:一是要用生态学的观点,以求得最佳生态效益,即依据生态平衡规律,分析研究生物与环境、生物与生物之间的关系是否相互适应、相互协调,研究建立适合于当地的良性高效农业生态系统和农业结构,以达到物质和能量转化快、转化率高、生物产量高、质量好的最佳生态效益。二是要在增进生态效益的前提下,遵循经济规律,用经济学的观点,以提高经济效益为主要目标,以期最大限度地取得投入少、产出多、成本低、收益大、收效快的最佳经济效益。必须肯定,经济效益在农业生产中起着重要的支配作用,是推动农业扩大再生产的根本动力和因素,如果农民连简单再生产都不能维持,那么再好的技术措施和生态效益对他都是毫无意义,而且不能被接受的。但是,提高经济效益不能违反生态平衡规律,只有在保持生态相对平衡的条件下,才会有持久的经济效益。经济效益与生态效益基本上是一致的,但毕竟是受两种不同规律的支配,在安排不当时又会发生相互矛盾。总之,它们之间的关系是相互联系、相互制约、互为因果、互为条件的关系。这种关系可以表现为多种情况:从宏观和长期看,生态效益与经济效益是正相关,生态效益好,经济效益必然好;从局部和短期看,则往往存在着程度不同的矛盾。这就要求权衡利弊得失,善作安排和抉择。总的原则,要把生态效益、经济效益和社会效益统一起来,把经济发展与资源合理利用、保护和改善生态环境辩证统一起来,而不致危及资源和环境。三是依据社会主义生产的目的,以实现最佳社会效益为目标,统筹兼顾国家、集体、个人三者利益,整体与局部、长远与眼前利益,把生态效益、经济效益和社会效益一起考虑,最终达到最佳综合效益。这是农业由生产型向生产经营型转化的主要标志,也是衡量农业经营效益的总体目标。

三、加强对农业生态和农业经济的综合性研究,以促进农业的两个良性循环

发展农业必须实现农业的良性生态循环和良性经济循环,才能取得农业经营的最佳综合效益,开拓农业和农村经济发展的新局面。农业生产首先是自然、生物的再生产,要使农业生产持续大幅度发展,最根本的是要提高生物的生产能力。使生物与环境保持相对的统一,使农业生产经营与自然资源开发和环境保护相适应,这就对农业科学技术工作提出了以下两方面的任务:

一是培育新品种,利用和改造生物物种,以适应千差万别的自然环境。我国生物物种丰富多彩,自然条件差异很大。要提高农业产量,就要选育和改良品种,不断提高生物体的适应能力和转化率。对于一时搞不清楚生物特性和功能的物种也须加以保护,不使灭绝,并进行区域性试验研究。经验证明,培育和改良品种具有投入少、收益大、无污染的优点,是发展农业生产的一条最根本的经济有效的途径。而目前最新生物技术——农业遗传工程的飞速发展,也为这方面的工作提供了有利条件。

二是合理利用自然资源,不断改善生态环境,以适应生物的再生产。我国现有耕地 20 亿亩左右,人均不过一亩多,但全国陆地总面积达 144 亿亩,还有 22 亿亩浅海大

陆架。因此,发展生产既要立足于集约利用耕地,努力提高单产,又要充分利用大面积非耕地,特别是占 2/3 国土面积的山区,大力植树种草,利用水面大力发展渔业。这就要坚持生态经济平衡原则,充分、合理、有效地利用各种农业自然资源,来促进农业生态系统的根本改观。

从系统科学的观点来看,农业生产是一个总体系统,即农业生态经济系统,它包括生态系统和经济系统。所以,在实现生态良性循环的同时,还必须做到经济的良性循环,才能建立一个良性高效的农业生产系统。

那么,怎样实现经济良性循环呢? 最基本的一点,就是要结合生态良性循环的研究和实践,来理顺经济关系。从生态系统和经济系统二者的共性来说,都有一个平衡的问题,都要求生物与环境、生物与生物之间的组合,生产与资源、发展与环境之间的结构,在性质上协调,在数量上互成比例。而且,生态系统和经济系统都是物质循环和能量转化系统,都有一个输入(投入)和输出(产出)的问题,都要求物质和能量的输入和输出遵循等量交换原则,以保证自然再生产和经济再生产的顺利运转。

要实现农业的两个良性循环,需要研究的问题很多,除上述两项研究任务外,具体的还应有以下几方面:

第一,要有一整套完善的富民政策。实现农业的两个良性循环,关键是要科学地增加投入,只有不断地增加投入,才会有持续增多的产出,把生产发展建立在提高生态效益和社会经济效益的基础上。要保证不断增加投入,必须使广大农民先富起来。这就要发展和完善农业联产承包责任制,正确处理责、权、利的关系。要延长土地承包年限,鼓励农民向土地投资,多搞农田水利建设;调整过于分散的田块,把耕地逐步向种田能手集中,把劳力转向多种经营;要支持专业户和重点户,发展多种形式的合作经济,大力发展商品生产,还要理顺商品流通渠道,开辟服务行业,解决农民"买难卖难"问题等等。总之,首先要使农民有扩大再生产的能力。

第二,在搞好农业资源调查和农业区划的基础上,制定科学的农村全面规划,调整农村产业结构和地区布局。农业资源调查和农业区划要做好资源开发利用及区域经济发展的定性、定量、定向、定位,为农业发展宏观决策提供科学依据。要重视充分发挥自然资源的优势,更要重视开发智力和技术,发挥劳力资源和技术资源的优势,把资源优势转化为商品生产优势。农村发展规划要把经济发展、保护资源和环境,以及提高最佳综合效益作为目标,并采取有力措施,落实投资,调整政策。农村产业结构要与当地资源"家底"、生态结构、劳力结构、技术结构和社会对产品的需要相适应,还要与加快发展商品生产相适应,地区布局要根据需要与可能相结合的原则,因地制宜,把各项生产配置在最适宜和最经济的地区。从全国来看,以粮食为主的农业结构,是解决温饱问题的自给性生产结构,这种单一型结构既不利于实现生态和经济良性循环,也不利于彻底摆脱自给半自给经济的贫困局面,更不能体现社会化商品经济和党的富民政策。因而,必须在不放松粮食生产的同时,积极开展多种经营。多种经营是商品性生产,能提供较多的货币收入,促进商品经济的发展,有利于增加农民对土地的投入,扩大农业生产能力。最近，江苏省提出的"农、林、牧、副、渔全面发展，工、商、建、运、服（务）综合经营"的农村产业结构模式，也是我国经济发达地区农村产业结构的一个模式。按照这个模式，使农村劳动力的分配比例逐步趋向于种植业 30％，林、牧、渔业 20％，乡镇企业 40％，还有 10％劳力转向大城市。以此作为目标，逐步改革农村产业结构和地区布局，必将有利于把生态、经济两个良性循环推向更高的水平。

第三，实行集约经营。我国人多地少，人均自然资源也少，要保证 10 亿人吃、穿、用、住，使 8 亿农民都富裕，农业生产和农村经济必须有一个更大的发展，这必然给有限的自然资源带来很大压力。因此要求农业既不能搞单一经营、掠夺地力，也不能广种薄收、粗放经营，必须走多种经营、综合经营和集约经营的道路，多搞技术密集型产业。种植业和多种经营，都要致力于提高单位面积产量、提高劳动生产率。

第四，进行"生态农业"综合科学实验。要按照生态经济规律的要求和系统科学的观点，在不同类型地区选建多种实验基地，组织多部门、多学科开展生态系统和产业结构综合研究，或进行生态系统中某些小的生态型实验。如桑基鱼塘、稻田养鱼，猪、禽、羊结合，以及小流域综合开发治理等，还可以因地制宜；针对当地生态平衡中的关键环节或薄弱环节，如饲料加工、沼气等，进行重点研究，以促进整个生态经济系统的优化。生态农业就是现代农业的模型，搞现代生态农业实验研究，对实现农业现代化具有不容忽视的战略意义。

原文刊发于《南京农业大学学报》1985 年第 1 期

农业自然资源调查与评价方法论的几个问题

刘书楷

（南京农学院农业经济系）

党和国家把合理开发利用和保护自然资源，保持生态平衡，改善生态环境作为发展农业生产的前提条件，并已形成为我国的基本国策。我国正在开展大规模的农业资源调查和农业区划以及国土开发整治工作，迫切要求加强对农业自然资源的综合研究。为此，本文拟就农业自然资源综合考察与评价的若干基本理论和方法问题加以探讨。

一、农业自然资源调查评价的目的和意义

自然资源是自然界形成的能够为人类生活与生存所利用的物质与能量。它是一切物质生产赖以进行，人类社会得以发展的物质基础。自然资源与自然环境条件是联系在一起的，前者是后者中能为人类利用的部分、其中不能利用的或有害的自然因素不是自然资源。从经济学上说，资源是人类发现的一种有用的、有价值的东西，其原始形态可投入生产过程或直接用于消费。从这个概念出发，那些未知的或尚未发现用途的东西，由于没有形成价值就不属于资源范畴，而投入生产过程的产出物也不成其为资源。资源是一种可变态，资源之所以成为资源，亦取决于人们对它的认识和利用程度及其本身的稀缺性；科学技术的发展和应用，可使原来没有价值未被利用的东西变为有价值的可供利用的资源。这对农业自然资源来说也是一样，所不同的是农业生产对自然界的依赖性远远大于其他物质生产部门，农业自然条件与自然资源对农业生产的关系更加密切而影响作用更大。农业生产的主要对象是生物，它有赖于自然界提供必要的生产条件，并以自然资源作为提供产品的原材料，而且受自然环境条件的深刻影响和制约。所谓农业自然资源，就是指自然界存在的，可以作为农业生产原材料的物质与能量来源，以及农业生产和人类生活所必要的环境条件。它是提供所需农产品和良好环境的物质基础。

我们进行农业自然资源调查与评价，就在于查明农业自然条件与自然资源的种类、数量、质量和生产潜力，综合考察各自然要素之间及其与农业生产之间的关系，分析有利与不利因素，不仅对资源利用现状进行研究，而且对资源保护及其开发利用途径给予探索，以揭示农业生产中的生态规律和经济规律，据以作出生态效益、经济效益和社会效益综合评价，为协调人与自然、人与资源的关系；保持和增进生物系统为人类需要而提供资源的能力，以提高自然生产力，实现农业扩大再生产，改善人类生活环境。由于农业生产是一个自然生产综合体，农业生产与自然环境之间、自然生态与社

会经济技术之间是相互交织在一起的,并构成为一个巨系统,因此要求农业自然资源调查与评价,必须从整体、从全面着眼对农业自然再生产与经济再生产的统一进行综合性研究,亦即从生态经济系统着眼进行综合考察、综合评价和论证。在综合研究中既要考虑目前各种自然资源的现有性状、用途、利用方式、经营管理措施,及其对经济社会发展和对环境产生的效益与后果,又要考虑研究其未来可能的变化,并提出多种可供选用的方案,为自然资源的开发利用和国土整治提供科学依据。

目前,在全世界范围内,由于先进科学技术的应用、经济的发展和人口不断增长,造成有限的自然资源日趋枯竭、环境日渐恶化,生态更不稳定而易于破坏,人类生活环境质量下降。这些问题不仅严重地威胁着经济发达的国家,对我国也并非例外。我国长期以来在大力发展农业生产中却忽视了资源和生态环境的保护问题,现在仍面临着水土流失、草原退化、毁林开荒、淡水资源短缺、耕地趋减、农村能源紧张和大量自然资源未能很好利用等问题的挑战。我国自然资源虽甚丰富,但按人口平均各项资源指标却只有世界平均水平的几分之一,仅及一些经济发达国家的十几分之一,甚至几十分之一。因此,搞好自然资源的综合考察与评价,协调人与自然、生产与资源、发展与环境的关系,为农业区域规划和合理开发整治国土资源提供依据,是一项关系到我国加速实现农业现代化和长远经济社会发展的重大战略任务。

开展农业自然资源调查评价工作的重要意义,从根本上说,首先在于农业自然资源是农业生产力的组成要素。作为农业资源的基础的土地不仅是劳动对象,又是最基本的生产资料,作为"自然创造的机器"在起作用。马克思曾指出:"农业劳动的生产率是和自然条件联系在一起的,并且由于自然条件的生产率不同,同量劳动会体现为较多或较少的产品或使用价值。"[①]马克思把这种由于有较好的自然条件而增加的生产力,称之为以自然为条件的劳动生产力。这是农业生产的自然潜力,它决定着各地区农业生产与布局的可能性与适宜性。

其次,农业自然资源调查与评价工作关系着国土资源的合理开发利用和保护,以及农业生态系统和环境系统的改善。农业生产是一个多因素构成的相互联系的自然生产综合体,农业自然资源的特点,在于具有可更新性、再生性与循环性,并有不同程度的稀缺性和有限性,利用得当,能够不断更新和改善,构成周而复始的良性循环,保证生物系统为人类需要而提供的资源和产品的能力不至下降并逐渐增长;如果利用不当,取多于给,用多于养,破坏了生态平衡规律,就会导致资源、食物供求之间差距的扩大,形成恶性循环,给人类带来灾害。鉴于长期以来我国对农业自然资源缺乏系统周密的调查,不少地方存在着滥用和破坏资源的情况,造成了严重恶果。因此,当前加强资源调查评价工作,查明资源条件及其适宜性与限制性,掌握农业生态规律,不仅对农业自然资源的合理利用和改善农业生态系统十分重要,而且关系到我国国土的开发整治和整个环境条件的改善,这对于协调人与自然和谐相处,促进农业增产和经济发展

---

① 马克思:《资本论》第三卷,第 922 页。

具有特殊的重要意义。

再者,农业自然资源调查评价工作在实现社会主义农业现代化中有着重要的作用。实现农业现代化,整个农业必须有一个合理的结构和布局,这就要求充分合理地利用农业资源,大幅度地提高农业生产力。同时,农业自然资源条件的特点与自然规律对于农业生产方针的制定与执行,以及农业现代化的方向、内容和步骤的确定也具有制约作用,只有通过资源调查评价工作对各自然要素及其运动规律有了深刻的认识,拟定出各地资源的利用方向,才能为制订合理的农业结构与地区布局及农业现代化方案提出科学依据。因而资源调查评价工作就成为实现农业现代化的一项必不可少的基础工作,应该放在优先的重要地位。

二、农业自然资源调查评价的依据原则

为了保证农业自然资源调查评价工作的顺利进行,要依据农业生产的基本特点和调查评价的目的,制定必须遵循的原则,并在调查评价的内容和方法中加以具体贯彻。

1. 农业自然资源调查评价要着眼长远,立足当前,实行长远与当前结合,为农业生产和农业现代化服务。农业自然资源调查评价是基础性工作,也是长期性工作,既要考虑现时发展农业生产的需要,又要为逐步实现农业现代化创造条件,使调查评价的成果具有实用性和针对性,做到突出重点,有的放矢。要从我国当前农业的实际情况和特点出发,依据实现农业生产翻番的具体要求,查明资源及潜力,探索各地区的资源优势和生态规律,为制订农业区划与布局和国土开发整治最优方案提供依据。同时,也要考虑到实现农业现代化中自然生态系统变化和经济周转速度加快的特点,使调查评价工作不断向深度和广度发展,以适应逐步实现社会主义农业现代化的要求。这是调查评价必须围绕的中心,如果脱离了它,调查评价工作不仅会陷于盲目性,甚至会从根本上失去意义。

2. 用系统科学观点全面地综合考察和分析评价自然条件与资源,并深入主导因素。系统科学是把整体作为研究一切事物的出发点,从全局考虑研究整体的结构与功能,认为整体>局部＋局部,即"非加和原则"。马克思也指出:许多单力合为一的总力会产生新力[1]。根据这个原则,对自然资源条件的考察与评价,必须把处于农业生产总体中的多种资源条件视为一个有机的整体,既要看到各项因素在农业生产总体中各有自己的发展规律,对农业生产有着特定的不可代替的影响作用,因而需要对各个自然因素同一定的作物和生产部门的关系分别地进行考察和评价;同时,又要看到构成农业环境条件的各自然因素之间又相互联系与制约,以多种形式有规律地构成为多层次系统对农业生产综合体产生着复合作用,因而又要对一定地区范围内的各有关自然因素之间的联系和影响,及其同一定作物和生产部门的复合关系,进行综合的考察分析与评价,并据此提出综合开发整治和综合利用的总体性综合规划。

---

[1]　《资本论》第一卷,第362～363页。

但是,由于各自然资源条件对不同作物与生产部门的意义、作用和适宜程度各不相同,因而对资源条件的综合考察,不能把所有因素放在同等的地位,而必须依据环境因子对生物发育的影响具有非同等重要性原则,特别着力于对主导因素的分析研究。因此,对自然资源条件的考察与评价必须以单项分析为基础,在全面综合分析考察中区别主次因素、找出主导因素和主要矛盾。

主导因素可以是单项因素,也可以是部分自然因素的结合。以种植业而言,主导因素通常是由该因素对作物生理过程的决定性影响或对人工调节的限制性影响来判定的。不同作物对自然条件的要求不同,主导因素对它们亦不尽相同。例如,热量条件一般是决定农作物特别是热作可能生长范围的主导因素;又如,在我国条件下,水分是种植水稻的主导因素等等。而主导因素对于不同地区和地区的范围大小来说也是不相同的。

全面综合地考察自然资源条件,除善于识别主次因素及其对农业布局和国土开发整治的作用外,要注意预测因开发利用措施可能引起主导因素的转化,俾以发现新的矛盾,及时采取对策。还要对自然资源条件一分为二,兼顾有利和不利两个方面,提出趋利避害和利用与改造的关键措施。

3. 依据自然生态规律和社会经济规律,运用生态效益、技术经济效益和社会效益相结合的原则,进行综合效益的分析评价。农业生产是在自然、技术、社会经济诸因素的综合作用下进行的,任何关于自然条件的考察与评价都应综合地反映这三个方面。因此,调查评价工作既要依据自然生态规律要求,按照认识自然、利用改造自然的原则,查明和分析各生产部门与作物在一定自然条件下的适应性及其发展的技术可能性。又要在此基础上,依据社会经济规律的要求,按照最大社会经济效益原则,分析论证其经济合理性和可行性,以期在保持增进生态效益的前提下,求得最大的社会经济效益。

一般来说,同样的自然条件在发展农业生产上常有不同等级的适宜性和多种技术可能性,其经济上的合理程度又常不相同。所谓自然适宜性,是指自然资源条件对发展某种生产项目和保持最优生物——环境结构是否适宜和适宜的程度,而所谓技术可能性,是指自然资源的开发利用在技术上是否可能及其可行性程度,至于资源开发利用的经济合理性,则体现着人们利用改造自然的基本目的和要求,即经济上是否有利和效益的大小。由于现代科学技术和生产力的发展,人们在农业生产中可以通过种种技术措施来扩大自然条件的有利一面,限制和改造其不利的一面,化不利因素为有利因素,这就从自然、技术领域为发展农业生产提供了更大的可能性。但是,如果有些农业技术措施的采用在经济上不合算,那就没有多大现实意义和可行性。因此,自然的适宜性和技术上的可能性必须与经济上的合理性统一作为评价的共同尺度。

自然适宜性和技术可能性,具体表现为一定的动植物要求的生态条件,以及一定的利用改造自然的生产技术水平。自然适宜性和技术可能性的评价不仅要看到生态要求,还要联系到技术条件,同样的自然条件由于技术条件不同,将会直接影响农业生物对生态条件的适宜程度,从而出现技术可能性的不同。技术水平是与一定历史时期的社会生产力发展水平相联系的,以现有的农业技术水平为起点,预见其今后发展的趋势,分析评价自然资源条件开发利用的技术可能性和可行性,对于制订技术设计与实施方案可以提供稳定可靠的科学依据。

经济上的合理性和可行性,主要表现为实现某种技术措施或方案的投入—产出经济效果,亦即所需耗费的人力、物力、资金,与所得的产量及其价值量的比例。一般说来,在自然条件不宜和技术条件不可能时,经济上的合理性是不存在的。即使自然条件适应、技术上可能的,因其有程度上的不同,在经济上也并不都是合理的。同时,任何自然资源的利用是否经济合理,还有一个适度的问题,必须根据利用适度原则,采用适合现有经济条件的技术,并保持适量的利用,才能取得最佳的生态经济效益。此外,资源开发利用在技术上的可能性和可行性,还取决于社会生产力发展水平和国民经济需要以及现行的经济政策,这些又是受经济条件的发展变化所制约的,也须予以考虑。

所以,农业自然资源调查评价工作,不能囿于自然范畴只搞自然适宜性评价,必须尊重自然规律和经济规律,加强生产中对自然资源开发、利用、治理、改造和保护的综合分析与评价,以求得最佳综合效益为终极目标。

4. 要依据农业地域分异规律和因地制宜、扬长避短、发挥地区优势的原则,评价资源的质量等级及其合理利用的方向和途径。农业生产是在一定的地域进行的,由于各地区之间自然、技术、社会、经济条件的不同,形成了鲜明的地域性。而自然资源条件又是形成农业生产地域性的基本因素,特别在社会、经济、技术条件大体相同的情况下,自然条件的差异常成为决定农业生产结构和地区布局的决定因素。这就要求资源调查评价工作要着力于发掘当地的自然优势,突出地域自然生态条件的特征和主导因素,研究确定各种资源不同等级质量的利用方向和途径,为因地制宜利用改造自然和指导农业生产提供依据。

5. 注意总结实践经验。我国农业已有五、六千年的发展历史,历代实行"顺天时、量地利"的经营方式,劳动人民在长期生产实践中积累了丰富的开发利用自然和改造自然的经验。特别是建国以后,在社会主义农业建设和逐步实现农业现代化中,大大丰富和发展了这些传统的经验。这是我们取之不尽的宝库,值得认真总结提高以作为评价的重要尺度。

三、农业自然资源调查与评价的基本内容

农业自然资源调查评价的内容,一般应包括以下几个方面:

一是摸清资源"家底",查明资源的种类、分布、数量、质量特征和潜力;

二是评价各自然资源条件与农业生产的关系,探索农业生态规律,以及各种资源条件对发展农业生产的适宜性和限制性;

三是综合分析各种自然资源条件在地域上的不同组合,及其对农业生产的有利和不利影响;

四是探讨各地区合理开发利用改造和保护自然资源的方向、方式和途径,及其生态效益和社会经济效益。

这四个方面是相互联系不可分割的,应围绕对农业生产有重大影响的主导因素和主要因素,进行深入全面的综合考察和分析。

农业自然资源的种类很多,但作为考察评价对象的主要是四大资源:通常是指由地貌、土壤等因素构成的土地资源;由地表水、地下水构成的水资源;由动植物、微生物构成的生物资源;由太阳辐射、温度、降水等因素沟成的气候资源。此外,还有农村能源等。一般来说,土地、光能、热量、水分对植物的生长发育缺一不可,是互不代替的,也直接间接关系着动物饲养业,因而成为调查评价的重点。

1. 土地资源

土地资源调查与评价,是一项综合性很强的工作,它包括土地资源家底、土地环境条件与土地质量评价、土地利用现状,土地合理利用规划等方面的调查研究。

(1)摸清土地资源的家底。土地资源的调查研究,首先要从查明土地的种类、数量和分布着手,这是评价土地和利用土地的基础。土地资源的种类和数量,包括土地自然类型数量和土地利用类型数量两个侧面,前者如山地、丘陵、平原、洼地、海涂等,后者如耕地、林地、牧地、水域、工业交通基建等用地。同时,还要调查各类土地数量的空间和时间分布,分析其地区差异,揭示其地域分异规律。这就要选定量算土地面积的基础资料和编制大比例尺的土地类型图,以便通过地图量算,取得各类土地面积在地域分布上的准确数据,为合理用地和制定土地利用规划提供依据。

(2)分析土地条件,进行土地质量评价。土地条件是土地质量评价的基础。土地质量调查与评价,是对土地适宜性和生产能力的调查与评价,它是在土地条件和土地利用现状的基础上进行的。关于土地质量评价的依据因素与指标,目前主要有两种不同的见解和做法:一种是苏联、澳大利亚、美国等采用的自然因素指标定性评价法;另一种是英国、日本、德国等采用的经济指标定量评价法。我国主要采用前一种评价方法,即根据土地环境条件采用土地自然因素指标定性评价。因为土地是由地貌、土壤、气候、水文、植物等条件组成的自然综合体,对农业利用来说,土地质量的高低集中表现在自然特性的不同上,因此,应该主要从土地的环境条件对农林牧业的适宜性和限制性程度进行评价。但是,由于土地在一定时间可能有多宜性用途,其价值受社会需要及社会经济条件与技术条件的制约很大,对此也不能不予以考虑。因而,在评价时必须有综合观点,即既要考虑自然适宜性与限制性,也要考虑技术的可能性和经济的合理性,既考虑生态效益又考虑社会经济效益。

从自然因素考虑土地环境条件,对农业生产影响较为显著的基本条件主要是地貌和土壤条件。地貌条件的调查与评价,应侧重于地貌类型、海拔高度、地势起伏、地面坡度和坡向、地面切割程度和水土流失等。海拔一般升高到 100 米以上,就形成农业垂直地带分异。不同的地势和坡度既影响土地利用方向与农用地配置,也影响机耕、水利和农田基本建设。土壤是农业生产的基础,土壤肥力决定土地生产力的高低,土壤的厚度和质地、土壤酸碱度对农作物的影响也很大,这些都是鉴定土地质量的重要标志。

进行土地质量评价,首先要选定土地评价因素,并对各项因素按其质量确定等级指标,然后根据发展的生产门类对土地的生态要求,综合考虑和划定土地诸因素综合指标所反映的适宜性和生产力,划分评价类型等级,进行土地适宜性分类。土地适宜性是指一定土地类型对一种指定用途的合适程度。根据联合国(FAO)《土地评价纲要》规定,对土地适宜性分类的结构,采用逐级递降的四级分类法[1]。即针对考虑中的用途,先将土地评价为适宜或不适宜。所谓适宜,就是这类土地预期按考虑的用途持续利用能产生足以补偿投入的收益,而且没有破坏土地资源的危险。所谓不适宜,就是这类土地的质量看来不适宜或者在技术上难以改良,而不能按考虑的用途持续利用。然后对适宜的土地再按适宜性程度进行分级,通常分为三级,即高度适宜、中度适宜和勉强适宜。所谓高度适宜,就是这级土地对某种用途的持续利用没有重大的限制,或只有较小的限制,而不致显著降低产量或收益。所谓中度适宜,即该级土地对指定用途的持续利用有中等严重程度的限制性,并将因而减少产量与收益,或需增加投入。所谓勉强适宜,即该级土地对指定用途的持续利用有严重的限制,因此将显著降低产量和收益,以致收支仅能勉强达到平衡。

在我国,根据《中国 1/100 万土地资源图制图规范(暂行草案)》的规定,按土地自然属性对农林牧的适宜性程度和限制性强度,选定的评价因素指标是:以 ≥10 ℃积温和天数、干燥度、熟制、全年无霜期等指标,把全国先划分为 11 个自然地区;然后又选定坡度,水侵蚀,风蚀,有效土层,障碍土层,土壤肥力、质地、酸碱度、盐碱化及改良条件,地表积水,沼泽化程度和水源保证等限制因素指标,在自然地区之内,根据土地自然特性对农、林、牧业的适宜性和限制性程度,参考土地利用现状及社会经济条件,划分出土地质量差别的八个等级[2]。此外,在我国农业资源调查和农业区划中,有的地方还采用"三适宜"分类法,按土地质量指标划分为最适宜、适宜和不太适宜三级;另为不适宜土地。多数适宜性分类大都侧重于限制性自然因素,而很少考虑社会经济和技术条件,因此综合性很不够。为加强综合性评价,就要在评价指标方面补充必要的社会经济技术指标,如劳动力、技术装备、经营管理、耕作技术水平,以及交通运输、商业市场、产品加工、社会需要等因素,并加强生态经济分析评价。

(3) 分析和评价土地的利用现状与方向。包括对土地类型、土地结构、土地利用结构、土地利用方向和土地利用水平等的调查研究。土地类型是土地综合体依一定的自然社会经济条件而存在的一种形式,它经过人为利用又表现为一定形式的土地利用类型,如耕地、草地、林地等。土地结构,则是一个地区或一个地段内存在的不同的土

---

① 　FAO, A Framework for Land Evaluation 1976.
② 　中国科学院自然资源综合考察委员会等:《中国 1/100 万土地资源图制图规范(暂行草案)》,1979 年印。

地类型在空间分布上相互结合的形式。土地利用结构是指各项生产用地的结构,农林牧副渔五业用地结构直接决定着农业生产结构的状况;农业用地结构中的优势部门(主导部门)用地占总农用地面积的比例,在很大程度上反映着农用地的利用方式和方向。土地利用水平是指土地的开发利用程度和土地的生产率,如土地垦殖指数、农作物复种指数、各业用地利用率及其利用潜力和森林、牧草覆盖率等。这些都应作为调查评价的重点内容。通过上述分析评价,能阐明当地土地资源的利用现状及其利用效果,揭示和解决各业用地的矛盾,为充分合理利用土地资源、调整农业生产结构,发挥土地潜力提供依据。

2. 农业气候资源

农业气候资源是农业自然资源的最基本的要素之一。对农业气候资源的调查与评价,就是研究当地的气候特点与发生发展规律如何和农业生产的发展相适应。它主要包括三个方面的研究:光能、热量、降水条件的特征对种植业作物种类、品种、分布、组合、熟制、产量、品质的形成有十分重要的作用,是农业生产的先决条件。光、热资源具有利用潜力大的特点,目前农作物对太阳辐射到地面的光能可能利用率为 5% 左右,实际利用率一般情况下只有 0.5% 左右,丰产情况下不过 1%,增产的潜力十分巨大,因此应在增加光合面积、延长时间和提高光能利用率等方面寻求最大限度的利用途径,以提高农业增产。热量条件的利用潜力也较大,同样要求最大限度的利用,但根据不同作物的生物学特性,其要求的界限温度、积温、无霜期和越冬温度因作物而不尽相同,因此如何达到有效利用的最大限度,必须对各主要农业生产部门或作物的热量条件加以逐项分析和综合评价。对降水条件的分析评价,主要是根据农业生产的要求,进行天然降水量及其时空分布的研究。此外,还应研究农业气候条件区划,为因地制宜合理利用农业气候资源提供依据。

3. 水资源

评价水分条件要考虑到水资源的整体,包括天然降水、地表水和地下水及其相互的联系。农业用水,主要有河川径流、浅层地下水、淡水湖泊及土壤水等。水资源调查,要着重综合考察与评价,弄清当地天然降水、地表水与地下水的时空分布特点、数量和质量,研究不同类型地区农业用水的特点与规律、需水量与保证程度、水利水害及利用状况,为水资源供需平衡和合理开发利用提供依据。

4. 生物资源

包括野生的和人工培育的各种植物和动物,为数繁多,例如各种野生动植物资源、各种农作物、畜禽、鱼类、林木、牧草等物种资源。在调查评价中,要对资源的种类、分布和生物学特性等进行科学鉴定,总结利用状况和经验;要运用生物——环境的协同观点和种群数量调节的动态观点,以及保持最适宜的生物——环境结构的原则,评定其经济价值与利用效果。对有些珍贵、稀有野生动植物,由于经济价值高,对环境要求特殊,分布范围较小,要设立自然保护区,研究其生态条件和繁殖、更新,明确保护和合理利用途径。

5. 农村能源

农村能源是关系到农业生产和农村人民生活的重要资源,在发展农村经济和实现农业现代化中日益显示出战略意义。调查评价的主要内容,包括查明各种农村能源的分布、储量和可利用量,对农村能源结构和开发利用情况及其合理性的分析与评价,对近期、远期能源需要量的观测,对开发利用能力的正确估价;编制农村能源的单项和综合区划,提出分区建设方向和利用规划。

农村能源建设要因地制宜,就地开发利用。目前主要是大力推广沼气,积极发展薪炭林,办好小水电和小煤窑、还应注意利用太阳能、风能和地热等能源。

四、农业自然资源调查与评价的基本方法

农业自然资源调查评价工作的基本方法,可概述为以下三点:

1. 有步骤地安排工作程序

认识资源是利用资源的基础,调查评价工作一般应按照先调查后评价的顺序进行。应该认为,没有对各类农业自然资源条件的综合考察,就谈不上对它的科学评价,更谈不上如何合理使用。因此,一般来说,评价应建立在调查基础上。但两者在实践中并不截然分开,而通常是结合进行。

目前,我国对自然资源的家底还不很清楚,在开发利用上也很不充分,甚至不够合理,应针对存在的紧迫问题,加强综合调查研究,全面安排,突出重点。近期应着重对全国土地资源和水资源进行调查,尽快摸清农、林、牧业等各类土地资源的数量、质量、利用现状及其潜力以及各地区水资源的家底;并对水资源不足和水土流失问题,进行重点调查研究,对生态平衡长期失调和水土流失严重的重点地区自然资源的综合治理和合理利用与保护问题,进行综合考察研究,在调查的基础上搞好分析评价,及时提出对策和开发利用方案。

对资源条件的分析与评价,是整个调查研究的中心环节,评价工作由于头绪纷繁也应分步骤进行。首先,要根据农业生产要求,了解农业各部门或作物对于光、热、水、土等有关自然条件的要求,对一定地区的有关自然条件进行分析评价,评定其分布、数量、质量特征,以及对生产发展与布局的适应性和保证程度,并评价这些条件在地域上的组合和综合作用。其次,在综合分析的基础上,区分主次,找出和深入分析主导因素及其对生产发展的作用。按主导因素的数量、质量指标以及主导因素同各项次要因素的联系特征,把评价地区划分为不同等级的自然条件评价的类型地区。最后,按类型地区逐一论证其合理开发利用的可能方式、方向及其技术、经济效果。

2. 因地制宜地制定指标体系

要深入了解农业各部门、各作物对各类农业自然资源条件的要求,以及各地区内各类资源条件在数量、质量上的适宜性和保证程度,必须因地制宜地制定一系列的指标体系,作为具有较严格可比性的自然适宜性、技术可能性的尺度和经济合理性的尺度。这些指标既要从定性分析上反映质量关系,又要从定量分析上反映数量关系。

定性分析,即质量分析,是为了作出自然条件或自然综合体对一定农业部门或作物适宜性的技术经济鉴定,以便因地制宜地在农业生产中加以利用改造。但是它只能从适宜性和合理性程度上反映分析的等级尺度,却没有反映出数量上的界限和可比性,不易为人们所掌握。因此,还要在定性分析的同时进行定量分析。定量分析,即数量分析,是为了力求科学地制定计量和评价的数量指标,以便具体反映出质量等级的界限,它具有明确的可比性。质量和数量的关系是相辅相成的,数量指标是质量指标的深入和具体化。通过数量指标,可以更确切地反映出当地自然资源条件的状况及其有利不利程度,从而评定它们各自的地位、作用和利用价值,使资源调查研究的立论具有可靠的数据,从而对资源条件的数量作出分类、分等的科学鉴定。随着自然资源考察工作的深入和提高,对数学方法和数学模式的运用正日益广泛。但是,由于各地各类自然资源条件的多样和不同农业部门与农作物的不同要求,应采用的具体指标不可能是一成不变的,也不可能是到处通用的。至于指标如何制定得切实适用,在很大程度上取决于人们对地区自然资源条件和对自然生态系统的认识程度,取决于参与此项工作者的业务水平。

3. 采用地图法与新技术

农业区划工作中农业自然资源条件调查与评价采用的具体方法甚多,这里只着重介绍一下地图法和加强新技术的应用。

地图法是农业自然资源调查与评价工作始终常用的方法。所谓地图法,就是根据生物的生态特征要求和地区的实际条件,确定自然资源条件调查与评价的标志和指标,用以编制各种农业自然条件分析图和各类农业自然资源图件,使各个自然要素的分布、数量、质量及其规律和特点具体地反映在地图上的调查研究方法。

地图法的运用步骤,首先是在调查与评价单项自然资源条件时,要作出该自然因素的资源图件和条件分析图。例如,在土壤普查的基础上,根据土壤类型及其数量、质量与分布规律,编制 1/100 万的全国和省级土壤图,并对各类土壤的数量和养分状况进行统计与评价,作出各类土壤的评价分析图,在图上反映出各类土壤对某一部门或作物适宜性的分区。以此类推,对各项农业自然资源条件进行调查与评价。然后,在各项单因素调查与评价的基础上,对单项因素的调查分析进行综合考察与评价,找出不同的组合类型,并确定不同类型地区的农业自然资源条件的利用改造方向,从而找出每一地区的不同等级的生物生态适宜性类型图。

在完成由单项因素到综合因素的资源图件与条件分析图的编制过程中,通常还要应用等级法和重叠法。所谓等级法,就是按一定的资源条件的等级分类,将等级概念用不同的数量指标表现在地图上,从而划出各地区对发展某一部门或作物的不同的适宜性类型区域。所谓重叠法,则是将各种自然资源条件分析地图加以叠合,根据各自然资源条件的综合反映的主要趋势,划分出不同类型区域。通过重叠法对各项自然资源条件的评价进行最后的综合有着很大的意义,因为不同的资源条件对发展农业生产的适宜性之间,常常出现互不一致的复杂矛盾,采用这一简便方法把各项自然资源条件的不尽一致的适宜性分析图加以重叠,就能集中地反映出各因素适宜性的空间结合,从而为依据各地主导因素与其他因素的空间结合特征,运用主导因素原则,作出对自然条件综合评价的正确结论。运用这种方法,要注意与总结和运用当地群众的实践经验相结合,以免流于繁琐与不切实际。

自然资源调查要采用新技术、新手段,运用卫星照片、航摄照片和遥感新技术;也要与野外实地调查和资料分析相结合。还要加强综合分析,研究自然生态系统在资源开发利用中的动态变化,对它进行预测、预报和动态监测,以期避免资源开发利用上出现重大失误。

随着资源综合考察与评价的广泛深入,大量的野外观测和数据的计算与处理,自然资源合理利用方案的模拟与确定,以及资源的分析测定等,都离不开试测、观测新技术、电子计算机和数量分析方法的广泛应用,否则就难以及时完成任务。例如,进行生态系统的研究,如果没有各种现代化的精密的观测仪器和线性规划数学方法,要取得生态系统中各个网络环节的物质与能量流动的准确数据几乎是不可能的。

参考文献

[1]《经济地理学对自然条件的评价——中国地理学会经济地理专业委员会1962年学术会议讨论初步总结》,《地理学报》1963年第1期。

[2] 孙鸿烈:《农业自然资源调查研究的意义和任务》,《自然资源》1979年第1期。

[3] 刘书楷:《农业区划工作中自然资源条件评价的理论与方法》,《农业经济论丛》(一),农业出版社1980年版。

原文刊发于《自然资源》1985年第3期

农业区划研究方法论的几个问题

刘书楷

（南京农学院农经系）

搞好农业区划，是贯彻执行"依靠政策和科学，加快农业的发展"方针的一项重要基础工作，也是发展农业的一项重大战略措施。目前，我国农业区划工作已经在全国范围进入普及和深入的阶段，加强农业区划方法论的研究，对于提高农业区划研究质量和研究成果的可行性与有用性具有重要意义。

下面只就农业区划研究中的几个基本问题，略抒一些浅见。

一、怎样正确理解农业区划的科学范畴

我们从事农业区划研究，首先遇到的问题是如何理解它的科学含义，但要正确地理解并不容易，因而往往由此给工作带来难以避免的盲目性。

从发展农业的角度来说，进行农业区划是要真正做到因地制宜发展农业生产，为指导和规划农业生产提供科学依据。发展农业生产必须因地制宜，而在现代化农业的条件下，因地制宜实质上就是要因农业区而制宜，因此要有一个科学的农业区划。

农业生产有明显的地域性，它表现在地区之间有差异性，在地区内则有相似性。我们在查明农业资源条件和生产特点的基础上，按照农业地域分异规律，运用区别差异性和归纳相似性的办法，把这种农业生产的区间差异性和区内相似性认识清楚，并划分出符合客观实际和规律的农业区，这就是农业区划。

当然，农业区划研究不能局限于只是简单地分区划片。广义的农业区划研究对象，应该包括三个方面：一是农业资源调查；二是农业区的划分；三是农业规划与布局。它是从自然、经济、技术及其综合因素，对不同类型地区的生产条件、生产结构和地区布局的形成过程及其区域特征，进行分析研究，并进行划区与布局，以便从当地实际出发，按照地区差异的规律性，充分利用各地区的自然资源和社会经济、技术资源，扬长避短，发挥地区优势，为因地制宜实行农业合理布局和全面规划农业生产提供依据。

所以，农业区划工作是一项重大的综合性科研任务和实践任务，它既是认识农业生产地区差异规律的科学手段，又是实现因地制宜指导农业生产和对农业实行科学管理的重要方法。它是实现农业现代化的一项重要基础工作。

二、怎样认识农业区划的客观必然性

为什么搞农业区划？农业区划的客观必然性，主要是由农业生产的地区差异性特点所决定的。这不仅在一国、一省（区），而且在一县、一乡（社）莫不如此。特别是我国

幅员辽阔,各地自然条件千差万别,社会经济情况也很不一致,要搞好农业生产,必须因地制宜,分区、分类指导和规划农业生产。

建国三十多年来农业生产的实践证明:什么时候什么地方遵循了因地制宜、分区分类指导的原则,按照客观规律办事,农业生产就上得快,上得好;相反,什么时候什么地方违反了这个原则,不按客观规律办事,农业生产就受到损害。五十年代后期的"大跃进"和十年动乱时期,不少地方的负责人员在领导农业生产中,忽视科学,违背规律,不顾当地资源条件,丢掉了因地制宜原则,搞瞎指挥、"一刀切",严重破坏了农业资源和生态平衡,破坏了农业生产的合理布局。这种严重违反因地制宜原则所造成的惨痛教训,从反面提高了人们对农业区划工作重要性的认识。

我国正在进行农业现代化建设,农业区划对于实现农业现代化来说,尤其显得重要。现代农业是社会化大生产,要根据农业资源调查和农业区划进行合理布局,以便充分发挥地区优势,发展商品生产。现代化农业生产的主要特点,是投入经济周转的速度和自然生态系统的变化大大加快。为了有效地发挥现代化技术装备和现代化管理在发展农业生产中的作用,以便在大的地区范围内,考虑农业资源条件对农业布局的适宜性,做到因地制宜发展农业生产,这就要求对农业资源及其利用问题,对农业区域经济进行更周密的调查研究;否则,不仅实现不了农业现代化,而且会对农业资源造成巨大的破坏。不仅如此,农业现代化还对农业资源调查和农业区划提出了更高的要求。例如,农业机械的使用对地形坡度、地面切割程度、田块大小和连片种植的要求,比使用手工操作的传统工具更严格了。农业水利化的实施对水土资源平衡和水资源的综合开发利用,包括利用的方向与利用的方式等,要求进行更细致的综合考察,并且要进行水利化区划。由此可见,实现农业现代化,对农业资源调查和农业区划的要求更高、更迫切。所以,我们必须深入调查研究,下功夫搞好农业区划,把农业生产的指导、规划和管理全面地建立在科学的基础上。

农业区划不仅是因地制宜发展农业生产和实现农业现代化的客观要求,而且对加快农业的发展和农业现代化还有着以下的促进作用:

(一)通过农业资源调查,摸清"家底",能为因地制宜、充分、合理、有效地利用资源,发挥地区优势,提供科学依据和建议。

(二)在农业资源调查和农业区划的基础上,按农业区研究贯彻执行农业生产方针,实行农业合理布局,能在较大的地区范围内做到因地制宜发展农业生产,把农、林、牧、副、渔和各种农业生产安排在最适宜的地区,使全国各地区有一个合理的农业结构和生态系统。

(三)在农业区划中按农业区选建各种农业商品基地,能促进农业生产逐步过渡到区域化、专业化,能大大发展商品生产,为实现农业现代化创造条件。

(四)按农业区安排农业生产布局和农业现代化措施,有利于因地制宜地进行农业技术改革,加快农业的发展,做到有步骤有重点地实现农业现代化。

总之,发展农业生产,实现农业现代化,必须使农业有一个科学的农业区划和合理的生产布局。所以,农业区划与农业布局是实现农业现代化不可缺少的一项重要基础工作。从世界上已经实现农业现代化的国家来看,他们大都有一个比较完善的农业区划。农业区划在促进这些国家农业发展和实现农业现代化中起了很重要的作用。要加快我国农业现代化的步伐,迫切需要把搞好农业区划工作同抓好国民经济调整,制定长远规划密切结合起来,为当前的农业发展和社会主义现代化经济建设服务。

三、怎样划分农业区,搞好农业区划

农业区划和农业区的种类繁多,而且又各有全国性与地方性的不同等级。因此,怎样划分所有这些不同的农业区,其依据原则、要求和划分方法,自亦不尽相同。这里只着重概括地探讨其中一些带有规律性和共同性的东西,当然具体运用时应举一反三。

根据实践经验,一切农业区的划分都须遵循农业地域分异规律,反映地域的差异性,为因地制宜实行合理布局提供依据。基于这一共性,任何一种农业区的划分,都要共同遵照以下两条最基本的原则:

一条基本原则,是区内相似性与区间差异性原则。由于不论哪一种农业区的划分都是揭示区域特征的,都要反映出客观上存在的地区内地域特征的相对一致性,和各地区间地域特征的不一致性。因此,区内相似性与区间差异性的归纳分类,就成为各种农业区划的共同依据原则。运用这一条原则,对各种性质不同的因素进行分类划区,就可以划出各类不同的农业区,反映各种因素的地域差异性规律。例如,这一原则具体运用到综合农业区划,它的分区原则一般就派生出以下三条:一是发展农业生产条件的区内相似性与区间差异性;二是农业生产基本特征和发展方向的区内相似性与区间差异性;三是农业生产关键问题和建设途径的区内相似性与区间差异性。这三条原则须全面考虑,其中主要的是发展方向和建设途径。

对于农业各部门和综合农业区划来说,还有一条共有的基本原则,就是保持一定行政区划的完整性原则。农业区划的基本目的,是为了因地制宜指导和规划农业生产,科学地分区分类地管理农业生产,实现农业合理布局。因此,在确定划分农业区的界限时,必须考虑到便于行政管理,便于实现农业计划,落实规划布局。所以,农业区的划分要适当保持行政区的一定完整性,适当照顾到不打破下属的基层行政单位。例如,全国综合农业区划基本保持县级行政区的完整性,省(区)级综合农业区划基本保持公社的完整性;县级综合农业区划基本保持大队一级的完整性。

要搞好农业区划,重要的要求有以下三点:

第一点:是坚持农业区划工作的科学性、实践性、战略性和综合性。

农业区划的科学性,在于它是一项重要的科学研究任务,要用严格的科学态度来搞好此项工作。农业区划工作的实践性,就是要有明确的生产观点,真正做到区划能为生产服务,为农业现代化服务。由于农业资源调查和农业区划是发展农业、实现农业现代化的重大战略措施,在研究问题提出建议时,必须要有长远观点、全局观点,紧紧抓住战略性问题。农业区划工作涉及自然、经济、技术多种因素,具有高度的综合性,须搞好综

合分析评价和综合平衡。农业区划又是一项长期性的工作,不能"一劳永逸",要根据生产发展和农业现代化的要求,作出长期打算、分期安排,以保持工作的连续性。

第二点:是正确处理农业区划与农业规划的关系。

区划要针对农业发展的问题进行科学分析和论证,为制定农业规划服务;农业规划则必须以区划为依据,使规划建立在科学的基础上。农业区划目前应着重为农业调整和农业发展规划服务;同时又要从远期发展着眼,为逐步实现农业现代化准备条件,把近期任务和远期任务正确结合起来。

第三点:是要着重研究和解决好带有普遍性的重大战略性问题。

例如,在农业资源开发利用中改善农业生态环境的经验和存在问题;在建立农业结构和生态系统中探索物质能量转化的最佳模式,从各地区实际出发,创造条件,逐步实行农业生产区域化、专业化等等。

四、怎样在农业区划研究中运用综合分析法

综合分析法是农业区划研究的基本方法之一。农业生产既是自然、经济、技术三者相结合的有机综合体,又是一个"巨系统",所以农业区划研究涉及的范畴和因素,大多是多层次的和综合性的。因而,农业区划的研究方法必须相应地采用综合分析法。所谓综合分析法,就是把农业区划作为一个有机的整体,从农业生产总体中多层次、多因素的有机联系进行综合分析研究与综合平衡。综合分析法是与单因素分析法相对而言的,只有把一个地区农业生产综合体中各项单因素的分析综合起来,才能揭示当地农业经济的基本特征和发展规律,认识其全貌和本质,为因地制宜指导和规划农业生产提供科学依据。

那么怎样进行综合分析呢? 我认为,至少必须掌握好以下几个基本环节:

(一) 综合分析要以单因素分析为基础,使二者正确结合,相互为用

综合分析不能脱离单因素分析,更不能排斥单因素分析,只有把二者结合得好,才能发挥单因素分析与综合分析的各自特长和双重作用。

(二) 要进行分层综合分析和系统化研究

农业区划研究中所要涉及的农业自然生态条件与生态系统、农业经济技术条件与技术经济结构,以及农业各部门、各生产种类的地区布局与区域经济结构等,都是多层次系统,其中大小不等的多层次系统,从总体看就是不同等级的综合。综合分析法,就是要从各因素、各层次、大小系统之间的内在联系中进行综合,从物质和能量的转化中综合。由于各因素并非孤立,而相互联系,每个系统都要完成某种功能,彼此之间都在进行物质和能量转化;又由于农业生态系统、生产结构、地区布局结构都具有由小到大的多层次系统和级别。因此,要进行综合分析,就要从单因素、从小系统(小综合)做起,由小到大,由低级到高级逐次搞清大的系统,从而揭示出事物总体的全貌以及内在联系的规律性。当然,也要同时考虑到由粗到细的整体规划,以及当地的迫切需要,从实际出发把不同层次的综合有机地结合起来。

（三）要采用正确的综合方法

主要有综合平衡法、主导因素法、淘汰法、筛选法等。其中，最重要的是综合平衡法和主导因素法。综合平衡法，就是用以分析各生产因素各生产部门与种类和各区域经济之间的依存关系的方法。一个地区的农业资源常具有多宜性，这样就成为各业相竞的焦点，如何鉴别其优势，确定其利用方向，只有通过综合分析评价和综合平衡，才能权衡利害，作出最优抉择。所以，农业区划工作贵在综合，没有综合平衡，就没有最后成果。

搞好综合平衡，不能只依靠个别专业，应组织有关多学科互相搭桥，互相渗透，互相学习，经过协调，才能作出决策。值得注意的是综合平衡不能搞机械的"拼盘""凑合"；否则，就不能揭示事物的内在联系和矛盾的关键。因此，在综合分析中还必须结合采用主导因素分析法，善于从多因素复杂矛盾中抓主导因素和主要矛盾，正确处理主导因素与一般因素之间的关系，从中找出兴利避害的主要途径。

综上所述，综合分析法就是把农业生产当作一个有机整体，进行多层次、多因素的综合分析与平衡。它可以用以综合分析农业生态系统、农业经济系统和局部与全局的关系；也可以综合分析某一因素与其他相关因素、某一问题与其他相关问题的联系，例如建立农业结构与当地生产条件、生产基础、地区优势与潜力、农业发展方向与建设途径的关系等。

综合分析法应用于综合农业区划，其分析目标与步骤，可用下图所示的图式表示。

由于运用综合分析方法需要具备广博的知识和能够通晓与鉴别多种专业的科研成果，因而实践难度很大，但它又是农业区划研究必不可少的重要方法，所以要增强农业区划工作的科学性和实践牲，必须重视和加强这方面的研究。

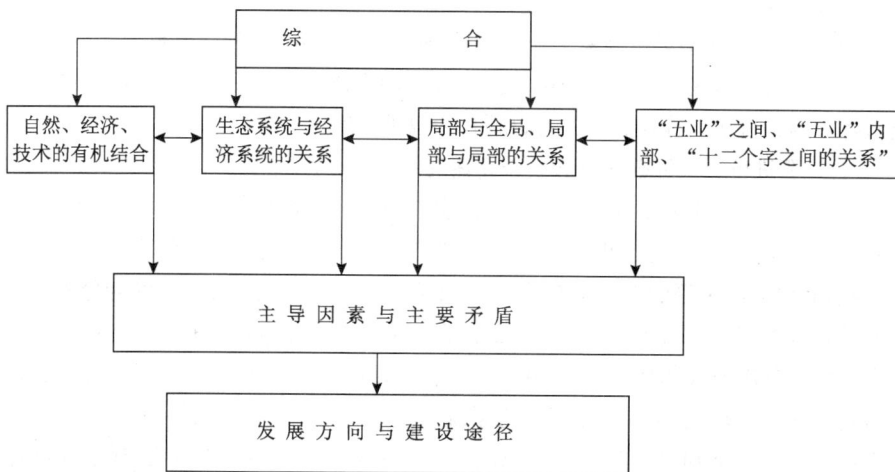

原文刊发于《农业区划》1982 年第 8 期

农业经济调查与分析的主要方法

刘书楷

（南京农学院）

我们在农业区划工作中，对农业经济的调查，已为越来越多的人所重视。因此，谈谈农业调查与分析的主要方法，也许有所裨益。

对农业生产中经济条件与资源的调查分析，要坚持以唯物辩证法为指导，运用调查法与分析法，深入农业生产实践，去考察、记录和分析各种与农业生产密切相关的经济、技术条件，以掌握准确可靠的质量和数量依据资料。

要通过调查法，取得对基本经济条件与资源的类型、分布、数量和质量的了解。

调查法包括实地调查和对有关资料的收集、整理与计算。在调查之前，要根据调查要求，规定调查项目。调查方法：实地调查，对一般条件与资源因素，可以普查，或划区选点，进行典型调查；对主导资源因素或限制性资源因素，则要求进行全面的、周密的普查。

通过分析法，以揭示各种条件、资源之间以及各种条件、资源和农业生产之间的关系。为进一步合理利用资源和组织生产提供依据，必须采用质量分析与数量分析相结合的方法，并选定相应的指标。质量分析主要是体现各种条件、资源的适用性和保证程度。数量分析则是通过数学方法的计算与解析，以具体的数量体现资源因素的情况与使用效果。

由于农业生产的影响因素极为复杂多样、不稳定性大，而且地域性强，要准确地反映各种资源因素之间及其与产品产量之间的关系，需要采用多种多样的分析方法和指标。但一般常用的分析方法，有对比分析法、分组法、平均数法、投入产出法和线性规划法等。现就其中广泛适用于分析评价资源条件及其利用效果的后两个数学分析法，加以简介，以供分析评价有关资源利用效果的参考。

（一）投入产出分析法

投入产出分析法，是研究物质生产部门投入资源的经济效果的一种重要方法，它是通过各种资源的投入数量与产品数量（或产值）之间的比率来反映的。从事农业生产需要投入种种生产资源，如土地、灌溉水、劳动力、农业技术装备、资金、技术与管理等人力、物力、财力资源。各种农业生产的物质产品，都是由各种生产资源的配合转化而成的。农业生产过程中，由于投入生产的资源因素及其数量与质量不同，最终生产出来的产品数量与产品价值就有差别。这种投入资源与产品间的数量关系，称为生产函数。反映投入产出关系的生产函数式，一般表示为：

1. $Y = f(X_1、X_2、\cdots、X_n)$

此式 Y 表示产品的数量，X_1 至 X_n 表示生产 Y 时所需的各种生产资源的施用量，f 表示生产资源与产品间的函数。这个函数式表明，农产品的产量取决于投入资源因素的数量，并因投入资源因素数量的变化而变化。

由于农业生产所需生产因素种类很多，在实际分析评价时，应侧重于探求那些可以控制而其数量有限的资源与产品的关系，而对于那些资源丰富或尚无法控制的资源因素，则不予考虑，或视为固定因素。因此，上列生产函数式可改为下式表示：

2. $Y = f\left(\dfrac{X_1、X_2、X_3}{(1)} \dfrac{X_4\cdots X_r}{(2)} \dfrac{X_{r+1}\cdots X_n}{(3)}\right)$

此式中：(1)表示可控制有限资源施用量可以变动的投入因素；(2)表示可控制有限资源施用量固定不变的因素；(3)表示不能控制的资源因素。

在经济分析上，一般多排除(3)类资源因素，把上列生产函数式简化为：

3. $Y = f(X_1、X_2、X_3、X_4、\cdots、X_r)$

此式即表示，在某些生产资源 $X_4、\cdots、X_r$ 固定不变的条件下，若 $X_1、X_2、X_3$ 这些资源的施用量改变，就将引起产品数量 Y 的相应变化。

以上生产函数式说明了产品量决定于投入资源数量的关系，即 Y 是 X 的函数。这种生产函数除以数学式表示外，通常还用列表法，即用栏数对照表示，第一栏列示投入资源的数量，第二栏列示各资源投入数量所取得的相应的产品数量；或用坐标图示法表示，横轴表示资源的施有量，纵轴表示产品的数量，各种投入资源施用量所取得的产品产量，连续构成为图中曲线，即总产量曲线。根据总产量曲线的上升与下降趋势，就可评定此曲线上的某一点为资源施用量的适度点。当然，产量与产值不仅取决于投入资源的数量，而且取决于资源的质量和生产技术等因素，在分析评价投入资源与产品的关系时，也需一并考虑。我们也可把质量与施用技术视为固定不变。

在农业生产中，投入产出关系受自然、经济、技术条件所制约，投入资源在一定的生产规模和生产条件制约下，怎样才算适度？怎样才能取得最大经济效果？这主要决定于三个因素：资源的投入水平、资源的组合比例以及资源的分配与投放方向的是否适当。

1. 关于资源投入水平的确定

由于农业生产本身的特点，在多数情况下，投入资源的追加或变动所引起的产品产量的增加或变化，其趋势是随着资源投入量的增加，由递增转入递减。因此，资源的投入水平究竟定在哪一个界限，不仅要看总产量、边际产量的提高，还要考虑到边际成本和边际收益的数量。边际产量是指每追加一单位资源所增加的产量，边际成本即边际投入物的成本，边际收益即边际产品的产值。如果达到了一个投入水平，其边际产量虽有增加，但边际收益不足以抵偿边际成本，就会出现增产不增收的情况。因此，不能认为资源投入愈多愈好，而必须使资源的投入，在一定的生产条件(特别是技术条件)下，有其经济合理的限度。

实践证明,在诸多情况下,一项生产中资源所能取得最大经济效果的最适投入水平,常不是能得到最大总产量的那一水平,也不是能得到最大边际产量的水平,而是边际收益与边际成本二者相等或接近、适能得到补偿的那一水平。

2. 关于资源组合比例的确定

农业生产中任何一项生产,大都使用多种资源因素。其中有些是固定资源,而多数则是变动资源,有些变动资源之间并具有相互代替的关系。因此,在投入资源时,必须安排好资源与资源的关系,考虑其最佳配合比例,以便用最少的耗费,完成同样的生产任务,取得最大经济效果。

合理的资源组合,必须限制资源相互代替的范围内,即生产某一产品时,一资源施用量减少,则另一资源的施用量随之相应增加。合理的资源组合比例既要考虑技术效率,又要考虑经济效率。所谓技术效率,是指在一定的生产技术条件下,要以最少量的资源生产出一定量的产品。只有在资源的组合具有技术效率的前提下,才考虑其经济效率。所谓资源组合的经济效率,是指生产定量产品的资源组合,其施用量的成本最小而收益最大,如果资源的组合比例能满足这一条件,即为合乎经济效率。这就是资源量合比例的适当配合点。

3. 关于资源分配和投向的确定

不论就一个农场、社队或整个国家、地区来说,农业生产资源中许多资源的数量常是固定不变的,这些资源称为限制资源,例如土地、劳动力、农业技术装备、资金等,其数量常有一定的限度。如何在一定时期内将这些定量的资源,经济合理地分配于不同的生产部门、地区,用于不同的用途,以取得最大的经济效果,这是分析评价资源利用的另一重要问题。

一般来说,一种资源怎样才算分配和投放得合理,主要看这种资源分配和投放后是否取得最大的资源总收入。怎样来鉴定资源总收入的大小呢?在运用数量分析上,就要分析对比资源分配后各不同用途的单位资源的边际收益,如果不同资源用途的单位资源的边际收益相等或最接近,这样的资源分配与投向就能取得最大产量和收入(产值),这就是最经济合理。

(二) 线性规划分析法

线性规划分析法,是日趋广泛应用的另一种关于确定资源合理利用的数学分析方法。这种方法可用以分析评价如何取得最低成本的资源组合方式或最大收益的生产结构等问题。

线性规划法在约束条件少、产品种类少的情况下运用,只需采用简单图解法即可。但是,在通常情况下,由于农业生产中资源因素多种多样,而且变动资源多、产品种类多,这就要通过此法将所分析的问题转化为一组线性方程,进行复杂的计算。

线性规划法在分析评价资源利用时,需要应用有关约束条件在特定生产情况下的数据,应用限制性资源在生产中取得的产品数量、产值与各生产部门的生产成本等数据资料。通过计算分析,最后作为经济管理工作和制定生产决策与生产措施的依据。

　　例如,运用线性规划法分析一个地区或企业的农业结构时,要依据最大收益的原则,对限制性资源的施用进行有关的数量分析,提出各种可供选择的合理方案。在研究分析一个地区或企业的农业生产布局及其资源安排规划问题时,要有步骤地分别考虑各种农业资源的利用及其与农产品产量或作业量之间的关系,考虑确定实施生产规划与生产布局的可行区域的范围,以及因地制宜合理利用资源的不同方式,以求得成本最低、经济效益最大。

原文刊发于《农业经济问题》1982 年第 1 期